출제 위원과 함께

18강으로 끝내는
한국사능력검정시험
기출특강

중급

이강만·이상혁·조인·심용환 지음 / 이건홍 감수

한국사능력검정시험을 소개합니다!

한국사능력검정시험이란?

주변 국가들은 역사 교과서를 왜곡하고, 심지어 역사 전쟁을 도발하고 있습니다. 한국사의 위상을 바르게 확립하는 것이 무엇보다 시급한 실정입니다. 이러한 현실에서 우리 역사에 관한 패러다임의 혁신과 한국사 교육의 위상을 강화하기 위하여 국사편찬위원회에서는 한국사능력검정시험을 마련하였습니다. 국사편찬위원회는 우리 역사에 대한 관심을 제고하고, 한국사 전반에 걸쳐 역사적 사고력을 평가하는 다양한 유형의 문항을 개발하고 있습니다. 이를 통해 한국사 교육의 올바른 방향을 제시하고, 자발적 역사 학습을 통해 고차원적인 사고력과 문제 해결 능력을 배양하고자 합니다.

한국사능력검정시험의 목적

ㄴ 우리 역사에 대한 관심을 확산·심화시키는 계기를 마련하고자 합니다.
ㄴ 균형 잡힌 역사의식을 갖도록 하고자 합니다.
ㄴ 역사 교육의 올바른 방향을 제시하고자 합니다.
ㄴ 고차원적인 사고력과 문제 해결 능력을 육성하고자 합니다.

한국사능력검정시험의 특징

ㄴ 한국사 학습 능력을 측정할 수 있는 대표적인 시험입니다.
ㄴ 응시자의 계층이 매우 다양합니다. 한국사능력검정시험은 입시생이나, 각종 채용 시험과 같은 동일한 집단이 아니라, 다양한 연령층과 직업군을 가진 사람들이 응시하고 있습니다.
ㄴ 우리 역사에 대한 자료를 관장하고 있는 교육부 직속 기관인 국사편찬위원회가 주관·시행함으로써, 수준 높고 참신한 문항과 공신력 있는 관리를 통해 안정적인 시험 운영을 하고 있습니다.
ㄴ 단순 암기 위주의 보편적인 문항보다는, 다양한 영역에서 여러 접근 방법을 통해 풀 수 있는 참신한 문항과, 탐구력을 증진할 수 있는 문항 개발을 통해 기존 시험의 틀을 탈피하려고 노력하고 있습니다.
ㄴ 합격의 당락을 결정하는 선발 시험 성격이 아니라 한국사의 학습 능력을 인증하는 시험입니다.

한국사능력검정시험의 활용 및 특전

ㄴ 2012년부터 한국사능력검정시험 2급 이상 합격자에 한해 안전행정부에서 시행하는 행정외무 고등고시에 응시 자격을 부여합니다.
ㄴ 2013년부터 한국사능력검정시험 3급 이상 합격자에 한해 교원임용시험 응시 자격을 부여합니다.
ㄴ 국비 유학생, 해외 파견 공무원, 이공계 전문 연구 요원(병역) 선발 시 국사 시험을 한국사능력 검정시험(3급 이상 합격)으로 대체합니다.
ㄴ 일부 공기업 및 민간 기업의 사원 채용이나 승진 시 반영합니다.
ㄴ 2014년부터 한국사능력검정시험 2급 이상 합격자에 한해 안전행정부에서 시행하는 지역 인재 7급 견습 직원 선발 시험에 추천 자격 요건을 부여합니다.

한국사능력검정시험의 출제 유형

한국사능력검정시험의 문항은 역사 교육의 목표 준거에 따라 다음의 6가지 유형으로 구분됩니다.

역사 지식의 이해

역사 탐구에 필요한 기본적인 지식, 즉 역사적 사실·개념·원리 등의 이해 정도를 묻는 영역입니다.

연대기의 파악

역사의 연속성과 변화 및 발전을 이해하고 있는가를 묻는 영역입니다. 역사 사건이나 상황을 시대순으로 정확하게 이해하고 인과 관계를 파악할 수 있는가를 묻습니다.

역사 상황 및 쟁점의 인식

제시된 자료에서 해결해야 할 구체적인 역사 상황과 핵심적인 논쟁점, 주장 등을 찾을 수 있는지 묻는 영역입니다. 문헌 자료, 도표, 사진 등의 형태로 주어진 자료에서 해결해야 할 과제를 포착하거나 변별해 내는 능력이 있는지를 측정합니다.

역사 자료의 분석 및 해석

자료에 나타난 정보를 해석하여 그 의미를 파악할 수 있는가를 묻는 영역입니다. 정보의 분석을 바탕으로 자료의 시대적 배경과 사회적 의미를 해석할 수 있는가를 측정합니다.

역사 탐구의 설계 및 수행

제시된 문제의 성격과 목적을 고려하여 절차와 방법에 따라 역사 탐구를 설계하고 수행할 수 있는 능력이 있는가를 묻는 영역입니다.

결론의 도출 및 평가

주어진 자료의 타당성을 판별하고, 여러 자료를 종합하여 결론을 도출할 수 있는가를 묻는 영역입니다.

평가 방법

고급 (50문항)	1급	70점 이상	한국사 심화 과정으로, 차원 높은 역사 지식, 통합적 이해력 및 분석력을 바탕으로 시대의 구조를 파악하고, 현재의 문제를 창의적으로 해결할 수 있는 능력 평가
	2급	60~69점	
중급 (50문항)	3급	70점 이상	한국사 기초 심화 과정으로, 한국사에 대한 기본적인 이해를 바탕으로 한국사의 흐름을 대략적으로 이해할 수 있는 능력과, 전반적인 이해를 바탕으로 한국사의 개념과 전개 과정을 체계적으로 파악할 수 있는 능력 평가
	4급	60~69점	
초급 (40문항)	5급	70점 이상	한국사 입문 과정으로, 한국사에 대한 흥미와 관심을 가지고 있으면 누구나 이해할 수 있는 기초적인 역사 상식을 평가
	6급	60~69점	

참 쉬운
합격 전략 5

1 1 : 24 전략

'핵심 주제 강의' 1강당 24개의 '막강 기출 유형 문제'가 들어 있다. 24개의 '막강 기출 유형 문제'는 지난 기출 문제에 대한 철저한 분석을 바탕으로 출제될 수 있는 모든 문제 유형을 정리해 놓은 것이다. 출제 위원의 노하우가 담긴 '핵심 주제 강의'와 '막강 기출 유형 문제'로 한 강의를 정리하면 그 강의에서 나올 만한 문제는 다 익힌 셈이다. '핵심 주제 강의'를 정리한 후, '막강 기출 유형' 풀이를 통해 합격할 수밖에 없는 극강의 실력을 키워 보자.

2 사진, 지도, 사료만 봐도 답이 딱딱딱!

'핵심 주제 강의'와 '막강 기출 유형' 안에는 한국사검정능력시험에 나오는 사진, 도표, 지도 등의 출제 자료가 거의 다 있다. 이 사진과 자료들이 자신의 눈에 점차 익숙해지는 것이 곧 합격하고 고득점에 이르는 길임을 절대 잊지 말자!

3 자신감을 가져라!

한국사능력검정시험에서 고득점은 70점 이상을 의미한다. 즉 10문제 중 7문제를 맞히면 고득점인 것이다. 핵심 정리를 공부하거나 문제를 풀 때 막히는 곳이 한 군데 나타나더라도 스트레스를 받지 말자. 한 문제 틀려도 9문제가 남아 있다. 상대적으로 짧은 시간 내에 '핵심 주제' 정리와 '막강 기출 유형'을 반복적으로 풀어서 어떤 시험에서도 항상 70점 이상 맞을 수 있는 실력을 키우자. 한국사능력검정시험에서는 강조되고 중요한 것, 이미 출제되었던 것들을 정확히 잘 알고 있는 것이 곧 실력이다. 빠르게 여러 번 본다는 마음으로 공부하자.

4 함정에 속기 있기? 없기?

합격률 55%의 시험이란 45%를 떨어뜨리는 시험이다. 열심히만 하면 누구나 붙을 수 있다는 뜻이다. 그러나~ 열심히 한 사람도 떨어진다. 왜? 함정에 걸리기 때문이다. 다 아는 문제인데 '아닌' 또는 '잘못된' 것을 찾는 문제를 잘못 읽어서 틀리는 것은 아니아니~ 아니되오. 출제 위원은 '아닌', '잘못된', '틀린'이라는 함정을 엄청 좋아한다는 사실을 명심하자.

5 자신 있는 주제를 만드는 것이 실력이다

한국사를 공부하다 보면 몇 가지 주제가 반복되어 출제되는 것을 알 수 있다. 예를 들어 임오군란, 갑신정변, 의병 운동(을미, 을사, 정미 의병), 3·1 운동(배경, 전개 과정, 영향), 유신체제의 특징 등이다. 본 책에 있는 '핵심 주제'는 그 주제를 정리해 놓은 것이니, 자신 있는 핵심 주제를 점차 늘려 보자. 난 절대 임오군란 문제는 틀리지 않아! 난 절대 이승만 정부 문제는 틀리지 않아! 이런 식으로 자신 있는 핵심 주제를 늘려 가다 보면 실력이 크게 늘어나는 것을 쉽게 확인할 수 있다.

합격 계획표

시험은 계획표 짜기에 달렸다.
아래의 계획표대로 한국사능력검정시험 합격을 준비해 보자.

주 차	단원	핵심 주제 강의	막강 기출 유형	틀린 문제 체크
1주차 (월 일~ 월 일)	1강. 선사 시대와 여러 나라의 성장	☐	☐	☐
	2강. 삼국 시대	☐	☐	☐
	3강. 통일 신라와 발해	☐	☐	☐
	4강. 고려 귀족 사회의 성립과 변화	☐	☐	☐
	5강. 고려의 경제, 사회, 문화	☐	☐	☐
2주차 (월 일~ 월 일)	6강. 조선 전기의 정치	☐	☐	☐
	7강. 조선 전기의 경제, 사회, 문화	☐	☐	☐
	8강. 조선 후기의 정치, 사회	☐	☐	☐
	9강. 조선 후기의 경제, 문화	☐	☐	☐
3주차 (월 일~ 월 일)	10강. 외세의 침략적 접근과 개항	☐	☐	☐
	11강. 근대 개혁 운동	☐	☐	☐
	12강. 일제의 국권 침탈과 국권 수호 운동	☐	☐	☐
	13강. 근대의 경제, 사회, 문화	☐	☐	☐
	14강. 1910~1920년대 일제의 식민 지배와 민족 운동의 전개	☐	☐	☐
4주차 (월 일~ 월 일)	15강. 1930~1940년대 일제의 식민 지배와 민족 운동의 전개	☐	☐	☐
	16강. 일제 강점기 다양한 사회 운동 및 민족 문화 수호 운동	☐	☐	☐
	17강. 대한민국의 수립	☐	☐	☐
	18강. 민주주의의 발전 및 통일 정책과 경제·사회의 변화	☐	☐	☐
	실전 모의고사　　　☐		클린업 한국사 정리　　☐	

책 속 미리 보기

단원 차례

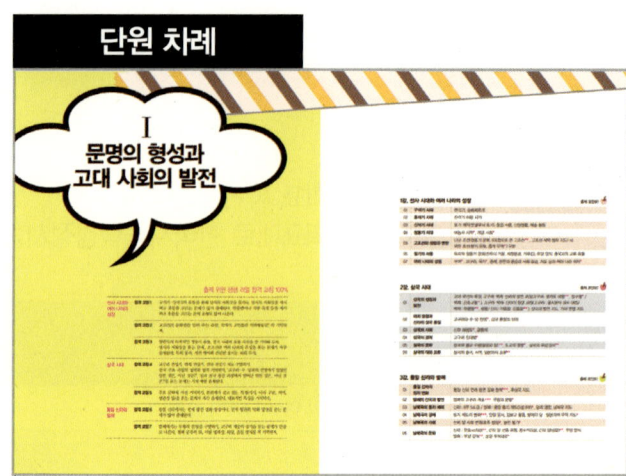

목차만 봐도 합격이 보인다.
출제 위원의 생생 리얼 합격 코칭으로
출제 포인트가 한눈에 쏙~

핵심 주제 강의

시험에 나오는 핵심 주제만 골라 뽑은 강의안!
버릴 것이 없다. 핵심 주제 강의로 흐름 파악,
주요 쟁점 인식, 사료의 분석과 해석이
한 번에 해결된다.

어느 문제집에도 없는 실전 대비용 문제 수!
핵심 주제 강의당 24문제를 풀고 나면
출제 유형이 바로 그려진다.

막강 기출 유형

바로 정리, 아하! - 정답과 해설

출제 위원이 콕콕 짚어 주는
'바로 정리', '아하!'
한국사능력검정시험의 출제 주제가
바로바로, 쏙쏙 파악된다.
답만 맞히고 넘기지 말기~

실전 모의고사

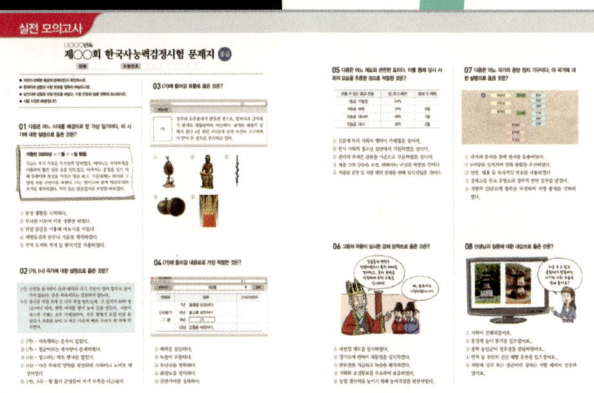

시험 하루 전에
꼭 풀어 봐야 하는 문제.
80분 시험 시간 안에
50문제를 풀어 보자.

클린업 한국사

시험 전
깔끔한 마무리!
놓치면 안 되는 연표,
유물, 지도 총정리.

이 책의 차례

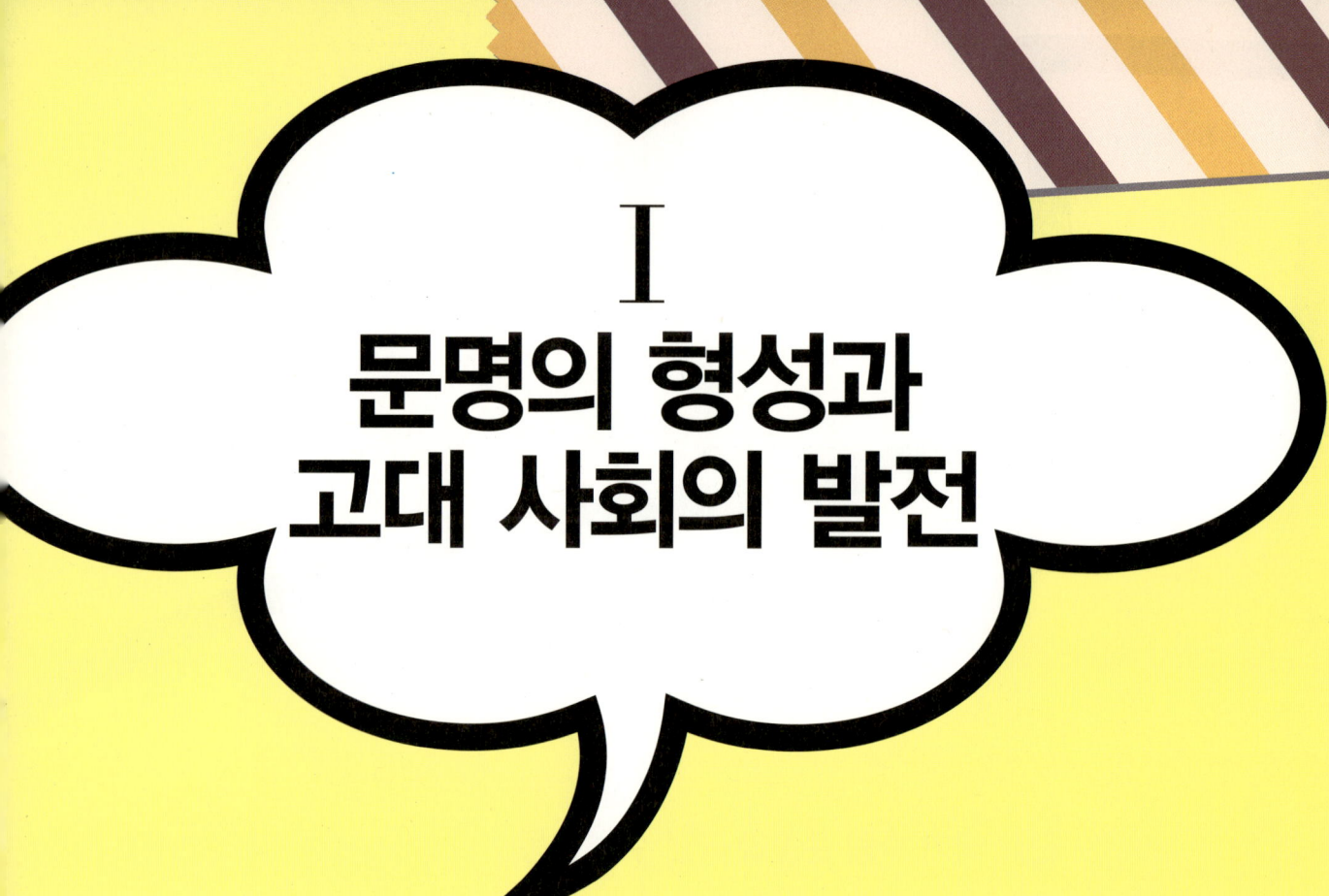

I
문명의 형성과 고대 사회의 발전

1강. 선사 시대와 여러 나라의 성장

출제 포인트!

01	**구석기 시대**	뗀석기, 슴베찌르개
02	**중석기 시대**	잔석기 이용 시기
03	**신석기 시대**	토기 제작(빗살무늬 토기), 움집 사용, 신앙생활, 예술 활동
04	**청동기 시대**	벼농사 시작*, 계급 사회*
05	**고조선의 성립과 변천**	단군 조선(청동기 문화, 8조법으로 본 고조선**, 고조선 세력 범위 지도) vs 위만 조선(철기 문화, 중계 무역*) 구분
06	**철기의 사용**	독자적 청동기 문화(잔무늬 거울, 세형동검, 거푸집), 무덤 양식, 중국과의 교류 유물
07	**여러 나라의 성장**	부여*, 고구려, 옥저*, 동예, 삼한의 풍습과 사회 모습, 지도 상의 여러 나라 위치*

2강. 삼국 시대

출제 포인트!

01	**삼국의 성립과 발전**	고대 국가의 특징, 고구려·백제·신라의 발전 과정(고구려 : 광개토 대왕**, 장수왕 / 백제 : 근초고왕*), 고구려·백제·신라의 항쟁 과정(고구려 : 을지문덕 살수 대첩/ 백제 : 무령왕**, 성왕 / 신라 : 지증왕, 진흥왕**), 삼국의 발전 지도, 가야 연맹 지도
02	**대외 항쟁과 신라의 삼국 통일**	고구려와 수·당 전쟁*, 삼국 통일의 의의
03	**삼국의 사회**	신라 화랑도*, 골품제
04	**삼국의 경제**	고구려 진대법*
05	**삼국의 문화**	삼국의 불교 수용(불상과 탑)**, 도교의 영향*, 삼국의 무덤 양식**
06	**삼국의 대외 교류**	삼국의 중국, 서역, 일본과의 교류**

3강. 통일 신라와 발해

출제 포인트!

01	**통일 신라의 정치 변화**	통일 신라 전제 왕권 강화 정책***, 후삼국 지도
02	**발해의 건국과 발전**	발해의 고구려 계승***, 무왕과 문왕*
03	**남북국의 통치 체제**	신라 : 9주 5소경 / 발해 : 중앙 통치 제도(3성 6부)*, 당의 영향, 남북국 지도
04	**남북국의 경제**	토지 제도의 변화***, 민정 문서, 장보고 활동, 발해의 당·일본과의 무역 지도*
05	**남북국의 사회**	신라 말 사회 변화(호족 성장)*, 농민 봉기*
06	**남북국의 문화**	신라 : 원효vs의상*, 신라 말 선종 유행, 풍수지리설, 신라 탑(승탑)**, 무덤 양식 발해 : 무덤 양식**, 상경 주작대로*

1 선사 시대와 여러 나라의 성장

구석기 시대 유적지

핵심주제 01 구석기 시대 약 70만 년 전에 시작

도구 제작	초기	**찍개, 주먹도끼** : 한 개의 석기를 여러 용도로 사용
	중기	**찌르개, 긁개** : 큰 몸돌에서 떼어 낸 돌조각을 다듬어서 사용
	후기	**슴베찌르개** : 화살촉의 용도로 사용
유적지		평남 상원 검은모루 동굴, 평남 덕천 승리산 동굴, 경기도 연천 전곡리, 공주 석장리, 단양 수양개 등
생활	경제생활	**사냥, 채집** : 뼈 도구와 뗀석기 사용 vs 구석기 이후에는 정교하게 갈아 만든 간석기를 사용했어.
	주거지	이동 생활을 하며 주로 동굴이나 바위, 그늘, 강가의 막집에 거주 식량을 찾아야 하니까 그렇지! 임시로 간단하게 막처럼 꾸민 집
	사회	평등 사회, 무리 지어 생활(경험이 많은 사람이 지도자) vs 청동기 : 족장(정치적 지배자) 출현
	예술	석회암이나 동물의 뼈·뿔 등에 고래, 물고기 등 조각

핵심주제 02 중석기 시대

시기	1만 년 전 구석기 시대에서 신석기 시대로 넘어가는 과도기야.
자연환경 변화	후빙기의 시작 → 기온 상승
새로운 도구 제작	잔석기 이용, 한 개 내지 여러 개의 석기를 나무나 뼈에 꽂아 쓰는 이음 도구 제작

WHY   잔석기

중석기 시대에는 기온이 상승하면서 작고 빠른 짐승이 많아졌다. 이러한 짐승을 사냥하려면 잔석기가 유리했다. 잔석기란 구석기 시대 후기부터 등장한 작은 석기를 더욱 정교하게 손질해서 만든 도구를 말한다.

03 신석기 시대

(1) 신석기 혁명 : 기원전 8000년경 농경과 목축 시작 → 생산 경제의 시작

(2) 우리나라의 신석기 문화

유물·유적	유물	여러 가지 형태와 용도를 가지는 간석기, 이른 민무늬 토기·덧무늬 토기 누른무늬 토기·빗살무늬 토기 밑이 달걀 모양처럼 뾰족하거나 둥근 모양의 토기로, 주로 바닷가나 강가에서 발견!
	유적	서울 암사동을 비롯한 전국 각지의 강가나 바닷가에서 두루 발견
경제생활		농경의 시작(조, 피, 수수 등 잡곡을 경작하는 밭농사 중심), 탄화된 좁쌀이 돌보습, 돌낫 같은 농기구와 함께 발견, 원시적 수공업(가락바퀴, 뼈바늘), 사냥과 고기잡이
주거지 vs 구석기 시대는 동굴과 막집		집터 움집(암사동 선사 유적지) 원형 또는 사각형으로 땅을 파고 기둥을 세운 뒤 이엉을 덮어서 만들었어. 중앙에는 화덕을 설치했고.
부족 사회		같은 핏줄을 가진 씨족이 모여 마을 형성(공동 생산, 신앙 활동), 족외혼을 통해 몇 개 씨족이 모여 부족 형성
원시 신앙 농경과 정착 생활이 시작되면서 자연의 힘이 얼마나 위대한지 알게 되었기 때문에 그 힘에 기대거나 달랠 필요가 있었어.	애니미즘	농사에 큰 영향을 미치는 자연 현상이나 자연물에 영혼이 있다고 믿는 사상
	샤머니즘	영혼이나 하늘을 인간과 연결시켜 주는 존재인 무당과 그 주술을 믿는 사상
	토테미즘	자기 부족의 기원을 특정 동식물과 연결시켜 숭배하는 사상
	영혼 숭배 조상 숭배	사람이 죽어도 영혼은 없어지지 않는다는 생각, 조상을 수호신으로 섬김
예술		흙을 빚어 구운 얼굴이나 동물의 모양을 새긴 조각품, 조개껍데기 가면, 치레걸이 등 치레걸이는 장식물로, 목걸이 같은 것

농경 생활을 시작하면서 씨앗을 저장할 도구가 필요해졌어.

기억하라! 지도

신석기 시대 유적지

기억하라! 유물

신석기 시대 장신구

빗살무늬 토기   움집   조개껍데기 가면   가락바퀴   갈판과 갈돌

기억하라! 지도

청동기 시대 유적지

WHY 고인돌

고인돌을 만들기 위해서는 많은 사람들이 필요했다. 돌이 엄청 커서 매우 무거웠기 때문이다. 따라서 당시에는 권위 있는 족장이 있었을 것이라고 유추할 수 있다. 족장의 권위가 나타난 배경은 사유 재산의 등장으로 지배와 피지배 관계가 형성되었기 때문이다.

기억하라! 지도

고조선의 영역

핵심주제 04 청동기 시대

시작		기원전 2000년경에서 기원전 1500년경 한반도에 청동기 보급
생활 모습	농경 발달	벼농사 시작
	도구	반달 돌칼, 돌도끼 등 간석기 사용, 민무늬 토기, 미송리식 토기 밑바닥이 편평한 원통 모양의 화분형과 밑바닥이 좁은 팽이형이 기본 모양이야.
	청동기	**주로 의례용 거울이나 무기로 이용** : 비파형동검, 거친무늬 거울 청동을 구하기 어려워 생활도구는 돌, 나무를 사용했다고!
	주거	강을 낀 야산이나 구릉 지대에 거주 외적의 침입을 막기에 유리하거든.
사회·경제	계급 사회	잉여 생산물 발생 → 빈부 격차 → 지배·피지배 관계 발생(고인돌 제작) vs 신석기까지는 평등 사회
	족장(군장) 출현	부족 통솔, 주변 부족을 정복하며 세력 확장, 제사 주관

| 북방식(탁자식) 고인돌 | 반달 돌칼 | 비파형동검 | 민무늬 토기 | 미송리식 토기 |

북방식 고인돌과 비파형동검은 고조선의 문화권을 알려 주는 유물이야.

핵심주제 05 고조선의 성립과 변천

건국		기원전 2333년, 요령 지방을 중심으로 성장하여 점차 세력 확대 → 한반도까지 발전
단군 신화		풍백, 우사, 운사를 거느린다는 표현 인간을 널리 이롭게 한다는 표현 선민사상, 농경 사회, 제정일치 사회, 홍익인간의 건국 이념 스스로 하늘의 자손(환웅)이라고 표현 단군(제사장)왕검(정치 지배자)이라는 표현
위만 조선 (기원전 194)	위만 집권	중국의 진·한 교체기에 무리를 이끌고 고조선에 들어옴 → 준왕을 몰아내고 왕위에 오름, 고조선 계승
	발전	철기 문화의 본격적 수용 → 농업과 무역의 발달 → 한반도 세력과 중국의 vs 단군 조선은 청동기 문화 중계 무역으로 이득 → 중국 한과 대립 동방의 예, 당시 한나라였어. 남방의 진 세력
	멸망	한 무제 침입 → 지배층의 내분으로 멸망(기원전 108) → 한 군현의 설치 중계 무역에 대한 불만 때문이지!
사회 모습	8조법	개인의 생명 중시, 노동력 중시, 사유 재산 인정, 농경 사회, 계급 사회, 화폐 사용
	한 군현 설치 후	토착민이 한 군현에 대항 → 엄한 율령 시행 → 법 조항 60여 조로 증가, 풍속 각박

핵심주제 06 철기의 사용

구덩이를 파서 나무관을 넣어 만든 무덤

시기		기원전 5세기경 철기 보급 시작
유물	청동기	한반도에서 독자적인 발전 → 세형동검, 잔무늬 거울, 거푸집 등 독자적으로 청동기를 제작했음을 알 수 있는 중요한 유물!
	철기	철제 무기, 철제 농기구 → 석기·청동기를 밀어내고 주요 도구로 등장
	무덤	널무덤, 독무덤 등 2개의 항아리를 붙여 만든 무덤
	토기	민무늬 토기 외에 덧띠 토기, 검은 간 토기 사용
	중국과 교류	명도전, 오수전, 반량전 등 중국 화폐 출토, 붓 출토(다호리 유적지)
주요 유물		 명도전 반량전 세형동검 거푸집

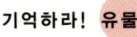
기억하라! 유물

세형동검   잔무늬 거울

철기 시대에는 한반도에 독자적인 청동기 문화가 발달하였다.

핵심주제 07 여러 나라의 성장

구분	정치·사회	경제	풍속	제천 행사
부여	5부족 연맹체 : 왕 아래 마가·우가·저가·구가 존재 → 사출도를 나누어 다스림	• 농경, 목축 • 특산물 : 말, 주옥, 모피	순장, 우제점 소를 죽여 그 굽으로 점을 치는 풍습	영고(12월) : 수렵 사회의 전통
고구려	5부족 연맹체 : 왕 아래 가축 이름을 딴 것으로, 목축을 중시하였음을 알 수 있어. 상가·고추가 등의 대가(부족 우두머리), 사자·조의·선인(관리) 존재 → 제가 회의를 통해 중요 사항 결정	산악 지대에 위치 → 약탈 경제 공납물 저장 창고 '부경'을 통해 알 수 있지.	서옥제, 형사취수제 남자가 일정 기간 처가에 살며 노동력을 제공하는 풍습	동맹(10월)
옥저	• 국왕 없이 읍군과 삼로가 지배 • 변방에 치우쳐 선진 문화 수용 늦음, 고구려의 압력 → 연맹 왕국으로 발전하지 못함	해산물(소금, 어물 등) 풍부	민며느리제, 가족 공동묘	
동예		특산물 : 단궁, 과하마, 반어피	족외혼, 책화 다른 부족을 침범하면 노비, 소, 말 등으로 변상하는 풍습	무천(10월)
삼한	• 고조선 유·이민의 남하 → 철기 문화와 토착 문화의 결합으로 연맹체 등장 • 군장 사회 : 신지, 읍차 존재 • 제정 분리 : 천군(제사장)이 소도 지배 죄인이 신성한 소도로 도망치면 군장도 잡아가지 못했어.	• 벼농사(저수지 발달) • 변한 : 철 생산 → 낙랑과 일본에 수출		수릿날(5월) 계절제(10월)

기억하라! 지도

여러 나라의 성장

만주 지방에는 부여와 고구려, 함경도 및 강원도 북부에는 옥저와 동예, 한반도 남부 지방에는 목지국을 중심으로 한 삼한이 성립되었다.

상 중 하 15회

01 다음 내용과 관련된 시대의 사람들이 사용한 유물로 옳은 것은?

- 대표적인 유적지로는 충남 공주 석장리, 평남 상원 검은모루 동굴, 경기도 연천 전곡리 등이 있다.
- 사람들은 무리를 지어 살았으며, 계절이나 기후 변화 등에 따라 이동 생활을 하였다. 이들은 주로 동굴이나 바위 그늘에서 주거하였고 강가에 막집을 짓고 살았다.

상 중 하 18회

03 다음 문화유산이 처음 제작된 시대의 사회 모습으로 옳은 것은?

① 지배자가 나타났다.
② 선민사상이 나타났다.
③ 농경 생활이 시작되었다.
④ 고인돌과 돌널무덤이 만들어졌다.
⑤ 주로 동굴이나 막집에서 생활하였다.

상 중 하 20회

02 다음 축제에서 체험할 수 있는 모습으로 적절한 것은?

선사 문화 일번지

서울 암사동 ○○○ 문화 축제
서울 암사동 선사 유적지에서 8000년 전 농경을 시작하고 움집에서 살았던 ○○○ 시대 사람들의 생활을 체험해 보세요!
일시 : 2000년 ○○월 ○○일 | 장소 : 암사동 유적지

입장권

① 주먹 도끼 만들기
② 고인돌 그림 그리기
③ 빗살무늬 토기 만들기
④ 반달 돌칼로 이삭 자르기
⑤ 철제 농기구 사용해 보기

상 중 하 16회

04 밑줄 친 '이 시대'의 모습으로 가장 적절한 것은?

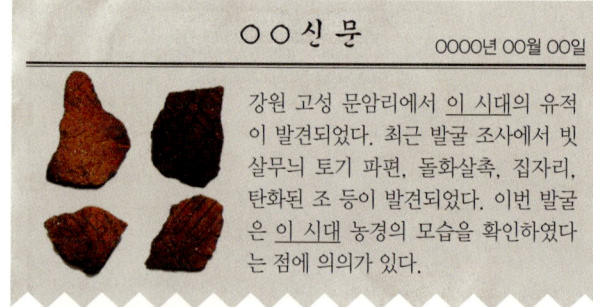

○○신문　　0000년 00월 00일

강원 고성 문암리에서 이 시대의 유적이 발견되었다. 최근 발굴 조사에서 빗살무늬 토기 파편, 돌화살촉, 집자리, 탄화된 조 등이 발견되었다. 이번 발굴은 이 시대 농경의 모습을 확인하였다는 점에 의의가 있다.

① 지배·피지배 관계가 형성되었다.
② 계급이 분화되고 사유 재산이 생겼다.
③ 명도전 등 중국의 화폐를 사용하였다.
④ 거푸집을 이용하여 도구를 제작하였다.
⑤ 가락바퀴나 뼈바늘을 이용하여 옷을 만들었다.

상 중 하 14회

05 다음과 같은 신앙이 시작된 시대에 볼 수 있었던 유물로 옳은 것은?

> • 사람이 죽어도 영혼은 없어지지 않는다고 생각하여 영혼과 조상을 숭배하였다.
> • 자기 부족의 기원을 특정한 동식물과 연결시켜 그것을 숭배하였다.

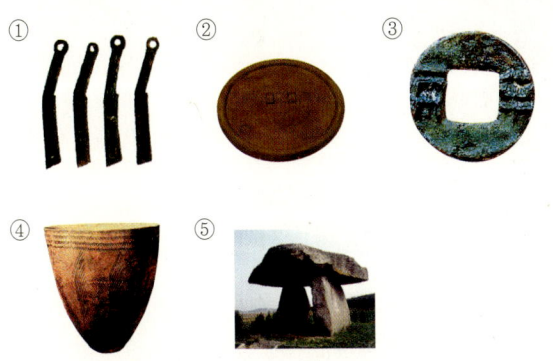

① ② ③
④ ⑤

상 중 하 15회

06 다음 유물이 처음으로 제작된 시대의 신앙 생활에 대한 설명으로 옳지 <u>않은</u> 것은?

① 군장이 정치와 종교를 주관하였다.
② 태양이나 물 등 자연물에 정령이 있다고 믿었다.
③ 사람이 죽어도 영혼은 없어지지 않는다고 여겼다.
④ 영혼이나 하늘을 인간과 연결시켜 주는 존재를 믿었다.
⑤ 자기 부족의 기원을 특정한 동식물과 연결시키고 숭배하였다.

상 중 하 21회

07 다음 가상 다큐멘터리에서 볼 수 있는 모습으로 옳은 것은?

한국사 스페셜

벼농사의 시작과 사유 재산의 발생 송국리 유적은 말한다.

① 소를 이용해 밭을 가는 농민
② 빗살무늬 토기를 제작하는 여인
③ 철제 무기를 가지고 훈련하는 병사
④ 주먹 도끼를 이용하여 짐승을 잡는 사냥꾼
⑤ 청동검과 거울 등으로 권위를 나타내는 지배자

상 중 하 17회

08 다음 특별전에 전시될 유물로 적절하지 <u>않은</u> 것은?

> 〈○○○ 시대 유물 특별전〉
> • 기간 : 2014년 ○○월 ○○일 ~ ○○일
> • 장소 : ○○ 박물관 기획 전시실
> • 전시 유물 : 벼농사를 처음 시작한 시대의 사람들이 사용한 도구

① ② ③
④ ⑤

상 중 하 18회

09 다음 문화유산이 처음 제작된 시대에 대한 설명으로 옳지 **않은** 것은?

① 벼농사가 시작되었다.
② 사유 재산 개념이 나타났다.
③ 미송리식 토기를 제작하였다.
④ 철로 만든 농기구를 사용하였다.
⑤ 권력을 가진 지배자가 출현하였다.

상 중 하 19회

10 밑줄 친 ㉠을 뒷받침할 수 있는 유물로 옳은 것을 〈보기〉에서 고른 것은?

> 기원전 5세기경 한반도에 철기가 보급되었다. 철기는 주로 생활 도구와 무기를 만드는 데 사용되었는데, 철기의 사용이 늘어남에 따라 청동기는 점차 의식용 도구로 변하였다. 이 과정에서 ㉠ 한반도의 청동기 문화는 독자적인 발전을 이루었다.

〈보기〉

ㄱ. 명도전 ㄴ. 세형동검 ㄷ. 비파형동검 ㄹ. 잔무늬 거울

① ㄱ, ㄴ　　② ㄱ, ㄷ　　③ ㄴ, ㄷ
④ ㄴ, ㄹ　　⑤ ㄷ, ㄹ

상 중 하 16회

11 (가)에 들어갈 내용으로 적절한 것은?

이 지도는 어느 나라의 문화 범위를 나타낸 것이에요. 이 나라와 관련된 특징으로는 (가)

① 제가 회의라는 귀족 회의가 있었어요.
② 제사장이 지배하는 소도라는 지역이 있었어요.
③ 왕 밑에 마가, 우가, 저가, 구가 등이 있었어요.
④ 위만이 들어온 이후 철기를 적극 수용하였어요.
⑤ 최승로의 건의에 따라 12목에 지방관을 파견하였어요.

상 중 하 14회

12 다음 내용을 읽고 추론한 것으로 적절하지 **않은** 것은?

> 옛날 환인의 서자(庶子) 환웅이 천부인 3개와 3천의 무리를 이끌고 태백산 신단수 아래에 내려왔는데, 이곳을 신시라 하였다. 그는 풍백·우사·운사를 거느리고 곡식·수명·질병·형벌·선악 등을 비롯한 인간의 360여 가지나 되는 일을 주관하여 인간 세계를 다스리고 교화시켰다. 이때 곰과 호랑이가 항상 사람 되기를 기원하였다. 곰이 잘 견뎌 여자의 몸이 되어, 환웅과 결혼하여 아이를 낳았으니 그 이름을 단군왕검이라 하였다.

① 토테미즘이 있었다.
② 농경 생활을 하였다.
③ 제정이 분리된 사회였다.
④ 부족 간의 연합이 이루어졌다.
⑤ 지배 세력은 선민사상을 내세웠다.

상 중 하 16회

13 밑줄 친 '이 나라'의 문화 범위를 알 수 있는 유물로 옳은 것을 〈보기〉에서 고른 것은?

- 이 나라에는 백성들에게 금하는 법 8조가 있었다. 사람을 죽인 자는 즉시 죽이고, 남에게 상처를 입힌 자는 곡식으로 갚는다. 도둑질한 자는 노비로 삼는다.
- 연나라 사람 위만은 호복을 입고 이 나라로 건너와 준왕에게 복속하였다. 준왕은 위만을 박사로 삼고 서쪽 변경을 지키게 하였으나 …… 유·이민을 규합하여 모반하였다. 준왕은 위만에게 쫓겨 측근 신하만을 거느리고 뱃길로 남하했다.

〈보기〉

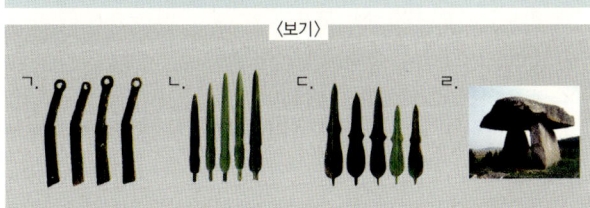

① ㄱ, ㄴ　　② ㄱ, ㄷ　　③ ㄴ, ㄷ
④ ㄴ, ㄹ　　⑤ ㄷ, ㄹ

상 중 하 19회

14 (가) 국가에 대한 설명을 〈보기〉에서 옳게 고른 것은?

〈보기〉

ㄱ. 제가 회의를 열어 죄인을 처벌하였다.
ㄴ. 왕권 강화를 위해 불교를 수용하였다.
ㄷ. 사회 질서를 유지하기 위한 8조법이 있었다.
ㄹ. 청동기 문화와 농경 사회를 배경으로 건국되었다.

① ㄱ, ㄴ　　② ㄱ, ㄷ　　③ ㄴ, ㄷ
④ ㄴ, ㄹ　　⑤ ㄷ, ㄹ

상 중 하 21회

15 (가) 국가에 대한 설명으로 옳은 것은?

원봉 3년 여름, 니계상 참이 사람을 시켜 우거왕을 죽이고 항복해 왔지만, 왕검성은 함락되지 않았다. 죽은 우거왕의 대신 성기가 한나라에 저항하였다. …… 성기가 주살당하니, 이로써 마침내 ___(가)___ 을(를) 평정하고 4군을 세웠다.

① 제가 회의에서 국가 중대사를 결정하였다.
② 천군이 다스리는 소도라는 신성한 지역이 있었다.
③ 위만이 들어온 이후 철기의 수용이 본격화되었다.
④ 남의 물건을 훔쳤을 때는 12배로 갚는 법이 있었다.
⑤ 5월과 10월에 계절제를 열어 하늘에 제사를 지냈다.

상 중 하 20회

16 다음 자료에 해당하는 나라를 지도에서 옳게 찾은 것은?

나라에는 군왕이 있었다. 여섯 가축 이름으로 관직명을 정하여 마가, 우가, 저가, 구가 등이 있었다. 제가들은 별도로 사출도를 주관하였다.

① (가)　② (나)　③ (다)　④ (라)　⑤ (마)

상 중 하 14회

17 밑줄 친 '이 나라'에 대한 설명으로 옳은 것은?

이 나라에는 군왕이 있고, 모두 가축의 이름으로 관명을 정하여 마가, 우가, 저가, 구가 등이 있다. 여러 가들은 저마다 따로 사출도를 다스린다. …… 형벌은 엄하고 각박하여 사람을 죽인 자는 사형에 처하고, 그 가족은 노비로 삼았다. 도둑질을 하면 12배를 변상하게 하였다.

① 영고라는 제천 행사가 있었다.
② 서옥제라는 혼인 풍속이 있었다.
③ 신라를 침입한 왜구를 격퇴하였다.
④ 천군이 소도에서 제사를 주관하였다.
⑤ 화랑도를 국가적인 조직으로 개편하였다.

상 중 하 20회

18 다음 유적을 남긴 국가에 대한 설명으로 옳은 것은?

장군총

현무도

① 동맹, 서옥제 등의 풍습이 있었다.
② 골품제를 통해 신분을 차별하였다.
③ 연맹 왕국으로 발전하지 못하고 멸망하였다.
④ 왕 아래에 마가, 우가, 저가, 구가 등이 있었다.
⑤ 화백 회의를 통해 국가의 중대사를 결정하였다.

상 중 하 21회

19 다음 풍속을 갖고 있던 나라에 대한 설명으로 옳은 것은?

감옥이 없고, 범죄자가 있으면 제가들이 모여 회의를 하여 사형에 처하고, 처자는 노비로 삼는다. 그 풍속은 혼인할 때 구두로 미리 정하고, 여자의 집 몸채 뒤편에 작은 별채를 짓는데, 그 집을 서옥이라 한다. …… 아들을 낳아서 장성하면 남편은 아내를 데리고 자기 집으로 돌아간다.

① 동맹이라는 제천 행사를 열었다.
② 고대 국가로 성장하지 못하였다.
③ 족외혼의 풍속이 엄격하게 지켜졌다.
④ 왕이 죽으면 순장하는 풍습이 있었다.
⑤ 가족이 죽으면 가족 공동 무덤에 안치하였다.

상 중 하 21회

20 다음과 같은 풍습이 있었던 국가에 대한 설명으로 옳은 것을 〈보기〉에서 고른 것은?

• 여자가 10세가 되면 혼인을 약속한 뒤 남자 집에 보내졌다.
• 사람이 죽으면 가매장하였다가 시체가 썩은 뒤 뼈만 추려 목곽에 넣었다.

〈보기〉
ㄱ. 철이 많이 생산되어 낙랑으로 수출하였다.
ㄴ. 고구려의 압박을 받아 소금과 어물을 바쳤다.
ㄷ. 60여 조의 법으로 백성들을 엄격하게 다스렸다.
ㄹ. 읍군과 삼로라는 군장이 자기 부족을 다스렸다.

① ㄱ, ㄴ   ② ㄱ, ㄷ   ③ ㄴ, ㄷ
④ ㄴ, ㄹ   ⑤ ㄷ, ㄹ

상 **중** 하 13회

21 다음과 같은 풍속이 있던 나라의 위치를 지도에서 옳게 찾은 것은?

혼인 풍속은 여자 나이 열 살이 되기 전에 혼인을 약속하는 것이다. 신랑 집에서는 여자를 맞이하여 길러 성장 하면 아내로 삼는다. 여자가 어른이 되면 친정으로 되돌려 보낸다. 친정 에서는 돈을 요구하는데, 신랑 집에 서 돈을 지불한 뒤 다시 신랑 집으로 데려온다.

① (가)　② (나)　③ (다)　④ (라)　⑤ (마)

상 **중** 하 19회

22 다음 가상 일기에 나타난 풍습을 지닌 초기 국가에 대한 설명으로 옳은 것은?

○○월 ○○일

오늘은 정말 운이 없는 날이었다. 우리 마을 뒷산 에서 사슴을 발견하고 잡으려고 하다가 옆 부락의 산에서 겨우 잡았다. 그러자 옆 부락 사람들이 몰 려와 자기 마을에 함부로 들어왔으니 책화에 해당 한다며, 나를 끌고 갔다. 결국 아버지는 집에서 기 르던 소 한 마리로 물어 주었고, 나는 많이 혼났다.

① 낙랑과 왜 등에 철을 수출하였다.
② 왕이 죽으면 순장하는 풍습이 있었다.
③ 10월에 무천이라는 제천 행사를 열었다.
④ 상가, 고추가 등의 대가들이 존재하였다.
⑤ 가족이 죽으면 가족 공동 무덤에 안치하였다.

상 **중** 하 17회

23 다음 가상 일기가 쓰여진 나라를 지도에서 옳게 찾은 것은?

○○월 ○○일

어머니가 며칠 후에 있을 무천에 필요한 음식 준비를 같이 하자 고 하셨다. 힘들기는 하였지만 어머니가 편해지신 것 같아 기분 이 좋다.

① (가)　② (나)　③ (다)　④ (라)　⑤ (마)

상 **중** 하 20회

24 다음 자료에 해당하는 국가에 대한 설명으로 옳은 것은?

귀신을 믿기 때문에 국읍에 각각 한 사람씩 세워 천신의 제사를 주관하게 하는데, 이를 천군이라 부른다. 또 여러 나라에는 각각 별읍이 있으니 이를 소도라 한다. 다른 지역에서 그 지역으로 도 망 온 사람은 누구든 돌려보내지 않았다. 큰 나무를 세우고, 방울 과 북을 매달아 귀신을 섬겼다.

① 책화가 있었다.
② 민며느리제 풍습이 있었다.
③ 영고라는 제천 행사를 열었다.
④ 단궁, 반어피 등의 특산물이 있었다.
⑤ 벼농사를 중심으로 한 농업이 발달하였다.

1. ④ 2. ③ 3. ③ 4. ⑤ 5. ④ 6. ① 7. ⑤ 8. ③ 9. ④ 10. ④
11. ④ 12. ③ 13. ⑤ 14. ⑤ 15. ③ 16. ① 17. ① 18. ① 19. ①
20. ④ 21. ③ 22. ③ 23. ④ 24. ⑤

1. ④ 바로 정리 : 구석기 시대의 생활

구석기 시대 사람들은 동물의 뼈나 뿔로 만든 뼈 도구와 뗀석기를 가지고 사냥과 채집을 하면서 생활했다. 주먹도끼, 찍개, 팔매돌 등은 사냥 도구이고 긁개, 밀개 등은 조리 도구이다. 아하! ① 가락바퀴로, 신석기 시대에 실을 뽑는 데 사용된 도구이다. ② 반량전으로, 철기 시대에 사용했던 동전이다. ③ 청동 도끼 거푸집으로, 초기 철기 시대에 우리나라에서 청동기를 직접 제작했음을 입증하는 것이다. ⑤ 반달 돌칼로, 청동기 시대에 곡식의 이삭을 자르는 데 사용하던 도구이다.

2. ③ 바로 정리 : 신석기 시대의 생활

자료에서 '암사동 선사 유적지, 움집'이라는 내용을 통해 신석기 시대임을 알 수 있다. 신석기 시대 사람들은 돌을 갈아서 여러 가지 형태와 용도를 가진 간석기를 만들어 사용했다. 또 토기를 사용하여 음식물을 조리하거나 저장할 수 있게 되었다. 우리나라 신석기 시대의 대표적인 토기는 빗살무늬 토기이다. 아하! ① 구석기 시대와 관련 있는 내용이다. ②, ④ 청동기 시대와 관련 있는 내용이다. ⑤ 철기 시대와 관련 있는 내용이다.

3. ③ 바로 정리 : 신석기 시대의 생활

제시된 자료는 빗살무늬 토기로, 처음 만들어진 시기는 신석기 시대이다. 신석기 시대의 유적에서 탄화된 좁쌀이 발견되는 것으로 보아 잡곡류를 경작했음을 알 수 있다. 이 시기에 쓴 주요 농기구로는 돌괭이, 돌삽, 돌보습, 돌낫 등이 있다. 한편 빗살무늬 토기는 밑이 도토리나 달걀 모양처럼 뾰족하거나 둥근 모양을 하고 있으며, 크기도 다양하다. 아하! ①, ②, ④는 청동기 시대에 처음 나타났고, ⑤는 구석기 시대에 처음 나타났다.

4. ⑤ 바로 정리 : 신석기 시대의 생활

자료에서 '빗살무늬 토기, 탄화된 조'라는 내용을 통해 신석기 시대와 관련 있음을 알 수 있다. 신석기 시대 유적지에서 탄화된 좁쌀이 발견되는 것으로 보아 농경 생활이 시작되었음을 알 수 있다. 따라서 음식물을 조리하거나 저장하기 위해 토기를 제작했는데, 신석기 시대의 대표적인 토기는 빗살무늬 토기이다. 신석기 유적지에서는 가락바퀴나 뼈바늘이 출토되기도 한다. 이를 통해 옷이나 그물을 만들었음을 알 수 있다. 아하! ①, ②, ④ 청동기 시대부터 나타난 일이다. ③ 철기 시대와 관련 있는 내용이다.

5. ④ 바로 정리 : 신석기 시대의 신앙 생활

제시된 내용에서 자기 부족의 기원을 특정한 동식물과 연결시켜 숭배하는 토테미즘은 위 내용의 조상 숭배와 함께 신석기 시대부터 나타났다. 신석기 시대에는 이 밖에 농사에 큰 영향을 끼치는 자연 현상이나 자연물에도 정령이 있다고 믿는 애니미즘과 영혼이나 하늘을 인간과 연결시켜 주는 존재인 무당과 그 주술을 믿는 샤머니즘 신앙도 가지고 있었다. 신석기 시대의 유물로는 빗살무늬 토기, 가락바퀴, 조개껍데기 가면, 갈돌 등이 있다. 아하! ① 명도전으로, 철기 시대 유물이다. ② 잔무늬 거울로, 철기 시대 유물이다. ③

반량전으로 철기 시대 유물이다. ⑤ 고인돌로 청동기 시대부터 나타났다.

6. ① 바로 정리 : 신석기 시대의 신앙 생활

제시된 자료는 빗살무늬 토기, 갈돌과 갈판, 조개껍데기 가면이다. 이 유물들은 신석기 시대부터 만들어졌다. 이 시기에는 농사에 큰 영향을 끼치는 자연 현상이나 자연물에도 정령이 있다고 믿는 애니미즘과 영혼이나 하늘을 인간과 연결시켜 주는 존재인 무당과 그 주술을 믿는 샤머니즘 신앙을 가지고 있었다. 또한 사람이 죽어도 영혼은 없어지지 않는다고 생각하여 영혼 숭배와 조상 숭배가 나타났고, 자기 부족의 기원을 특정한 동식물과 연결시켜서 그것을 숭배하는 토테미즘도 있었다. 아하! ① 청동기 시대부터 나타났다.

7. ⑤ 바로 정리 : 청동기 시대의 생활

제시된 자료에서 '벼농사의 시작, 사유 재산의 발생, 송국리 유적'이라는 내용을 통해 청동기 시대와 관련이 있음을 알 수 있다. 청동기 시대에는 벼농사가 시작(단, 최근에 옥천 대천리 신석기 유적지에서도 탄화된 쌀이 발견되었음)되는 등 생산 경제가 그전보다 발달했고, 청동기 제작과 관련된 전문 장인이 출현했으며, 사유 재산 제도와 계급이 나타났다. 아하! ① 우경이라고도 하며, 철기 시대의 일이다. ② 신석기 시대에 대한 내용이다. ③ 철기 시대에 대한 내용이다. ④ 구석기 시대에 대한 내용이다.

8. ③ 바로 정리 : 청동기 시대의 유물

제시된 자료에서 '벼농사를 처음 시작한 시대(단, 최근에 옥천 대천리 신석기 유적지에서도 탄화된 쌀이 발견되었음)'라는 내용을 통해 청동기 시대와 관련된 내용임을 알 수 있다. 청동기 시대의 유물로는 반달 돌칼, 바퀴날 도끼 등의 석기와 비파형동검, 거친무늬 거울 등의 청동기, 그리고 미송리식 토기, 민무늬 토기, 붉은 간 토기 등이 있다. 아하! ③ 개성에 있는 고려 시대의 첨성대이다.

9. ④ 바로 정리 : 청동기 시대의 생활

사진 자료는 비파형동검으로 청동기 시대의 대표적인 유물이다. 청동기 시대에는 벼농사가 시작되는 등 생산 경제가 그전보다 발달하고, 청동기 제작과 관련된 전문 장인이 출현했으며, 사유 재산 제도와 계급이 나타났다. 아하! ④ 철기 시대에 대한 내용이다.

10. ④ 바로 정리 : 초기 철기 시대 한반도의 독자적인 청동기 유물

초기 철기 시대에는 청동기 문화가 더욱 발달하여 한반도 안에서 독자적인 발전을 이룩했다. 청동기 시대 후반 이후, 비파형동검은 한국식 동검인 세형동검으로, 거친무늬 거울은 잔무늬 거울로 그 형태가 변해 갔다. 청동 제품을 제작하던 틀인 거푸집도 전국의 여러 유적에서 발견되고 있다. 아하! ㄱ. 명도전은 중국과 활발하게 교류했음을 알 수 있는 유물이다. ㄷ. 비파형동검은 청동기 시대의 유물로 고조선의 문화권을 알 수 있다.

11. ④ 바로 정리 : 고조선의 세력 범위

탁자식 고인돌과 비파형동검으로 알 수 있는 세력 범위를 가진 국가는 고조선이다. 고조선은 청동기 문화를 배경으로 건국되었고, 위만이 들어온 이후 철기 문화를 본격적으로 수용했다. 그에 따라 농업과 무기 생산을 중심으로 한 수공업이 융성했다. 아하! ① 고구려에 대한 설명이다. ② 삼한에 대한 설명이다. ③ 부여에 대한 설명이다. ⑤ 고려에 대한 설명이다.

12. ③ 바로 정리 : **단군 신화와 고조선 사회**
제시문은 단군 신화이다. 단군 신화를 통해 당시 사람들은 주로 구릉 지대에 거주하면서 농경 생활을 했고, 지배 계급은 농사와 형벌 등을 주관하여 사회 생활을 주도했음을 알 수 있다. 또한 환웅 부족은 주위의 다른 부족을 통합하고 지배했으며, 곰을 숭배하는 부족은 환웅 부족과 연합하여 고조선을 형성했으나, 호랑이를 숭배하는 부족은 연합에서 배제되었음을 알 수 있다. 아하! ③ 단군왕검은 제정일치의 지배자였다.

13. ⑤ 바로 정리 : **고조선의 세력 범위를 알 수 있는 유물**
제시문의 '금하는 법 8조', '위만이 건너왔다'는 내용을 통해 '이 나라'는 고조선임을 알 수 있다. 고조선은 요령 지방을 중심으로 성장하여 점차 인접한 족장 사회를 통합하면서 한반도까지 발전했는데, 이와 같은 사실은 비파형 동검과 고인돌의 출토 분포로써 알 수 있다. 아하! ㄱ. 명도전은 중국과 교류했음을 알 수 있는 유물이다. ㄴ. 세형동검은 철기 시대에 나타난 한반도의 독자적인 청동 유물이다.

14. ⑤ 바로 정리 : **중계 무역을 했던 고조선**
제시된 자료는 위만이 철기를 가지고 들어온 이후 강성해진 고조선이 동방의 예나 남방의 진이 직접 중국의 한과 교역하는 것을 막고, 중계 무역의 이득을 독점한 것과 관련있다. 고조선은 청동기 문화를 배경으로 건국되었고, 고조선의 사회상을 알려 주는 대표적인 자료가 8조법이다. 아하! ㄱ. 제가 회의는 고구려와 관련된 것이다. ㄴ. 고대 중앙 집권 국가에 해당하는 설명이다.

15. ③ 바로 정리 : **고조선의 멸망과 한사군의 설치**
제시문의 '우거왕, 왕검성, 4군'이라는 내용을 통해 고조선이라는 것을 알 수 있다. 고조선은 위만이 철기를 갖고 들어온 이후 철기를 본격적으로 수용하면서 국력이 강력해졌다. 이를 통해 주변국 사이에서 중계 무역을 했는데, 이에 한이 침략하자, 1년여에 걸쳐 저항했지만 멸망했다. 이후 한은 고조선의 일부 지역에 4개의 군을 설치했다. 아하! ① 고구려에 대한 내용이다. ②, ⑤ 삼한에 대한 내용이다. ④ 부여에 대한 내용이다.

16. ① 바로 정리 : **지도에서 부여의 위치 찾기**
제시문의 '가축 이름으로 관직명을 정하다, 사출도'라는 내용을 통해 부여와 관련되었음을 알 수 있다. 부여는 만주 지린 일대를 중심으로 쑹화 강 유역의 평야 지대에서 성장했다. 부여에는 왕 아래에 가축의 이름을 딴 마가, 우가, 저가, 구가와 대사자, 사자 등의 관리가 있었다. 이들 가(加)는 저마다 따로 사출도(행정 구획)를 다스렸다.

17. ① 바로 정리 : **부여의 생활 모습**
제시문의 '마가, 우가, 저가, 구가, 사출도, 12배 변상(1책 12법)'을 통해 부여에 대한 내용임을 알 수 있다. 부여는 순장 풍습이 있었고, 영고라는 제천 행사가 있었다. 영고는 12월에 열렸는데, 이는 수렵 사회의 전통을 보여 주는 것이다. 전쟁이 일어났을 때에는 제천 의식을 행했다. 아하! ② 고구려의 결혼 풍속에 대한 설명이다. ③ 고구려 광개토 대왕 시기의 일이다. ④ 삼한에 대한 설명이다. ⑤ 신라에 대한 설명이다.

18. ① 바로 정리 : **고구려의 유물과 풍습**
제시된 자료의 장군총과 현무도는 고구려의 돌무지무덤과 고분 벽화이다. 고구려에는 혼인을 정한 뒤 신부집 뒤편에 조그만 집을 짓고, 거기서 자식을 낳아 장성하면 남편이 아내를 데리고 자기 집으로 돌아가는 제도인 서옥제와 10월에 추수 감사제 형태로 치르는 동맹이 있었다. 아울러 왕과 신하들이 국동대혈에 모여 함께 제사를 지냈다. 아하! ②, ⑤ 신라에 대한 설명이다. ③ 삼한에 대한 설명이다. ④ 부여에 대한 설명이다.

19. ① 바로 정리 : **고구려의 풍습**
제시문의 '제가들이 모여 회의, 서옥'이라는 내용을 통해 고구려라는 것을 알 수 있다. 고구려는 10월에 동맹이라는 제천 행사를 실시했다. 아하! ② 삼한에 대한 설명이다. ③ 동예에 대한 설명이다. ④ 부여에 대한 설명이다. ⑤ 옥저에 대한 설명이다.

20. ④ 바로 정리 : **옥저의 풍습**
제시문에서 윗글은 민며느리제, 아랫글은 가족 공동 무덤이다. 옥저는 어물과 소금 등 해산물이 풍부했고, 토지가 비옥하여 농사가 잘되었다. 옥저는 고구려에 소금, 어물 등을 공납으로 바쳤다. 아하! ㄱ. 삼한에 대한 설명이다. ㄷ. 한사군이 설치된 후의 고조선에 대한 설명이다.

21. ③ 바로 정리 : **지도에서 옥저의 위치 찾기**
제시문은 옥저의 민며느리제에 대한 내용이다. 옥저는 동예와 함께 변방에 치우쳐 있어 선진 문화의 수용이 늦었다.

22. ③ 바로 정리 : **동예의 책화**
제시문의 '책화'라는 단어를 통해 동예와 관련이 있음을 알 수 있다. 동예는 방직 기술이 발달했고, 특산물로 단궁이라는 활과 과하마, 반어피 등이 유명하다. 무천이라는 제천 행사를 열었으며, 족외혼을 엄격하게 지켰고, 각 부족의 영역을 함부로 침범하는 것을 막기 위해 책화를 시행했다. 아하! ① 삼한에 대한 설명이다. ② 부여에 대한 설명이다. ④ 고구려에 대한 설명이다. ⑤ 옥저에 대한 설명이다.

23. ④ 바로 정리 : **지도에서 동예의 위치 찾기**
제시된 자료에서 '무천'을 통해 동예와 관련된 것임을 알 수 있다. 아하! (가) 부여 (나) 고구려 (다) 옥저 (마) 삼한

24. ⑤ 바로 정리 : **삼한의 생활 모습**
제시문의 '천군, 소도'라는 단어를 통해 삼한과 관련된 것임을 알 수 있다. 삼한에서는 세력이 큰 지배자는 신지, 세력이 작은 지배자는 읍차 등으로 불렸다. 삼한에는 정치적 지배자 외에 제사장인 천군이 있었다. 신성 지역으로 소도가 있었는데, 이곳에서 천군은 농경과 종교에 대한 의례를 주관했다. 천군이 주관하는 소도는 군장의 세력이 미치지 못하는 곳으로, 죄인이라도 도망하여 이곳에 숨으면 잡아가지 못했다. 아하! ① 동예에 대한 설명이다. ② 옥저에 대한 설명이다. ③ 부여에 대한 설명이다. ④ 동예에 대한 설명이다.

2 삼국 시대

백제 전성기(4세기)

고구려 전성기(5세기)

  호우명 그릇

경주 호우총에서 발견된 청동 그릇으로, 그릇 바닥에 '광개 토지호태왕'이라고 새겨져 있 다. 당시 신라와 고구려의 관 계를 보여 주는 중요한 유물 이다.

핵심주제 01 삼국의 성립과 발전

(1) 고대 국가의 특징 : 왕위 세습, 중국식 왕호 사용, 왕위 부자 상속 → 통치 체제의 정비, 정복 전쟁으로 영역 확대 → 율령 반포, 불교 수용 → 중앙 집권적 고대 국가 형성

(2) 삼국의 성립

고구려	주몽이 졸본성을 중심으로 건국(후에 국내성으로 천도) → 한 군현과 대결하며 성장
백제	온조가 한강 유역의 하남 위례성을 중심으로 건국
신라	박혁거세를 중심으로 사로국 성립 → 신라로 발전, 박·석·김씨가 교대로 선출

(3) 발전과 항쟁

시기	고구려	백제	신라
1~3세기	• 태조왕(53~146) : 옥저 정복, 요동 지방 진출 노력, 계루부 고씨 왕위 독점 • 고국천왕(179~197) : 왕위 부자 상속 확립, 5부 개편(부족적 전통의 5부를 행정적으로 개편) 족장의 권한은 점차 약화되고, 왕권은 강화되었기에 가능했지.	고이왕(234~286) : 목지국 정복 → 한강 유역 장악, 6좌평제·16관등제 마련, 복색 제정 위계질서를 확립하기 위해서야.	
4세기	• 미천왕(300~331) : 낙랑 축출(대동강 유역 확보) • 고국원왕(331~371) : 전연(선비족)의 침입, 백제 근초고왕의 침략으로 전사 • 소수림왕(371~384) : 중앙 집권 체제 강화(율령 반포, 태학 설립, 불교 공인)	• 근초고왕(346~375) : 왕위 부자 상속 확립, 역사서 편찬, 마한·탐라 복속, 가야에 대한 지배권 행사, 요서·산둥·일본 규슈 진출, 고구려 평양성 공격 • 침류왕(384~385) : 동진으로부터 불교 수용·공인	내물왕(356~402) : 김씨의 왕위 계승권 확립, 왕의 칭호(마립간), 낙동강 동쪽의 진한 지역 장악, 가야·왜 연합 세력이 공격 → 고구려 광개토 대왕의 군사적 지원(호우명 그릇) → 고구려의 간섭, 고구려를 통해 중국 문물 수용
5세기	• 광개토 대왕(391~412) : 요동과 만주 일대 장악, 한강 이북 지역 장악, 신라 침입한 왜구 격퇴, 금관가야 공격 광개토 대왕릉비에 기록되어 있어. • 장수왕(412~491) : 중국 남북조와 교류, 남진 정책 추진 → 평양 천도, 한강 유역 장악(백제 개로왕 살해), 광개토 대왕릉비·충주(중원) 고구려비 건립	• 비유왕(427~455) : 신라 눌지왕과 나제 동맹 체결 • 개로왕(455~475) : 고구려에 한성 빼앗김 • 문주왕(475~477) : 고구려의 팽창 → 웅진 천도 • 동성왕(479~501) : 나제 동맹 강화(신라 소지왕과 혼인 동맹), 중국 남조와 국교 재개	• 눌지왕(417~458) : 고구려의 팽창 → 백제 비유왕과 나제 동맹 체결 • 소지왕(479~500) : 백제 동성왕과 혼인 동맹

(4) 6세기 삼국 간의 항쟁과 발전

고구려	• 영양왕(590~618) : 한강 회복 노력, 《신집》 5권 편찬
백제	• 무령왕(501~523) : 22담로(왕족 파견, 지방 통제 강화), 농업 생산 기반 확충, 가야 지역 진출, 고구려 공격 백제 수도 천도 : 위례성(한성) → 웅진 → 사비 • 성왕(523~554) : 사비(부여) 천도, 국호를 '남부여'로 변경, 중앙과 지방 통치 제도의 체계화, 불교 적극 장려, 왜에 불교 전파, 신라와 협공하여 한강 유역 일시 탈환 → 신라의 기습으로 한강 유역 상실 → 관산성 전투에서 전사
신라	• 지증왕(500~514) : 국호 '신라', '왕' 칭호 사용, 지방 행정 제도 정비, 우산국(울릉도 일대) 정벌, 우경·수리 사업 장려 • 법흥왕(514~540) : 율령 반포, 병부·상대등 설치, 17관등제 마련, 복색 제정, 골품제 정비, 불교 공인, 금관가야(김해 지역) 복속, 가야 지역 진출, 연호 '건원' 사용 • 진흥왕(540~576) : 화랑도를 국가적인 조직으로 개편(인재 양성), 불교 장려, 황룡사 건립, 한강 유역 확보, 대가야(고령 지방) 복속, 함흥 평야 일대(함경도)까지 영토 확장, 단양 신라 적성비·4개의 순수비 건립

국왕이 영토를 직접 돌아보고 난 후 세운 비석

(5) 가야

전기 가야 연맹	금관가야 중심, 농경 문화 발달, 풍부한 철 생산과 해상 교통을 이용하여 중계 무역 발달(낙랑과 왜의 규슈 지방 연결)
후기 가야 연맹	대가야 중심, 질 좋은 철 생산 고구려 광개토 대왕의 공격으로 세력이 약해진 금관가야를 대신해 후기 가야 연맹의 맹주가 되었어.
가야 연맹 해체	금관가야 멸망(532, 신라 법흥왕), 대가야 멸망(562, 신라 진흥왕)

핵심주제 02 대외 항쟁과 신라의 삼국 통일

(1) 고구려와 수·당의 전쟁 : 고구려가 승리하여 중국의 한반도 침략 저지 역할 수행

수와의 전쟁	수의 중국 통일 → 고구려에 복속 요구 → 고구려의 거부 → 수 문제·양제의 고구려 침입 → 을지문덕이 살수에서 수 양제의 침입 격퇴(살수 대첩, 612) → 수 멸망
당과의 전쟁	당 건국 직후 화친 형성 → 연개소문 집권 후 대당 강경 정책 추진, 관계 악화 → 천리장성 축조 → 당 태종 침입 → 안시성 싸움에서 당군 격퇴

647년(보장왕 6)에 완성한 성으로, 부여성에서 비사성에 이름

(2) 신라의 삼국 통일 과정

나당 연합군 형성	백제의 신라 공격 → 고구려의 신라 지원 거부 → 나당 연합 형성
백제 멸망(660)	• 전개 : 나당 연합군의 공격 → 계백의 저항 → 사비성 함락 • 부흥 운동 : 흑치상지(임존성), 복신·도침(주류성), 왜의 지원(백강 전투)
고구려 멸망(668)	• 전개 : 연개소문 사후 지배층의 분열 → 나당 연합군의 공격 → 평양성 함락 • 부흥 운동 : 검모잠·안승(황해도 한성), 고연무(오골성) 세 아들이 권력 다툼을 벌였다지!
당의 한반도 지배 야욕	안동 도호부(고구려), 웅진 도독부(백제), 계림 도독부(신라) 설치
나당 전쟁	신라가 매소성 전투와 기벌포 전투에서 당군 격파
삼국 통일 완성(676)	• 의의 : 민족 문화의 토대 마련, 당 세력을 축출하여 자주적인 통일 완성 • 한계 : 외세의 지원을 받음, 대동강~원산만 이남의 통일에 그침

신라 전성기(6세기)

전·후기 가야 연맹

기억하라! 유물

북한산 진흥왕 순수비

기억하라! 사료

신비로운 제책은 하늘의 이치를 헤아리고 기묘한 꾀는 땅의 이치를 깨닳는구나. 싸움에서 이긴 공이 이미 높으니 족한 줄 알고 그만 하기를 바라노라.
– 을지문덕의 시

기억하라! 그림

양직공도의 〈백제 사신도〉

기억하라! 제도

등급	관등명	진골	6두품	5두품	4두품
1	이벌찬				
2	이찬				
3	잡찬				
4	파진찬				
5	대아찬				
6	아찬				
7	일길찬				
8	사찬				
9	급벌찬				
10	대나마				
11	나마				
12	대사				
13	사지				
14	길사				
15	대오				
16	소오				
17	조위				

골품제

WHY 금동 연가 7년명 여래 입상

고구려의 대표적인 불상으로, 광배 뒷면에 연대를 알 수 있는 '연가 7년'이라는 내용이 있어서 '금동 연가 7년명 여래 입상'이라고 한다.

핵심주제 03 삼국의 사회 : 신분제 사회

능력보다는 그가 속한 친족의 사회적 지위에 따라 결정되는 사회

고구려	**상무적 기풍** : 산간 지역에서 출발 → 대외 항쟁을 통해 성장, 계루부 고씨 및 5부 귀족 중심, 서옥제·형사취수제 실시
백제	**고구려와 중국의 영향** : 상무적 기풍과 세련된 문화 발달, 부여씨 및 8성의 귀족 중심, 엄격한 형벌 시행, 바둑·장기
신라	• **화랑도** : 원시 사회의 청소년 집단 → 진흥왕 때 국가 조직화 → 인재 양성, 계층 간 대립 완화 • **골품제** : 법흥왕 때 정비 – 개인의 정치·사회생활 규제

집의 크기, 복색, 수레의 크기까지도 신분에 의해 결정되었어.

핵심주제 04 삼국의 경제

(1) 삼국의 경제 정책

수취 제도	평민에게 노동력과 재산 정도에 따라 나눈 호(戶)를 기준으로 조세와 요역 징수
경제 활동	농업 중심, 수도 중심의 상업 발달, 귀족의 필요에 따른 무역 전개

(2) 귀족의 경제생활 : 토지(녹읍·식읍)와 노비 소유, 고리대를 통한 농민 수탈

(3) 농민의 경제생활 : 국가의 과도한 수취, 자연재해, 고리대 등으로 몰락 → 고구려에서는 농민 구제를 위해 진대법 실시

봄에 곡식을 빌려 주었다가 가을에 추수한 것으로 갚게 하여 가난한 농민의 몰락을 막고자 했어.

핵심주제 05 삼국의 문화

(1) 교육
유교 경전과 역사서 교육을 하는 곳   사립 교육 기관으로, 결혼하지 않은 지방 평민층 자제들이 모여 한학과 무술을 배우는 곳

고구려	태학(소수림왕 때 설립), 경당(장수왕 때 지방에 설립)
백제	박사 제도(오경박사, 역박사, 의박사 등이 교육), 사택지적비(한문학 발달)
신라	유학 보급의 증거 : 진흥왕 순수비에 유교 경전 내용 인용, 임신서기석의 내용

화랑으로 보이는 두 청년이 '유교 경전을 3년 동안 공부하자'는 약속을 이 비석에 새겼다.

(2) 역사서 편찬 : 고구려(이문진–《신집》, 《유기》 5권), 백제(고흥 –《서기》), 신라(거칠부 –《국사》)

(3) 불교의 수용 : 고구려(소수림왕), 백제(침류왕), 신라(법흥왕 공인)

귀족 집단의 반발이 심했던 신라는 이차돈의 순교로 뒤늦게 불교를 수용했어.

① **불교의 역할** : 새로운 국가 정신 확립에 기여, 강화된 왕권을 이념적으로 뒷받침, 새로운 문화 창조

② **불교 문화의 발달**(불상과 탑 건립)

고구려	백제	신라

금동 연가 7년명 여래 입상

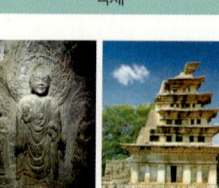

서산 마애 여래 삼존불 입상   미륵사지 석탑

우리나라에서 가장 오래된 석탑으로, 목탑 형식을 그대로 보존하고 있는 중요한 유물

경주 배동 석불 입상   분황사 모전 석탑

신선 사상, 산천 숭배 사상

(4) 도교의 수용 : 귀족 사회를 중심으로 전래, 민간 신앙과 노장사상의 결합

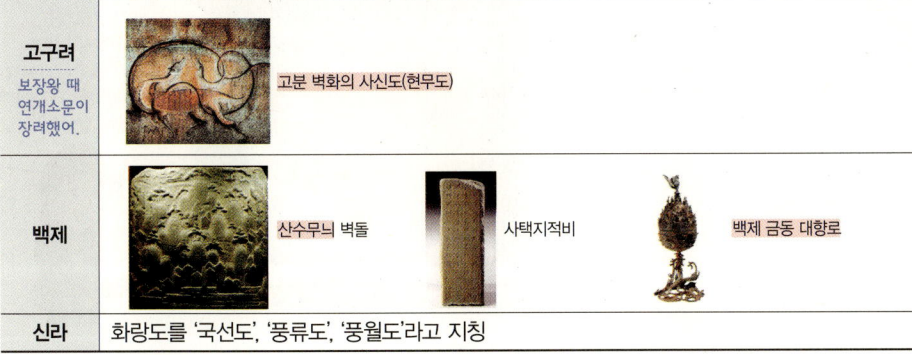

고구려	고분 벽화의 사신도(현무도)
보장왕 때 연개소문이 장려했어.	
백제	산수무늬 벽돌 / 사택지적비 / 백제 금동 대향로
신라	화랑도를 '국선도', '풍류도', '풍월도'라고 지칭

(5) 고분과 고분 벽화

고구려	돌무지무덤 – 장군총 돌을 정밀하게 쌓아서 만든 무덤	굴식 돌방무덤 돌로 1개 이상의 방을 만들고 그것을 통로로 연결한 무덤
백제	돌무지무덤 – 한성 시기 석촌 고분 / 굴식 돌방무덤, 벽돌무덤 – 웅진 시기 무령왕릉(벽돌무덤)	굴식 돌방무덤 – 사비 시기 능산리 고분
신라	봉토 / 돌무지 / 돌무지덧널무덤 – 천마총 등 벽화는 없고, 도굴이 어려워 천마도와 금관 등 풍부한 유물이 출토되었어. / 껴묻거리 상자 / 널	천마도 천마도는 벽화가 아니라, 말 안장 양쪽에 달아 늘어뜨려 진땅의 흙이 튀는 것을 막아 주는 말다래야.

각저총 씨름도

금동 미륵보살 반가 사유상

호류 사 금당 벽화(복원)

06 삼국의 대외 교류

(1) 중국과의 교류 : 중국의 문화를 수용하여 정치·문화 발전(불교·유교·한자 등)

(2) 서역과의 교류 : 고구려 각저총 씨름 벽화(서역 인물), 신라 고분 출토 유물(유리그릇 등)

(3) 일본에 문화 전파 : 일본 아스카 문화 형성에 기여(미륵보살 반가 사유상)

백제	한문·논어(아직기, 왕인), 불교(노리사치계), 천문, 역법 등 전파
고구려	승려 혜자(쇼토쿠 태자의 스승), 종이와 먹 제조법(담징, 호류 사 금당 벽화)
기타	조선술, 축제술(신라), 철기·토기 제작 기술(가야)

상 중 하 18회

01 지도와 같은 형세를 이루던 시기에 있었던 일로 옳은 것은?

① 신라는 대가야를 정복하였다.
② 백제는 중국의 요서 지방으로 진출하였다.
③ 고구려는 수의 침입을 살수에서 격퇴하였다.
④ 신라는 화랑도를 국가적인 조직으로 개편하였다.
⑤ 백제는 사비로 천도하고 국호를 남부여라고 하였다.

상 중 하 21회

02 다음은 신라의 어느 시기를 배경으로 한 극화 수업 대본이다. 이 시기의 신라 사회 모습으로 옳은 것은?

 # 신라의 궁궐 내부

탈해 : 성스럽고 지혜로운 사람은 이가 많다고 들었습니다.
유리 : 나도 떡을 깨물어 보겠소. (떡을 깨물어 본다)
탈해 : 당신의 이가 더 많으니 나라의 주인이 되십시오.
유리 : 지금부터 내가 이 나라를 다스리겠소.

① 불교가 공인되었다.
② 김씨가 왕위를 세습하였다.
③ 중앙 집권 체제가 완비되었다.
④ 이사금 등의 왕호가 사용되었다.
⑤ 화랑도가 국가적인 조직으로 개편되었다.

상 중 하 17회

03 선생님의 질문에 대한 답으로 옳지 <u>않은</u> 것은?

가야 연맹을 나타낸 지도예요. 이 중 (가)와 (나) 지역을 중심으로 발전한 나라에 대해 말해 볼까요?

① (가)는 후기 가야 연맹을 이끌었어요.
② (가)는 장수왕의 침략으로 멸망하였어요.
③ (나)는 법흥왕의 침략으로 멸망하였어요.
④ (나)는 낙랑, 왜에 철을 수출하며 부를 쌓았어요.
⑤ (가), (나)는 벼농사를 짓는 등 농경 문화가 발달하였어요.

상 중 하 20회

04 다음 문화유산을 남긴 국가에 대한 설명으로 옳은 것은?

고령 출토 금동관   고령 출토 판갑옷과 투구

① 태학을 설립하였다.
② 우산국을 복속시켰다.
③ 철을 낙랑과 왜 등에 수출하였다.
④ 화랑도를 국가적인 조직으로 정비하였다.
⑤ 한강 점령 이후 충주 고구려비를 설립하였다.

05 (가)에 들어갈 왕에 대한 설명으로 옳은 것은?

이곳은 백제 제25대 (가) 의 무덤 내부이다. 이 무덤은 중국 양나라 양식을 모방하여 만든 벽돌무덤으로, 무덤의 주인공을 알려 주는 묘지석 등 많은 유물이 발견되었다.

① 중국 요서와 산둥 지방으로 진출하였다.
② 불교를 공인하여 사상적 통합을 꾀하였다.
③ 지방에 22담로를 두고 왕족을 파견하였다.
④ 사비로 천도하고, 국호를 남부여로 고쳤다.
⑤ 한강을 완전히 장악하고, 관복제를 도입하였다.

07 다음 내용에 해당하는 시기를 연표에서 옳게 고른 것은?

- 가을 7월에 백제가 사신을 보내 나제 동맹을 맺기를 청하므로 이에 따랐다.
- 봄 2월에 백제 왕이 좋은 말 2필을 보냈다.
- 겨울 10월에 고구려가 백제를 침략하니 왕이 나제 동맹 이후 처음으로 군사를 보내 구해 주었다.

427		475		538		553		612		660	
	(가)		(나)		(다)		(라)		(마)		
고구려 평양 천도		백제 웅진 천도		백제 사비 천도		신라 한강 하류 차지		살수 대첩		백제 멸망	

① (가) ② (나) ③ (다) ④ (라) ⑤ (마)

06 다음 내용과 관련된 고구려 왕의 업적으로 옳은 것은?

- 중국 남북조와 각각 교류하는 외교 정책을 써서 중국을 견제하였다.
- 백제의 수도 한성을 함락하고 한강 전 지역을 포함하여 죽령 일대에서 남양만을 연결하는 선까지 그 영역을 확대하였다.

① 태학을 설립하였다.
② 율령을 반포하였다.
③ 평양으로 천도하였다.
④ 우산국을 복속하였다.
⑤ 일본의 규슈 지방에 진출하였다.

08 선생님의 질문에 대한 대답으로 적절한 것은?

주제 : 백제의 수도 변천

백제의 수도가 (가)와 (나)일 때 있었던 일로는 무엇이 있을까요?

① (가) – 중국 산둥 반도에 진출하였어요.
② (가) – 한강을 일시적으로 회복하였어요.
③ (나) – 무령왕릉을 축조하였어요.
④ (나) – 국호를 남부여로 바꾸었어요.
⑤ (가), (나) – 건국 세력이 고구려의 계통임을 알 수 있는 고분을 축조하였어요.

상 중 하 19회

09 다음 설명에 해당하는 비석으로 옳은 것은?

한반도에 남아 있는 유일한 고구려의 비이며, 고구려의 중원 진출을 입증하는 구체적인 자료이다. 특히 고구려 군대가 신라 영토 내에 주둔하고 있는 실정을 알려 주어 당시 양국 간의 관계를 상징적으로 보여 주는 비석이다.

①
광개토 대왕릉비

②
북한산 진흥왕 순수비

③
사택지적비

④
충주 고구려비

⑤
단양 적성비

상 중 하 17회

10 (가)에 들어갈 내용으로 적절한 것은?

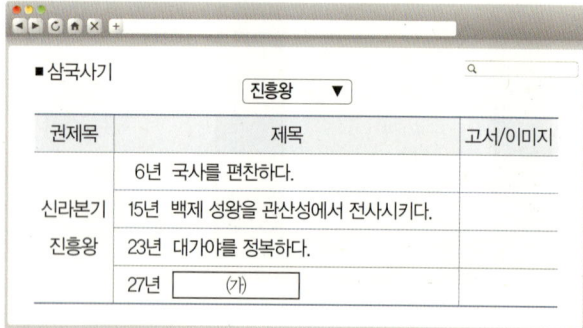

■삼국사기

진흥왕 ▼

권제목	제목	고서/이미지
신라본기 진흥왕	6년 국사를 편찬하다.	
	15년 백제 성왕을 관산성에서 전사시키다.	
	23년 대가야를 정복하다.	
	27년 (가)	

① 녹읍을 부활하다.
② 국학을 설립하다.
③ 불교를 공인하다.
④ 우산국을 정복하다.
⑤ 화랑 제도를 정비하다.

상 중 하 16회

11 다음 전쟁이 일어난 시기를 연표에서 옳게 고른 것은?

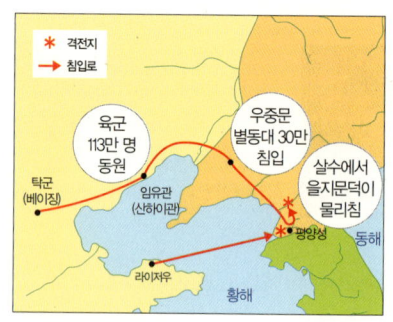

589		618		645		660		668		676
	(가)		(나)		(다)		(라)		(마)	
수의 중국 통일		당의 건국		안시성 싸움		백제 멸망		고구려 멸망		삼국 통일 완성

① (가)   ② (나)   ③ (다)   ④ (라)   ⑤ (마)

상 중 하 21회

12 밑줄 친 '이 전쟁'에 대한 설명으로 옳은 것은?

다음 글은 을지문덕이 이 전쟁 당시 적의 장군에게 보낸 시예요.

신통한 계책은 천문을 헤아리고
묘한 꾀는 지리를 꿰뚫는구나.
싸움마다 이겨 공이 이미 높으니
족한 줄 알아서 그만둠이 어떠하리.

① 신라가 함경도 일대를 장악하였다.
② 고구려가 한강 유역을 확보하였다.
③ 백제가 고구려의 평양성을 공격하였다.
④ 고구려 군이 살수에서 수의 군대를 격퇴하였다.
⑤ 당이 고구려를 침략하였으나 안시성에서 패배하였다.

13 다음 내용을 통해 알 수 있는 사실로 적절한 것은?

> • 당의 군사가 와서 매소천성(매소성)을 공격하니, 원술이 이를 듣고 죽음으로써 지난번의 치욕을 씻고자 하였다. 드디어 힘껏 싸워서 공을 세워 상을 받았다.
> • 겨울 11월에 사찬 시득이 수군을 거느리고 설인귀와 소부리주의 기벌포에서 싸웠다.

① 고구려는 한강 유역을 차지하였다.
② 왜의 수군이 백제의 부흥군을 지원하였다.
③ 신라는 당을 물리치고 삼국 통일을 완성하였다.
④ 백제는 중국의 요서와 산동 지방에 진출하였다.
⑤ 고구려는 신라의 지원을 받아 부흥 운동을 전개하였다.

14 (가)에 들어갈 내용으로 적절한 것은?

> **다큐멘터리 기획안**
> 제목 : ___(가)___
> 〈주요 내용〉
> 1. 임존성에서 당군에 맞서 싸우는 흑치상지
> 2. 주류성에서 전쟁을 준비하는 복신과 도침
> 3. 복신을 제거하는 부여풍
> 4. 백강 전투에서 대패하는 왜의 원군

① 고구려 부흥 운동, 금마저에 잠든 꿈
② 후삼국의 통일, 민족의 분열에서 통일로
③ 나당 전쟁, 당의 야욕에 맞선 신라의 승부수
④ 발해 건국, 만주에 다시 울려 퍼진 고구려의 함성
⑤ 백제 부흥 운동, 스러져 간 700년 역사의 마지막 투혼

15 밑줄 친 '왕'의 재위 시기에 있었던 일로 옳은 것은?

> 왕이 사냥을 나갔다가 길에서 우는 농민을 보고, "어찌하여 우는가?" 하고 물었다. 이에 농민은 "저는 매우 가난하여 늘 품팔이로 어머니를 부양하며 모셔 왔는데 올해는 곡식이 자라지 않아 품팔이 할 곳이 없어, 조금의 곡식도 얻을 수 없어서 우는 것입니다." 라고 하였다. 그러자 왕은 내외의 담당 관청에 "매년 봄 3월부터 가을 7월까지 관의 곡식을 진휼 대여하게 하고, 겨울 10월에 이르러 갚게 하라."고 명하여 가난하여 스스로 살아갈 수 없는 사람들을 널리 찾아 구제하게 하였다.

① 신라를 침입한 왜구를 격퇴하였다.
② 낙랑군을 한반도에서 완전히 몰아내었다.
③ 율령을 반포하여 통치 질서를 확립하였다.
④ 부족적 성격의 5부를 행정적 성격의 5부로 개편하였다.
⑤ 백제의 수도 한성을 함락시키고 남한강 유역까지 점령하였다.

16 다음 규정이 시행되었던 나라에서 볼 수 있는 모습으로 적절한 것은?

> 4두품에서 백성에 이르기까지는 방의 길이와 너비가 15척을 넘지 못한다. …… 섬돌은 산의 돌을 쓰지 못한다. 담장은 6척을 넘지 못하고, 보를 가설하지 못하며, 석회를 칠하지 못한다. 대문과 사방문을 만들지 못하고, 마구간에는 말 2마리를 둘 수 있다.

① 심신을 연마하는 화랑
② 서옥에 들어가는 신랑
③ 제가 회의에 참여하는 귀족
④ 책화로 소를 배상하는 백성
⑤ 진대법에 의해 구제받는 농민

상 **중** 하 15회

17 밑줄 친 '이 나라'에 대한 설명으로 옳은 것은?

 왼쪽의 그림은 훗날 양나라 황제가 되는 소역이 양나라를 방문한 이 나라 사신을 그린 것이다. 중국 남조의 여러 왕조와 교류가 활발했고, 왕족인 부여씨와 8성의 귀족이 지배층을 이루었던 이 나라의 사신 그림을 통해 우리 고대 사회 지배층의 실제 모습을 생생하게 엿볼 수 있다.

① 서옥제와 형사취수제라는 풍습이 있었다.
② 도둑질한 자는 훔친 것의 12배를 물게 하였다.
③ 지배층은 투호와 바둑 및 장기를 오락으로 즐겼다.
④ 귀족은 화백 회의를 통해 국가 중대사를 결정하였다.
⑤ 개인의 사회 활동까지 엄격하게 제한하는 골품제가 있었다.

상 중 **하** 17회

18 다음 자료를 보고 학생들이 발표한 내용으로 옳은 것을 〈보기〉에서 고른 것은?

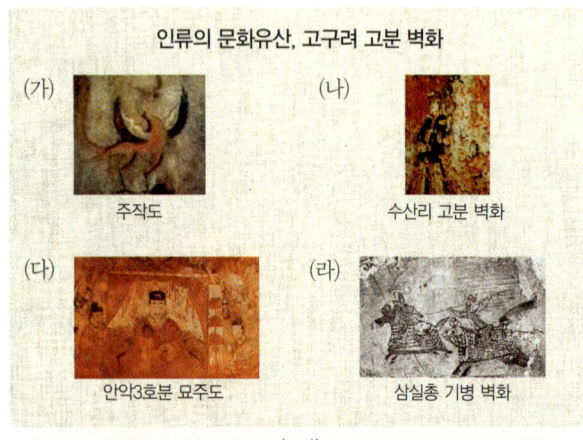

인류의 문화유산, 고구려 고분 벽화

(가) 주작도

(나) 수산리 고분 벽화

(다) 안악3호분 묘주도

(라) 삼실총 기병 벽화

〈보기〉
ㄱ. 갑 : (가)는 불교 사상과 밀접한 관련이 있어요.
ㄴ. 을 : (나)는 일본의 고분 벽화에 영향을 주었어요.
ㄷ. 병 : (다)는 신분제 사회였음을 짐작하게 해 줘요.
ㄹ. 정 : (라)는 서역 계통으로 추측되는 인물이 보여요.

① ㄱ, ㄴ   ② ㄱ, ㄷ   ③ ㄴ, ㄷ
④ ㄴ, ㄹ   ⑤ ㄷ, ㄹ

상 **중** 하 14회

19 다음은 어떤 불상에 대한 소개 내용이다. 이에 해당하는 자료로 옳은 것은?

문화유산 불탑

이 불상은 국보 제119호로, 1963년 7월 경상남도 의령에서 출토되었어요. 이 불상의 광배 뒤에는 연가 7년의 명(銘)이 기록되어 있는 매우 중요한 문화재예요.

①    ②    ③

④    ⑤

상 중 하 20회

20 (가)에 들어갈 수 있는 유물로 옳은 것은?

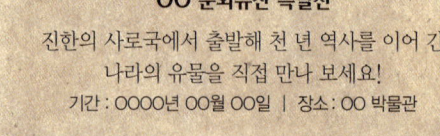

OO 문화유산 특별전

진한의 사로국에서 출발해 천 년 역사를 이어 간 나라의 유물을 직접 만나 보세요!
기간 : OOOO년 OO월 OO일 ┃ 장소 : OO 박물관

(가)

①    ②    ③

④    ⑤

상 중 하 18회

21 (가)에 들어갈 문화재로 적절한 것은?

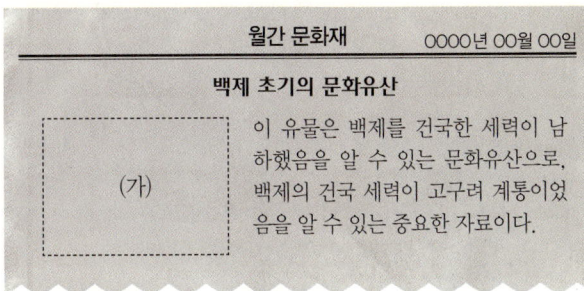

월간 문화재　　　　○○○○년 ○○월 ○○일

백제 초기의 문화유산

이 유물은 백제를 건국한 세력이 남하했음을 알 수 있는 문화유산으로, 백제의 건국 세력이 고구려 계통이었음을 알 수 있는 중요한 자료이다.

① 금관총 금관

② 화엄사 각황전 앞 석등

③ 고달사지 승탑

④ 백제 금동 대향로

⑤ 석촌동 고분

상 중 하 19회

22 밑줄 친 '이 나라'에 대한 설명으로 옳은 내용을 〈보기〉에서 고른 것은?

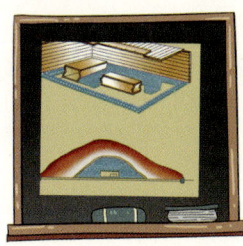

그림은 이 나라 무덤의 내부 구조예요. 도굴이 어려워 많은 껴묻거리가 그대로 남아 있어요.

〈보기〉

ㄱ. 대가야를 정복하였다.
ㄴ. 제가 회의를 열어 죄인을 처벌하였다.
ㄷ. 화랑도를 국가적인 조직으로 만들었다.
ㄹ. 22담로에 왕족을 파견하여 지방을 통제하였다.

① ㄱ, ㄴ　　② ㄱ, ㄷ　　③ ㄴ, ㄷ
④ ㄴ, ㄹ　　⑤ ㄷ, ㄹ

상 중 하 15회

23 (가)에 들어갈 문화재로 적절한 것은?

- 지정번호 : 국보 30호
- 소재지 : 경주시 구황동
- 시대 : 신라(삼국 시대)
- 특징 : 벽돌 모양으로 다듬어 쌓아 올린 석탑으로, 현재는 일부 층만 남아 있으나 원래는 7층 혹은 9층이었을 것으로 추측됨.

(가)

①
②
③
④
⑤

상 중 하 20회

24 (가)에 들어갈 수 있는 유물로 옳은 것은?

○○○ 미술관에서 (가) 불상이 전시되고 있습니다. 이 불상은 고구려에서 만들어진 것으로, 연호가 새겨져 있는 점이 특징입니다.

① 이불 병좌상

② 부석사 소조 아미타여래 좌상

③ 금동 연가 7년명 여래 입상

④ 하남 하사창동 철조 석가여래 좌상

⑤ 금동 미륵보살 반가 사유상

1. ② 2. ④ 3. ② 4. ③ 5. ③ 6. ③ 7. ① 8. ④ 9. ④ 10. ⑤
11. ① 12. ④ 13. ③ 14. ⑤ 15. ④ 16. ① 17. ③ 18. ③ 19. ③
20. ⑤ 21. ⑤ 22. ② 23. ③ 24. ③

1. ② 바로 정리 : 백제의 전성기
제시된 지도에서 백제가 한강 유역을 차지했고, 북쪽으로 진출한 모습을 통해 백제의 전성기임을 알 수 있다. 백제의 전성기였던 4세기 근초고왕 때 백제는 마한 세력을 정복하여 전라도 남해안까지 그 세력이 이르렀으며, 북으로는 황해도 지역을 놓고 고구려와 대결했다. 중국의 요서 지방, 산둥 지방과 일본의 규슈 지방까지도 진출했다. 아하! ① 진흥왕 시기에 대한 설명이다. ③ 고구려 말기에 대한 설명이다. ④ 진흥왕 시기에 대한 설명이다. ⑤ 백제 성왕 시기에 대한 설명이다.

2. ④ 바로 정리 : 유리 이사금 시기의 신라
자료에서 '탈해, 유리, 이가 더 많으니 나라의 주인이 되십시오'라는 내용을 통해 신라가 아직 중앙 집권 국가가 되기 이전이고 내물왕 이전 시기임을 알 수 있다. 신라는 내물왕 때부터 이사금 대신 대군장을 의미하는 마립간이라는 왕호를 사용했다. 아하! ①, ③ 법흥왕에 대한 설명이다. ② 내물왕에 대한 설명이다. ⑤ 진흥왕에 대한 설명이다.

3. ② 바로 정리 : 금관가야와 대가야
제시된 자료에서 (가)는 고령을 중심으로 발전한 내륙 지방의 대가야, (나)는 낙동강 유역의 김해를 중심으로 발전한 금관가야이다. 대가야는 후기 가야 연맹을 이끌었다. 금관가야는 전기 가야 연맹을 이끌다가 광개토 대왕의 침입 이후 세력이 약화되었다. 이후 금관가야는 법흥왕 때, 대가야는 진흥왕 때 신라에 멸망했다.

4. ③ 바로 정리 : 가야의 경제생활
자료에서 '고령, 판갑옷' 등을 통해 가야의 유물이라는 것을 알 수 있다. 가야의 소국들은 일찍부터 벼농사를 짓는 등 농경 문화가 발달했다. 또 풍부한 철 생산과 해상 교통을 이용하여 낙랑과 왜의 규슈 지방을 연결하는 중계 무역이 발달했다. 아하! ① 태학은 고구려 소수림왕 때 설립되었다. ② 신라 지증왕에 대한 설명이다. ④ 신라 진흥왕에 대한 설명이다. ⑤ 고구려 장수왕에 대한 설명이다.

5. ③ 바로 정리 : 백제 무령왕의 업적
제시된 자료에서 '백제, 벽돌무덤'이라는 내용을 통해 무령왕릉, 무령왕이라는 것을 알 수 있다. 무령왕은 지방의 22담로에 왕족을 파견함으로써 지방에 대한 통제를 강화했다. 이로써 백제 중흥의 발판이 마련되었다. 아하! ① 근초고왕에 대한 설명이다. ② 침류왕에 대한 설명이다. ④ 성왕에 대한 설명이다. ⑤ 고이왕에 대한 설명이다.

6. ③ 바로 정리 : 장수왕의 업적
제시문의 '중국 남북조와 각각 교류, 백제의 수도 함락'이라는 내용을 통해 장수왕에 대한 내용이라는 것을 알 수 있다. 장수왕은 흥안령 일대의 초원 지대를 장악하는 한편, 중국 남북조와 각각 교류하면서, 대립하고 있는 두 세력을 조종하는 외교 정책으로 중국을 견제했다. 또 평양으로 도읍을 옮기고, 뒤이어 백제의 수도 한성을 함락하고 한강 전 지역을 포함하여 죽령 일대에서 남양만을 연결하는 선까지 그 판도를 넓혔다. 광개토 대왕 이후 고구려의 한강 유역 진출은 광개토 대왕릉비와 충주(중원) 고구려비에 잘 나타나 있다. 아하! ①, ② 소수림왕 때의 일이다. ④ 신라 지증왕 때의 일이다. ⑤ 백제 근초고왕 때의 일이다.

7. ① 바로 정리 : 나제 동맹을 맺은 시기
제시문은 나제 동맹을 맺고, 고구려에 대항하여 싸운 내용과 관련된 것이다. 백제와 신라는 고구려의 장수왕이 평양으로 천도하고 남진 정책을 추진하자, 이에 위협을 느껴 433년에 나제 동맹을 맺었다.

8. ④ 바로 정리 : 백제의 웅진·사비 시기
제시된 자료에서 (가)는 백제가 처음 천도한 웅진(공주)이고, (나)는 두 번째로 천도한 사비(부여)이다. 웅진 시기는 국력을 회복하는 시기로, 무령왕이 지방의 22담로에 왕족을 파견한 것이 대표적인 사례이다. 사비로의 천도는 성왕 때 이루어졌다. 성왕은 국호를 남부여로 고치고 중앙 관청과 지방 제도를 정비하고, 중국의 남조와 활발하게 교류하는 동시에 일본에 불교를 전하기도 했다. 성왕은 고구려의 내정이 불안한 틈을 타서 신라와 연합하여 일시적으로 한강 유역을 부분적으로 수복했지만 곧 신라에 빼앗기고, 자신도 신라를 공격하다가 관산성에서 전사하고 말았다. 아하! ① 한성이 수도였던 시기, 근초고왕 때의 일이다. ② (나) 시기에 해당한다. ③ (가) 시기에 해당한다. ⑤ 한성 시기에 해당한다.

9. ④ 바로 정리 : 충주 고구려비의 의의와 위치
자료에서 '한반도에 남아 있는 유일한 고구려비, 중원, 고구려 군대의 신라 영토 주둔'이라는 내용을 통해 충주(중원) 고구려비임을 알 수 있다. 아하! ① 국내성 주변에 위치한다. 광개토 대왕 시기에 신라를 침입한 왜구를 격퇴한 내용이 있다. ② 진흥왕이 한강 유역의 북한산을 점령하고 순수한 후 세운 비석이다. ③ 백제 의자왕 때 사택지적이란 인물이 남긴 비석이다. ⑤ 진흥왕이 고구려 영토인 적성 지역을 점령하고 만든 비석이다.

10. ⑤ 바로 정리 : 진흥왕의 업적
제시된 자료는 진흥왕과 관련이 있다. 진흥왕은 화랑도를 국가적인 조직으로 개편하고, 한강 유역을 빼앗고 함경도 지역까지 진출했으며, 남쪽으로는 고령의 대가야를 정복했다. 또한 관산성에서 백제의 성왕을 전사시켰다. 아하! ① 경덕왕에 대한 설명이다. ② 신문왕에 대한 설명이다. ③ 법흥왕에 대한 설명이다. ④ 지증왕에 대한 설명이다.

11. ① 바로 정리 : 수의 침략과 살수 대첩
제시된 지도에서 '우중문 별동대, 살수, 을지문덕이 물리침'이라는 내용을 통해 살수 대첩임을 알 수 있다. 중국의 수는 중국을 통일한 후 세력을 확대하고자 했다. 이에 고구려는 북쪽의 돌궐과 남쪽의 백제, 왜와 연결하는 연합 세력을 구축하면서 상황을 타개하려고 했다. 하지만 수는 백만이 넘는 대군을 동원하여 고구려를 침략했다. 이를 살수에서 을지문덕이 물리쳤다.

12. ④ 바로 정리 : 살수 대첩과 을지문덕의 시
제시된 자료는 을지문덕이 우중문에게 보낸 시이고, 이를 통해 수의 침략을 물리친 살수 대첩이라는 것을 알 수 있다. 아하! ① 신라 진흥왕에 대한 설명이다. ② 고구려 장수왕에 대한 설명이다. ③ 백제 근초고왕에 대한 설명이다. ⑤ 연개소문과 관련된 내용이다.

13. ③ 바로 정리 : 신라의 삼국 통일 완성
제시문의 '매소성, 기벌포'라는 단어를 통해 신라가 당과 전투한 내용이라는 것을 알 수 있다. 당이 한반도 전체를 장악하려는 야심을 보이자, 신라는 고구려 부흥 운동 세력을 후원하는 한편, 백제 땅에 대한 지배권을 장악했다. 이어 남침해 오던 당의 20만 대군을 매소성에서 격파하여 나당 전쟁의 주도권을 장악했고, 금강 하구의 기벌포에서 당의 수군을 섬멸했으며, 평양에 있던 안동 도호부를 요동성으로 밀어 내는 데 성공했다. 이로써 삼국 통일을 완성했다. 아하! ① 장수왕 시기의 일이다. ② 백제의 부흥 운동과 관련된 설명이다. ④ 근초고왕 시기의 일이다. ⑤ 고구려 부흥 운동을 한성(황해도 재령)과 오골성 주변에서 전개했다.

14. ⑤ 바로 정리 : 백제의 부흥 운동
제시된 자료에서 '흑치상지, 복신과 도침, 부여풍, 왜의 원군'이라는 내용을 통해 백제 부흥 운동과 관련된 내용임을 알 수 있다. 백제는 멸망 후 부흥 운동을 전개했다. 복신과 흑치상지, 도침 등은 왕자 풍을 왕으로 추대하고 주류성과 임존성을 거점으로 군사를 일으켰다. 이들은 4년간 저항했으나, 나당 연합군에 의하여 좌절되었다. 이때 왜의 수군이 백제 부흥군을 지원하기 위하여 백강 입구까지 왔으나 패하여 쫓겨 갔다.

15. ④ 바로 정리 : 고구려 고국천왕의 진대법
제시문은 고구려 고국천왕의 진대법 실시와 관련된 내용이다. 고구려는 고국천왕 시기에 부족적인 전통을 지녀 온 5부를 행정적 성격의 5부로 개편했고 왕위 계승도 형제 상속에서 부자 상속으로 바꾸었다. 한편 족장들은 중앙 귀족으로 편입되었다. 아하! ① 광개토 대왕에 대한 설명이다. ② 미천왕에 대한 설명이다. ③ 소수림왕에 대한 설명이다. ⑤ 장수왕에 대한 설명이다.

16. ① 바로 정리 : 신라의 골품 제도
제시문의 '4두품, 방의 길이' 등 할 수 있는 일의 한계를 정한 내용을 통해 신라의 골품 제도임을 알 수 있다. 신라의 골품은 개인의 사회 활동과 정치 활동 범위까지 엄격하게 제한했다. 관등 승진의 상한선이 골품에 따라 정해져 있었고, 가옥의 규모와 장식은 물론, 복색이나 수레 등 신라인의 일상생활까지 규제하는 기준으로 오랫동안 유지되었다. 아하! ②, ③, ⑤ 고구려에 대한 설명이다. ④ 동예에 대한 설명이다.

17. ③ 바로 정리 : 백제의 생활 모습
제시문의 '중국 남조와 교류, 왕족인 부여씨, 8성의 귀족'이라는 내용을 통해 백제에 대한 내용임을 알 수 있다. 백제의 지배층은 투호와 바둑 및 장기를 즐겼다. 아하! ① 고구려에 대한 설명이다. ② 부여에 대한 설명이다. ④, ⑤ 신라에 대한 설명이다.

18. ③ 바로 정리 : 고구려 벽화의 특징
제시된 자료에서 (가)의 주작도는 현무도 등과 함께 고구려가 도교를 수용했음을 알 수 있는 그림이다. (나)의 수산리 고분 벽화는 일본의 다카마쓰 고분 벽화에 영향을 주었다. (다)의 벽화는 신분에 따라 크기를 다르게 처리한 것으로 보아 신분제 사회였음을 알 수 있다. (라)는 고구려가 무예를 중시했음

을 보여 주는 그림이다.

19. ③ 바로 정리 : 고구려의 불상
제시된 자료에서 '고구려에서 제작, 연가 7년의 명'이라는 내용을 통해 금동 연가 7년명 여래 입상임을 알 수 있다. 아하! ① 고려 시대 거대한 불상의 상징인 관촉사 석조 미륵보살 입상이다. ② 고려 시대에 제작된 것으로, 통일 신라의 석굴암 본존불을 본떠 제작한 것이다. 부석사 소조 아미타여래 좌상이다. ④ 통일 신라 시대에 제작된 석굴암 본존불이다. ⑤ 금동 미륵보살 반가 사유상이다.

20. ⑤ 바로 정리 : 신라의 유물
제시문의 '진한 사로국에서 출발한 나라'라는 내용을 통해 신라라는 것을 알 수 있다. 아하! ① 백제에서 제작한 백제 금동 대향로이다. ② 발해에서 제작한 돌사자상이다. ③ 백제에서 제작한 칠지도이다. ④ 고구려에서 제작한 금동 연가 7년명 여래 입상이다.

21. ⑤ 바로 정리 : 고구려 계통임을 알 수 있는 백제 고분
《삼국사기》, 《삼국유사》를 통해 백제를 건국한 세력이 고구려에서 내려왔음을 확인할 수 있다. 백제와 고구려의 공통점을 알 수 있는 실제 유물에는 서울 석촌동의 고분인 돌무지무덤이 있다. 돌무지무덤은 고구려 초기와 백제 초기에 만들어졌다. 아하! ① 신라에서 제작했다. ② 통일 신라 시기에 제작했다. ③ 고려 시대에 제작했다. ④ 백제에서 제작한 것으로, 도교와 불교가 수용되었음을 보여 주는 유물이다.

22. ② 바로 정리 : 신라의 돌무지덧널무덤
제시된 자료는 신라의 돌무지덧널무덤에 대한 것이다. 돌무지덧널무덤은 신라에서 주로 만들었으며 지상이나 지하에 시신과 꺼묻거리(부장품)를 넣은 나무덧널을 설치하고 그 위에 댓돌을 쌓은 다음 흙으로 덮었다. 도굴이 어려워 많은 꺼묻거리가 그대로 남아 있다. 아하! ㄴ. 고구려에 대한 설명이다. ㄹ. 백제에 대한 설명이다.

23. ③ 바로 정리 : 신라의 분황사 모전 석탑
제시된 자료에서 '경주, 신라, 벽돌 모양 석탑'이라는 내용을 통해 분황사 모전 석탑이라는 것을 알 수 있다. 아하! ① 백제에서 제작한 익산 미륵사지 석탑으로, 목탑의 형식을 따랐다. ② 통일 신라의 다보탑이다. ④ 고려의 월정사 8각 9층 석탑이다. ⑤ 고려의 경천사지 10층 석탑이다.

24. ③ 바로 정리 : 고구려의 금동 연가 7년명 여래 입상
제시된 자료에서 '고구려, 연호가 새겨져 있다'는 내용을 통해 금동 연가 7년명 여래 입상이라는 것을 알 수 있다. 아하! ① 발해에서 제작했다. ②, ④ 고려에서 제작했다. ⑤ 삼국 시대에 제작되었지만 정확히 어느 나라에서 제작되었는지는 확인할 수 없다.

3 통일 신라와 발해

남북국 시대

후삼국의 성립

01 통일 신라의 정치 변화

(1) 왕권의 전제화 : 진골 세력 억압, 6두품 세력 등용(왕권 뒷받침, 행정 실무 담당)

문무왕 (661~681)	삼국 통일 완성, 민족 통합 도모	죽은 뒤 동해의 용이 되어 나라를 지키겠다는 유언에 따라 경주 앞바다에 있는 대왕암에 안치되었어.
신문왕 (681~692)	김흠돌의 반란 이후 진골 세력 숙청, 관료전 지급, 녹읍 폐지, 국학 설립, 9주 5소경 설치	관료전 : 조세 수취만 가능, 녹읍 : 노동력과 조세 수취 모두 가능. 즉 귀족의 경제 기반을 약화시키려는 정책이지.

(2) 전제 왕권의 동요

중앙	경덕왕·혜공왕 이후 왕위 쟁탈전 심화 → 상대등 강화(시중 약화), 녹읍의 부활로 귀족 세력 강화
지방	• **농민 몰락** : 귀족의 대토지 소유 확대 → 농민 수탈이 심해 농민 반란 • **호족의 성장** : 골품제 비판, 6두품·선종과 연합, 농민을 규합하여 독자 세력화, 지방에서 성주·장군 등의 호칭 사용 선종은 정신 수양과 참선을 통해 스스로의 깨달음을 강조했어. 선종 승려 중에는 호족 출신이 많아.

(3) 후삼국의 성립

배경	9세기 진성 여왕 시기 사회 혼란, 조세 독촉 → 농민 봉기(원종과 애노의 난) 889년 상주에서 일어남
후백제(900)	견훤이 완산주(전주)에 도읍, 충청·전라 지역 차지
후고구려(901)	궁예가 송악(개성)에 도읍, 강원·경기·황해 일대 차지 → 철원으로 천도, 국호 변경(마진 → 태봉) → 궁예의 왕권 강화 시도, 미륵불 자칭 → 왕권에 의해 축출

02 발해의 건국과 발전

건국(698)	건국	대조영이 고구려 유민과 말갈을 규합하여 동모산에 건국
	주민 구성	고구려 계통(소수, 지배층 구성), 말갈 계통(다수, 중앙 관직에 일부 참여, 말단 촌락은 말갈 문화 유지)
	의의	고구려의 계승(일본에 보낸 국서에 고구려 계승 의식 표명) 발해 국왕이 스스로 '고려 국왕'이라고 칭하였으며, 일본도 발해를 '고려'라고 칭했어.
발전	무왕	당과 무력 대립(장문휴의 산둥 반도 공격), 돌궐·일본과 연합
	문왕	당과 교류(당의 문화 수용, 체제 정비), 신라도 개설, 독자적 연호(대흥) 사용, 상경 천도 상경 → 남경 → 신라의 수도 금성에 이르는 교통로 당나라의 수도 장안성과 같은 구조
	선왕	고구려의 옛 영토 대부분 회복, '해동성국'으로 불림 바다 동쪽에 있는 융성한 나라라는 뜻
멸망		지배층의 내분, 거란의 침입으로 멸망(926) → 부흥 운동(후발해, 정안국 등)

WHY 신라 전제 왕권의 동요 (신라 하대)

신라 중대는 전제 왕권이 강했던 시기로, 무열왕 직계 후손이 왕위를 이었다. 상대등에 비해 상대적으로 집사부 시중의 권한이 강했고, 녹읍이 폐지되었다. 녹읍의 폐지는 귀족 세력의 약화로 이어졌다. 하지만 경덕왕 이후 녹읍이 부활되면서 귀족 세력이 강화되었고, 녹읍을 기반으로 한 진골은 왕위 쟁탈전을 벌이게 되었다. 이로 인해 지방에 대한 중앙의 지배력은 약화될 수밖에 없었고, 농민들은 귀족들의 수탈에 시달려야 했다. 이에 농민들이 봉기를 일으키자 신라는 혼란에 빠질 수밖에 없었다.

03 남북국의 통치 체제

(1) 통일 신라의 통치 체제

통치 체제	중앙	집사부, 위화부, 사정부(감찰 기관) 등 13개 부서, 국학(국립 대학)
	지방	• 9주(총관 파견, 행정적 성격) 5소경(수도 보완 및 지방의 균형 발전 추구) • 향·부곡(특수 행정 구역), 상수리 제도(지방 세력 견제), 외사정 파견(지방관 감찰) 각 주의 향리 1명을 수도 금성에서 일정 기간 동안 근무하게 하는 제도야. 지방 세력을 효과적으로 통제하기 위해서지.
군사	중앙	9서당 : 고구려인·백제인·말갈인 포함하여 조직 → 민족 융합 정책
	지방	10정 : 9주 각 주에 1정씩 배치, 한주(국경 지역)에만 2정 배치

(2) 발해

중앙	당의 3성 6부를 근간으로 편성, 명칭과 운영 면에서 독자성 유지 유교적 덕목으로 6부의 명칭을 정하고 이원적 운영 방식을 채택했어.
지방	5경 15부 62주 : 주·현에 지방관 파견, 촌락은 토착 세력이 통치
군사	10위(왕궁, 수도 경비), 지방군(지방관이 담당, 행정 조직에 따라 편성)

 04 남북국의 경제

(1) 통일 신라의 경제

수취 체제	민정 문서 작성 : 세금 수취를 위해 촌주가 3년마다 작성, 토지·인구·가축·토산물 등의 증감 기록		
토지 제도	**통일 이전** 녹읍 지급 : 귀족의 경제적 기반	**통일 이후** • 관료전 지급, 녹읍 폐지(신문왕) • 정전 지급(성덕왕)	**통일 신라 후반** 녹읍 부활 : 진골의 세력 회복
상업	농업 생산력 증대 → 상업 등 경제 활동 활성화, 동시·서시·남시 설치		
무역	당·이슬람·일본 등과 교류, 장보고의 활동(한반도의 청해진, 중국 산둥의 법화원), 당의 산둥 반도 지역에 신라인의 신라방 등 설치		

(2) 발해의 경제

상업	밭농사(콩, 조) 위주, 일부 지역에서 논농사 발달
무역	당·일본과 무역 전개, 말·모피·녹용 수출

기억하라! 지도

통일 신라의 9주 5소경

기억하라! 제도

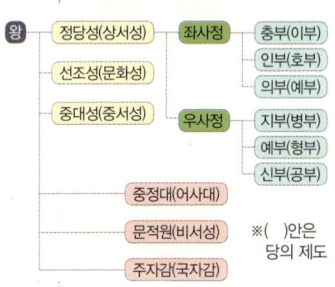

발해의 중앙 통치 제도

기억하라! 사료

• 흥덕왕 3년 청해 대사 궁복(장보고)은 …… 귀국하여 왕을 알현하고 졸병 1만 명을 이끌고 청해에 진을 세웠다.
• 장보고가 살아 있을 때 당 물건을 사기 위해 비단을 주고 그 대가로 물건을 얻을 수 있었는데, 그 수가 적지 않았다.

장보고는 청해진을 건설하여 해적을 소탕하고 남해와 황해 일대의 해상권을 장악해 이를 토대로 당·신라·일본을 잇는 국제 무역을 주도했다.

신라 말기에는 녹읍의 부활 등으로 귀족이 농민을 수탈하고, 호족이 지방을 지배하면서 중앙의 권위와 재정이 약화되었다. 그러자 중앙에서는 농민들로부터 더욱 많이 수취하려고 했다. 이에 농민들은 봉기를 일으켰다. 원종과 애노의 난이 대표적이다.

핵심주제 05 남북국의 사회

(1) 통일 신라의 사회 모습

통일 신라	민족 융합 정책	백제·고구려 지배층에게 관등 부여, 9서당에 백제·고구려 유민·말갈인 편입
	지배층의 변화	왕권의 전제화(집사부·시중의 권한 강화), 6두품의 강화, 3~1두품의 평민화

(2) 발해의 사회 모습

발해	지배층	고구려 계통(대씨, 고씨 등)과 일부 말갈 계통 중심, 고위 관직 독점, 당 문화 수용, 당 유학(빈공과 응시) 외국인을 대상으로 한 과거 제도
	피지배층	대다수 말갈인 : 국가에 조세와 노동력 납부, 최하층은 노비와 예속인으로 구성

핵심주제 06 남북국의 문화

(1) 교육

통일 신라	•국학 설립(신문왕), 독서삼품과 실시(원성왕, 유교 경전에 대한 이해 수준에 따라 관리 채용) •문장가 배출 : 설총(경전 이해, 이두 정리), 최치원(당의 빈공과 합격, 〈토황소격문〉)
발해	주자감 설립(유교 경전 교육), 중앙 6부의 명칭을 유교의 덕목으로 정함

(2) 불교

통일 신라	원효	•교리의 대립 해소 노력 : 화쟁 사상 주장, 《금강삼매경론》과 《대승기신론소》 저술 일심 사상을 기반으로 모든 논쟁을 조화시키기 위한 사상. 부처의 진리 속에서 여러 종파의 융합을 시도한 것이 특징 •불교의 대중화 : 아미타 신앙, '나무아미타불' 암송 강조 아미타불은 극락세계를 주관하는 부처로, '나무아미타불'을 열심히 암송하면 사후에 극락으로 갈 수 있다고 믿는 신앙
	의상	•화엄 사상 정립 : 《화엄일승법계도》 – 모든 존재의 상호 의존·조화 강조 •화엄종 개창 : 제자 양성 및 사찰 건립(부석사 등) •관음 신앙
	혜초	《왕오천축국전》 저술(인도와 중앙아시아의 풍물을 자세히 기록) 천축은 인도를 가리키는 말
발해		고구려 불교 계승 → 상경에 10여 개의 절터와 불상 남김

(3) 선종 : 실천 수행을 통한 깨달음 중시 → 신라 말 크게 유행, 각 지방에 9산 선문 건립 → 호족·반신라적 세력과 결합 → 고려 왕조에 사상적 기반 제공

(4) 풍수지리설 : 산세·지세를 살펴 도읍·주택·묘지를 선정, 국토의 효율적 이용 추구

(5) 고분과 고분 벽화

통일 신라	 김유신 묘(굴식 돌방무덤, 둘레돌에 12지 신상 조각)	 문무왕릉 불교의 확산으로 화장 유행
발해	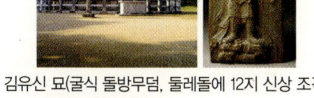 정효 공주 묘(묘지와 벽화 발굴)	 정혜 공주 묘 돌사자상	정혜 공주 묘가 대표적, 모줄임천장 구조, 굴식 돌방무덤(고구려 계승) 고분 내부의 위쪽 모서리를 위로 올라가면서 줄여 나가는 천장 구조

기억하라! 유물

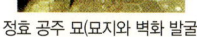

무구정광대다라니경

무구정광대다라니경은 전체 길이 약 650cm에 달하는 종이 불경으로, 1966년 불국사 3층 석탑 보수 과정에서 발견되었다. 목판 인쇄물로, 신라의 인쇄술 수준을 알 수 있는 유물이다.

(6) 조형 예술의 발전

구분	탑(승탑)			불상	건축
통일 신라	감은사지 3층 석탑	불국사 3층 석탑(석가탑) 통일 신라 석탑의 전형적인 모습	다보탑	석굴암 본존불	불국사 유네스코 세계 문화유산으로 지정되었어.
	진전사지 3층 석탑 (신라 후기)	쌍봉사 철감 선사 승탑 (신라 후기) 신라 말 선종의 유행에 따라 만들어진 승탑			
발해	영광탑 당의 영향을 받았어.	발해 석등		이불 병좌상 고구려 양식을 계승했어.	주작대로

상 중 하 18회

01 (가) 시기의 일로 옳은 것은?

	647	654	765	780
			(가)		
	진덕 여왕 즉위	무열왕 즉위	혜공왕 즉위	선덕왕 즉위

① 장보고가 청해진을 설치하였다.
② 관료전을 지급하고 녹읍이 폐지되었다.
③ 귀족들 사이에서 왕위 쟁탈전이 전개되었다.
④ 호족이 지방의 행정권과 군사권을 장악하였다.
⑤ 견훤이 완산주에 도읍을 정하고 후백제를 세웠다.

상 중 하 21회

02 (가), (나) 왕에 대한 설명으로 옳은 것은?

이곳 감은사는 동해 바다의 용이 되겠다는 유언을 남긴 아버지 (가)의 뜻을 받들어 아들인 (나)가 682년에 창건한 것이에요.

① (가) - 최초의 진골 출신 왕이다.
② (가) - 유학 교육을 위하여 국학을 설립하였다.
③ (나) - 관료전을 지급하고 녹읍을 폐지하였다.
④ (나) - 삼국 통일을 완성하였다.
⑤ (가), (나) - 지방 호족의 반란으로 권위가 약화되었다.

상 중 하 16회

03 자료의 왕이 실시한 경제 정책으로 옳은 것은?

○○왕

1년 8월, 소판 김흠돌, 파진찬 흥원 등이 반역을 꾀하다 처형되었다.
2년 6월, 국학을 세우고 경 1인을 두었다.
6년 1월, 이찬 대장을 중시로 삼았다.

① 녹읍을 부활하였다.
② 관료전을 지급하였다.
③ 과전법을 시행하였다.
④ 연분 9등법을 제정하였다.
⑤ 전민변정도감을 설치하였다.

상 중 하 15회

04 다음 정책을 추진한 공통된 목적으로 적절한 것은?

• 신문왕 7년 5월에 문무 관료전을 지급하되 차등을 두었다.
• 신문왕 9년 1월에 내외관의 녹읍을 혁파하고, 매년 조(租)를 내리되 차등 있게 하여, 이로써 영원한 법식을 삼았다.
• 성덕왕 21년 8월에 처음으로 백성에게 정전을 지급하였다.

① 왕권의 강화
② 상대등의 권력 강화
③ 농민들에 대한 통제 강화
④ 신진 사대부의 권력 기반 마련
⑤ 지방 호족과 연계된 사회 개혁 추진

05 선생님의 질문에 대한 대답으로 옳은 것은?

이 지도는 어느 나라의 행정 구역을 나타낸 것이에요. 이 나라의 지방 통치 제도에 대해 말해 볼까요?

① 모든 군현에 수령을 파견하였어요.
② 향, 부곡, 소를 일반 군현으로 승격시켰어요.
③ 북방의 국경 지대에는 병마사를 파견하였어요.
④ 지방 세력을 견제하기 위해 상수리 제도를 실시하였어요.
⑤ 지방관이 파견된 지역을 주현, 파견되지 않은 지역을 속현이라고 하였어요.

06 밑줄 친 '그'가 근거지로 삼았던 지역으로 옳은 것은?

그가 귀국하여 흥덕왕을 뵙고 아뢰기를, "중국의 어디를 가든지 우리나라 사람들을 노비로 삼고 있으니, 청해에 진영을 설치하여 해적이 사람들을 잡아 서쪽으로 데려가지 못하게 해 주십시오."라고 하였다. 왕은 그 말에 따라 군사 만 명을 주어 해상을 방비하게 하였다.

① (가)   ② (나)   ③ (다)   ④ (라)   ⑤ (마)

07 (가) 시기에 있었던 역사적 사실로 옳지 않은 것은?

780년 선덕왕이 즉위하다.
(가)
935년 신라가 멸망하다.

① 6두품이 반신라적인 경향을 보였다.
② 토지를 잃은 농민들이 초적이 되기도 하였다.
③ 호족이 지방의 행정권과 군사권을 장악하였다.
④ 중앙 정부의 지방에 대한 통제력이 강화되었다.
⑤ 중앙 귀족들 사이에 왕위 쟁탈전이 전개되었다.

08 지도에 표시된 인물들이 활동하던 시기에 있었던 일로 옳은 것은?

① 녹읍이 폐지되었다.
② 권문세족이 집권하였다.
③ 왕위 쟁탈전이 전개되었다.
④ 묘청의 서경 천도 운동이 전개되었다.
⑤ 만적 등이 신분 해방 운동을 전개하였다.

상 **중** **하** 17회

09 다음 축제의 주제에 어울리는 행사로 가장 적절한 것은?

○○신문

0000년 00월 00일

제○○회 태봉제 거행하다

제○○회 태봉제가 시작되었다. ○○군과 태봉제 위원회는 사흘간 '태봉, 천년의 기를 펼쳐라'를 주제로 군민 대축제인 태봉제를 개최한다. 이 축제에서는 후삼국 시대 태봉의 역사를 재현하는 등 다양한 행사가 열릴 예정이다.

---

① 단오제 개최 ② 종묘 제례악 공연
③ 온달 장군 진혼제 ④ 순청자 제작 체험
⑤ 궁예의 어가 행렬 재연

상 **중** **하** 19회

11 다음 가상 드라마가 다루고 있는 시대 상황으로 옳지 않은 것은?

드라마 제작 기획서
• 제목 : 후삼국 시대의 영웅들
• 등장인물 : 왕건, 궁예, 견훤
• 내용 : 후삼국 시대의 여러 인물들이 통일 과정에서 겪었던 사건들을 재구성하여 화합의 중요성을 깨닫는 계기로 만듦.

① 녹읍이 운영되었다.
② 풍수지리설이 유행하였다.
③ 6두품은 반신라적인 경향을 보였다.
④ 권문세족이 농민들의 토지를 빼앗았다.
⑤ 성주, 장군이라 칭하는 호족 세력이 성장하였다.

상 **중** **하** 20회

10 밑줄 친 '이 인물'이 활동하던 시기를 연표에서 옳게 고른 것은?

• 이 인물이 완산주를 근거로 스스로 나라를 세우다.
• 봄 3월에 이르러 파진찬 신덕·영순 등이 신검에게 권하여 이 인물을 금산사에 가두고, 사람을 보내 금강을 살해하도록 하였다.
• 이 인물이 금산사에서 도주하여 사람을 보내 태조에게 만나기를 청하였다.

	427		562		660		732		822		936	
		(가)		(나)		(다)		(라)		(마)		
	고구려 평양 천도		신라 대가야 병합		백제 멸망		발해 등주 공격		신라 김헌창의 난		고려 후삼국 통일	

① (가) ② (나) ③ (다) ④ (라) ⑤ (마)

상 **중** **하** 21회

12 밑줄 친 사실이 있었던 시기를 연표에서 옳게 고른 것은?

경순왕 9년 겨울 10월에 왕은 왕건에게 항복하기를 청하였다. 왕자가 울며 왕에게 하직하고 바로 개골산에 들어가, 바위에 기대어 집으로 삼고 삼베옷을 입고 풀을 먹으며 일생을 마쳤다.

887		900		918		936		949		993
	(가)		(나)		(다)		(라)		(마)	
진성 여왕 즉위		후백제 건국		고려 건국		후삼국 통일		광종 즉위		거란 1차 침입

① (가) ② (나) ③ (다) ④ (라) ⑤ (마)

13 선생님이 제시할 자료로 적절한 것은?

일본에 보낸 국서에 고려 또는 고려 국왕이라는 명칭을 사용한 사실이라든지, 문화의 유사성으로 보아 발해는 고구려를 계승한 국가예요. 그럼 이러한 사실을 입증할 수 있는 유물을 볼까요?

①

②

③

④

⑤

14 (가)에 들어갈 국가에 대한 설명으로 옳은 것은?

속말말갈은 흑수말갈의 남쪽에 분포되어 있었다. 7세기 말엽에 속말말갈의 수령 대조영이 여러 종족을 통일하고 정권을 세웠다. 713년에 당 현종이 대조영을 [(가)] 군왕으로 책봉하고 발해 도독부 도독의 직위를 수여하였다. 이때로부터 속말말갈이 수립한 정권을 [(가)]라고 불렀다.

① 3성 6부의 중앙 정치 조직이 있었다.
② 형사취수제라는 혼인 풍습이 있었다.
③ 화백 회의에서 국가의 중요한 일을 결정하였다.
④ 호족을 견제하고자 사심관과 기인 제도를 활용하였다.
⑤ 혈연에 따라 사회적 제약이 가해지는 골품 제도가 있었다.

15 다음은 신라에서 작성된 어느 문서의 내용을 도표화한 것이다. 이 문서를 만든 목적으로 가장 적절한 것은?

내용 \ 구분	촌락1	촌락2	촌락3
논/밭(결)	102/62	63/119	71/58
호수	10	15	8
인구[노비]	142[9]	125[7]	69[0]
소	22	18	8
말	25	18	8
뽕나무	1,004	1,280	730

① 유통 경제의 활성화
② 당과의 활발한 문물 교류
③ 조세의 징수와 노동력의 동원
④ 엄격한 신분 질서의 안정적 유지
⑤ 농업 생산력 향상을 위한 토지 제도 개혁

16 선생님의 질문에 대한 대답으로 옳은 것은?

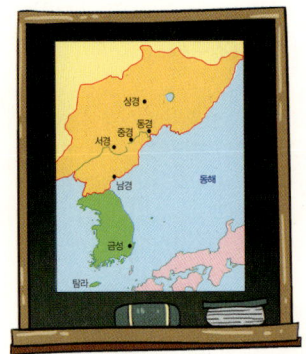

지도와 같은 형세를 보였던 시기에는 어떤 일이 있었을까요?

① 장시가 전국적으로 확대되었다.
② 벽란도가 국제 무역항으로 번성하였다.
③ 울산항에 아라비아 상인이 왕래하였다.
④ 송상이 만상과 내상을 중계하며 큰 이득을 남겼다.
⑤ 활구라는 은전을 만들었으나 널리 유통되지는 않았다.

막강기출유형

상 중 하 19회

17 다음은 어느 나라에 대해 대화하는 그림이다. 이 국가의 유물로 적절한 것은?

 대조영이 건국하였어.

 문왕 때에는 수도를 중경에서 상경으로 천도하였어.

①
하남 하사창동 철조 석가여래 좌상

②
금동 대향로

③
영광탑

④
경천사지 10층 석탑

⑤
천마도

상 중 하 16회

18 (가)에 들어갈 문화재로 적절한 것은?

(가) 발해의 옛 수도인 동경의 절터에서 발견된 문화유산으로, 흙을 구워 만들었다. 이로써 발해의 문화유산에 고구려적 요소가 있다는 것을 알 수 있다.

①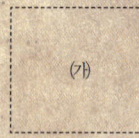
②
③
④
⑤

상 중 하 20회

19 (가)에 들어갈 인물에 대한 설명으로 옳은 것은?

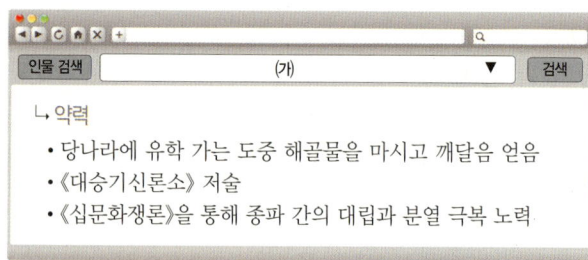

인물 검색 (가) 검색

└ 약력
• 당나라에 유학 가는 도중 해골물을 마시고 깨달음 얻음
• 《대승기신론소》 저술
• 《십문화쟁론》을 통해 종파 간의 대립과 분열 극복 노력

① 화엄 사상을 정립하였다.
② 유불일치설을 주장하였다.
③ 해동 천태종을 창립하였다.
④ 왕오천축국전을 저술하였다.
⑤ 불교의 대중화를 위해 노력하였다.

상 중 하 14회

20 (가)의 사진 자료로 적절한 것은?

(가)

이 유물은 참선과 실천 수행을 통해 깨달음을 얻으면 누구나 부처가 될 수 있다는 선종 사상이 신라 말에 퍼지면서 만들어진 것으로 승려의 사리를 봉안하는 것이에요.

①
미륵사지 석탑

②
쌍봉사 철감 선사 승탑

③
천마총

④
화엄사 각황전 앞 석등

⑤
부석사 무량수전

21 밑줄 친 '그'에 대한 설명으로 옳은 것은?

그는 만 4년 동안 인도를 여행하였고, 카슈미르, 아프가니스탄, 중앙아시아 일대까지 답사하고, 30세를 전후하여 중국 장안으로 돌아왔다. 당시의 중국 유학승들이 인도에 간 중요한 목적 중 하나는 인도의 불교 대학에서 수학하는 것이었으나, 그의 경우에는 공부한 흔적이 없다. 따라서 불적지(佛蹟地)를 참배하기 위해 인도에 갔음을 알 수 있다.

① 화엄 사상을 정립하였다.
② 왕오천축국전을 저술하였다.
③ 수선사 결사 운동을 주도하였다.
④ 교종과 선종의 통합을 주장하였다.
⑤ 일심 사상을 통해 분파 의식을 극복하려고 하였다.

22 (가)에 들어갈 자료로 적절한 것은?

- 답사 목적 : 통일 신라의 불상 살펴보기
- 기간 : 0000.00.00 • 장소 : 경상도 일대
- 답사 유적 사진 :

(가)

- 내용 : 인공 석굴 사원에 있는 것으로, 조형미가 뛰어난 것이 특징이다.

①
②
③
④
⑤

23 (가)에 들어갈 인물에 대한 설명으로 옳은 것은?

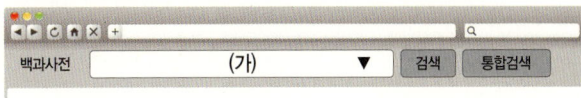

신라 진골 출신 승려로, 당에 유학한 후 귀국하여 여러 절을 세우고 많은 제자를 양성하였다. 특히 부석사 창건과 관련하여 설화가 전해 오는데, 당에서 만난 '선묘'라는 여인이 죽은 뒤 용이 되어 신라까지 와서 부석사 건립에 도움을 주었다고 한다.

① 유불 일치설을 주장하였다.
② 왕오천축국전을 저술하였다.
③ 관음 신앙을 신라 사회에 확산시켰다.
④ 금강삼매경론, 대승기신론소 등을 저술하였다.
⑤ 선종을 중심으로 교종을 포용하여 선교 일치를 이루고자 하였다.

24 (가)에 들어갈 자료로 적절한 것은?

(가)

- 종목 : 국보 제20호
- 소재 : 경주 불국사
- 유래 : 석가여래가 묘법연화경을 설법하자, 다보여래가 나타나서 "거룩하고 성스럽습니다. 잘 하고 잘 하십니다."라고 말씀하셨는데, 이 탑은 다보여래를 상징하는 탑임.

①
②
③
④
⑤

1. ② 2. ③ 3. ② 4. ① 5. ④ 6. ② 7. ④ 8. ③ 9. ⑤ 10. ⑤
11. ④ 12. ③ 13. ① 14. ① 15. ③ 16. ③ 17. ③ 18. ① 19. ⑤
20. ② 21. ② 22. ② 23. ③ 24. ④

1. ② 바로 정리 : 신라 중대의 특징

제시된 (가) 시기는 신라 중대에 해당한다. 중대는 무열왕부터 혜공왕 시기로 이 시기에는 왕권이 강화되어 녹읍이 폐지되고, 관료전이 지급되었다. 무열왕 계통이 왕위를 독점 세습했으며, 집사부 시중의 권한이 강했다. 6두품은 왕권과 결탁하여 상대적으로 부각되었다. 아하! ①, ③, ④, ⑤는 신라 하대에 해당하는 내용이다.

2. ③ 바로 정리 : 신라 문무왕과 신문왕

(가)는 문무왕, (나)는 신문왕이다. 문무왕은 무열왕의 아들로 신라의 삼국 통일을 완성했다. 신문왕은 문무왕의 아들로 김흠돌의 모역 사건을 계기로 귀족 세력을 숙청하고 정치 세력을 다시 편성했다. 중앙 정치 기구와 군사 조직을 정비하고, 9주 5소경 체제의 지방 행정 조직을 완비했다. 또 문무 관리에게 관료전을 지급하고 귀족의 경제 기반이었던 녹읍을 폐지하기도 했다. 나아가, 유학 교육을 위해 국학을 설립했다. 아하! ① 무열왕에 대한 설명이다. ② 신문왕에 대한 설명이다. ④ 문무왕에 대한 설명이다. ⑤ 신라 하대에 있었던 일이다.

3. ② 바로 정리 : 신문왕의 업적

제시된 자료에서 '김흠돌 반역, 국학' 등을 통해 신문왕과 관련된 내용임을 알 수 있다. 신문왕은 김흠돌의 모역 사건을 계기로 귀족 세력을 숙청하고 정치 세력을 다시 편성했다. 9주 5소경 체제의 지방 행정 조직을 완비하고 문무 관리에게 관료전을 지급하고 귀족의 경제 기반이었던 녹읍을 폐지하기도 했다. 아하! ① 경덕왕에 대한 설명이다. ③ 고려 말에 있었던 일이다. ④ 조선 세종 시기의 일이다. ⑤ 고려 공민왕 시기의 일이다.

4. ① 바로 정리 : 왕권 강화책

제시문은 신문왕과 성덕왕의 왕권 강화와 관련이 있다. 당시 진골 귀족은 녹읍을 통해 경제력과 군사력을 확보할 수 있었다. 이에 신문왕은 김흠돌의 모역 사건을 계기로 진골 귀족의 경제적·군사적 기반을 없애기 위해 관료에게 관료전을 지급하는 대신 녹읍을 폐지했다.

5. ④ 바로 정리 : 통일 신라의 지방 통치 제도

제시된 지도는 9주 5소경을 나타낸다. 따라서 통일 신라 시기의 지방 행정 조직임을 알 수 있다. 5소경을 설치한 목적은 수도인 금성이 지역적으로 치우쳐 있는 것을 보완하고, 각 지방의 균형 있는 발전을 위해서이다. 또한 전국을 9주로 나누고, 주 아래에 군이나 현을 두어 지방관을 파견했다. 향, 부곡이라 불리는 특수 행정 구역도 있었다. 지방관을 감찰하기 위해 외사정을 파견했고, 지방 세력을 견제하기 위하여 상수리 제도를 실시하기도 했다. 아하! ①, ② 조선에 해당하는 설명이다. ③, ⑤ 고려에 해당하는 설명이다.

6. ② 바로 정리 : 장보고의 활동과 근거지

제시문의 '흥덕왕, 청해' 등을 통해 장보고와 관련된 것임을 알 수 있다. 장보고는 완도에 청해진을 설치하고 남해와 황해의 해상 무역권을 장악했다. 아하! ① 강화도이고, 고려 시대에 몽골 침략 당시 수도였다. ③ 제주도로, 삼별초가 항전했던 근거지였다. ④ 한산도로, 임진왜란 당시 이순신이 활약한 곳이다. ⑤ 울릉도, 독도이다.

7. ④ 바로 정리 : 신라 말기의 상황

멸망 직전 통일 신라는 중앙 귀족들 사이에서 왕위 쟁탈전이 전개되면서 왕권이 약화되고 중앙 정부의 지방에 대한 통제력이 약화되었다. 한편 국가 재정이 바닥나면서 농민에 대한 강압적인 수취가 뒤따랐고, 이에 농민은 토지를 잃고 노비가 되거나 초적이 되기도 했다. 사회가 혼란해지면서 지방에서는 호족이라 불리는 새로운 세력이 성장하여, 반독립적인 세력이 되었다. 한편 6두품은 신라 골품제 사회를 비판하면서 새로운 정치 이념을 제시하기도 했다.

8. ③ 바로 정리 : 신라 말기의 반란과 농민 봉기

제시된 지도에 표시된 인물들이 일으킨 사건은 신라 말기의 일임을 알 수 있다. 김헌창은 신라의 진골 귀족으로 아버지 김주원이 왕위 쟁탈전에서 밀리자 반란을 일으켰다. 김범문은 김헌창의 아들로 역시 반란을 일으켰다. 상주의 원종과 애노는 신라 정부의 강압적인 조세 수취에 저항한 것이다. 아하! ① 신라 중대의 일이다. ② 고려 후기의 일이다. ④ 고려 중기의 일이다. ⑤ 고려 무신 집권기의 일이다.

9. ⑤ 바로 정리 : 궁예의 활동

제시된 자료에서 '태봉, 후삼국 시대' 등을 통해 궁예와 관련이 있음을 알 수 있다. 궁예는 신라 왕족의 후예로서, 처음에는 북원(원주) 지방의 도적 집단을 토대로 강원도, 경기도 일대의 중부 지방을 점령했다. 그는 세력이 커지자, 송악(개성)에 도읍을 정하고 독립하여 후고구려를 세웠다. 그 후 영토를 확장하고 국가 기반을 다져, 국호를 마진(후에 태봉으로 변경)으로 바꾸고 도읍을 철원으로 옮기면서 새로운 정치를 추구했다.

10. ⑤ 바로 정리 : 신라 말기 견훤의 활동

제시문의 '완산주를 근거로 건국, 금산사에서 도주' 등을 통해 견훤임을 알 수 있다. 견훤은 신라 말기에 나타난 진골의 왕위 쟁탈전, 호족의 난립, 농민의 반란을 기회로 후백제를 건국했으나, 고려 왕건에게 항복했다.

11. ④ 바로 정리 : 후삼국 시대의 특징

제시된 자료에서 '후삼국, 왕건, 궁예, 견훤' 등을 통해 신라 말기, 또는 후삼국 시대라는 것을 알 수 있다. 이 시기의 신라는 중앙 귀족들 사이에서 왕위 쟁탈전이 전개되면서 왕권이 약화되고 귀족 연합적인 정치가 운영되었다. 지방 세력들도 왕위 쟁탈전에 가담하여 중앙 정부의 지방에 대한 통제력이 약화되는 계기가 되었다. 사회가 혼란해지면서 지방에서는 호족이라 불리는 새로운 세력이 성장하여, 반독립적인 세력이 되었다. 한편 6두품은 신라 골품제 사회를 비판하면서 새로운 정치 이념을 제시하기도 했다. 아하! ④ 고려 시대에 해당하는 설명이다.

12. ③ 바로 정리 : 신라의 멸망

제시문의 '경순왕, 왕건, 왕자가 삼베옷을 입고' 등을 통해 신라가 멸망하는 상황임을 알 수 있다. 고려의 태조 왕건은 신라 경순왕의 항복을 받아 전쟁

없이 신라를 통합했고, 후백제에서 내분이 일어나 견훤이 귀순하자 후백제를 정벌하여 후삼국을 통일했다.

13. ① 바로 정리 : **고구려를 계승한 발해의 유물**
고구려를 계승했음을 알 수 있는 발해의 유물로는 이불 병좌상과 온돌, 모줄임 구조의 고분, 기와 등이 있다. 아하! ② 호우명 그릇으로 고구려와 신라의 관계를 알 수 있는 유물이다. ③ 금동 연가 7년명 여래 입상으로 고구려에서 제작한 것이다. ④ 금동 대향로로 백제에서 제작한 것이다. ⑤ 화엄사 각황전 앞 석등으로 통일 신라 시대의 유물이다.

14. ① 바로 정리 : **대조영의 발해 건국과 발해의 지방 통치 제도**
제시문의 '대조영' 등을 통해 발해와 관련된 것임을 알 수 있다. 발해는 3성 6부의 중앙 정치 조직과 5경 15부 62주의 지방 행정 조직을 갖추었다. 아하! ② 고구려에 대한 설명이다. ③, ⑤ 신라에 대한 설명이다. ④ 고려에 대한 설명이다.

15. ③ 바로 정리 : **통일 신라의 민정 문서와 조세 수취**
제시된 자료에서 신라는 소유한 토지의 규모, 집의 수, 인구, 소, 말, 뽕나무의 수를 조사했음을 알 수 있다. 이러한 조사는 조세를 수취하고 노동력을 동원하기 위한 것이었다.

16. ③ 바로 정리 : **남북국 시대의 경제생활**
제시된 지도는 발해와 통일 신라의 남북국 시대와 관련된 지도이다. 이 시기 신라는 국제 무역이 발달하면서 아라비아 상인이 울산에까지 와서 무역했다. 발해도 당과 무역을 했다. 아하! ①, ④ 조선 후기에 대한 설명이다. ②, ⑤ 고려에 대한 설명이다.

17. ③ 바로 정리 : **발해의 경제와 문화**
제시된 자료에서 '대조영, 고려의 불상, 상경 천도' 등을 통해 발해임을 알 수 있다. 영광탑은 중국 지린 성에 위치한 것으로, 발해가 설립한 탑이다. 아하! ① 하남 하사창동 철조 석가여래 좌상은 고려의 불상이다. ② 금동 대향로는 백제 시대의 유물이다. ④ 경천사지 10층 석탑은 원의 영향을 받은 고려의 석탑이다. ⑤ 천마도는 신라 시대의 것으로, 벽화가 아니라 말 안장 양쪽에 늘어뜨리는 장니에 그려진 그림이다.

18. ① 바로 정리 : **고구려를 계승한 발해의 유물**
고구려를 계승했음을 알 수 있는 발해의 유물로는 이불 병좌상과 온돌, 모줄임 구조의 고분, 기와 등이 있다. 아하! ② 하남 하사창동 철조 석가여래 좌상은 고려의 불상이다. ③ 금동 연가 7년명 여래 입상은 고구려에서 제작한 것이다. ④ 금동 대향로는 백제에서 제작한 것이다. ⑤ 백제 근초고왕 시기에 제작한 칠지도이다.

19. ⑤ 바로 정리 : **원효의 활동과 업적**
제시된 자료의 '해골 물, 대승기신론소 저술, 십문화쟁론' 등을 통해 원효와 관련된 것임을 알 수 있다. 원효는 모든 것이 한마음에서 나온다는 일심 사상을 바탕으로, 다른 종파들과 사상적 대립을 조화시키려고 노력했다. 또한 극락에 가고자 하는 아미타 신앙을 자신이 직접 전도하며 불교 대중화의 길

을 열었다. 아하! ① 의상에 대한 설명이다. ② 고려 혜심에 대한 설명이다. ③ 고려 의천에 대한 설명이다. ④ 혜초에 대한 설명이다.

20. ② 바로 정리 : **승탑의 제작 목적과 시기**
제시된 자료에서 '신라 말, 승려의 사리 봉안' 등을 통해 승탑(부도)에 대한 설명임을 알 수 있다. 아하! ① 백제 무왕 때의 석탑이다. ③ 왕릉이다. ④ 불을 밝히기 위한 석등이다. ⑤ 불상이 모셔져 있다.

21. ② 바로 정리 : **혜초의 활동**
제시문의 '인도 여행' 등을 통해 혜초에 대한 내용임을 알 수 있다. 혜초는 중국을 넘어 인도까지 가서 불교를 공부하고 돌아왔다. 그는 자신이 돌아본 인도와 중앙아시아 여러 나라의 풍물을 생생하게 기록한 《왕오천축국전》을 남겼다. 아하! ① 의상에 대한 설명이다. ③ 고려의 지눌에 대한 설명이다. ④ 고려의 의천에 대한 설명이다. ⑤ 원효에 대한 설명이다.

22. ② 바로 정리 : **석굴암 본존불의 특징**
제시된 자료에서 '통일 신라, 인공 석굴 사원' 등을 통해 석굴암 본존불임을 알 수 있다. 석굴암 본존불은 균형미가 뛰어난 불상으로, 사실적인 조각으로 살아 움직이는 느낌을 가지게 한다. 본존불 주위의 보살상을 비롯한 부조들도 매우 사실적이며 입구 쪽의 소박한 자연스러움이 안쪽으로 들어가면 점점 정제되어, 불교의 이상 세계를 구체적으로 실현하고자 하는 의도가 보인다. 아하! ① 고려 시대에 제작된 관촉사 석조 미륵보살 입상이다. ③ 고구려의 금동 연가 7년명 여래 입상이다. ④ 고려의 하남 하사창동 철조 석가여래 좌상이다. ⑤ 삼국 시대의 미륵보살 반가 사유상이다.

23. ③ 바로 정리 : **통일 신라 의상의 활동**
제시된 자료에서 '신라 진골 출신, 부석사 창건, 선묘' 등을 통해 의상이라는 것을 알 수 있다. 의상은 모든 존재가 상호 의존적인 관계에 있으면서 서로 조화를 이루고 있다는 화엄 사상을 정립했다. 의상은 부석사를 비롯한 여러 사원을 건립하여 불교 문화의 폭을 확대했다. 또한 관음 신앙을 이끌었으며, 불교의 대중화를 위해 노력했다. 아하! ① 고려 시대 혜심에 대한 설명이다. ② 혜초에 대한 설명이다. ④ 원효에 대한 설명이다. ⑤ 고려의 지눌에 대한 설명이다.

24. ④ 바로 정리 : **다보탑의 특징과 모습**
제시된 자료에서 '다보여래, 불국사' 등을 통해 다보탑임을 알 수 있다. 아하! ① 백제의 익산 미륵사지 석탑이다. ② 통일 신라의 불국사 3층 석탑(석가탑)이다. ③ 통일 신라의 진전사지 3층 석탑이다. ⑤ 고려의 월정사 8각 9층 석탑이다.

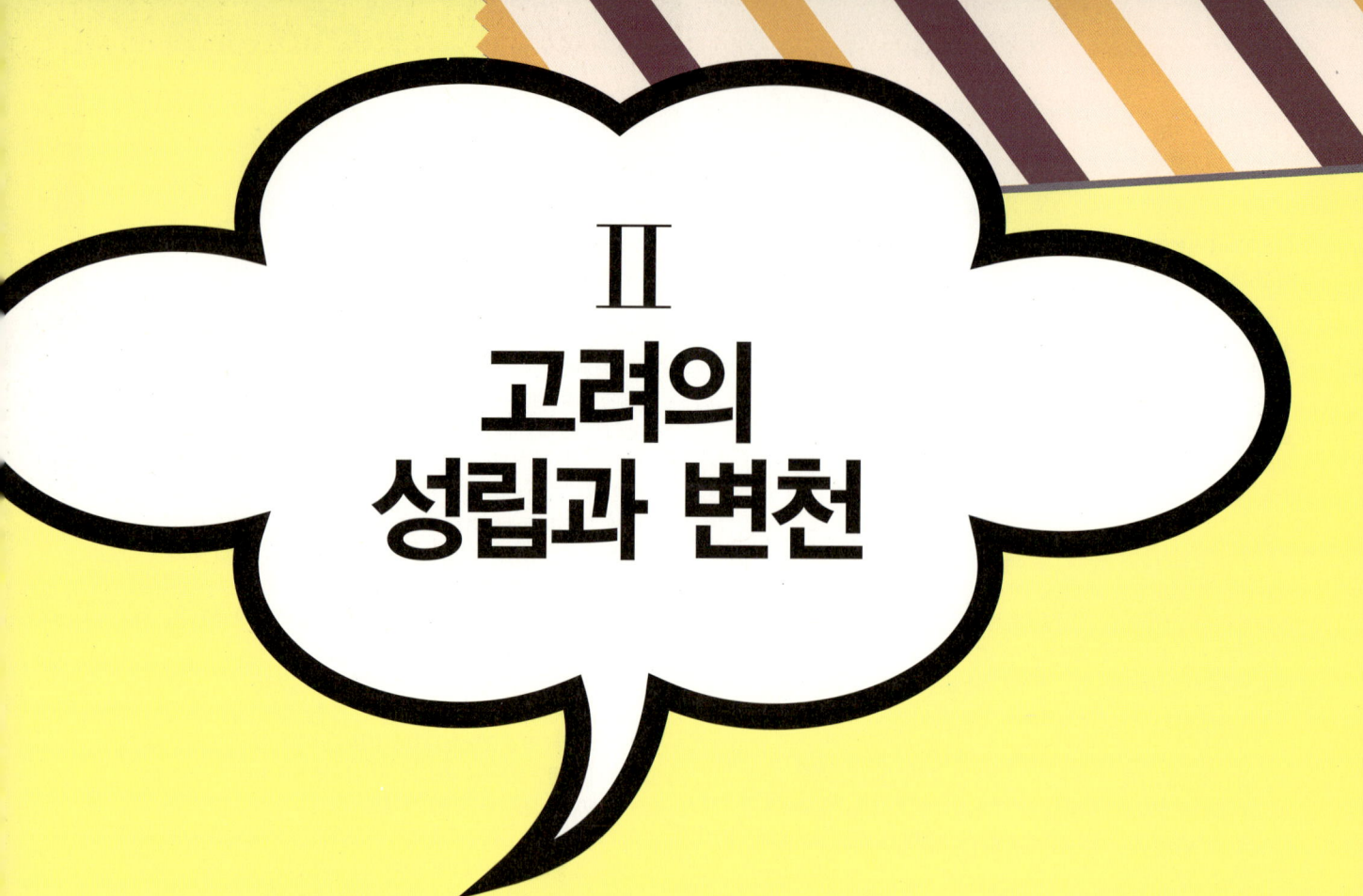

Ⅱ 고려의 성립과 변천

출제 위원 생생 리얼 합격 코칭 100%

고려 귀족 사회의 성립과 변화	**합격 코칭 8**	고려의 기틀을 만든 태조, 광종, 성종의 정책과 통치 체제에 대한 문제는 꼭 나온다. 광종의 노비안검법 등 왕권 강화 정책, 최승로의 시무 28조와 관련된 성종의 정책, 특히 지방관을 파견한 사실 등이 자주 출제된다.
	합격 코칭 9	중앙 정치 제도, 과거제와 음서제에 대해 공부하자. 이자겸의 난과 묘청의 서경 천도 운동 관련 내용, 사료 등도 꼭 기억하자.
	합격 코칭 10	고려가 확보한 영토의 명칭과 위치를 묻는 문제, 원 간섭기에 나타난 특징, 공민왕의 개혁 정치를 묻는 문제가 자주 출제된다. 사료, 지도 등의 자료를 꼭 살펴보자.
고려의 경제, 사회, 문화	**합격 코칭 11**	경제에서는 전시과 제도의 변화 양상, 상업과 수공업의 특징이 조선과 다른 점, 화폐의 주조 시기와 이름 등이 자주 출제되고, 사회에서는 여성의 지위와 가족 제도, 하층민의 봉기 등을 묻는 문제 또한 자주 출제된다. 종교에서는 의천과 지눌의 사상, 도교의 영향에 대해 공부하자.
	합격 코칭 12	도자기의 제작 흐름을 묻는 문제, 고려의 불상이나 석탑을 고르는 문제 역시 자주 출제되고 있다. 고려의 불상은 정형화되지 않은 개성적인 모습이 엿보이고, 석탑은 다각 다층 석탑이 많다. 이러한 원리를 이해한 뒤에 고려 유물 사진을 기억하자.

4강. 고려 귀족 사회의 성립과 변화

출제 포인트!

01	**고려의 건국과 후삼국 통일**	후삼국의 통일 과정
02	**고려 초 국가의 기틀 확립**	고려 왕의 통치 제도★★★(태조 : 훈요 10조, 기인 제도, 사심관 제도 / 광종 : 노비안검법, 과거제 / 성종 : 최승로의 시무 28조, 2성 6부, 국자감)
03	**통치 제도**	중앙 정치 제도★★★, 지방 통치 제도, 군사 제도, 관리 선발 제도의 특징
04	**문벌 귀족 사회의 성립과 동요**	문벌 귀족 사회의 특징(음서, 공음전)★★, 이자겸의 난, 묘청의 서경 천도 운동 전개 과정★
05	**송, 거란, 여진과의 관계**	거란 : 천리장성 축조★, 여진 : 동북 9성 축조
06	**무신 정권의 등장**	무신 정권과 권력 기구의 변천 과정(중방 – 교정도감 – 정방)
07	**몽골의 침입과 내정 간섭**	삼별초의 저항, 원의 내정 간섭(몽골풍 유행)★, 원 간섭기 권문세족의 권력 독점
08	**공민왕의 개혁 정치와 신진 사대부의 성장**	공민왕의 정책(쌍성총관부 탈환, 전민변정도감 설치)★★ 신진 사대부의 성장과 분열 과정★★, 고려 멸망 당시의 상황★

5강. 고려의 경제, 사회, 문화

출제 포인트!

01	**경제 정책**	전시과 제도, 공음전★★
02	**산업의 발달과 경제 활동**	농업 《농상집요》, 화폐 발행★★(성종 때 건원중보, 숙종 때 활구), 교역 활동★(각 나라별 수출입 관계)
03	**신분 제도와 생활 모습**	신분제 사회(귀족, 중류층, 양민, 천민), 무신 집권기 하층민의 봉기(망이 · 망소이의 난 등)★★ 마을 공동체(향도), 여성의 지위
04	**다양한 사상의 발달과 역사서의 편찬**	시기별 유학의 발달 과정, 다양한 역사서의 편찬★, 불교의 발전(의천vs지눌 사상)★★, 도교의 영향★
05	**과학 기술의 발달**	인쇄술 《직지심체요절》★, 의학 《향약구급방》
06	**귀족 문화의 발달**	청자와 공예, 불상, 탑과 승탑, 건축 등★

4 고려 귀족 사회의 성립과 변화

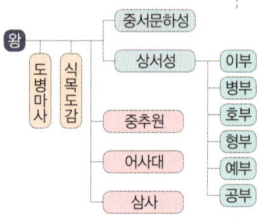

기억하라! 사료

(광종은) 명령하여 노비를 안검하여 시비를 살펴 분별하게 하였다. (이 때문에) 종이 그 주인을 배반하는 자가 헤아릴 수 없을 정도였다. 이 때문에 윗사람을 능멸하는 기풍이 크게 행해지니, 사람들이 모두 원망하였다. 왕비가 간절히 말렸는데도 듣지 않았다. ─ 노비안검법

핵심주제 01 고려의 건국과 후삼국 통일

고려의 건국 (918)	왕건이 궁예의 부하로 들어가 전공을 세우며 신망 얻음 → 궁예의 실정 → 왕건 즉위 → 고려 건국(국호를 '고려'로 정하고, 송악으로 천도)
통일 과정	발해 멸망(926) 후 유민 포용 → 신라 경순왕의 항복(935) → 후백제 지배층의 내분으로 견훤이 고려에 귀순 → 후백제 격파 → 통일 달성(936)

핵심주제 02 고려 초 국가의 기틀 확립

기억하라! 제도

고려의 중앙 관제

관리들이 지켜야 할 규범   후대 왕들이 지켜야 할 정책 방향

태조	• 후세에 《정계》, 《계백료서》, 훈요 10조 남김 • 호족 융합 노력 : 포용 정책(호족의 딸과 정략결혼, 관직과 토지·성씨 하사), 견제 정책(기인 제도와 사심관 제도 실시) 중앙의 고위 관직으로 올라온 지방 세력을 출신 지역의 사심관으로 임명하여 그 지방을 통제하도록 한 제도 • 서경(평양) 중시, 청천강 ─ 영흥만까지 영토 확장, 거란 적대시
광종	• 노비안검법 : 호족이 불법으로 차지한 노비를 양인으로 해방 → 공신과 호족의 경제·군사적 기반 약화, 양인 수 증가를 통한 국가 재정 확보 목적 • 과거제 실시 : 쌍기의 건의 수용 → 유교적 소양을 갖춘 신진 세력 등용 • 공복 제정(관리 기강 확립 목적), 칭제건원(준풍, 광덕 등) 왕에게 충성할 인재, 즉 왕권 강화를 위함이지.
성종	• 최승로의 시무 28조 수용 : 유교 정치 이념을 바탕으로 한 통치 체제 정비 성종 즉위 후 최승로가 올린 건의서로 광종의 정책 비판. 불교 행사 억제, 지방 세력 견제, 공신 우대 등을 주장했어. • 2성 6부의 중앙 관제 수립, 12목에 지방관 파견, 향리 제도 실시 • 국자감과 과거제 정비, 지방에 경학박사 파견

고려의 국립 교육 기관

핵심주제 03 통치 제도

기억하라! 지도

고려의 지방 행정 구역(5도 양계)

(1) 중앙 정치 제도 : 당의 3성 6부제 수용 → 고려의 실정에 맞게 2성 6부제 운영

중앙 정치 기구	• 중서문하성 : 국가 정책 결정, 문하시중이 국정 총괄 2품 이상의 고위 관리인 재신과 3품 이하의 관리인 낭사로 구성 • 상서성 : 6부를 관리하며 정책 집행 담당 • 삼사 : 화폐·곡식에 대한 회계 담당 • 중추원 : 군사 기밀과 왕명 출납 • 어사대 : 관리 감찰
대간 제도	어사대와 중서문하성의 낭사로 구성 → 정치 운영의 견제와 균형 도모
도병마사와 식목도감	• 도병마사(국방과 군사 문제 논의) • 식목도감(국왕의 명령과 정책을 법으로 정리) : 재신(중서문하성의 고관)과 추밀(중추원의 고관)의 합의제로 운영 고려 귀족 정치의 특징

(2) 지방 행정 제도 : 건국 초 호족 자치 → 성종 때 12목 설치·지방관 파견 → 경기와 5도 양계 설치

모든 군현이 아닌 중요한 12목에만 지방관을 파견했어.

5도	일반 행정 구역, 안찰사 파견, 도 아래 주·부·군·현과 향·부곡·소 설치
양계	군사 행정 구역, 병마사 파견, 국방상 요충지에 진 설치
주현·속현	주현(지방관 파견), 속현(지방관 파견하지 않음)과 향·부곡·소는 향리가 행정 담당

주현보다 속현이 더 많았어.

(3) 군사 제도

중앙군	2군(국왕 친위 부대), 6위(수도·국경 방어) : 대부분 직업 군인(군인전 지급, 직역 세습)
지방군	주현군(5도에 주둔), 주진군(양계에 주둔), 16~60세의 양인 장정으로 조직

국경 수비 담당

(4) 관리 등용과 교육 제도

① 관리 등용법

과거	제술과	문학적 재능과 정책 시험	문관 선발, 주로 귀족과 향리 자제 응시
	명경과	유교 경전에 대한 이해 능력 시험	
	잡과	법률, 회계, 지리 등 실용 기술학 시험 : 기술관 선발, 주로 양민 응시	
	승과	불교 경전의 이해 능력 시험 : 승계 부여 법계를 부여한다는 뜻이야.	
음서	공신·종실·5품 이상 고위 관리의 자손에게 과거를 거치지 않고 관직을 주는 제도		

고려 관료 체제의 귀족적 특징을 보여 주는 제도

② 교육 제도

국자감(국학)	개경에 설치된 국립 대학, 국자학·태학·사문학(유학 교육, 각각 3품·5품·7품 이상 관리 자제 입학), 율·서·산학(기술학 교육, 양민 이상 입학)

04 문벌 귀족 사회의 성립과 동요

(1) 문벌 귀족 사회

공신과 5품 이상의 신하에게 지급된 세습 가능 토지

등장	일부 가문이 여러 대에 걸쳐 높은 관직과 권력을 차지해 문벌 형성
특징	과거·음서를 통해 관직 세습, 과전·공음전 혜택, 중첩된 혼인 관계
동요	12세기 이후 과거로 진출한 신진 관료들의 개혁 추진

문벌 귀족은 비슷한 부류끼리 혼인 관계를 맺으며 권력을 장악하고자 했고,
특히 왕실과 혼인 관계를 맺어 외척으로서의 지위를 가지려 했어.

(2) 이자겸의 난(1126)

경원 이씨 가문은 문종에서 인종까지 80년간 외척으로서 권력을 독점했어.

원인	이자겸의 권력 독점 → 인종과 측근 세력이 이자겸 축출 시도 이자겸이 왕위까지도 넘봤거든.
전개	이자겸이 척준경과 난을 일으켜 권력 장악 → 난 진압 → 중앙 지배층의 분열 심화

(3) 묘청의 서경 천도 운동(1135)

개경의 귀족과 서경 출신 관료 사이의 대립,
보수적 유교 사상과 풍수지리설의 대립 등으로 일어난 사건이야.

주장	풍수지리설을 내세워 서경 천도 추진, 칭제건원과 금국 정벌 주장
묘청의 난	국호 '대위', 연호 '천개'로 정함 → 김부식의 관군에게 진압

기억하라! 사료

제가 보건대 서경 임원역의 땅은 풍수지리를 하는 사람들이 말하는 아주 좋은 땅입니다. 만약 이곳에 궁궐을 짓고 옮겨 앉으시면 천하를 다스릴 수 있습니다. 또한 금이 선물을 바치고 스스로 항복할 것이요, 주변의 36 나라가 모두 머리를 조아릴 것입니다.
– 묘청 등 서경 세력의 주장 , 〈고려사〉

묘청 등은 풍수지리설을 내세워 서경으로 천도하면 주변국이 항복해 올 것이라고 주장했다. 즉 금국 정벌을 주장한 것이다.

금년 여름 서경 대화궁에 30여 군데나 벼락이 떨어졌습니다. 서경이 만약 좋은 땅이라면 하늘이 이렇게 하였을 리 없습니다. 또 서경은 아직 추수가 끝나지 않았습니다. 지금 거동하시면 농작물을 짓밟을 것입니다. 이는 백성을 사랑하고 물건을 아끼는 뜻과 어긋납니다.
– 김부식 등 개경 세력의 주장, 〈고려사〉

유교 사상을 지닌 김부식은 서경이 명당이라는 풍수지리설을 비판하며, 서경 천도는 민생 안정에 도움이 되지 않는다고 주장했다.

4 고려 귀족 사회의 성립과 변화

기억하라! 그림

척경입비도

윤관이 9성을 개척하고 비석을 세우는 모습. 조선 후기 그림이다.

기억하라! 사료

제가 전날에 패한 원인은, 적들은 말을 탔고 우리는 보행으로 전투한 까닭에 대적할 수가 없었던 것입니다. 이때 비로소 별무반을 만들기로 하여 문무의 산관, 서리부터 …… 말을 기르는 사람들 전부는 신기군에 …… 20세 이상의 남자로 과거 공부를 하지 않은 청년은 모두 신보군에 배속시키고 …… 또 승려를 선발하여 항마군을 편성하였다.
– 윤관의 별무반 조직, 《고려사》

여진이 강성해지면서 고려와 충돌을 일으키자, 결국 윤관의 건의에 따라 별무반을 편성했다.

기억하라! 지도

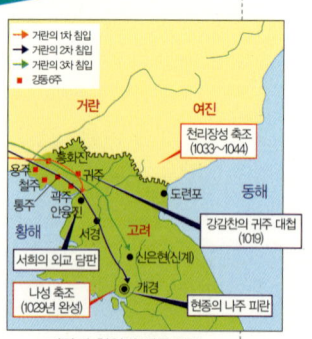

거란의 침입과 강동 6주

핵심주제 05 송, 거란, 여진과의 관계

(1) 거란의 침입과 격퇴

과정	1차 침입	서희, 거란 장수 소손녕과 외교 담판(고구려 후계 논쟁) → 송과의 관계를 끊기로 약속, 그 대가로 강동 6주 획득
	2차 침입	고려가 송과 관계 유지 → 강조의 정변을 구실로 침략 → 개경 함락, 양규 선전
	3차 침입	국왕의 거란 방문과 강동 6주 반환 거부로 다시 침입 → 강감찬이 격퇴(귀주 대첩)
결과		천리장성(압록강~도련포), 개경의 나성 축조, 송·거란·고려 간의 세력 균형 유지

(2) 여진과의 관계

윤관의 여진 정벌	12세기 초 여진족의 부족 통일 → 윤관의 별무반 조직 → 여진 정벌, 동북 9성 축조 → 여진의 요청에 따라 1년 만에 돌려줌 신기군 신보군 항마군으로 조직된 특수군이야.
여진의 성장	만주 일대 장악, 아골타가 금 건국(1115) → 거란(요) 정복 → 고려에 군신 관계 요구 → 당시 집권자였던 이자겸이 정권 유지를 위해 금의 사대 요구 수용

핵심주제 06 무신 정권의 등장

(1) 무신 정변(1170)
무신은 2급 이상 관직에 오를 수 없었거든.

배경	의종의 향락과 실정, 무신에 대한 차별 대우, 하급 군인들의 불만 고조 군인전을 받지 못했거든.
과정	정중부·이의방 등 무신들이 의종의 보현원 행차를 계기로 봉기 → 다수의 문신 제거, 의종 폐위
반무신란	무신 집권에 반발한 김보당과 조위총의 난 → 실패

(2) 무신 정권의 수립

권력 독점	중방을 중심으로 권력 행사, 주요 관직 독점
무신 정권 변천	무신들이 토지·노비·사병을 늘려 세력 경쟁 → 무신 간 권력 다툼으로 최고 집권자가 이의방 → 정중부 → 경대승 → 이의민 등으로 교체

(3) 최씨 무신 정권
최충헌이 자신의 반대 세력을 제거하기 위해 설치하였으나, 이후 인사권, 재정권, 감찰권 등을 행사하는 최고 권력 기구가 되었지. 책임자 교정별감은 최씨 정권의 집권자가 세습했어.

최충헌의 집권	이의민을 몰아내고 권력 장악(봉사 10조 제시), 교정도감 설치(최고 권력 기구), 도방 확대
최우의 집권	정방 설치(인사권 장악), 서방 설치(문신 등용), 강화 천도(몽골 침략 → 강화로 천도·항전)

핵심주제 07 몽골의 침입과 내정 간섭

(1) 몽골의 침략과 항쟁

몽골의 침입	• 원인 : 고려에 온 몽골 사신 저고여 피살을 구실로 침입 • 정부의 대응 : 최씨 정권의 장기 항전을 위한 강화 천도
대몽 항쟁	처인성 전투(김윤후와 부곡민들이 몽골 장수 살리타 사살), 충주성 전투(노비를 중심으로 몽골에 저항)
삼별초의 저항	배중손의 지휘 아래 강화도 → 진도 → 제주도로 옮기며 저항 → 여몽 연합군에 의해 진압
영향	문화재 소실(황룡사 9층 목탑, 초조대장경 등), 국토 황폐화

(2) 원의 내정 간섭 원의 사위 나라가 되었다는 의미

부마국으로 전락	원의 승인을 받아 왕위 계승, 고려 왕은 원의 공주와 결혼, 왕실 호칭·관청 명칭 격하
내정 간섭	다루가치(감찰관) 파견, 정동행성(내정 간섭 기구) 유지, 만호부 설치(군사 조직에 영향)
영토 강탈	쌍성총관부(철령), 동녕부(서경), 탐라총관부(제주) 설치
일본 원정 동원	2차례 동원되었으나 실패 → 정동행성 유지(내정 간섭)
수탈	공녀 차출, 특산물(금·은, 베, 인삼, 약재) 징발, 응방 설치(매 징발)
영향	고려에 몽골풍 유행, 원의 지배층에 고려양(고려의 풍속) 전래

(3) 권문세족의 권력 독점

등장	원 간섭기에 원의 세력을 배경으로 등장 → 친원적 성향
특권	음서를 통해 관직 진출, 도평의사사 장악, 대농장 차지

 핵심주제 08 ## 공민왕의 개혁 정치와 신진 사대부의 성장

(1) 공민왕의 개혁 정치 : 원의 쇠퇴를 배경으로 실시

반원 자주 정책	기철 등 친원 세력 숙청, 정동행성 폐지, 왕실 호칭·관제 복구, 쌍성총관부 탈환(철령 이북 영토 회복), 몽골풍 금지
왕권 강화 정책	정방 폐지, 신진 사대부 등용, 전민변정도감 설치(권문세족이 불법적으로 빼앗은 토지를 본래 주인에게 돌려주고, 강제로 노비가 된 사람을 양민으로 해방)

(2) 신진 사대부와 신흥 무인 세력의 성장

① 신진 사대부의 성장

성장	지방 향리 출신 → 과거를 통해 중앙 진출 → 성균관에서 공부 → 이색, 정몽주, 정도전 등 등장
활동	권문세족과 정치적으로 대립, 불교의 부패와 문제점 비판, 유교의 원리에 따라 국가 운영 주장
분열	온건 개혁파(전면적 토지 개혁 반대, 고려 왕조 유지), 급진 개혁파(전면적 토지 개혁 요구, 역성혁명 주장)

② 신흥 무인 세력의 성장

배경	14세기 한족 농민 반란군인 홍건적 봉기 → 일부가 고려에 침입, 해안 지역 왜구의 노략질 증가
성장	최영(홍산 전투), 이성계(황산 전투) 등이 홍건적과 왜구를 여러 차례 격퇴 → 고려 정치의 중심 세력으로 성장

(3) 고려의 멸망

전개	우왕과 최영의 요동 정벌 추진 → 이성계 위화도 회군(1388) → 정치·군사적 실권 장악, 최영 제거 → 우왕과 창왕의 연이은 폐위 → 공양왕 추대 → 급진 개혁파 사대부와 연합하여 개혁 추진 → 과전법 실시(1391) → 정몽주 등 온건 개혁파 사대부 제거 → 이성계의 국왕 추대 → 조선 건국(1392)

기억하라! 지도

공민왕의 영토 수복
(쌍성총관부 탈환)

기억하라! 사료

> 신돈은 왕에게 전민변정도감을 설치할 것을 청원하고, "······ 근래에 기강이 파괴되어 ······ 공전과 사전을 권세가들이 강탈하였다. ······ 이에 전민변정도감을 두어 이를 바로잡으려 하니, 서울은 15일, 각 도는 40일 이내로 그 잘못을 알고 스스로 고치는 자는 죄를 묻지 않을 것이며, 기한을 지나 일이 발각되는 자는 조사하여 다스리되 거짓으로 호소한 자는 도리어 벌을 줄 것이다.'라고 공포하였다. 권세가들이 강점했던 전민(田民)을 그 주인에게 반환하였으므로 온 나라가 모두 기뻐하였다.
> — 전민변정도감의 설치, 《고려사》

상 중 하 21회

01 다음은 고려 태조의 정책 중 하나이다. 이 정책과 같은 목적으로 실시되었던 것으로 옳은 것은?

> 신명순성태후 류씨(神明順成太后劉氏)는 충주 호족 내사영류긍달(內史令劉兢達)의 딸이고, 광주원부인·소광주원부인 왕씨(廣州院夫人·小廣州院夫人王氏)는 광주의 호족인 대광 왕규(王規)의 딸이며, 예화부인 왕씨(禮和夫人王氏)는 춘주인(春州人) 대광 왕유(王柔)의 딸이다. 정목부인 왕씨(貞穆夫人王氏)와 대명주원부인 왕씨(大溟州院夫人王氏)는 각기 명주의 호족 세력인 왕경(王景)과 왕부(王父)의 딸이다.

① 서경을 중시하였다.
② 노비안검법을 실시하였다.
③ 백성의 세금 부담을 줄여 주었다.
④ 대광현 등 발해 유민을 포용하였다.
⑤ 왕씨 성을 하사하는 정책을 실시하였다.

상 중 하 18회

02 다음 정책이 추구했던 공통의 목적으로 옳은 것은?

> • 태조 18년 신라왕 김부(경순왕)가 항복해 오니 신라국을 없애고 경주라 하였다. (김)부로 하여금 경주의 사심이 되어 부호장 이하의 (임명을) 맡게 하였다. 이에 여러 공신이 이를 본받아 각기 자기 출신 지역의 사심이 되었다. 사심관은 여기에서 비롯되었다. — 《고려사》
> • 건국 초에 향리의 자제를 뽑아 서울에 볼모로 삼고, 또한 출신지의 일에 대하여 자문에 대비하게 하였는데, 이를 기인이라 한다. — 《고려사》

① 호족 세력의 견제
② 붕당 정치의 실시
③ 신진 사대부의 등용
④ 세도 정치의 폐단 시정
⑤ 훈구 세력과 사림 세력의 균형 유지

상 중 하 15회

03 지도의 (가) 지역이 확보되는 계기로 적절한 것은?

① 서희의 외교 담판
② 삼별초의 대몽 항쟁
③ 윤관의 별무반 편성
④ 태조의 북진 정책 추진
⑤ 공민왕의 쌍성총관부 공격

상 중 하 17회

04 다음 정책을 실시한 왕의 업적으로 옳은 것은?

> • 쌍기의 제의로 처음 과거 제도를 설정하고 시, 부, 송, 책을 시험 쳐서 진사를 뽑고 겸하여 명경, 의복 등의 과도 뽑았다.
> • 백관의 관복 제도를 제정하였다.

① 정방을 폐지하였다.
② 2성 6부제를 정비하였다.
③ 노비안검법을 실시하였다.
④ 사심관 제도를 마련하였다.
⑤ 전민변정도감을 설치하였다.

상 중 하 13회

05 다음과 같은 정책을 실시했던 국왕의 정책으로 옳은 것을 〈보기〉에서 고른 것은?

- 노비를 조사하여 옳고 그름을 가려 풀어 주도록 명하자, 그 주인을 배반한 노비가 이루 헤아릴 수 없었다.
- 백관의 관복 제도를 제정하였다.

〈보기〉

ㄱ. 관제를 복구하였다.
ㄴ. 과거제를 실시하였다.
ㄷ. 12목에 지방관을 파견하였다.
ㄹ. 광덕·준풍의 연호를 사용하였다.

① ㄱ, ㄴ   ② ㄱ, ㄷ   ③ ㄴ, ㄷ
④ ㄴ, ㄹ   ⑤ ㄷ, ㄹ

상 중 하 18회

07 표의 내용과 관계 있는 나라의 지방 통치 제도에 대한 설명으로 옳은 것을 〈보기〉에서 고른 것은?

연도	경	목	영군	영현	진	속부	속군	속현
왕경	1						1	12
양광도	1	3	5	3			22	75
경상도	1	2	6	3	1		24	89
전라도		2	5	8			13	74
교주도			3				5	20
서해도		1	3	2	1		3	14
동계			13	8	16			17
북계	1		26	6	12			4
합	4	8	61	30	29	1	68	305

〈보기〉

ㄱ. 주현보다 속현의 수가 더 많았다.
ㄴ. 모든 군현에 지방관이 파견되었다.
ㄷ. 특수 행정 구역인 향, 부곡, 소가 있었다.
ㄹ. 군사·행정상의 요지에는 5소경을 설치하였다.

① ㄱ, ㄴ   ② ㄱ, ㄷ   ③ ㄴ, ㄷ
④ ㄴ, ㄹ   ⑤ ㄷ, ㄹ

상 중 하 21회

06 다음 제도를 시행하던 시대의 지방 제도로 옳은 것은?

- 중서문하성의 재신과 중추원의 추밀은 6부를 비롯한 주요 관부의 최고직을 겸하고 있었다.
- 국가의 중요한 일을 의논해서 결정하는 도병마사와 식목도감은 만장 일치 제도를 채택하고 있었다.

① 5도와 양계를 두었다.
② 전국을 8도로 나누었다.
③ 5경 15부 62주를 두었다.
④ 행정 구역을 23부로 재편하였다.
⑤ 군사·행정상의 요지에 5소경을 설치하였다.

상 중 하 21회

08 밑줄 친 '이들'에 대한 설명으로 옳은 것은?

고려는 성종 이후 중앙 집권 체제가 확립되면서 새로운 지배층이 형성되었다. 이들은 여러 세대에 걸쳐 고위 관직자를 배출하고 왕실과 혼인 관계를 맺어 외척으로서의 지위를 이용하여 정권을 장악하기도 하였다. 경원 이씨의 경우 이자연, 이호, 이자겸 3대에 걸쳐 문종, 순종, 선종, 예종, 인종에 이르는 5명의 왕에게 10명의 딸을 시집보냈다.

① 무신 정변을 통해 권력을 장악하였다.
② 토지 개혁을 주장하여 과전법을 실시하였다.
③ 과거와 음서를 통해 고위 관직을 독점하였다.
④ 홍건적과 왜구를 물리치는 과정에서 성장하였다.
⑤ 정방을 설치하여 모든 관직에 대한 인사권을 장악하였다.

상 중 하 17회

09 표의 내용과 관계있는 고려 시대 가문에 대한 설명으로 옳은 내용을 〈보기〉에서 고른 것은?

〈경원 이씨 가문의 대표 관직〉

인물	관계	대표 관직	비고
이자연	본인	문하시중 (종1품)	딸 3명 – 문종 비
이○○	손자	중서령 (종1품)	딸 1명 – 예종 비 딸 2명 – 인종 비
이○○	손자	중서시랑평장사 (정2품)	예종의 외척으로 특별 채용
이○○	손자	중서시랑평장사 (정2품)	

〈보기〉

ㄱ. 음서를 통해 관직에 진출하였다.
ㄴ. 정방을 통해 권력을 독점하였다.
ㄷ. 공음전이라는 경제적 특권을 누렸다.
ㄹ. 과전법을 통해 경제적 기반을 장악하였다.

① ㄱ, ㄴ ② ㄱ, ㄷ ③ ㄴ, ㄷ
④ ㄴ, ㄹ ⑤ ㄷ, ㄹ

상 중 하 18회

10 (가)~(다)를 일어난 시간 순서대로 바르게 나열한 것은?

(가) 이자겸이 난을 일으켰다.
(나) 묘청이 서경 천도 운동을 일으켰다.
(다) 김부식이 삼국사기를 편찬하였다.

① (가) – (나) – (다)
② (가) – (다) – (나)
③ (나) – (가) – (다)
④ (나) – (다) – (가)
⑤ (다) – (가) – (나)

상 중 하 19회

11 (가)와 (나)를 주장한 세력에 대한 설명으로 옳은 것은?

(가) 서경에 궁궐을 세워 옮기고, 위로는 천심에 응하고 아래로는 백성들의 바람에 따르시어 금나라를 타도하소서.

(나) 금년 여름 서경 대화궁의 30여 개소에 번개가 떨어졌으니, 만약 그곳이 길한 땅이라면 하늘이 반드시 이렇게 할 리가 없을 터인데, 그런 곳으로 재난을 피하러 간다는 것은 잘못이 아닙니까? 하물며 서경 지방은 추수가 아직 끝나지 않았는데, 만일 거동하신다면 반드시 농작물을 짓밟을 것이니 이것은 백성을 사랑하고 물건을 아끼는 본의가 아닙니다.

① (가) – 금나라 정벌을 주장하였다.
② (가) – 신라 계승 의식을 표방하였다.
③ (나) – 무신 정변을 주도하였다.
④ (나) – 원 간섭기에 새로운 지배층으로 성장하였다.
⑤ (가), (나) – 몽골과의 항쟁 과정에서 대립하였다.

상 중 하 21회

12 다음 대화가 이루어졌을 시기의 국왕이 재위하는 동안 있었던 일로 옳은 것을 〈보기〉에서 고른 것은?

〈보기〉

ㄱ. 이자겸이 난을 일으켰다.
ㄴ. 이성계가 위화도에서 회군하였다.
ㄷ. 김부식이 삼국사기를 편찬하였다.
ㄹ. 최승로가 시무 28조의 개혁안을 제시하였다.

① ㄱ, ㄴ ② ㄱ, ㄷ ③ ㄴ, ㄷ
④ ㄴ, ㄹ ⑤ ㄷ, ㄹ

13 지도를 통해 알 수 있는 사건을 주도한 (가) 세력에 대한 설명을 〈보기〉에서 옳게 고른 것은?

〈보기〉

ㄱ. 요동 정벌을 주장하였다.
ㄴ. 풍수지리설의 영향을 받았다.
ㄷ. 개경으로의 환도를 거부하였다.
ㄹ. 황제로 칭하고 독자적인 연호를 사용하였다.

① ㄱ, ㄴ   ② ㄱ, ㄷ   ③ ㄴ, ㄷ
④ ㄴ, ㄹ   ⑤ ㄷ, ㄹ

15 다음의 노력을 통해 획득한 영토로 옳은 것은?

> 서희가 말하였다. "아니다. 우리나라가 곧 고구려의 옛 땅이다. …… 만일 국경으로 논하자면 그대 나라의 동경은 다 우리 경내에 있거늘 어찌 침식이라 하리오. 그리고 압록강 안팎 역시 우리 영토 내에 있는데, 여진이 도적질하여 차지하고 있다. …… 만일 여진을 내쫓고 우리의 옛 영토를 돌려주어 도로를 통하게 한다면, 어찌 관계를 맺지 않겠는가?"
>
> −《고려사》

① 위화도   ② 동북 9성
③ 4군 6진   ④ 강동 6주
⑤ 쌍성총관부

14 다음 사건이 고려 사회에 끼친 영향으로 적절한 것은?

> 이고와 채원은 왕을 죽이고자 하였으나, 양숙이 이를 말렸다. …… 정중부가 왕을 핍박하여 군기감으로 옮기고 태자는 영은관으로 옮겼다. 기묘일에 왕은 홀로 거제현으로 옮겨지고 태자는 진도현에 보내졌다. 이날 정중부, 이의방, 이고 등은 군사를 거느리고 왕의 아우인 익양공 호를 맞이하여 왕으로 즉위시켰다.
>
> −《고려사》

① 세도 정치가 전개되었다.
② 서경 천도 운동이 전개되었다.
③ 신진 사대부가 권력을 장악하였다.
④ 무신이 주요 관직을 독차지하였다.
⑤ 호족 세력이 약화되고 왕권이 강화되었다.

16 다음 상황이 발생했던 시기를 연표에서 고른 것은?

> 서북 지역의 축성을 맡은 경험이 있는 평장사 류소를 시켜서 천여 리에 달하는 장성을 축조하게 하였다. 그러나 정종은 이에 만족하지 않고 같은 해에 장주와 정주 및 원흥진에도 축성케 했다. 문종 9년에는 선덕진에 축성함으로써 마침내 천리장성이 완성되었다.

936	1126	1170	1270	1388	1392
	(가)	(나)	(다)	(라)	(마)
고려 건국	이자겸의 난	무신 정변	개경 환도	위화도 회군	조선 건국

① (가)   ② (나)   ③ (다)   ④ (라)   ⑤ (마)

상 중 하 14회

17 다음 상황이 발생한 시기를 연표에서 바르게 고른 것은?

사신으로 온 저고여는 수달피 1만 령(領), 가는 명주 3천 필, 가는 모시 2천 필 등을 요구하였다. 저고여가 돌아가는 길에 압록강 부근에서 피살되는 사건이 일어나자 살리타가 대군을 이끌고 침입하였다.

	936		1019		1107		1170		1270		1388
		(가)		(나)		(다)		(라)		(마)	
	후삼국 통일		귀주 대첩		윤관의 여진 정벌		무신 정변		개경 환도		위화도 회군

① (가) ② (나) ③ (다) ④ (라) ⑤ (마)

상 중 하 16회

18 밑줄 친 '이들'에 대한 설명으로 옳은 것은?

원종 11년(1270)에 개경으로 환도할 기일을 정하여 게시하였는데, 이들은 이에 따르지 아니하였다. …… 배중손 등이 봉기하여 "무릇 나라를 지키려는 자는 모두 격구장에 모이라." 하고 외쳤다. 이때 많은 사람들이 모여들었다.

① 거란으로부터 강동 6주를 획득하였다.
② 귀주에서 거란과 싸워 큰 승리를 거두었다.
③ 진도, 제주도를 중심으로 대몽 항쟁을 하였다.
④ 여진족을 동북 지방으로 축출하고 9성을 개척하였다.
⑤ 쌍성총관부를 공격하여 철령 이북의 땅을 수복하였다.

상 중 하 20회

19 다음 사건이 일어난 순서대로 바르게 나열한 것은?

(가) 왜구가 500여 척의 함선을 이끌고 진포로 침입하자 최무선, 이성계 등이 격퇴하였다.

(나) 여진족이 정주까지 남하하여 고려와 충돌을 빚게 되자, 윤관은 여진족을 몰아낸 뒤 그 지역에 9성을 쌓고 사민(徙民)을 실시하였다.

(다) 김윤후는 몽골병이 이르자 처인성으로 피하였는데, 몽골의 원수 살리타가 와서 성을 치매 이를 사살하였다.

① (가) – (나) – (다)
② (가) – (다) – (나)
③ (나) – (가) – (다)
④ (나) – (다) – (가)
⑤ (다) – (가) – (나)

상 중 하 15회

20 다음 상황이 나타나던 시기의 일로 옳지 않은 것은?

충렬왕은 자신의 근위대를 창설하여 왕의 통치 행위 전반을 보좌하는 근시(近侍) 기구로 만들었다. 이런 까닭에 몽골 옷에 변발을 한 그의 세도가 당당해졌다. …… 출세한 그는 친구를 찾아와 "이제 문학 공부는 헛일이니 나와 함께 몽골어나 배우자."라고 권하였다.

① 공녀가 공출되었다.
② 몽골풍이 유행하였다.
③ 권문세족이 지배하였다.
④ 만적의 난이 발생하였다.
⑤ 왕실의 호칭이 격하되었다.

21 다음 정책을 실시한 왕의 업적으로 옳은 것은?

- 정동행성의 이문소를 폐지하였다.
- 무신 정권이 설치한 정방을 폐지하였다.
- 신돈의 건의로 전민변정도감을 설치하였다.

① 기인 제도를 실시하였다.
② 호족 세력을 약화시켰다.
③ 쌍성총관부를 회복하였다.
④ 2성 6부 제도를 마련하였다.
⑤ 지방관을 파견하기 시작하였다.

22 (가)에 들어갈 교육 기관으로 옳은 것은?

이색을 [(가)]의 대사성으로 삼았다. 학생 수를 늘리고, 경전을 잘 아는 김규용·박상충·박의중·이숭인 등을 교관으로 삼았다. 이색이 학칙을 정하고 날마다 명륜당에서 경을 나누어 수업하였다. 강의를 마치면 서로 토론하여 한가한 때가 없었다. 그리하여 학자가 많이 모여 성리학이 크게 일어났다.
　　　　　　　　　　　　　　　　　　　　　 －〈고려사〉

① 경당
② 서당
③ 국학
④ 주자감
⑤ 성균관

23 밑줄 친 '이 인물'에 대한 설명으로 옳은 것은?

이 황산 대첩비는 전라도 운봉에서 이 인물이 왜구를 물리친 전투를 기념하기 위해 세운 비석이에요.

① 강동 6주를 획득하였다.
② 동북 9성을 축조하였다.
③ 우왕에게 요동 정벌을 건의하였다.
④ 위화도 회군을 통해 정권을 장악하였다.
⑤ 교정도감을 활용하여 권력을 장악하였다.

24 밑줄 친 '그'에 대한 설명으로 옳은 것은?

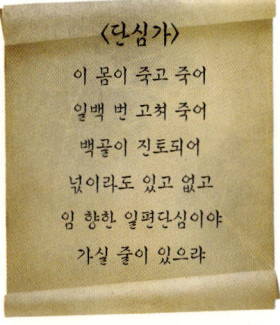

〈단심가〉

이 몸이 죽고 죽어
일백 번 고쳐 죽어
백골이 진토되어
넋이라도 있고 없고
임 향한 일편단심이야
가실 줄이 있으랴

이 시는 이방원의 〈하여가〉에 대한 대답으로 지은 것으로, 이후 그는 선죽교에서 죽임을 당하게 된다.

① 역성혁명을 반대하였다.
② 전민변정도감을 설치하였다.
③ 공음전과 음서의 혜택을 누렸다.
④ 조선 초기에 부국강병을 주도하였다.
⑤ 홍건적과 왜구를 물리치면서 세력을 형성하였다.

지방을 순찰했다. 북방의 국경 지대에는 동계와 북계의 양계를 설치하여 병마사를 파견하고, 국방상의 요충지에는 진을 설치했다. 지방관이 파견된 주현보다 파견되지 않은 속현이 더 많았다.

1. ⑤ 2. ① 3. ④ 4. ③ 5. ④ 6. ① 7. ② 8. ③ 9. ② 10. ①
11. ① 12. ② 13. ④ 14. ④ 15. ④ 16. ① 17. ④ 18. ③ 19. ④
20. ④ 21. ③ 22. ⑤ 23. ④ 24. ①

1. ⑤ 바로 정리 : 고려 태조 왕건의 호족 융합 정책

제시된 자료에서 태조 왕건의 부인이 호족의 딸임을 알 수 있다. 태조는 개국 공신과 지방의 호족을 관리로 등용하거나, 유력한 호족과는 혼인을 통하여 관계를 깊게 다져 갔다. 또한 성을 하사하는 사성 정책을 통하여 호족들을 포섭했다. 아하! ① 북진 정책의 하나이다. ② 광종의 왕권 강화책에 대한 설명이다. ③ 민생 안정을 위해 실시한 정책이다. ④ 고구려 계승 의식과 동족 의식을 분명히 한 것이다.

2. ① 바로 정리 : 태조 왕건의 호족 융합 정책

제시문 윗글에 있는 '사심관', 아랫 글에 있는 '기인'이라는 내용을 통해 사심관 제도와 기인 제도라는 것을 알 수 있다. 이는 지방 호족을 견제하고 지방 통치를 보완하고자 한 것이다. 아하! ② 조선 시대에 있었던 일이다. ③ 공민왕이 권문세족을 약화시키고자 한 것이다. ④ 조선 후기의 일이다. ⑤ 조선 시대 성종의 정책이다.

3. ④ 바로 정리 : 태조 왕건의 북진 정책

제시된 지도에서 (가)는 태조 왕건 시기에 확보한 지역이다. 태조는 고구려의 옛 땅을 되찾으려고 강력한 북진 정책을 추진하여 평양을 서경으로 삼고, 북진 정책의 근거지로 적극 개발했다. 그 결과, 청천강에서 영흥에 이르는 국경선을 확보할 수 있었다. 아하! ① 강동 6주에 대한 설명이다. ② 영토를 확장하지는 못했고, 강화도 – 진도 – 제주도로 근거지를 옮기며 몽골에 항전했다. ③ 동북 9성에 대한 설명이다. ⑤ 철령 이북 지역에 해당한다.

4. ③ 바로 정리 : 광종의 왕권 강화책

제시문의 '쌍기의 제의, 과거 제도, 관복 제도' 등을 통해 광종의 정책임을 알 수 있다. 광종은 노비안검법을 실시하여 호족의 세력을 약화시키고 국가의 수입 기반을 확대했다. 이어 과거 제도를 시행하여, 유학을 익힌 신진 인사를 등용하고 신구 세력의 교체를 도모했으며, 지배층의 위계질서를 확립하기 위하여 백관의 공복을 제정했다. 아하! ①, ⑤ 공민왕에 대한 설명이다. ② 성종에 대한 설명이다. ④ 태조에 대한 설명이다.

5. ④ 바로 정리 : 광종의 정책

제시문에 있는 '노비를 조사하여 풀어 주도록 명하자, 백관의 관복 제도' 등을 통해 광종의 정책임을 알 수 있다. 광종은 노비안검법을 실시하여 호족의 세력을 약화시키고 국가의 수입 기반을 확대했다. 또한 국왕의 권위를 높이기 위하여 황제로 칭하고 광덕, 준풍 등 독자적인 연호를 사용하기도 했다. 아하! ㄱ. 공민왕에 대한 설명이다. ㄷ. 성종에 대한 설명이다.

6. ① 바로 정리 : 고려의 지방 제도

제시문의 '중서문하성, 중추원, 도병마사, 식목도감' 등을 통해 고려 시대의 중앙 정치 조직임을 알 수 있다. 고려는 전국을 5도와 양계, 경기로 나누었다. 5도는 상설 행정 기관이 없는 일반 행정 단위로서, 안찰사가 파견되어 도내의

지방을 순찰했다. 북방의 국경 지대에는 동계와 북계의 양계를 설치하여 병마사를 파견하고, 국방상의 요충지에는 진을 설치했다. 지방관이 파견된 주현보다 파견되지 않은 속현이 더 많았다. 아하! ② 조선에 대한 설명이다. ③ 발해에 대한 설명이다. ④ 갑오개혁 때의 일이다. ⑤ 통일 신라에 대한 설명이다.

7. ② 바로 정리 : 고려의 지방 통치 제도

제시된 자료에서 '5개의 도, 2개의 계'를 통해 고려의 지방 통치 조직임을 알 수 있다. 5도는 상설 행정 기관이 없는 일반 행정 단위로서, 안찰사가 파견되어 도내의 지방을 순찰했다. 북방의 국경 지대에는 동계와 북계의 양계를 설치하여 병마사를 파견하고, 국방상의 요충지에는 진을 설치했다. 지방관이 파견된 주현보다 파견되지 않은 속현이 더 많았다. 또한 속현과 향·부곡·소 등 특수 행정 구역은 주현을 통하여 간접적으로 중앙 정부의 통제를 받았다. 아하! ㄴ. 조선에 해당한다. ㄹ. 통일 신라에 해당한다.

8. ③ 바로 정리 : 문벌 귀족의 특징

제시문에 있는 '왕실과 혼인 관계, 경원 이씨' 등을 통해 문벌 귀족과 관련된 내용임을 알 수 있다. 문벌 귀족은 과거와 음서를 통하여 관직을 독점하고, 중서문하성과 중추원의 재상이 되어 정국을 주도해 나갔다. 이들은 관직에 따라 과전을 받고, 자손에게 세습이 허용되는 공음전의 혜택을 받았을 뿐만 아니라, 권력을 이용하여 불법적으로 개인이나 국가의 토지를 차지하여 정치 권력과 함께 경제력까지 거의 독점했다. 한편 이들은 왕실과 혼인 관계를 맺어 외척으로서의 지위를 이용하여 정권을 장악하기도 했다. 아하! ① 무신에 대한 설명이다. ② 고려 말 신진 사대부에 대한 설명이다. ④ 신흥 무인 세력에 대한 설명이다. ⑤ 고려 후기 무신과 권문 세족에 대한 설명이다.

9. ② 바로 정리 : 대표적인 문벌 귀족 가문 경원 이씨

제시된 자료에서 '이자연, 예종의 외척' 등을 통해 경원 이씨 집안임을 알 수 있다. 이들은 음서를 통해 관직에 진출하고 공음전의 특혜를 누렸으며, 왕실과 중첩된 혼인을 통해 정권을 장악했다. 아하! ㄴ. 고려 후기 무신과 권문세족에 대한 설명이다. ㄹ. 고려 말 신진 사대부에 대한 설명이다.

10. ① 바로 정리 : 고려 전기 역사적 사실의 전개

이자겸의 난이 실패로 끝난 이후 서경파는 왕권의 회복과 민생 안정, 국방력 강화를 위해 서경으로 천도할 것을 주장했다. 하지만 김부식을 중심으로 한 개경파의 반대로 실패했다. 김부식은 서경파를 제거한 이후 《삼국사기》를 편찬했다.

11. ① 바로 정리 : 묘청의 서경파 vs 김부식의 개경파

제시문에서 (가)는 '서경으로 궁궐을 옮기고, 금나라 타도' 등을 통해 서경파임을, (나)는 서경 천도 반대를 주장하는 개경파임을 알 수 있다. 서경파는 왕권의 강화와 자주적인 혁신 정치, 금나라 정벌을 주장했고, 개경파는 유교 이념에 충실함으로써 사회 질서를 확립하고자 했다. 개경파는 금에 사대할 것을 주장했다. 아하! ② 개경파에 대한 설명이다. ③ 무신에 대한 설명이다. ④ 권문세족에 대한 설명이다.

12. ② 바로 정리 : 묘청의 서경 천도 운동과 금국 정벌론 vs 사대관계론

제시된 자료는 서경 천도와 관련된 내용이다. 이 시기에 인종이 재위했다.

이자겸의 딸과 예종 사이에서 태어난 인종은 이자겸의 딸 2명과 혼인하기도 했다. 이자겸이 권력을 장악하게 되었는데, 이자겸은 난을 일으켜 왕위에 오르려고 하기도 했다. 이자겸의 난이 진압된 이후에는 묘청의 서경 천도 운동이 일어났다. 아하! ㄴ. 우왕에 해당한다 ㄹ. 고려 초기 성종 대에 해당한다.

13. ④ 바로 정리 : 묘청의 서경 천도 운동
제시된 지도의 '서경, 대화궁' 등을 통해 묘청의 서경 천도 운동임을 알 수 있다. 묘청 세력은 풍수지리설을 내세워 서경으로 도읍을 옮겨, 보수적인 개경의 문벌 귀족 세력을 누르고 왕권을 강화하면서 자주적인 혁신 정치를 시행하려 했다. 이들은 서경에 대화궁이라는 궁궐을 짓고, 황제로 칭할 것과 금을 정벌하자고 주장했다. 아하! ㄱ. 고려 말 최영을 비롯한 권문세족의 주장에 해당한다. ㄷ. 삼별초에 해당한다.

14. ④ 바로 정리 : 무신 정변이 고려 사회에 끼친 영향
제시문의 '정중부, 이의방' 등을 통해 무신 정변과 관련된 내용임을 알 수 있다. 무신 정변 이후 무신들은 중방을 중심으로 권력을 행사하면서 주요 관직을 독차지하고 토지와 노비를 늘려 나갔으며, 저마다 사병을 길러 권력 쟁탈전을 벌였다. 아하! ① 조선 후기의 일이다. ② 무신 정변 이전의 일이다. ③ 위화도 회군 이후의 일이다. ⑤ 광종의 왕권 강화책 이후의 일이다.

15. ④ 바로 정리 : 서희의 강동 6주 획득
제시문의 '서희' 등을 통해 강동 6주를 획득한 과정과 관련된 내용임을 알 수 있다. 고려의 서희는 거란의 1차 침략 당시 거란과 교류할 것을 약속하는 대신, 압록강 동쪽의 강동 6주를 확보하는 성과를 거두었다. 아하! ① 이성계의 회군과 관련된 내용이다. ② 윤관의 별무반과 관련된 내용이다. ③ 조선 세종 시기의 일이다. ⑤ 공민왕의 영토 회복과 관련된 내용이다.

16. ① 바로 정리 : 천리장성의 축조 시기 찾기
제시문의 '천리장성' 등을 통해 고려 시기 천리장성 축조와 관련된 내용임을 알 수 있다. 고려는 거란과의 전쟁이 끝난 이후 개경에 나성을, 북쪽 국경 일대에 천리장성을 쌓아 거란과 여진의 침략에 대비했다.

17. ④ 바로 정리 : 몽골의 침입과 항전
제시문의 '저고여, 살리타' 등을 통해 몽골의 침략과 관련된 내용임을 알 수 있다. 몽골은 몽골 사신 저고여가 귀국길에 피살된 사건을 구실로 대군을 이끌고 침략했다(1231). 이에 무신 정권은 수도를 강화도로 옮기고, 주민을 산성과 섬으로 피란시킨 뒤 항전했다.

18. ③ 바로 정리 : 삼별초의 항쟁
제시문의 '개경 환도, 배중손' 등을 통해 삼별초의 항쟁과 관련된 내용임을 알 수 있다. 고려 정부가 개경으로 환도하자, 대몽 항쟁에 앞장섰던 삼별초는 배중손의 지휘 아래 반기를 들었다. 이들은 장기 항전을 계획하고 진도와 제주도로 근거지를 옮기며 대몽 항전을 계속했다. 아하! ① 서희의 활약과 관련 있는 내용이다. ② 거란의 침략 당시 강감찬의 활약과 관련된 내용이다. ④ 윤관의 별무반과 관련 있는 내용이다. ⑤ 공민왕 때의 일이다.

19. ④ 바로 정리 : 고려의 대외 관계
제시문에서 (가)는 고려 말의 왜구 침략, (나)는 12세기 여진족의 침략, (다)는

13세기 몽골의 침략과 관련된 내용이다.

20. ④ 바로 정리 : 원 간섭기의 사회 모습
제시문의 '충렬왕, 몽골 옷에 변발, 몽골어' 등을 통해 원 간섭기와 관련된 내용임을 알 수 있다. 원 간섭기에는 권문세족이 집권하고 몽골풍이 유행했으며, 공녀 등 공물을 바쳤다. 또한 왕실과 관제가 격하되었으며 쌍성총관부 등의 영토를 상실했다. 아하! ④ 만적의 난은 최씨 집권기에 발생했다.

21. ③ 바로 정리 : 공민왕의 개혁 정치
제시문은 공민왕의 정책이다. 공민왕은 친원 세력을 숙청하고 정동행성 이문소를 폐지했으며 관제를 복구했다. 또한 몽골풍을 금지하고 쌍성총관부를 수복했다. 대내적으로는 정방을 폐지하고 전민변정도감을 설치하여 권문세족이 부당하게 빼앗은 토지와 노비를 본래의 소유주에게 돌려주거나 양민으로 해방시켰다. 아하! ① 태조에 대한 설명이다. ② 광종에 대한 설명이다. ④, ⑤ 성종에 대한 설명이다.

22. ⑤ 바로 정리 : 성균관의 설치
제시문의 '이색, 성리학' 등을 통해 성균관과 관련된 내용임을 알 수 있다. 고려 후기 신진 사대부는 성리학을 수용하여 학문적 기반으로 삼고, 불교의 폐단을 시정하려 했다. 아하! ① 고구려 장수왕 때 설립되었다. ② 조선 시대 지방에 세워진 사립 초등 교육 기관이다. ③ 통일 신라 신문왕 때 설립되었다. ④ 발해의 교육 기관이다.

23. ④ 바로 정리 : 이성계의 황산 대첩
제시된 자료에서 '황산 대첩비' 등을 통해 이성계와 관련된 내용임을 알 수 있다. 고려 말 남쪽에서 왜구의 노략질이 계속되어 해안 지방을 황폐하게 했는데, 이 과정에서 이성계는 큰 전과를 올려 국민의 신망을 얻었다. 이후 이성계는 위화도 회군을 계기로 권력을 장악했다. 아하! ① 서희에 대한 설명이다. ② 윤관에 대한 설명이다. ③ 최영에 대한 설명이다. ⑤ 최충헌과 최우 등 최씨 가문에 해당하는 설명이다.

24. ① 바로 정리 : 정몽주의 〈단심가〉와 역성혁명 반대
제시된 자료에서 '단심가, 선죽교에서 죽음' 등을 통해 정몽주와 관련된 내용임을 알 수 있다. 정몽주 등 온건 개혁파는 고려 왕조의 틀 안에서 점진적인 개혁을 추진하려고 한 반면, 정도전 등 급진 개혁파는 고려 왕조를 부정하는 역성혁명을 주장했다. 결국 급진 개혁파는 조선을 건국했다. 아하! ② 신돈에 대한 설명이다. ③ 문벌 귀족에 대한 설명이다. ④ 관학파에 대한 설명이다. ⑤ 신흥 무인 세력에 대한 설명이다.

5 고려의 경제, 사회, 문화

기억하라! 사료

고려의 토지 제도는 대부분 당과 비슷하였다. 개간된 토지의 수를 총괄하고 기름진 거나 메마른 토지를 구분하여 문무백관으로부터 부병, 한인(閒人)에 이르기까지 일정한 과(科)에 따라 모두 토지를 주고, 또 등급에 따라 땔나무를 얻을 수 있는 땅을 주었는데, 이를 전시과라고 한다.
– 전시과 시행, 《고려사》

문종3년 5월에 공음 전시법을 제정하였는데, 1품은 문하시랑평장사 이상에게 전지 25결과 시지 15결을 주며, 2품은 참지정사 이상에게 전지 22결과 시지 12결을 주고, …… 이것을 자손에게 전해 내려가게 하였다.
– 공음전, 《고려사》

핵심주제 01 경제 정책

(1) 전시과 제도와 토지 소유

① **역분전 지급** : 후삼국 통일 이후 태조가 공신들에게 지급
② **전시과 제도의 성립** : 관리들에게 관직 복무 대가로 토지 지급 → 관리에게 전지와 시지를 지급하여 수조권을 행사할 수 있게 한 제도   전지는 경작지로 조세를 징수할 수 있는 땅이고, 시지는 땔감을 얻을 수 있는 땅

구분	시기	지급 기준 지급 기준이 바뀐 이유는 지급할 땅이 부족해졌기 때문이야.	지급 대상
시정 전시과	경종(976)	관직의 높고 낮음과 인품 반영	전·현직 관료
개정 전시과	목종(998)	관직만을 기준으로 18등급으로 구분(인품 반영 안 함)	전·현직 관료
경정 전시과	문종(1076)	관직만을 기준으로 18등급으로 구분	현직 관료

③ **붕괴** : 문벌 귀족의 대토지 확대, 토지 부족 현상 심화로 운영 미흡 → 무신 정변 후 붕괴
④ **토지 종류**

과전	문무 관리에게 지급, 죽거나 관직에서 물러나면 국가에 반납 원칙
공음전	5품 이상 고위 관리에게 지급, 세습 가능 → 과전과 함께 귀족의 지위를 유지하는 경제적 기반
한인전	6품 이하 관리 자제로 관직에 오르지 못한 자에게 지급
군인전	중앙의 군인에게 지급 → 군역 세습에 따라 자손에게 지급
구분전	하급 관리와 군인의 유가족에게 지급

(2) 수취 체제의 정비 : 민생 안정과 국가 재정 확충 목적 → 양안(토지 대장)과 호적을 작성해 부과

조세	토지를 논(수전)과 밭(한전)으로 구분하고 비옥도에 따라 3등급으로 나누어 생산량의 10분의 1 징수
공물	각 지방의 토산물 징수, 중앙 관청에서 주현에 할당 → 속현과 향·부곡·소에 할당 → 향리가 호(戶)를 기준으로 징수
역	정남의 노동력 징발 → 군역과 요역으로 구분

16~60세 양인 남자, 농민 장정들은 정남이라고 하여 병역의 의무가 있었어.

기억하라! 유물

삼한통보   해동통보

고려 시대에는 상업 활동이 활발해지면서 여러 가지 화폐가 주조되었으나, 널리 유통되지는 못했다.

핵심주제 02 산업의 발달과 경제 활동

(1) 농업

① **중농 정책** : 농민 생활의 안정과 국가 재정의 확보 목적
② **농업 기술의 발달** : 소를 이용한 깊이갈이 일반화, 밭농사에서 2년 3작의 돌려짓기 보급, 고려 말 남부 일부 지방에 모내기법 보급, 《농상집요》 소개, 고려 말 목화 재배 시작

(2) 수공업 : 전기에는 관청 수공업과 소(所) 수공업 중심 → 후기에는 사원 수공업과 민간 수공업 중심

(3) 상업

① **초기** : 시전(개경에 설치, 경시서가 상행위 감독), 관영 상점(관영 수공업장에서 생산된 물건 판매)
② **후기** : 시전의 규모 확대, 육상 교역의 확대로 원(院) 발달, 소금 전매제 실시
③ **화폐** : 성종 때 건원중보(철전), 숙종 때 삼한통보·해동통보·해동중보 등의 동전과 은병(활구) 발행

(4) 여러 나라와의 교류

송	• 사신과 상인이 왕래하며 교역, 유학생과 유학승 파견 • 무역 형태 : 공무역 중심, 주로 바닷길 이용 → 벽란도가 국제 무역항으로 번창 • 수입품 : 서적, 약재, 귀족의 사치품 등　　• 수출품 : 금, 은, 인삼, 종이, 먹 등
거란·여진	• 무역 형태 : 공무역 중심　　• 수입품 : 은, 말, 모피　　• 수출품 : 곡식, 농기구
일본	• 수입품 : 수은, 유황 등　　• 수출품 : 인삼, 곡식, 서적 등
아라비아	향료, 상아 등 교역 → 고려(Korea)의 이름이 서역에 알려지는 계기
원	금·은의 유출, 원의 공녀와 노비 요구 → 사회 문제로 대두

고려의 대외 교류

 03 신분 제도와 생활 모습

(1) 고려의 신분 제도　무신 정변 이후에는 무신, 무신 정권 몰락 이후에는 권문세족이 새로운 지배층으로 등장

문벌 귀족	• 구성 : 왕족과 여러 대에 걸쳐 고위 관직에 오른 귀족 가문 • 특권 : 과거와 음서를 통해 고위 관직 독점, 국가로부터 공음전·과전 받음 • 중첩된 혼인 관계 : 귀족으로서의 지위를 유지하기 위해, 특히 왕실과 혼인 지향
중류층	• 잡류(중앙 관청의 실무를 담당하는 서리), 남반(궁중에서 실무를 담당하는 관리), 군반(하급 장교), 향리(지방에서 행정 실무 담당) • 직역에 대한 대가로 국가로부터 토지 지급, 직역 세습
양민	• 구성 : 백정 농민, 상인, 수공업자, 향·부곡·소의 주민 • 백정 농민(대부분의 일반 양인) : 자신의 토지나 남의 토지를 경작해 생계유지, 조세·공물·역 부담, 과거 응시 가능
천민	• 노비의 처지 : 재산으로 간주(매매, 상속, 증여의 대상), 부모 중 한쪽이 노비이면 그 자녀도 노비(일천즉천) • 노비의 종류 : 공노비(국가 기관 소유 노비), 사노비(개인이나 사원 소유 노비, 솔거 노비와 외거 노비)

대부분 노비였어.

(2) 무신 집권기 하층민의 봉기
서경 유수였어.　소는 향·부곡과 함께 일반 군현에 비해 차별받던 특별 행정 구역으로, 더 많은 공물을 부담해야 했어. 이 때문에 봉기를 일으켰지.

서북 지역 농민 봉기	조위총의 난 때 많은 농민 가세, 조위총의 난 진압 이후에도 항쟁 지속
망이·망소이의 봉기	특별 행정 구역인 공주 명학소에서 봉기
김사미와 효심의 봉기	경상도 운문·초전에서 봉기 → 경주·강릉 지방의 세력과 연합 시도
만적의 난	최충헌 집권 시기에 사노비인 만적이 주도(신분 해방 운동의 성격)

(3) 고려인의 생활 모습

① 사회 시책

의창	빈민 구제를 위해 봄에 양식이나 종자를 빌려 주고 가을에 갚게 함
상평창	개경·서경 및 12목에 설치, 물가 조절 담당
의료 기관	동·서 대비원(개경 설치, 환자 치료·빈민 구제 담당), 혜민국(의약품 제공)
제위보	기금을 마련한 뒤 그 이자로 빈민을 구제하고 질병 치료

② **향도** : 불교 신앙에 바탕을 둔 공동체 조직 → 마을 공동체 역할도 겸함　혼례, 상장례, 마을 제사 담당

③ **가족 제도** : 일부일처제가 일반적, 자녀 균등 상속, 자녀 구분 없이 제사 참여

④ **여성의 지위** : 여성 호주 가능, 호족에 연령순 기록, 사위도 처가의 호족에 기록, 재가가 자유로운 편

매향 활동, 대규모 불사에 노동력과 비용을 제공했어.

기억하라! 지도

기억하라! 사료

우리 고향(명학소)을 현으로 올려 주고 수령까지 보내 백성을 위로하더니, 곧 군사를 보내 우리 고을을 치고 어머니와 아내를 잡아 가두니 이것은 무슨 까닭인가? 차라리 싸우다 죽을지언정 끝까지 굴복하지는 않을 것이다.
– 망이·망소이 봉기, 《고려사》

망이·망소이는 공주를 함락하는 등 한때 충청도 일대를 점령했다. 이에 고려 정부는 명학소를 충순현으로 승격시키고 관리를 파견해 백성들을 무마했다.

노비 만적 등 6명이 북산으로 나무하러 가서 노비들을 모아 놓고 "우리나라에서는 무신의 난 이래 고관대작이 천민에서 많이 나왔다. 왕후장상(王侯將相)의 씨가 따로 있는가! …… 최충헌과 주인들을 죽이고 노비 문서를 불태워 이 땅의 천민을 없애면 우리도 왕후장상이 될 수 있다."라고 말하였다.
– 만적의 난, 《고려사》

만적은 노비들과 천민을 없애자는 신분 해방을 주장하며 봉기를 시도했으나 발각되어 실패했다.

교리를 배우는 이는 마음을 버리고 외적인 것을 구하는 일이 많고, 참선하는 사람은 밖의 인연을 잊고 내적으로 밝히기를 좋아 한다. 이는 다 편벽된 집착이고 양극단에 치우친 것이다.

– 의천의 불교 통합 운동, 《대각국사문집》

의천이 교종을 중심으로 선종을 통합하려고 시도하면서 내세운 수행법, 교관겸수를 설명한 것이다.

하루는 같이 공부하는 열 명의 사람과 약속하였다. 마땅히 명예와 이익을 버리고 은둔하여 같은 모임을 맺자. 항상 선을 익히고 지혜를 고르는 데 노력하고, 예불하고 경전을 읽으며 힘들여 일하는 것에 이르기까지 각자 맡은 바 임무에 따라 경영한다.

– 지눌, 《권수정혜결사문》–

지눌이 결사 운동을 벌이면서 내세운 주장, 결사 운동을 벌이게 된 경위를 밝히고 있다.

핵심주제 04 다양한 사상의 발달과 역사서의 편찬

(1) 유학의 발달

예종 때 국자감에 전문 강좌인 7재를 설치해 관학의 내실화를 추구하고 양현고라는 장학재단을 설치했어. 인종 때는 경사 6학을 정비했지.

초기	• 광종: 과거제를 실시하여 유교적 소양을 갖춘 관리 등용 → 유교 발달에 기여 • 성종: 유교 정치 이념 확립, 유교 교육을 위해 국자감·향교 설치, 12목에 경학박사 파견
중기	• 유학의 보수화, 최충(해동공자라 칭송받음), 김부식(《삼국사기》 저술) 등 • 사학 12도의 발달로 국자감의 관학 교육 위축 → 관학 진흥책 추진
후기	• 성리학 수용: 안향이 소개 → 이제현이 성리학에 대한 이해 심화 → 신진 사대부에 의해 계승 • 사회 모순 개혁 시도: 불교 폐단과 권문세족의 횡포 비판, 《소학》·《주자가례》 보급 • 유교 교육 강화: 국학을 성균관으로 개칭, 성균관 확대 개편

고려 문종 때 개경에 있던 12개의 사립 교육 기관이지.

(2) 역사서의 편찬

역사서를 본기(제왕), 세가(제후), 열전(인물), 지(주제), 표(연표) 등으로 서술하는 방식. 편년체는 시간의 흐름에 따라 서술하는 방식

초기	왕조 실록 편찬 → 거란의 침입으로 소실 → 7대 실록 편찬(현종)
중기	《삼국사기》: 현존 최고의 역사서, 유교 합리주의 사관, 기전체 형식, 신라 정통론
후기	《해동고승전》: 각훈 저술, 신라 시대 고승의 전기 기록
	《동명왕편》: 이규보 저술, 동명왕의 업적을 칭송한 영웅 서사시, 고구려 계승 의식
	《삼국유사》, 《제왕운기》: 단군을 민족의 시조로 제시, 각각 일연과 이승휴가 저술
	《사략》: 이제현 저술, 정통 의식과 대의명분을 강조한 성리학적 유교 사관에 의한 서술

(3) 불교의 발전

교는 불교의 이론적인 교리 체계로 교종이, 관은 실천적인 수행법으로 선종이 중시한 것으로, 교관겸수는 교와 선을 같이 해야 한다는 수행 방법이야.

① **불교 장려 정책**
  • 태조: 훈요 10조에서 연등회와 팔관회 장려
  • 광종: 승과 실시, 국사·왕사 제도 실시, 사찰에 토지·노비 지급, 승려에게 면역 혜택

교종의 입장에서 선종 통합

② **의천의 불교 교단 통합**: 화엄종을 중심으로 교종 통합, 해동 천태종 창시, 선종까지 통합했으나 사후 교단 분열, 교관겸수 제시

③ **결사 운동과 지눌의 교단 통합**
  • 결사 운동: 불교의 세속화 → 불교 본연의 모습을 찾으려는 신앙 결사 운동 대두
  • 지눌의 수선사(송광사) 결사 조직: 승려 본연의 자세로 돌아가 독경, 참선, 노동에 고루 힘써야 한다는 운동 전개 → 돈오점수·정혜쌍수 강조 → 선교 일치의 사상 체계 정립
  • 혜심: 유·불 일치설 주장, 심성의 도야 강조 → 성리학 수용의 토대 마련
  • 요세의 백련사 결사: 참회 신앙(법화 신앙) 강조

마음이 곧 부처임을 단번에 깨우치되(돈오), 깨달은 후에도 꾸준히 수행(점수)해야 온전한 경지에 오를 수 있다는 주장

④ **대장경의 조판**

초조대장경	거란 침입 극복 목적 → 몽골 침입으로 소실
교장	의천 주도, 고려·송·요의 대장경에 대한 주석서 모아 편찬
팔만대장경	부처의 힘으로 몽골을 물리치려는 목적으로 조판

(4) 도교와 풍수지리설

① **도교**: 나라의 안정과 왕실의 번영 기원, 재앙을 물리치고 복을 기원하는 신앙
② **풍수지리설**

초제 성행, 국가 차원에서 도교 행사를 개최했어.

  • 땅의 형세나 모양이 국가의 운명이나 개인의 삶에 영향을 준다는 이론
  • 영향: 신라 말 송악길지설(고려 건국과 후삼국 통일 뒷받침), 고려 초 서경길지설(북진 정책, 묘청의 서경 천도 운동에 이용), 고려 중기 남경길지설(북진 정책 퇴조 반영)

팔만대장경 목판

WHY 역사서

김부식은 묘청의 서경 천도 운동을 진압한 이후에 《삼국사기》를 저술했다. 묘청의 주장과 달리 유교적인 관점으로 서술했다. 몽골 침입 시기에 편찬된 《삼국유사》와 《제왕운기》는 우리 민족의 자주성을 과시하기 위해 고조선부터의 역사를 서술한 책이다.

과학 기술의 발달

(1) 인쇄술의 발달

① **목판 인쇄술의 발달** : 팔만대장경이 대표적(강화도에서 제작, 현재 합천 해인사에 보관, 유네스코 세계 문화유산에 등재) 글씨체가 아름답고 잘못되거나 빠진 글자가 없는 정확한 내용으로 완성도가 높은 유물이야.

② **활판 인쇄술의 발달** : 청동 주조 기술 발달, 다양한 인쇄물을 소량 발행하는 데 적합

상정고금예문	13세기 중엽에 인쇄(강화도에서), 현존하지 않음
직지심체요절	현존하는 세계에서 가장 오래된 금속 활자본, 프랑스 국립 도서관에 보관, 유네스코 세계 기록 유산에 등재

(2) 의학과 천문학

13세기에 편찬된, 현재 남아 있는 가장 오래된 의학 서적

의학	의관 선발을 위한 의과 실시, 《향구구급방》 편찬
천문학	사천대(서운관) 설치 → 천체와 기상 관찰하여 기록
역법	당의 선명력(초기) → 원의 수시력과 명의 대통력 사용(후기)

(3) 화약 무기와 조선술의 발달

화약 무기	최무선이 화약 제조법 터득, 진포 대첩에 도움
조선술의 발달	대형 범선과 조운선 제작, 병선에 화포 설치(왜구 격퇴에 이용)

 귀족 문화의 발달

(1) 청자와 공예 : 신라의 전통 위에 송의 기술 수용

청자 칠보 투각 향로
(11세기, 순수 청자의 발달)

상감 청자
(12~13세기)
청자의 겉부분을 파낸 후 그 자리에 백토나 흑토를 메워 무늬를 만들어 내는 독창적인 방법을 사용

분청사기
(원 간섭기 이후)

(2) 금속 공예의 발달 : 불교 도구 중심으로 발달, 은입사 기술 발달

(3) 불교 조각 및 건축

불상	대형 철불	대형 석불		신라를 계승한 불상
	하남 하사창동 철조 석가여래 좌상	논산 관촉사 석조 미륵보살 입상	파주 용미리 마애 이불 입상 / 안동 이천동 마애 여래 입상	영주 부석사 소조 여래 좌상
건축	안동 봉정사 극락전, 예산 수덕사 대웅전, 영주 부석사 무량수전 – 주심포 양식			
탑과 승탑	무량사 5층 석탑	월정사 8각 9층 석탑 (전기 석탑, 다각 다층탑)	경천사지 10층 석탑 (후기 석탑, 조선에 영향)	고달사지 승탑 (팔각 원당형 승탑)

기억하라! 그림

공민왕의 〈천산대렵도〉

혜허의 〈수월관음도〉
물방울 모양의 독특한 광배로 '물방울 관음'이라고도 한다.

상 중 하 17회

01 다음에 해당하는 토지 제도에 대한 설명으로 옳은 것은?

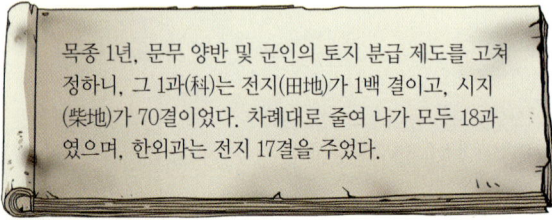

목종 1년, 문무 양반 및 군인의 토지 분급 제도를 고쳐 정하니, 그 1과(科)는 전지(田地)가 1백 결이고, 시지(柴地)가 70결이었다. 차례대로 줄여 나가 모두 18과 였으며, 한외과는 전지 17결을 주었다.

① 진골 귀족의 반발로 부활하였다.
② 지급된 토지의 매매와 임대가 가능하였다.
③ 신진 사대부의 경제적 기반을 위해 마련하였다.
④ 관청에서 일하는 사람에게 수조권을 부여하였다.
⑤ 토지의 비옥도와 풍흉 정도에 따라 조세를 납부하게 하였다.

상 중 하 20회

02 (가)에 들어갈 화폐로 옳은 것은?

이 동전은 성종 15년에 철전으로 만들어진 것으로, 우리나라 최초의 주화예요. 중국의 것과 구별하기 위해 뒷면에 '동국'이라는 글씨를 새겨 넣었어요.

① 삼한통보

② 건원중보

③ 해동통보

④ 상평통보

⑤ 당백전

상 중 하 15회

03 다음 문제가 발생했던 시기의 사실로 옳은 것은?

• 왕비(원나라 공주)의 심부름꾼과 궁내의 관료들이 좋은 전답을 많이 차지하여 내 땅이라 하고 산천을 경계로 정하였다.
• 근년에 겸병이 더욱 심해져 간사하고 흉악한 무리의 토지가 주와 군에 걸쳐 있고 산천으로 표시를 하고 있다.

① 천리장성이 축조되었다.
② 왕실의 호칭이 격하되었다.
③ 서희가 강동 6주를 획득하였다.
④ 묘청의 서경 천도 운동이 전개되었다.
⑤ 무신들이 중방을 통해 권력을 장악하였다.

상 중 하 21회

04 다음 사건들이 일어났던 시기의 사실로 옳은 내용을 〈보기〉에서 고른 것은?

• 남적이 봉기하여 큰 도적인 김사미는 운문에 웅거하고, 효심은 초전에 웅거하여 망명한 무리를 불러 모아 주현을 노략질하였다.
• 공주 명학소의 망이·망소이 등이 무리를 불러 모아 스스로 산행병마사라 일컫고 공주를 공격하여 무너뜨렸다. 정부는 지후 채원부와 낭장 박강수 등을 보내 달랬으나 적은 따르지 않았다.

〈보기〉

ㄱ. 조위총이 무신 정권에 반발하였다.
ㄴ. 만적이 신분 해방 운동을 전개하였다.
ㄷ. 임꺽정이 지배층의 횡포에 저항하였다.
ㄹ. 홍경래가 지역 차별에 대해 항거하였다.

① ㄱ, ㄴ   ② ㄱ, ㄷ   ③ ㄴ, ㄷ
④ ㄴ, ㄹ   ⑤ ㄷ, ㄹ

05 다음 사건이 일어났던 시기의 정치적 상황으로 옳은 것은?

> 만적 등 6명이 북산에서 나무하다가, 공사의 노예를 불러 모아 모의하기를, "국가에서 경인년·계사년 이후 높은 벼슬이 천한 노예에게서 많이 나왔으니, 장수와 정승이 어찌 종자가 있으랴."라고 하였다.

① 붕당 정치가 실시되었다.
② 지방에서 호족이 성장하였다.
③ 세도 정치의 전개로 왕권이 약화되었다.
④ 최충헌이 정변을 통해 권력을 장악하였다.
⑤ 이인임 등 권문세족이 대토지를 소유하였다.

06 다음 사건이 일어난 시기를 연표에서 옳게 고른 것은?

> • 공주 명학소에서 망이·망소이가 난을 일으켰다. 이때 국가의 내란으로 정부의 명령이 제대로 행해지지 않아 도적의 무리가 들끓었다.
> • 운문과 초전에서 적들이 벌 떼처럼 일어나 …… 사람들을 불러 모아 여러 주, 현을 약탈하였다.

918		936		1019		1135		1170		1270
	(가)		(나)		(다)		(라)		(마)	
고려 건국		후삼국 통일		귀주 대첩		서경 천도 운동		무신 정변		개경 환도

① (가) ② (나) ③ (다) ④ (라) ⑤ (마)

07 다음 자료와 관련된 시기의 가족 제도에 대한 설명으로 옳은 것은?

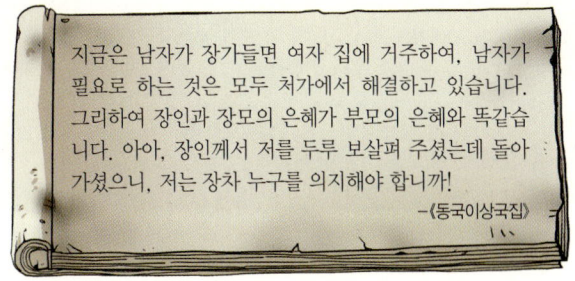

> 지금은 남자가 장가들면 여자 집에 거주하여, 남자가 필요로 하는 것은 모두 처가에서 해결하고 있습니다. 그리하여 장인과 장모의 은혜가 부모의 은혜와 똑같습니다. 아아, 장인께서 저를 두루 보살펴 주셨는데 돌아가셨으니, 저는 장차 누구를 의지해야 합니까!
> —《동국이상국집》

① 제사는 큰아들이 지내야 했다.
② 남녀순으로 족보에 기재하였다.
③ 동족 마을이 전국적으로 확산되었다.
④ 부모의 유산을 자녀에게 골고루 분배하였다.
⑤ 아들이 없으면 양자를 들이는 것이 일반화되었다.

08 다음 대화가 이루어진 시기의 사회 모습으로 옳은 것은?

① 여성의 재혼이 비교적 자유로웠다.
② 큰아들이 부모의 제사를 전담하였다.
③ 양반들이 문중을 중심으로 동성 촌락을 형성하였다.
④ 아들이 없는 경우 양자를 들이는 것이 일반적이었다.
⑤ 혼인 후 곧바로 남자 집에서 생활하는 경우가 많았다.

09 다음 상황이 나타났던 시기의 사실로 옳은 것은?

> 이곡이 상소를 올렸다. "사람들은 딸을 낳으면 감추고, 오직 탄로날 것을 우려하여 이웃 사람들도 볼 수 없게 한다고 합니다. 원의 사신이 올 때마다 우리 백성들은 서로 돌아보면서, '무엇 때문에 왔을까, 처녀를 잡으러 온 것은 아닌가?'라고 걱정합니다. …… 만약 거기에 뽑히게 되면, 그 부모나 일가친척들이 서로 모여 밤낮으로 슬피 웁니다."

① 일종의 매매혼인 민며느리제가 시행되었다.
② 형이 죽은 뒤 동생을 형수와 같이 살게 하였다.
③ 결혼도감을 통해 어린 여성들이 공녀로 보내졌다.
④ 여자 정신 근로령으로 여성들이 강제 동원되었다.
⑤ 여성의 수절이 강요되고 열녀문이 많이 세워졌다.

10 대화를 통해 알 수 있는 시기의 사회상으로 옳지 않은 것은?

① 권문세족이 집권하였다.
② 정동행성이 설치되었다.
③ 왕실의 호칭이 격하되었다.
④ 교정도감이 최고의 권력 기구였다.
⑤ 만두, 설렁탕, 소주 등의 음식이 유입되었다.

11 다음 제도를 실시한 공통적인 목적으로 적절한 것은?

> • 우리 태조께서 흑창을 설치하여 빈궁한 백성에게 진대하는 것을 일정한 법식으로 삼으셨다. 그런데 지금, 지금은 백성이 늘어났으나 저축은 많아지지 않고 있으니, 쌀 1만 석을 더 보태고 이름을 의창이라 한다.
> • 백성들 중 가난하여 제 힘으로 살아갈 수 없는 자들을 제위보로 하여금 보리가 익을 때까지 구제하도록 할 것이다.

① 물가의 안정
② 향촌의 자치
③ 농민 생활의 안정
④ 유랑자의 수용과 구휼
⑤ 수령의 보좌와 향리 감찰

12 밑줄 친 '이 나라'에서 제작한 문화유산으로 옳은 것은?

사진은 이 나라에서 제작한 금동 관음보살 좌상이다. 갸름한 얼굴에 화려한 장식으로 뒤덮인 신체 등에서 원나라 라마 불상 양식의 영향이 엿보인다. 가부좌한 자세에서 오른쪽 무릎을 세우고 그 위에 오른팔을 자연스럽게 올려놓은 뒤 왼손으로 바닥을 짚는 자세를 취하고 있다.

① 천마도

② 화엄사 4사자 3층 석탑

③ 금동 미륵보살 반가 사유상

④ 경천사지 10층 석탑

⑤ 다보탑

상 중 하 20회

13 (가)에 들어갈 유물로 옳은 것은?

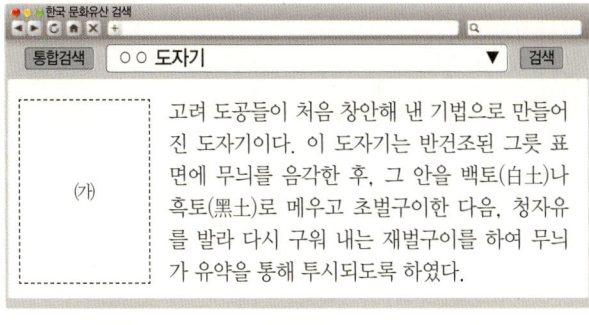

| 통합검색 | ○○ 도자기 | ▼ | 검색 |

(가) 고려 도공들이 처음 창안해 낸 기법으로 만들어진 도자기이다. 이 도자기는 반건조된 그릇 표면에 무늬를 음각한 후, 그 안을 백토(白土)나 흑토(黑土)로 메우고 초벌구이한 다음, 청자유를 발라 다시 구워 내는 재벌구이를 하여 무늬가 유약을 통해 투시되도록 하였다.

① ② ③ ④ ⑤

상 중 하 18회

14 (가)~(다)를 제작한 순서대로 옳게 나열한 것은?

| (가) | (나) | (다) |
| 경천사지 10층 석탑 | 불국사 3층 석탑 | 원각사지 10층 석탑 |

① (가) – (나) – (다)
② (가) – (다) – (나)
③ (나) – (가) – (다)
④ (나) – (다) – (가)
⑤ (다) – (나) – (가)

상 중 하 18회

15 (가)에 들어갈 내용으로 적절한 것을 〈보기〉에서 고른 것은?

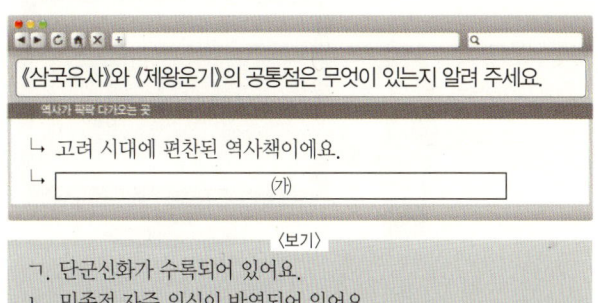

《삼국유사》와 《제왕운기》의 공통점은 무엇이 있는지 알려 주세요.

역사가 팔락 다가오는 곳

ㄴ 고려 시대에 편찬된 역사책이에요.
ㄴ (가)

〈보기〉

ㄱ. 단군신화가 수록되어 있어요.
ㄴ. 민족적 자주 의식이 반영되어 있어요.
ㄷ. 유교적 합리주의 사관에 기초하여 서술되었어요.
ㄹ. 정통의식과 대의명분을 강조하는 역사의식을 표방했어요.

① ㄱ, ㄴ   ② ㄱ, ㄷ   ③ ㄴ, ㄷ
④ ㄴ, ㄹ   ⑤ ㄷ, ㄹ

상 중 하 19회

16 (가)에 들어갈 문화유산으로 옳은 것은?

역 사 신 문   ○○○○년 ○○월 ○○일

특집 : 새로운 형태의 불상 제작되다

(가) 고려 초에는 개성 있는 불상이 많이 만들어졌다. 그중에서도 인체 비례가 불균형한 거대한 불상이 만들어졌다는 것이 특징이다.

① 석굴암 본존불
② 관촉사 석조 미륵보살 입상
③ 이불 병좌상
④ 서산 마애 여래 삼존불 입상
⑤ 금동 미륵보살 반가 사유상

17 선생님이 설명하는 유물에 대한 설명으로 옳은 것은?

① 의천이 교장도감에서 조판하였다.
② 세계 최고(最古)의 금속 활자이다.
③ 불국사 3층 석탑 안에서 발견되었다.
④ 몽골의 침략을 물리치기 위해 제작하였다.
⑤ 병인양요 과정에서 프랑스가 약탈하기도 하였다.

19 (가)에 들어갈 내용으로 적절한 것은?

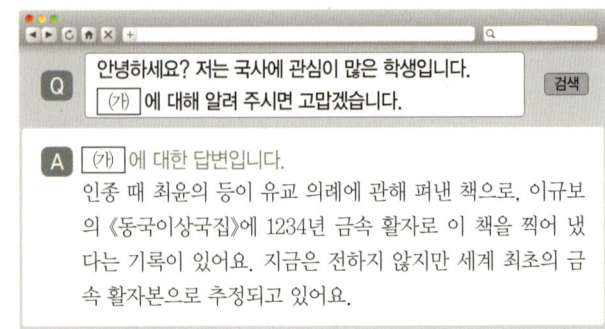

① 팔만대장경
② 삼강행실도
③ 직지심체요절
④ 상정고금예문
⑤ 무구정광대다라니경

18 (가), (나)에 대한 공통된 설명으로 옳은 것은?

> (가) 조선 지역에 근거하여 왕이 되었다. 그런 까닭에 신라·고구려·남북옥저·동북부여·예와 맥이 모두 단군의 후계이다. 1038년 동안 다스리다가 아사달산에 들어가 신이 되었으니 죽지 않은 까닭이다. -《제왕운기》
>
> (나) 실로 창국(創國)하신 신의 자취인 것이다. 이러하니 이 일을 기술하지 않으면 앞으로 후세에 무엇을 볼 수 있으리요. 이런 까닭에 시(詩)를 지어 이를 기념하고 천하 사람들로 하여금 우리나라의 근본이 성인의 나라임을 알게 하려 할 뿐이다. -《동명왕편》

① 객관적 사실만 기록하였다.
② 민족 자주 의식이 반영되어 있다.
③ 성리학적 대의명분을 강조하였다.
④ 화이사상의 영향을 받아 역사를 연구하였다.
⑤ 유교적 합리주의를 내세우며 신라 계승 의식을 표방하였다.

20 다음 질문에 대한 대답으로 적절한 것을 〈보기〉에서 고른 것은?

〈보기〉
ㄱ. 팔각 원당형의 형식을 갖추었어요.
ㄴ. 돌을 벽돌 모양으로 다듬어 쌓았어요.
ㄷ. 조선의 원각사지 10층 석탑에 영향을 주었어요.
ㄹ. 원의 영향을 받은 탑으로, 대리석으로 만들었어요.

① ㄱ, ㄴ　② ㄱ, ㄷ　③ ㄴ, ㄷ
④ ㄴ, ㄹ　⑤ ㄷ, ㄹ

상 중 하 15회

21 (가)~(마) 중 주제에 맞는 조사 내용으로 적절하지 <u>않</u>은 것은?

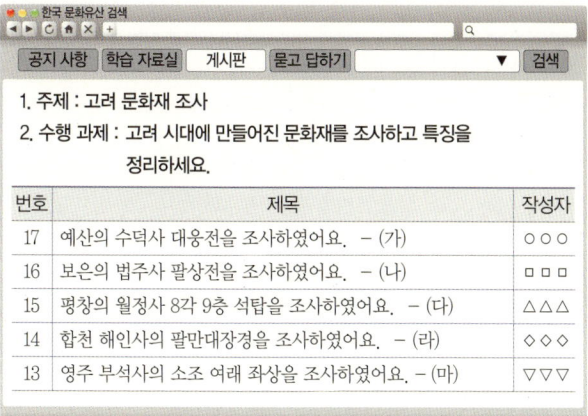

번호	제목	작성자
17	예산의 수덕사 대웅전을 조사하였어요. – (가)	○○○
16	보은의 법주사 팔상전을 조사하였어요. – (나)	□□□
15	평창의 월정사 8각 9층 석탑을 조사하였어요. – (다)	△△△
14	합천 해인사의 팔만대장경을 조사하였어요. – (라)	◇◇◇
13	영주 부석사의 소조 여래 좌상을 조사하였어요. – (마)	▽▽▽

① (가)　　② (나)　　③ (다)　　④ (라)　　⑤ (마)

상 중 하 15회

22 (가), (나) 인물에 대한 설명으로 옳은 것은?

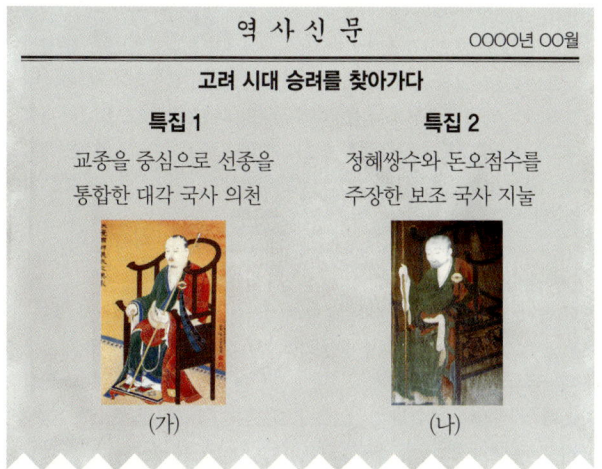

역사신문
　　　　　　　　　　　　　　　　○○○○년 ○○월

고려 시대 승려를 찾아가다

특집 1
교종을 중심으로 선종을 통합한 대각 국사 의천

특집 2
정혜쌍수와 돈오점수를 주장한 보조 국사 지눌

(가)　　　　　　　　(나)

① (가) – 풍수지리설을 도입하였다.
② (가) – 해동 천태종을 창시하였다.
③ (나) – 유불일치설을 주장하였다.
④ (나) – 교장도감에서 교장을 간행하였다.
⑤ (가), (나) – 민중에게 아미타 신앙을 널리 보급하면서 불교 대중화 운동에 힘썼다.

상 중 하 15회

23 선생님의 질문에 대한 대답으로 적절하지 <u>않</u>은 것은?

표는 어느 시대 관리 선발 제도에 대한 것이에요. 이 시대의 관리 선발 방식에 대해 말해 볼까요?

① 무과는 거의 실시되지 않았어요.
② 향리도 문과에 응시할 수 있었어요.
③ 법률, 회계 등 실용 기술학 시험도 있었어요.
④ 불교 행정을 담당하는 승려들도 선발하였어요.
⑤ 과거를 거치지 않고는 관직에 진출할 수 없었어요.

상 중 하 14회

24 (가)에 들어갈 자료로 적절한 것은?

(가)	• 종목 : 국보 제48호 • 소재 : 강원도 평창군 진부면 • 높이 : 15.2미터　• 시기 : 고려 • 특징 : 위에 탑신과 상륜부를 세운 형식으로, 고려 다층 석탑의 대표적인 탑이다.

①
미륵사지 석탑

②
불국사 3층 석탑

③
진전사지 3층 석탑

④
다보탑

⑤
월정사 8각 9층 석탑

1. ④ 2. ② 3. ② 4. ① 5. ④ 6. ⑤ 7. ④ 8. ① 9. ③ 10. ④
11. ③ 12. ④ 13. ① 14. ② 15. ① 16. ② 17. ④ 18. ② 19. ④
20. ⑤ 21. ② 22. ② 23. ⑤ 24. ⑤

1. ④ 바로 정리 : 전시과 제도의 특징

제시문의 '목종, 전지, 시지' 등을 통해 전시과와 관련된 내용임을 알 수 있다. 전시과는 국가에 봉사하는 대가로 관료에게 토지를 나누어 주던 제도이다. 국가는 문무 관리로부터 군인, 한인에 이르기까지 18등급으로 나누어 곡물을 수취할 수 있는 전지와 땔감을 얻을 수 있는 시지를 주었다. 이때 지급된 토지는 수조권만 가지는 것이었다. 관직 복무와 직역에 대한 대가로 지급된 것이므로 토지를 받은 자가 죽거나 관직에서 물러날 때에는 국가에 반납하도록 했다. 아하! ① 녹읍에 해당한다. ② 개인이 소유한 민전에 해당하는 설명이다. ③ 고려 말부터 실시된 과전법에 대한 설명이다. ⑤ 세종 재위 시기에 실시한 전분 6등법과 연분 9등법에 대한 설명이다.

2. ② 바로 정리 : 고려 시대의 동전

제시된 자료에서 '성종, 우리나라 최초의 주화' 등을 통해 건원중보와 관련된 내용임을 알 수 있다. 건원중보는 철전으로, 성종 때에 만들어졌다. 삼한통보, 해동통보, 해동중보 등의 동전과 활구(은병)라는 은전은 숙종 때에 만들어졌다. 아하! ④ 조선 후기에 발행한 것이다. ⑤ 고종 재위 시기 경복궁 중건 과정에서 발행한 것이다.

3. ② 바로 정리 : 권문세족의 횡포

제시문의 '원나라 공주, 흉악한 무리의 토지가 주와 군에 걸쳐 있고 산천으로 표시' 등을 통해 권문세족에 대한 내용임을 알 수 있다. 권문세족은 농장을 확대하고 양민을 억압하여 노비로 삼았다. 아하! ① 거란의 침략을 물리친 이후의 일이다. ③ 거란 1차 침입 때의 일이다. ④ 금이 사대 관계를 요구했을 때의 일이다. ⑤ 무신 집권기의 일이다.

4. ① 바로 정리 : 무신 집권기의 봉기

제시문의 '김사미, 효심, 명학소의 망이·망소이' 등을 통해 무신 집권기 하층민의 봉기라는 것을 알 수 있다. 무신 집권기의 무신은 농장을 확대하여 수탈을 일삼았다. 백성들은 봉기를 일으키기 시작했는데, 서경 유수 조위총이 반란을 일으키자 이에 가세했으며, 공주 명학소에서는 망이·망소이, 운문과 초전에서는 김사미·효심이 봉기했다. 아하! ㄷ. 조선 중기의 일이다. ㄹ. 조선 후기의 일이다.

5. ④ 바로 정리 : 최충헌 집권기의 신분 해방 운동

제시문의 '만적, 장수와 정승이 어찌 종자가 있으랴' 등을 통해 만적의 신분 해방 운동과 관련된 내용임을 알 수 있다. 최충헌의 노비였던 만적은 사람이면 누구나 공경대부가 될 수 있다고 주장하며 신분 차별에 항거했다.

6. ⑤ 바로 정리 : 하층민의 봉기가 일어난 시기

제시문의 '망이·망소이, 운문과 초전' 등을 통해 무신 집권기에 일어난 하층민의 봉기와 관련된 내용임을 알 수 있다. 무신 집권기에는 무신들 간의 대립과 지배 체제의 붕괴로 백성에 대한 통제력이 약화되었으며, 무신들의 농장 확대로 인하여 수탈이 강화되었다. 이에 가혹한 수탈을 견디지 못한 백성은 대규모 봉기를 일으키기 시작했다.

7. ④ 바로 정리 : 고려 가족 제도의 특징

제시문은 고려 시대 가족 제도와 관련된 내용이다. 고려 때는 부모의 유산이 자녀에게 골고루 분배되었으며, 태어난 차례대로 호적에 기재하여 남녀 차별을 하지 않았다. 아들이 없을 때에는 양자를 들이지 않고 딸이 제사를 지냈으며, 상복 제도에서도 친가와 외가의 차이가 크지 않았다. 여성의 재가는 비교적 자유롭게 이루어졌고, 그 소생 자식의 사회적 진출에도 차별을 두지 않았다. 아하! ①, ②, ③, ⑤ 조선 후기의 특징이다.

8. ① 바로 정리 : 고려 시대의 가족 제도

제시된 자료에서 '안찰사, 남녀를 구별하지 말고 재산을 똑같이 나누라' 등을 통해 고려 시대의 가족 제도임을 알 수 있다. 고려 때는 부모의 유산이 자녀에게 골고루 분배되었으며, 태어난 차례대로 호적에 기재하여 남녀 차별을 하지 않았다. 아하! ②, ③, ④, ⑤ 조선 후기의 모습이다.

9. ③ 바로 정리 : 원 간섭기의 사회 모습

제시문의 '원, 처녀를 잡으러 온 것은 아닌가, 일가친척들이 서로 모여 밤낮으로 슬피 운다' 등을 통해 원 간섭기의 공녀와 관련된 내용임을 알 수 있다. 이 시기에는 몽골풍이 유행하여 변발, 몽골식 복장, 몽골어가 널리 퍼졌다. 또한 원의 공녀 요구는 고려에 심각한 사회 문제를 가져왔다. 아하! ① 옥저에 대한 설명이다. ② 고구려에 대한 설명이다. ④ 1940년대 일제 점령기에 대한 설명이다. ⑤ 조선 후기에 대한 설명이다.

10. ④ 바로 정리 : 원 간섭기의 사회 모습

제시된 자료에서 '변발, 호복, 족두리' 등을 통해 몽골풍과 관련된 내용임을 알 수 있다. 원 간섭기 이후에는 전공을 세우거나 몽골 귀족과의 혼인을 통해서 또는 몽골어에 능숙하여 출세하는 사람들이 많았다. 몽골풍이 유행하여 변발, 몽골식 복장, 몽골식 음식, 몽골어가 궁중과 지배층을 중심으로 널리 퍼졌다. 이 시기의 가장 큰 사회 문제 중 하나가 공녀 문제였다. 고려에서는 끊임없이 이 문제를 해결하기 위하여 노력했다. 아하! ④ 최씨 집권기에 대한 설명이다.

11. ③ 바로 정리 : 고려의 사회 시책과 제도

제시문의 '흑창, 의창, 제위보' 등을 통해 고려의 사회 시책과 관련된 내용임을 알 수 있다. 고려 시대 농민 생활을 안정시킬 목적으로 펼친 사회 제도 중에는 평시에 곡물을 비치했다가 흉년에 빈민을 구제하는 의창, 물가의 안정을 꾀하기 위해 만든 상평창, 가난한 백성이 의료 혜택을 받도록 만든 동·서 대비원, 의약을 전담하게 한 혜민국, 기금을 마련한 뒤 이자로 빈민을 구제하는 제위보 등이 있었다. 아하! ① 상평창에 해당한다. ② 농민 공동 노동 조직이나 조선 시대의 향약에 해당한다. ④ 동·서 대비원에 해당한다. ⑤ 유향소에 해당한다.

12. ④ 바로 정리 : 원 간섭기의 불교 문화

원의 영향을 받아 제작된 대표적인 문화유산으로는 고려 후기에 제작된 경천사지 10층 석탑이 있다. 이 탑은 조선 시대로 이어졌다. 아하! ① 신라 시대에 제작된 것이다. ②, ⑤ 통일 신라 시기에 제작된 것이다. ③ 삼국 시대에 제작된 것이다.

13. ① 바로 정리 : **고려 시대의 상감 청자**
제시문의 '고려 도공들이 처음 창안, 무늬를 음각한 후 백토 혹은 흑토로 메우고' 등을 통해 상감 청자와 관련된 내용임을 알 수 있다. 상감 청자는 12세기 중엽에 개발된 고려의 독창적인 기법이다. 상감 청자는 무늬를 훨씬 다양하고 화려하게 넣을 수 있었기 때문에 청자의 새로운 경지를 열었다. 아하! ② 청화 백자로, 조선 후기에 유행했다. ③ 순청자로, 11세기에서 12세기에 유행했다. ④ 분청사기로, 14세기에서 16세기에 유행했다. ⑤ 순백자로, 16세기에 유행했다.

14. ③ 바로 정리 : **석탑의 제작 시기**
(가)는 고려 원 간섭기, (나)는 통일 신라, (다)는 조선 전기에 만들어진 것이다.

15. ① 바로 정리 : **고려 시대의 역사서**
제시된 《삼국유사》는 불교사를 중심으로 고대의 민간 설화나 전래 기록을 수록하는 등 우리의 고유 문화와 전통을 중시했으며, 단군을 우리 민족의 시조로 여겨 단군의 건국 이야기를 수록한 책이다. 같은 시기에 이승휴가 쓴 《제왕운기》도 우리나라의 역사를 단군에서부터 서술하면서 우리 역사를 중국사와 대등하게 파악하는 자주성을 드러냈다. 아하! ㄷ. 《삼국사기》에 대한 내용이다. ㄹ. 이제현의 《사략》에 대한 내용이다.

16. ② 바로 정리 : **고려 시대의 불상**
고려 시대의 불상은 시기와 지역에 따라 독특한 모습을 보여 주었다. 초기에는 하남 하사창동 철조 석가여래 좌상 같은 대형 철불이 많이 만들어졌다. 논산 관촉사 석조 미륵보살 입상이나 안동 이천동 마애 여래 입상처럼 사람이 많이 다니는 길목에 지역 특색이 잘 드러난 거대한 불상도 만들어졌다. 아하! ① 통일 신라 시기에 만들었다. ③ 발해에서 만들었다. ④ 백제에서 만들었다. ⑤ 삼국 시대에 만들었다.

17. ④ 바로 정리 : **팔만대장경이 만들어진 목적과 특징**
제시문의 '해인사에 보관, 8만여 장에 달한다' 등을 통해 팔만대장경에 대한 내용임을 알 수 있다. 팔만대장경은 몽골의 침략으로 소실된 초조대장경을 대신하여 다시 만든 것이다. 해인사에 보존되고 있으며, 8만 장 넘는 목판으로 만들어져 팔만대장경이라고 부른다. 아하! ① 《교장》에 대한 설명이다. ② 기록에 의하면 《상정고금예문》이고, 현존하는 최고(最古)의 금속 활자본은 《직지심체요절》이다. ③ 무구정광대다라니경에 대한 설명이다. ⑤ 외규장각 도서들이다.

18. ② 바로 정리 : **고려 시대의 역사서**
이승휴가 쓴 《제왕운기》는 우리나라의 역사를 단군에서부터 서술하면서 우리 역사를 중국사와 대등하게 파악하는 자주성을 나타냈다. 이규보의 《동명왕편》은 고구려 건국의 영웅인 동명왕의 업적을 칭송한 일종의 영웅 서사시로서, 고구려의 계승 의식을 반영하고 고구려의 전통을 노래했다. 이들은 민족적 자주 의식을 바탕으로 전통 문화를 올바르게 이해했다. 아하! ① 일제 강점기의 실증주의 사학에 해당한다. ③ 이제현의 《사략》에 대한 설명이다. ④ 화이사상은 주변 민족을 오랑캐로 여기며 중국 민족의 우월성을 강조하는 사상이다. ⑤ 《삼국사기》에 대한 설명이다.

19. ④ 바로 정리 : **고려의 인쇄술**
제시된 자료에서 '최윤의, 1234년 금속 활자, 세계 최초의 금속 활자본으로 추정' 등을 통해 《상정고금예문》에 대한 것임을 알 수 있다. 《상정고금예문》은 몽골과 전쟁 중이던 강화도 피란 시기에 제작한 것이다. 아하! ① 몽골과의 항쟁 시기에 제작된 목판 대장경이다. ② 조선 전기에 만들어진 윤리서이다. ③ 청주 흥덕사에서 간행한 현존 최고(最古)의 금속 활자본으로 공인받고 있는 것이다. ⑤ 불국사 3층 석탑(석가탑)에서 발견된 목판 인쇄물이다.

20. ⑤ 바로 정리 : **경천사지 10층 석탑의 특징**
제시된 자료는 경천사지 10층 석탑에 대한 것이다. 고려 탑 중 원나라의 석탑을 본뜬 것은 경천사지 10층 석탑이다. 이 탑은 조선 시대의 원각사지 10층 석탑에 영향을 주었다. 아하! ㄱ. 승탑(부도)에 대한 설명이다. ㄴ. 모전 석탑에 대한 설명으로, 대표적으로는 분황사 모전 석탑이 있다.

21. ② 바로 정리 : **고려 시대의 문화재 찾기**
제시된 자료에서 수덕사 대웅전은 봉정사 극락전, 부석사 무량수전과 함께 고려 시대 최고의 목조 건축물이다. 월정사 8각 9층 석탑은 고려 시대의 대표적인 석탑이다. 팔만대장경은 몽고와의 항쟁 과정에서 제작한 것이다. 부석사 소조 여래 좌상은 신라의 양식을 본떠서 만든 고려 불상이다. 아하! ② 법주사 팔상전은 조선 후기 불교의 사회적 지위 향상과 양반 지주층의 경제적 성장을 반영하는 문화재이다.

22. ② 바로 정리 : **고려의 대표 승려 의천과 지눌**
제시된 자료에서 (가)의 의천은 흥왕사를 근거지로 삼아 화엄종을 중심으로 교종을 통합하려 했으며, 선종을 통합하기 위해 국청사를 창건하여 천태종을 창시했다. 이를 뒷받침할 사상적 바탕으로 의천은 이론의 연마와 실천을 아울러 강조하는 교관겸수를 제창했다. (나)의 지눌은 승려 본연의 자세로 돌아가 독경과 선 수행, 노동에 고루 힘쓰자는 개혁 운동인 수선사 결사를 제창했다. 지눌은 정혜쌍수와 돈오점수를 주장했다. 아하! ① 신라 말 도선에 대한 설명이다. ③ 혜심에 대한 설명이다. ④ 의천에 대한 설명이다. ⑤ 신라의 원효에 대한 설명이다.

23. ⑤ 바로 정리 : **고려의 관리 등용 제도**
제시된 자료에서 '음서, 승과' 등을 통해 고려의 관리 등용 제도임을 알 수 있다. 법제적으로 양인 이상은 과거에 응시할 수 있었으나, 실제로 제술과나 명경과에는 주로 귀족과 향리의 자제가 응시했다. 백정 농민은 주로 잡과에 응시했다. 공신과 종실의 자손, 5품 이상 고위 관료의 자손 등은 과거를 거치지 않고도 관료가 될 수 있는 음서의 혜택을 받았다.

24. ⑤ 바로 정리 : **고려의 석탑**
제시된 자료는 월정사 8각 9층 석탑에 대한 설명이다. 고려 시대의 석탑은 신라 양식을 일부 계승하면서도 독자적인 조형 감각을 가미하여 다양한 형태로 제작되었다. 아하! ① 백제의 석탑이다. ②, ③, ④ 통일 신라의 석탑이다.

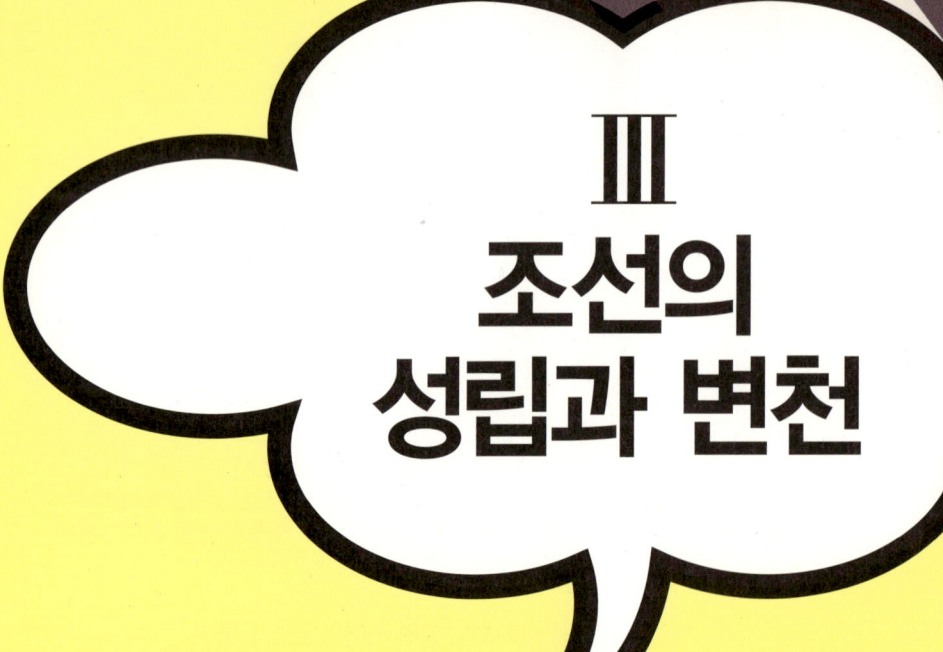

III
조선의 성립과 변천

출제 위원 생생 리얼 합격 코칭 100%

6강. 조선 전기의 정치 출제 포인트!

01	**조선의 건국과 유교 정치의 실현**	태조(정도전의 정치), 태종(6조 직계제, 호패법), 세종(집현전, 의정부 서사제), 세조(6조 직계제, 집현전과 경연 폐지), 성종(《경국대전》 완성, 유교적 법치 국가 설립)의 집권 정책***
02	유교적 통치 체제의 정비	의정부와 6조**, 지방 행정 조직(유향소, 경재소), 군사 제도(세조 이후 진관 체제)* 관리 등용 제도(고려와의 차이)*
03	**사림 세력의 등장과 붕당의 출현**	사화 발생 원인(무오 → 갑자 → 기묘 → 을사사화)*, 붕당 형성**
04	대외 관계	여진과의 관계(강경책 : 4군 6진, 회유책 : 국경 무역 허용) 일본과의 관계(강경책 : 대마도 정벌, 회유책 : 계해약조)
05	**왜란의 전개와 극복**	임진왜란 발발 과정*, 극복책(훈련도감 설치, 속오법 실시)*, 영향(공명첩 발급 → 신분제 동요)*
06	**호란의 발발과 극복**	광해군의 복구 정책(대동법 실시)*과 중립 외교 정책, 정묘호란·병자호란 발발 과정*

7강. 조선 전기의 경제, 사회, 문화 출제 포인트!

01	**토지 제도와 조세 제도**	토지 제도의 변천(과전법 → 전분 6등법, 연분 9등법 → 직전법 → 관수관급제)***, 조세·공납·역 구분**, 16세기 방납의 폐단**
02	경제생활	《농사직설》 간행, 장시의 등장
03	**신분제와 사회 제도**	신분제 사회(양반, 중인, 상민, 천민)** 사림의 향촌 지배 체제 강화(서원 건축, 향약 보급)*
04	**성리학의 발달과 성리학적 사회 질서의 확산**	사림의 형성과 분화(관학파, 사림파), 이황과 이이의 사상 및 주요 저술**
05	**조선 전기 문화의 발달**	훈민정음을 비롯한 과학, 건축, 공예, 회화, 음악 등 다양한 민족 문화 발달(사진 자료)***

8강. 조선 후기의 정치, 사회 출제 포인트!

01	**통치 체제의 변화**	비변사 기능 강화**, 군사 제도(중앙 : 5군영, 지방 : 속오군)**
02	붕당 정치의 전개와 탕평책	붕당 정치의 전개 과정(정여립 모반 사건, 인조반정, 예송 논쟁)**, 숙종의 환국, 영·정조의 탕평책 및 개혁 정치***, 세도 정치의 과정**
03	**사회 변혁 움직임**	신분제의 동요(농민층의 분화, 공노비 해방 등)**, 가족 제도의 변화*, 삼정 문란에 따른 농민 봉기(홍경래 난, 임술 농민 봉기), 동학의 창시와 서학의 전래*
04	대외 관계의 변화	북학론 대두, 청과의 국경 분쟁(백두산정계비, 간도 협약)*, 일본과의 영토 분쟁(울릉도·독도)

9강. 조선 후기의 경제, 문화 출제 포인트!

01	**수취 체제의 개편**	대동법과 균역법***
02	서민 경제의 발달	농업 경제의 변화(이앙법의 확대, 광작)***, 민영 수공업 및 광업의 발달*
03	**상품 화폐 경제의 발달**	사상의 대두, 장시 발달*, 포구의 성장*, 화폐 유통의 확대(상평통보)**
04	실학의 대두	중농학파와 중상학파 구분, 박제가·정약용 등의 주장 및 저술**, 지리서 : 《택리지》, 지도 : 〈동국지도〉·〈대동여지도〉 등, 의서 : 《동의보감》·《동의수세보원》*
05	**문화의 새 경향**	그림, 건축, 회화 등 다양한 서민 문화 발달**

조선의 건국과 유교 정치의 실현

(1) 조선의 건국

① **위화도 회군(1388)** : 이성계와 최영의 갈등 → 명이 철령 이북의 땅 요구 → 최영의 요동 정벌 단행 → 이성계의 위화도 회군 → 이성계 세력의 군사적 실권 장악
② **신진 사대부의 분화** : 새로운 왕조 개창을 주장(역성혁명)하는 정도전 등 급진 개혁파, 점진적인 개혁을 주장하는 이색·정몽주 등 온건 개혁파로 나뉨
③ **조선의 건국(1392)** : 급진 개혁파와 이성계의 연합 → 과전법 단행(국가 재정 확보, 신진 사대부의 경제적 기반 구축) → 온건 개혁파 제거 → 이성계를 왕으로 추대, 새 왕조 건국

(2) 유교 정치의 실현

태조	• **국가 기틀 마련** : 국호 '조선', 한양으로 천도 • **정도전의 정치** : 성리학을 통치 이념으로 삼음, 민본 정신 강조, 재상 중심의 정치 주장 《불씨잡변》을 저술하여 불교를 비판했어.
태종	**왕권 강화** : 두 차례 왕자의 난을 통해 즉위, 사간원을 통해 대신 견제, 6조 직계제 실시, 호패법 실시, 사병 혁파
세종	**유교 정치** : 집현전 설치, 경연 활성화, 의정부 서사제 채택(6조의 업무를 의정부에서 심의, 인사와 군사는 국왕이 관장 → 왕권과 신권의 조화 추구) 정책 연구 기관으로, 경연에도 참여하여 국왕의 통치 자문
세조	**왕권 강화** : 6조 직계제 실시, 집현전과 경연 폐지
성종	**유교 정치** : 지방 출신의 선비를 중요 관직에 등용, 홍문관 설치(집현전 계승), 경연 활성화, 《경국대전》 완성 → 유교적 법치 국가의 통치 체제 확립

세조 때 편찬하기 시작하여 성종 때 완성된 법전

 유교적 통치 체제의 정비

(1) 중앙 통치 기구 : 의정부와 6조 중심, 왕권과 신권의 조화 추구

의정부	재상의 합의를 거쳐 국정 총괄
6조	정책 실제 집행, 6조의 장관(판서)은 국가 주요 정책 회의나 경연에 참여
삼사	**언론 역할** : 관리의 비리 감찰(사헌부), 국왕의 정치 비판(사간원), 경연 주관(홍문관)
의금부	왕의 특명으로 국가의 큰 죄인 처리
승정원	왕명 출납, 왕의 비서 기관
기타	한성부(수도의 행정·치안 담당), 춘추관(역사서 편찬·보관), 성균관(최고 교육 기관)

기억하라! 사료

의정부의 서사를 나누어 6조에 귀속시켰다. …… 의정부가 관장한 것은 사대문서와 중죄수의 심의뿐이었다.
– 6조 직계제, 《태종실록》

6조 직계제란 6조 판서가 모든 업무를 국왕에게 직접 보고하는 제도이다. 이는 최고 합의 기관인 의정부의 권한을 축소하기 위한 것이었다.

6조는 각기 모든 직무를 먼저 의정부에 품의하고, 의정부는 가부를 헤아린 뒤 왕에게 아뢰어 전지를 받아 6조에 내려보내어 시행한다. 다만 이조·병조의 제수, 병조의 군사 업무, 형조의 사형수를 제외한 판결 등은 종래와 같이 각 조에서 직접 아뢰어 시행하고 곧바로 의정부에 보고한다.
– 의정부 서사제, 《세종실록》

의정부 서사제는 의정부가 대부분의 국가 업무를 처리하고, 6조는 이를 실행에 옮기도록 한 제도이다. 이 제도에서는 6조의 판서가 업무 보고를 의정부에 하도록 되어 있다. 즉 의정부의 권한이 강화되었다는 뜻으로, 왕권과 신권의 조화를 도모한 것이다.

WHY 삼사

삼사의 관리는 직위가 높지는 않았지만 국왕의 결정과 여러 정책 집행 사항에 관해 활발히 언론 활동을 하면서 이를 통해 국가 정책 결정에 영향을 미쳤다.

WHY 사간원

사간원은 서경·간쟁·봉박권을 가지고 있었다. 서경권은 5품 이하의 관리 임명 시 이를 승인하는 권한, 간쟁권은 국왕의 잘못된 처사를 비판하는 권한, 봉박권은 왕명 및 조칙이 부당할 경우 그것을 거부하는 권한을 말한다.

(2) 지방 행정 조직

① 특징 : 전국을 8도로 나눔, 도 밑에 부·목·군·현을 둠, 향·부곡·소 폐지, 면리제 실시
② 지방관 파견 : 모든 군현에 수령 파견
- 관찰사 : 8도에 파견 → 수령의 비행 감시, 민생 파악
- 수령의 권한 강화 : 왕의 대리인으로 모든 군현에 파견 → 지방의 행정·사법·군사권 장악
- 향리의 지위 격하 : 6방으로 나누어 행정 실무 처리, 수령을 보좌하는 아전으로 격하
- 유향소(향청)와 경재소 : 향촌 자치를 인정하면서도 중앙 집권 체제를 강화하고자 함

유향소	지방의 유력한 사족으로 구성, 수령 보좌·향리 감독, 지방 양반의 여론 수렴, 백성 교화
경재소	해당 지역 출신의 중앙 고관을 책임자로 임명하여 유향소 통제, 한양에 둠

(3) 군사 조직과 교통·통신 제도

① 군사 제도
- 양인 개병제 : 16~60세 사이 모든 남자에게 군역 부과 → 정군 혹은 보인(봉족)으로 편성
- 중앙군 : 5위(궁궐 한성 수비)로 구성, 문반 관료가 지휘 → 갑사와 정군으로 구성
- 지방군 : 육군과 수군으로 구분, 초기에는 국방상의 요지에 영·진 설치, 세조 이후 진관 체제를 실시하여 지역 단위의 방어 체제 강화(외적의 침입에 대비)
- 잡색군 : 유사시를 대비한 일종의 예비군
② 교통·통신 제도 : 봉수제, 역참, 조운제 → 중앙 집권 체제 강화

(4) 관리 등용 제도와 교육 제도

① 관리 등용 제도
고려 시대에 없던 무과가 제도화되었어.
- 과거 시험 : 문과(문관 선발, 33명), 무과(무관 선발, 28명), 잡과(기술관 선발)

문과	소과(생원·진사 선발) → 대과(고급 문관 선발)
시험 시기	3년마다 실시(식년시), 수시로 특별 시험이 행해짐
과거 응시 자격	원칙상 양인 응시 가능, 문과에는 주로 양반 자제가 응시

- 특별 채용 : 취재(하급 실무 관리), 천거(관리 추천), 음서(고려보다 대상 축소, 고관 승진 곤란)
② 인사 관리 제도 : 상피제·서경제 실시, 관리의 근무 성적 평가
③ 교육 제도 : 관리 양성과 유교 지식 보급 목적, 과거제와 연계
조선이 고려보다 개인의 능력을 중시하였음을 알 수 있어.

국립 대학	성균관(최고 교육 기관, 소과에 합격한 생원·진사가 입학) → 대과 응시
중등 교육	4부 학당(서울), 향교(각 군현) → 소과 응시(생원, 진사)
사립 교육	서당(초등 교육), 서원
기술 교육	해당 기술 관청에서 직접 담당, 주로 중인이 대를 이어 공부

기억하라! **지도**

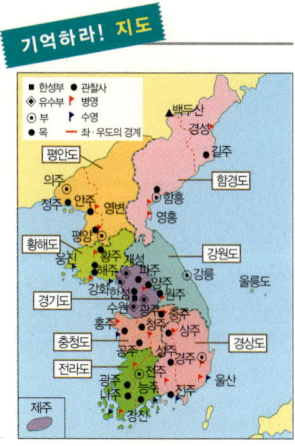

조선의 지방 행정 조직

기억하라! **구조**

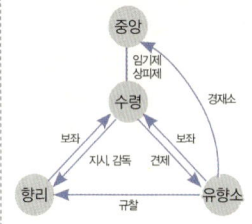

조선 시대 지방 행정 구조

WHY 통일 진관 체체

지역 단위의 방위 체제로, 각 도에 한두 개의 병영을 두어 병마절도사가 관할 지역 군대를 장악하고, 병영 아래 주요 지역에 거진을 설치하여 거진의 수령이 그 지역의 군대를 통제하는 체제를 말한다.

기억하라! 계보

영남학파   기호학파

사림의 계보

기억하라! 사료

김효원이 과거에 장원으로 합격하여 전랑의 물망에 올랐으나, 그가 윤원형의 문객이었다 하여 심의겸이 반대하였다. 그 후에 심충겸이 장원 급제하여 전랑으로 천거되었으나, 외척이라 하여 김효원이 반대하였다. 이때 양편 친지들이 각각 다른 주장을 내세우면서 서로를 배척하여 동인, 서인이라는 말이 여기서 비롯되었다.
– 붕당의 형성 , 이긍익, 《연려실기술》

선조 때 중앙 정계를 장악한 사림은 척신 정치의 잔재를 어떻게 청산할 것인가를 둘러싸고 갈등을 겪었다. 이를 계기로 동인과 서인으로 나뉘었다.

WHY   사화

사림은 향촌에서 지배력을 키워 가면서 점차 중앙 정계로 진출하였고, 이 과정에서 훈구파를 비판했다. 이에 훈구파가 주도하여 사림파를 제거하려 했는데, 이 사건을 사화라고 한다.

핵심주제 03 사림 세력의 등장과 붕당의 출현

(1) 사림 세력의 등장과 사화의 발생

등장	조선 건국에 참여하지 않은 신진 사대부의 후예 → 성리학 연구, 중소 지주층
정계 진출	성종이 훈구 세력을 견제하고자 사림을 삼사에 등용 → 훈구 세력의 부정부패와 대토지 소유 비판

(2) 사화의 발생

중종반정 당시 공신의 공훈이 부풀려졌으므로 이를 시정할 것을 요구했어.

구분	시기	내용
무오사화	연산군(1498)	훈구 세력이 김종직의 '조의제문'을 문제 삼음 → 사림 세력 축출
갑자사화	연산군(1504)	연산군이 생모의 죽음 관련자 제거 과정에서 발생
기묘사화	중종(1519)	조광조의 개혁(소격서 폐지, 현량과 실시, 위훈 삭제 요구) → 훈구의 반발 → 사화 발생
을사사화	명종(1545)	외척 간의 권력 다툼 과정에서 사림 세력이 피해

(3) 붕당의 형성

전개		척신 정치의 청산, 이조 전랑의 임명 문제를 둘러싼 사림 간의 대립 → 동인과 서인으로 나뉨
성격		정치 이념과 학문적 경향에 따라 나뉨
	동인	신진 사림(김효원 등), 척신 정치 척결 주장, 이황과 조식, 서경덕의 학문 계승
	서인	기성 사림(심의겸 등), 서울·경기 출신, 척신 포용 주장, 이이와 성혼의 학문 계승

핵심주제 04 대외 관계

(1) 명과의 관계 : 사대 정책 – 왕권과 국가의 안전을 보장받기 위해 추진

① **건국 초** : 정도전의 요동 정벌 계획 추진으로 명과 갈등 → 태종 즉위 후 친선 관계

② **조공·책봉 체제 유지** : 조공(사신 파견과 함께 이루어진 경제·문화적 교류), 책봉(국왕의 지위를 국제적으로 인정받음)

③ **사대 외교의 성격**
- 표면적 : 명 황제를 군신의 예로 섬김
- 실제적 : 자주적 실리 외교(왕권 안정과 국제적 지위 확보), 문화 교류(선진 문물 흡수), 공무역(물품 교역)

(2) 여진과의 관계

① **기본 정책** : 영토 확보, 국경 지방의 안정 목적 → 교린 정책(강경책과 회유책 병행) 추진

강경책	국경 침략 시 군사 정벌 단행, 세종 때 4군 6진 설치 → 압록강~두만강을 경계로 하는 오늘날의 국경선 확정
회유책	여진족의 귀순 장려(관직·토지·주택 제공), 사절의 왕래 통한 무역 허용, 국경 무역 허용(무역소, 북평관)

② **사민 정책과 토관 제도 실시**

삼남 지방의 주민들을 이주시켜서 정착하게 했어.

변경 지방의 토착 세력에게 지방 행정을 담당하게 한 제도야. 안으로는 민심을 수습하고, 밖으로는 이민족과의 연결을 방지하고자 한 회유책이지.

(3) 일본과의 관계

① **초기** : 왜구의 침략 → 수군 강화, 전함 건조, 화약 무기 개발 등 왜구 격퇴 노력
- 강경책 : 왜구 약탈이 계속되자 대마도 정벌(이종무)
- 회유책 : 3포 개항(1426, 부산포·제포·염포), 계해약조 체결(1443, 제한된 범위에서의 무역 허용)

핵심주제 05 왜란의 전개와 극복

(1) 왜군의 침략

① 국내외 정세
포를 받고 군대 복무를 면제해 주는 것

일본과의 대립(16세기)	3포 왜란(1510), 을묘왜변(1555) → 비변사 설치(군사 문제 전담)
조선	방군수포 등으로 국방력 약화, 일본 정세에 대한 붕당 간의 인식 차이 → 대응 미흡
일본	전국 시대의 혼란 수습·통일(도요토미 히데요시) → 조선 침략을 철저히 준비

② 임진왜란의 발발 : 왜군 침략(1592) → 부산진·동래성 전투 패배 → 왜군의 북상 → 충주 싸움 패배 → 선조의 피란, 명에 지원군 요청 → 왜군의 한양 점령, 평양·함경도 진출

(2) 수군과 의병의 승리
학익진 전법을 사용했어.

수군	이순신의 활약 : 옥포 해전, 한산도 대첩(남해 제해권 장악, 곡창 지대인 전라도 수호)
의병	• 활동 : 향토 지리에 익숙, 향토 조건에 알맞은 전술과 무기 사용 → 왜군에 타격 • 관군에 편입 : 전란의 장기화로 관군에 편입·조직화 → 관군의 전투 능력 강화

(3) 전란의 극복과 영향

① 상황 변화 : 수군·의병의 승전, 명의 참전 → 조선·명 연합군의 평양성 탈환, 행주 대첩(권율), 진주 대첩(김시민) 대승 → 왜군 후퇴(경상도 해안 일대에서 장기전 대비)
② 조선군의 정비 : 훈련도감 설치(포수·사수·살수의 삼수병 직업 군인 제도), 속오법 실시(지방군 양천 혼성군으로 개편), 무기의 약점 보완(화포 개량, 조총 제작)
양반도 포함
③ 정유재란(1597) : 휴전 협상 결렬 → 왜군의 재침략 → 이순신의 명량 해전과 노량 해전 승리 → 왜군 철수
④ 왜란의 영향

국내	• 인명 손실, 토지 대장·호적 소실로 국가 재정 궁핍, 국토 황폐화 → 공명첩 발급(신분제 동요) • 문화재 소실(불국사, 사고, 경복궁 등), 학자·도자기 기술자 등이 일본에 포로로 잡혀감
국외	• 일본 : 에도 막부 수립, 일본 문화 발전(성리학과 도자기 문화 발달의 토대 마련) • 중국 : 명 쇠퇴, 여진 성장 → 명·청 교체의 계기

이름을 적는 칸이 비어 있는 관직 임명장이야. 왜란으로 인한 국가 재정 부족을 해결하기 위해 관청에서 돈이나 곡식 등을 받고 대량 발급했어. 이로 인해 신분 질서에 큰 변화가 나타났지.

관군과 의병의 활동

임진왜란

 핵심주제 06 호란의 발발과 극복

(1) 광해군의 전후 복구 정책과 중립 외교

복구 정책	토지 대장·호적 정비, 대동법 실시, 성곽 수리, 《동의보감》 완성
중립 외교	• 배경 : 여진이 후금 건국, 명 공격 → 명이 조선에 원군 요청 • 전개 : 명과 후금 사이에서 실리 추구 → 강홍립이 후금에 항복, 후금과 친선
인조반정	서인이 광해군 축출(중립 외교 및 광해군의 도덕적 약점 비판), 인조 즉위

강홍립을 명의 원군으로 보내 상황에 따라 대처하게 했어.

(2) 호란의 발발과 영향

정묘호란 (1627)	서인의 친명배금 정책, 이괄의 난 → 후금의 침공 → 정봉수·이립이 이끄는 의병의 활약 → 후금의 보급로 차단 → 후금과 화의 체결(형제 관계 맺음)
병자호란 (1636)	청의 군신 관계 요구 → 주전론·주화론의 대립 → 주전론 우세(군신 관계 요구 거절) → 청 태종의 공격 → 인조의 남한산성 피신, 항전 → 청과 강화 체결, 군신 관계 맺음(송파 삼전도비)
영향	서북 지방의 황폐화, 청에 대한 적개심·문화적 우월감으로 북벌론 대두

정묘호란과 병자호란

상 중 하 19회

01 다음 대화와 관련된 국왕이 추진한 정책으로 옳은 것은?

① 사병을 혁파하였다.
② 속대전을 편찬하였다.
③ 집현전을 설치하였다.
④ 경국대전을 반포하였다.
⑤ 위화도 회군을 주도하였다.

상 중 하 15회

02 다음 가상 대화가 이루어진 시기를 연표에서 옳게 고른 것은?

1231		1270		1388		1392		1485		1592
	(가)		(나)		(다)		(라)		(마)	
몽골 침입		개경 환도		위화도 회군		조선 건국		《경국대전》 완성		임진 왜란

① (가)　② (나)　③ (다)　④ (라)　⑤ (마)

상 중 하 11회

03 선생님의 질문에 대한 대답으로 적절한 것은?

① 사병이 혁파되었어요.
② 홍문관을 설치하였어요.
③ 호패법을 실시하였어요.
④ 경국대전이 반포되었어요.
⑤ 의정부 서사제가 실시되었어요.

상 중 하 21회

04 (가)에 들어갈 왕이 추진한 정책으로 옳은 것은?

(가)	• 2년 사육신을 사형시키다.
	• 2년 집현전을 폐지하다.
	• 3년 상왕을 노산군으로 강봉시키다.
	• 12년 직전법을 실시하다.

① 화성을 건립하였다.
② 탕평책을 실시하였다.
③ 균역법을 실시하였다.
④ 초계문신제를 시행하였다.
⑤ 6조 직계제를 시행하였다.

05 (가)에 들어갈 서적으로 옳은 것은?

〈이전(吏典)〉에는 통치의 기본이 되는 중앙과 지방의 관제 등에 관한 사항이 규정되어 있고, 〈호전(戶典)〉에는 재정 경제와 그에 관련되는 사항으로서 호적 제도, 조세 제도, 녹봉 등에 관한 규정이 수록되어 있다. 〈예전(禮典)〉에는 문과, 무과, 잡과 등의 과거와 관리의 의장(儀章) 및 외교, 제례 등에 대해 규정하였다.

①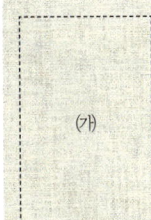
화성성역의궤

②
악학궤범

③
칠정산

④
경국대전

⑤
삼강행실도

06 다음 제도에 대한 설명으로 옳은 것은?

의정부의 서사를 나누어 6조에 귀속시켰다. …… 처음에 왕은 의정부의 권한이 막중함을 염려하여 이를 혁파할 생각이 있었지만, 신중하게 여겨 서두르지 않다가 이때에 이르러 단행하였다. 의정부가 관장한 것은 사대문서와 중죄수의 심의뿐이었다.

① 세종과 성종 시기에 행하여졌다.
② 재상 중심의 정치가 시행된 것이다.
③ 의정부의 정치적 권한이 강화되었다.
④ 붕당 간의 균형을 이루기 위해 실시되었다.
⑤ 국왕의 국정 장악력을 강화하기 위해 실시되었다.

07 (가) 기구 소속 관원의 업무와 관련된 말로 가장 적절한 것은?

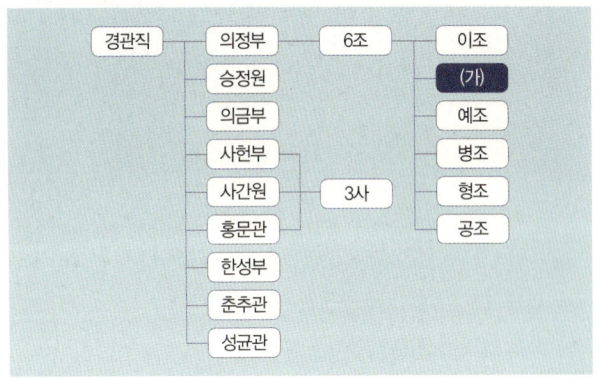

① 장마를 대비해 하천을 정비해야겠군.
② 황 정승의 쌀을 훔친 자를 어떻게 처벌하지?
③ 외적의 침입에 대비하여 무기를 확보해야겠어.
④ 결원이 된 춘추관의 편수관에 누구를 추천할까?
⑤ 전국 각지에서 세금을 얼마나 거두었는지 정리해야겠어.

08 (가) ~ (마)에 대한 설명으로 옳은 것은?

① (가) – 국정을 총괄하였다.
② (나) – 정사 비판과 관리를 감찰하였다.
③ (다) – 유향소와 정부 사이의 연락을 담당하였다.
④ (라) – 왕명에 의한 재판을 담당하였다.
⑤ (마) – 실록의 편찬과 보관을 담당하였다

상 중 하 17회

09 밑줄 친 '이 기관'에 대한 설명으로 옳은 것은?

> 집현전의 기능을 계승하여 지금의 이 기관을 다시 설치하였다. 여기에 속한 그대들은 모두 경연관을 겸하고 있으니 경연에 참석하여 과인의 결점을 보충하고 바로잡으라.

① 국정을 총괄하였다.
② 언론 기능을 담당하였다.
③ 실록 편찬을 담당하였다.
④ 왕의 명령을 집행하였다.
⑤ 화폐와 곡식의 출납을 담당하였다.

상 중 하 14회

10 다음 역할을 담당하였던 기관으로 옳은 것은?

1. 언론 활동
2. 왕을 모시고 경서(經書)와 사서(史書)를 강론하는 자리인 경연과 세자를 교육하는 자리인 서연에 입시
3. 인사 행정과 법령의 제정 및 개정에 동의
4. 법령의 집행, 관리 감찰, 죄인에 대한 국문(鞠問), 결송(決訟) 등의 일을 행사
5. 풍속 교정

① 춘추관　　② 사헌부　　③ 의금부
④ 승정원　　⑤ 성균관

상 중 하 18회

11 선생님의 질문에 대한 대답으로 적절한 것을 〈보기〉에서 고른 것은?

〈보기〉

ㄱ. 속현이 존재하였어요.
ㄴ. 모든 군현에 지방관이 파견되었어요.
ㄷ. 전국을 5도와 양계, 경기로 나누었어요.
ㄹ. 향, 부곡, 소를 일반 군현으로 승격시켰어요.

① ㄱ, ㄴ　　② ㄱ, ㄷ　　③ ㄴ, ㄷ
④ ㄴ, ㄹ　　⑤ ㄷ, ㄹ

상 중 하 13회

12 (가)에 대한 설명으로 옳은 것은?

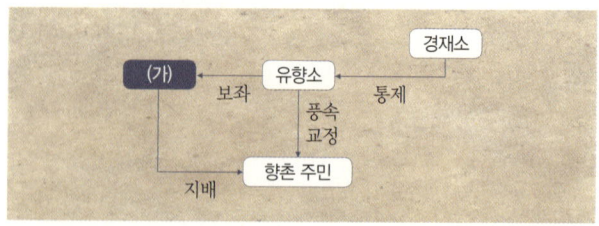

① 향·부곡·소를 다스렸다.
② 소격서의 폐지를 주장하였다.
③ 임기제와 상피제가 적용되었다.
④ 국가의 주요 정책을 심의하였다.
⑤ 정사를 비판하며, 언론 기능을 담당하였다.

상 중 하 11회

13 다음 제도를 실시하였던 국가의 관리 임용에 대한 설명으로 옳은 것을 〈보기〉에서 고른 것은?

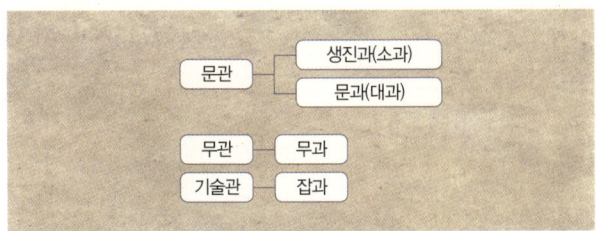

〈보기〉

ㄱ. 평민도 과거 응시가 가능하였다.
ㄴ. 서얼은 문과에 응시가 가능하였다.
ㄷ. 소과 합격자는 성균관 입학이 가능하였다.
ㄹ. 음서 출신자와 과거 합격자에 대한 차별이 거의 없었다.

① ㄱ, ㄴ   ② ㄱ, ㄷ   ③ ㄴ, ㄷ
④ ㄴ, ㄹ   ⑤ ㄷ, ㄹ

상 중 하 13회

14 다음에서 설명하는 기구를 설치한 목적으로 옳은 것은?

수원 봉수대

봉수대는 멀리 바라보기 좋은 높은 산봉우리에 설치하여 밤에는 횃불을 피우고, 낮에는 연기를 올려 외적이 침입하거나 난리가 일어났을 때 나라의 위급한 소식을 중앙에 전하는 역할을 하였다.

① 중앙 집권의 강화
② 지방 문화의 육성
③ 농민 생활의 안정
④ 물자의 안전한 수송
⑤ 유통 경제의 활성화

상 중 하 18회

15 다음에서 소개하는 인물에 대한 설명으로 옳은 것은?

17세에 김굉필에게 수학하기 시작하였다. 이후 성리학 연구에 힘써 김종직의 학통을 이은 사림파의 영수가 되었다. 중종 5년에 사마시에 장원으로 합격하였고, 중종 13년에는 부제학이 되어 소격서의 폐지를 강력하게 주장하였다. 하지만 중종 14년에 위훈 삭제를 요청하다가 기묘사화를 당하여 사사되었다.

① 거중기를 제작하였다.
② 북벌론을 주장하였다.
③ 성학십도를 저술하였다.
④ 현량과 실시를 건의하였다.
⑤ 광해군의 중립 외교를 비판하였다.

상 중 하 12회

16 (가) 인물에 대한 설명으로 옳은 것은?

① 북벌을 주장하였다.
② 소격서의 폐지를 주장하였다.
③ 세조가 즉위할 때 도움을 주었다.
④ 불씨잡변을 통해 불교를 비판하였다.
⑤ 관학파의 학풍을 계승하여 부국강병을 추구하였다.

막강 기출 유형

상 중 하 20회

17 (가)에 대한 설명으로 옳은 것을 <보기>에서 고른 것은?

수행 평가 보고서

• 탐구 주제 : [(가)]의 출현과 분화
• 탐구 활동
  1. 척신 정치의 잔재 청산 과정을 살펴본다.
  2. 김효원과 심의겸 세력의 갈등 원인을 알아본다.
  3. 동인과 서인, 북인과 남인, 노론과 소론으로 분화된 배경을 조사한다.

〈보기〉

ㄱ. 조선 건국을 둘러싸고 형성되었다.
ㄴ. 신진 사대부가 등장하는 계기가 되었다.
ㄷ. 공론을 앞세운 정치 운영을 추구하였다.
ㄹ. 상호 비판과 견제를 기본 원리로 하였다.

① ㄱ, ㄴ ② ㄱ, ㄷ ③ ㄴ, ㄷ
④ ㄴ, ㄹ ⑤ ㄷ, ㄹ

상 중 하 21회

18 다음 자료와 관련된 전쟁 시기에 있었던 사실로 옳은 것은?

임금께서 도성인 한양을 떠나 피란했는데도 오늘날이 있게 된 것은 하늘이 도왔기 때문이다. 또한 백성들이 조국을 사모하는 마음이 그치지 않기 때문이며, 이웃 나라가 우리를 구해 주기 위해 군사를 출정했기 때문이다. 내가 이 기록을 남기는 까닭은 지난 잘못을 징계하여 뒤에 환란이 없도록 대비하고자 함이다. 이에 임진년부터 무술년까지 7년간의 전란을 기술하는 바이다.

① 이순신 등 수군이 활약하였다.
② 공민왕이 안동까지 피란하였다.
③ 인조가 남한산성에서 대항하였다.
④ 김윤후가 처인성에서 저항하였다.
⑤ 이성계가 황산에서 왜구에 승리하였다.

상 중 하 18회

19 (가) ~ (마)에 들어갈 내용으로 옳지 <u>않은</u> 것은?

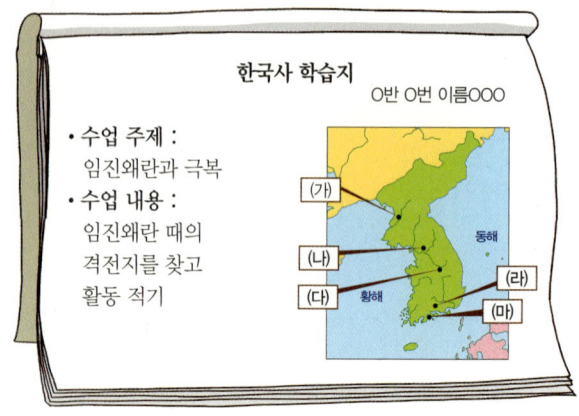

한국사 학습지

O반 O번 이름OOO

• 수업 주제 :
  임진왜란과 극복
• 수업 내용 :
  임진왜란 때의
  격전지를 찾고
  활동 적기

① (가) – 조명 연합군이 승리하였다.
② (나) – 권율 장군과 부녀자 등이 합세하여 승리하였다.
③ (다) – 신립 장군이 배수의 진을 쳤으나 패배하였다.
④ (라) – 김시민 장군이 왜군을 물리쳤다.
⑤ (마) – 삼별초가 마지막까지 항전하였다.

상 중 하 14회

20 다음 자료와 관련된 전쟁의 결과로 옳은 것은?

행주산성 충장사

명량 대첩비

① 권문세족이 집권하였다.
② 동북 9성을 축조하였다.
③ 고려와 송, 거란과의 세력이 균형을 이루었다.
④ 조선의 성리학자와 도공 등이 일본에 끌려갔다.
⑤ 조선이 삼전도에서 굴욕적인 강화를 맺게 되었다.

상 중 하 18회

21 다음에서 설명하는 기구에 대한 설명으로 옳은 것은?

> • 1510년 삼포 왜란이 일어나자 비상 기구가 되었다.
> • 1517년 여진의 침입에 대비하여 ___(가)___ 로 개칭하였다.
> • 1555년 을묘왜변으로 상설 기구가 되었다.

① 세조 때 폐지하였다.
② 임진왜란 이후 기능이 강화되었다.
③ 좌수, 별감 등이 회의를 주도하였다.
④ 정조가 왕권을 강화하는 데 활용하였다.
⑤ 관원 모두에게 경연관을 겸하게 하였다.

상 중 하 16회

22 다음 내용을 통해 알 수 있는 시기를 연표에서 옳게 고른 것은?

> 강홍립 등이 장계를 올렸는데, 그 대략에 "신 등이 부득이 화해를 청하여 오랑캐 장수에게 '우리나라와 귀국이 혐의나 원한이 없고, 이번 군사 출동도 원래 우리나라의 의사가 아니다. 우리 군사는 죽음을 각오하였으니 서로 싸운다면 귀국에 무슨 이득이 있겠는가? 강화하는 것만 못하다.'고 하였더니, 이에 오랑캐 장수가 승낙하였습니다."라고 하였다.

1392		1510		1592		1623		1636		1654
	(가)		(나)		(다)		(라)		(마)	
조선 건국		삼포 왜란		임진 왜란		인조 반정		병자 호란		나선 정벌

① (가)　　② (나)　　③ (다)　　④ (라)　　⑤ (마)

상 중 하 20회

23 다음 상황이 발생하였던 시기의 대외 정책으로 옳은 것은?

> 홍타이지가 스스로를 황제라 칭하고 국호를 고친 후 "왕자와 대신을 보내지 않으면 다시 군대를 일으키겠다."고 하였다. 조정에서 이를 무시하자 홍타이지는 대규모 군대를 이끌고 쳐들어 왔다. …… 12일 상황이 위급함을 알고 임금께서 강화도로 향하셨는데, 가는 길이 차단당해 남한산성으로 들어가셨다.

① 북벌을 추진하였다.
② 요동 정벌을 계획하였다.
③ 친명 배금 정책을 내세웠다.
④ 강화로 천도하여 몽골에 저항하였다.
⑤ 실리를 추구하는 중립 외교를 추진하였다.

상 중 하 19회

24 밑줄 친 '이 전쟁'의 결과로 옳은 것은?

지금 보시는 수어장대는 이 전쟁 당시 임금이 피란하였던 남한산성 안에 있는 건축물이에요. 안쪽의 '무망루' 현판은 이 전쟁의 결과로 맺어진 삼전도의 굴욕을 잊지 말자는 뜻으로 지은 것이에요.

① 훈련도감이 설치되었다.
② 동북 9성을 축조하였다.
③ 청과 군신 관계를 맺었다.
④ 수도를 강화도에서 개성으로 옮겼다.
⑤ 일본에 성리학과 도자기 문화가 전파되었다.

1. ① 2. ④ 3. ⑤ 4. ⑤ 5. ④ 6. ⑤ 7. ⑤ 8. ① 9. ② 10. ②
11. ④ 12. ③ 13. ② 14. ① 15. ④ 16. ② 17. ⑤ 18. ① 19. ⑤
20. ④ 21. ② 22. ③ 23. ③ 24. ③

1. ① 바로 정리 : 태종의 정책
제시된 자료에서 '정몽주 제거, 정도전 숙청, 조선의 세 번째 왕' 등을 통해 태종에 대한 내용임을 알 수 있다. 태종은 두 차례에 걸친 왕자의 난을 통하여 개국 공신 세력을 몰아내고 왕위에 올라 왕권을 강화했다. 태종은 6조 직계제를 채택했으며, 언론 기관인 사간원을 독립시켜 대신들을 견제했다. 또 양전 사업과 호구 파악에 노력을 기울였으며, 호패법을 실시했고, 사원의 토지를 몰수하고, 억울한 노비를 조사하여 해방시켰다. 아울러 사병을 없애 왕이 군사 지휘권을 장악하면서 친위 군사를 늘렸다. 아하! ② 영조에 대한 설명이다. ③ 세종에 대한 설명이다. ④ 성종에 대한 설명이다. ⑤ 태조에 대한 설명이다.

2. ④ 바로 정리 : 쓰시마 섬을 토벌한 시기
자료에서 '이종무의 쓰시마 섬 토벌'을 통해 세종 시기에 대한 내용임을 알 수 있다. 1419년(세종 1) 이종무는 병선 227척, 병사 1만 7천 명을 이끌고 쓰시마 섬을 토벌하여 왜구의 항복을 받고 돌아왔다.

3. ⑤ 바로 정리 : 세종 시기의 정치
제시된 자료는 세종의 업적과 관련된 내용이다. 세종은 정책 연구 기관으로 집현전을 두고 집현전 학사를 일반 관리보다 우대했다. 뒤이어 의정부 서사제로 정치 체제를 바꿔 왕의 권한을 의정부에 많이 넘겨주고, 훌륭한 재상들을 등용하여 정치를 맡기고자 했다. 그러면서도 인사와 군사에 관한 일은 세종이 직접 처리함으로써 왕권과 신권의 조화를 이루었다. 아울러 국가의 행사를 오례에 따라 유교식으로 거행했으며, 사대부에게도 주자가례의 시행을 장려하여 유교 윤리가 사회 윤리로 자리 잡게 했다. 아하! ①, ③ 태종에 대한 설명이다. ②, ④ 성종에 대한 설명이다.

4. ⑤ 바로 정리 : 세조 시기의 정치
제시된 자료는 세조에 대한 내용이다. 세조는 단종을 제거하고 왕위에 올랐다. 세조는 강력한 왕권을 행사하기 위하여 통치 체제를 6조 직계제로 고쳤으며, 자신의 활동을 견제하는 집현전을 없앴다. 경연도 열지 않았다. 아하! ①, ④ 정조에 대한 설명이다. ② 영조와 정조에 대한 설명이다. ③ 영조에 대한 설명이다.

5. ④ 바로 정리 : 《경국대전》의 특징
제시문은 《경국대전》에 대해 설명한 글이다. 《경국대전》은 이전, 호전, 예전, 병전, 형전, 공전의 6전으로 구성된 조선의 기본 법전으로, 후기까지 법률 체계의 골격을 이루었다. 아하! ① 화성의 건립과 관련된 서적이다. ② 성종 때 편찬한 서적으로, 음악의 원리와 역사, 악기, 무용, 의상 및 소도구까지 망라하여 정리함으로써 전통 음악을 유지하고 발전시키는 데 큰 도움이 되었다. ③ 세종 시기에 편찬한 역법서이다. ⑤ 세종 시기에 편찬된 윤리서이다.

6. ⑤ 바로 정리 : 6조 직계제의 특징
제시문의 '의정부의 서사를 나누어 6조에 귀속, 의정부의 권한 혁파' 등을 통해 6조 직계제에 대한 내용임을 알 수 있다. 6조 직계제는 6조에서 의정부를 거치지 않고 곧바로 사안을 국왕에게 올려 재가를 받아 시행하는 제도이다. 태종과 세조가 실시했다. 아하! ①, ②, ③ 의정부 서사제에 대한 설명이다. ④ 탕평책과 관련된 설명이다.

7. ⑤ 바로 정리 : 호조의 역할
제시된 자료에서 (가)는 호조이다. 호조는 조선 시대 재정과 관련된 업무를 처리하던 기관이었다. 아하! ① 공조에 대한 설명이다. ② 형조에 대한 설명이다. ③ 병조에 대한 설명이다. ④ 이조에 대한 설명이다.

8. ① 바로 정리 : 조선 시대의 중앙 정치 조직
제시된 자료에서 (가) 의정부는 국정을 총괄했고, (나) 의금부는 왕명 재판이나 국가의 큰 죄인을 다스렸다. (다) 사간원은 간쟁이나 봉박을 담당했고, (라) 한성부는 서울의 행정과 치안을 담당했다. (마) 성균관은 조선 시대 최고 교육 기관이었다.

9. ② 바로 정리 : 홍문관의 설치 목적과 역할
제시된 자료에서 '집현전의 기능 계승, 경연관을 겸한다' 등을 통해 홍문관에 대한 내용임을 알 수 있다. 홍문관은 성종 시기에 집현전을 계승하여 설치한 것으로, 관원 모두에게 경연관을 겸하게 했다. 이로써 경연이 단순한 왕의 학문 연마를 위한 자리가 아니라, 왕과 신하가 함께 모여 정책을 토론하고 심의하는 중요한 자리가 되었다. 한편 홍문관은 삼사 중 하나로 서경과 간쟁, 봉박 등 언론 활동을 하기도 했다. 아하! ① 의정부에 대한 설명이다. ③ 춘추관에 대한 설명이다. ④ 6조에 대한 설명이다. ⑤ 6조 중 호조에 해당한다.

10. ② 바로 정리 : 사헌부의 설치 목적과 역할
제시된 자료는 사헌부의 역할을 정리한 것이다. 사헌부는 3사 중 하나로 언론 활동을 했고, 간쟁 및 서경권을 행사했다. 하지만 가장 기본적인 역할은 관리를 감찰하고 풍속을 교정하는 일이었다.

11. ④ 바로 정리 : 조선 시대의 지방 행정 조직
제시된 지도에서 전국을 8도로 나눈 것을 통해 조선 시대의 지방 행정 조직임을 알 수 있다. 조선 시대에는 고려 시대까지 특수 행정 구역이었던 향, 부곡, 소를 일반 군현으로 승격시키거나 포함시켰다. 또한 전국의 주민을 국가가 직접 다스리기 위하여 모든 군현에 수령을 파견했다. 수령의 권한을 강화하고 향리는 수령의 행정 실무를 보조하는 세습적인 아전으로 격하시켰다. 아하! ㄱ, ㄷ. 고려에 대한 설명이다.

12. ③ 바로 정리 : 조선 시대 지방관의 역할
제시된 자료의 (가)는 '유향소가 보좌, 향촌 주민 지배' 등을 통해 지방관임을 알 수 있다. 조선의 지방관은 지방의 행정·사법·군사권을 가지고 있었다. 하지만 권력의 집중을 막기 위해 상피제를 마련했고, 임기가 있었다. 아하! ①, ② 고려의 향리에 대한 설명이다. ② 조선 중기 조광조를 비롯한 사림 세력에 대한 설명이다. ④ 의정부에 대한 설명이다. ⑤ 삼사에 대한 설명이다.

13. ② 바로 정리 : 조선 시대의 관리 등용 제도
제시된 자료의 '무과, 생진과' 등을 통해 조선 시대의 관리 등용 제도임을 알 수 있다. 조선의 과거 응시 자격은 천인을 제외하고는 특별한 제한이 없었으나, 문과의 경우 탐관오리의 아들, 재가한 여자의 아들과 손자, 서얼에게는 응시를 제한했다. 문과에 응시하기 위해서는 소과에 합격하여 생원이나 진사가 되어야 했다.

14. ① 바로 정리 : 봉수대와 중앙 집권의 강화
제시된 자료는 봉수대에 대한 것이다. 봉수는 군사적인 위급 사태를 알리기 위해 정비되었다. 이로써 국방과 중앙 집권적 행정 운영이 한층 쉬워졌다.

15. ④ 바로 정리 : 조광조의 정책
제시된 자료에서 '김굉필, 김종직의 학통, 중종, 위훈 삭제 요청' 등을 통해 조광조에 대한 내용임을 알 수 있다. 조광조는 경연의 강화, 언론 활동의 활성화, 위훈 삭제, 소격서의 폐지, 소학의 보급, 방납의 폐단 시정 등을 주요 정책으로 삼았다. 그러나 이에 대한 공신들의 반발로 말미암아 조광조를 비롯한 사림 세력은 대부분 제거되었다(기묘사화). 아하! ① 정약용에 대한 설명이다. ② 송시열에 대한 설명이다. ③ 이황에 대한 설명이다. ⑤ 서인과 남인에 대한 설명이다.

16. ② 바로 정리 : 조광조의 정책
제시된 자료에서 '연산군을 몰아낼 때 거짓으로 공신이 된 자의 공훈 삭제' 등을 통해 조광조에 대한 내용임을 알 수 있다. 조광조는 경연의 강화, 언론 활동의 활성화, 위훈 삭제, 소격서의 폐지, 소학의 보급, 방납의 폐단 시정 등을 주요 정책으로 삼았다. 아하! ① 송시열 등에 해당한다. ③, ⑤ 훈구파에 해당한다. ④ 정도전에 해당한다.

17. ⑤ 바로 정리 : 붕당의 출현과 분화
제시된 자료는 붕당에 대한 것이다. 붕당은 정국을 주도하게 된 이후 척신 정치의 청산 방법을 둘러싸고 갈등했다. 이에 기성 사림을 중심으로 서인이 형성되고, 신진 사림을 중심으로 동인이 형성되었다. 이후 붕당은 정치적 이념과 학문적 경향에 따라 결집되어 정파적 성격과 학파적 성격을 동시에 가지게 되었다. 아하! ㄱ. 급진 개혁파와 온건 개혁파에 대한 설명이다. ㄴ. 공민왕의 개혁 정책과 관련이 있다.

18. ① 바로 정리 : 임진왜란 시기의 모습
제시된 자료의 '임금이 한양을 떠나 피란, 이웃나라가 구해 주기 위해, 임진년부터 7년간의 전란' 등을 통해 임진왜란에 대한 내용임을 알 수 있다. 임진왜란 초기에는 왜군에 밀렸으나 차츰 이순신 등 수군과 의병의 활약으로 전세를 역전시켰다. 또한 명군의 지원을 받아 결국 왜군을 물러나게 했다. 아하! ② 고려 말 홍건적의 침입에 대한 설명이다. ③ 병자호란에 대한 설명이다. ④ 고려 시기 몽골과의 항쟁에 대한 설명이다. ⑤ 고려 말의 상황이다.

19. ⑤ 바로 정리 : 임진왜란의 극복
제시된 자료는 임진왜란 당시 전란을 극복하는 과정에서 있었던 전투와 관련된 지역이다. (가)는 조명 연합군이 평양성을 탈환한 지역이고, (나)는 권율을 중심으로 행주산성에서 왜군을 물리친 행주 대첩 장소이며, (다)는 신립 장군의 충주 탄금대 전투 지역이다. (라)는 김시민 장군이 활약한 진주성 전투, (마)는 이순신 장군이 학익진 전법을 사용하여 왜의 해군을 물리친 노량 대첩 장소이다. 아하! ⑤ 삼별초는 왜와의 싸움이 아닌 몽골과의 싸움에서 최후까지 항전했다.

20. ④ 바로 정리 : 임진왜란의 결과
제시된 자료 '행주산성, 명량 대첩비' 등을 통해 임진왜란임을 알 수 있다. 행주산성은 권율이 지휘하여 크게 승리한 행주산성 전투, 명량 대첩은 이순신이 활약한 전투로 모두 임진왜란과 관련이 있는 유적지이다. 임진왜란으로 조선은 인구가 크게 줄고, 토지 대장과 호적의 대부분이 없어져 국가 재정이 궁핍해지고, 식량도 부족해졌다. 또 수많은 문화재가 손실되었고, 수만 명이 일본에 포로로 잡혀갔다. 일본은 조선에서 활자, 그림, 서적 등을 약탈해 갔고, 성리학자와 우수한 인쇄공 및 도자기 기술자 등을 포로로 잡아가 일본의 성리학과 도자기 문화가 발달할 수 있는 토대를 마련했다. 한편 여진족이 급속히 성장했다. 아하! ① 원 간섭기의 상황이다. ② 윤관이 별무반을 활용하여 여진족에게 승리한 이후의 일이다. ③ 고려가 거란의 침략을 물리친 결과이다. ⑤ 병자호란의 결과이다.

21. ② 바로 정리 : 비변사의 상설 기구화
제시문의 '삼포 왜란으로 비상 기구가 되었다, 여진의 침입에 대비, 을묘왜변으로 상설 기구화' 등을 통해 비변사에 대한 내용임을 알 수 있다. 비변사는 임진왜란을 거치면서 기능이 강화되어 왕권의 약화를 초래했다. 아하! ① 집현전에 대한 설명이다. ③ 유향소에 대한 설명이다. ④ 규장각에 대한 설명이다. ⑤ 홍문관에 대한 설명이다.

22. ③ 바로 정리 : 광해군의 중립 외교
제시문의 '강홍립' 등을 통해 광해군의 중립 외교와 관련 있음을 알 수 있다. 임진왜란 직후에 즉위한 광해군은 대내적으로 전쟁 뒷수습을 위한 정책을 실시하면서 대외적으로는 명과 후금 사이에서 신중한 중립 외교 정책으로 대처했다. 이에 광해군은 강홍립을 도원수로 삼아 1만 3천 명의 군대를 이끌고 명을 지원하게 하되, 적극적으로 나서지 말고 상황에 따라 대처하도록 명령했다. 결국 강홍립 등은 후금에 항복했다. 이에 서인을 중심으로 인조반정을 일으켜 정권을 장악하고, 친명 배금 정책을 폈다.

23. ③ 바로 정리 : 병자호란 당시의 대외 정책
제시문의 '남한산성으로 들어가셨다' 등을 통해 병자호란과 관련된 내용임을 알 수 있다. 당시 조선의 친명 배금 정책이 청을 자극했다. 아하! ① 병자호란 이후의 일이다. ② 고려 말, 조선 초의 일이다. ④ 고려 시기의 일이다. ⑤ 광해군의 정책이다.

24. ③ 바로 정리 : 병자호란의 결과
제시된 글의 '남한산성, 삼전도의 굴욕' 등을 통해 병자호란에 대한 내용임을 알 수 있다. 병자호란 결과 조선은 청에 굴욕적으로 항복하고 군신 관계를 맺었다. 아하! ①, ⑤ 임진왜란에 대한 설명이다. ② 고려에 대한 설명이다. ④ 몽골과의 항전에 대한 설명이다.

7 조선 전기의 경제, 사회, 문화

기억하라! 사료

> 경기는 사방의 근본이니 마땅히 과전을 설치하여 사대부를 우대한다. 무릇 경성에 거주하여 왕실을 시위(侍衛)하는 자는 직위의 고하에 따라 과전을 받는다. 토지를 받은 자가 죽은 후, 그의 아내가 자식이 있고 수신하는 자는 남편의 과전을 모두 물려받고, 자식이 없이 수신하는 자의 경우는 반을 물려받는다. 부모가 모두 사망하고 그 자손이 유약한 자는 휼양전으로 아버지의 과전을 모두 물려받고, 20세가 되면 본인의 과에 따라 받는다.
> – 과전법, 《고려사》

> 각 도에서 중앙 관청에 납부하는 공물을 해당 관리들이 매우 정밀하게 살피면서 모두 품질이 나쁘다 하여 받아들이지 않고, 대신 도성 안에서 사들인 물품을 납부할 때에만 받아들입니다. 따라서 각 관청 아전들이 이 과정에서 이득을 노려 다투어 대납을 하면서 원래 공물 가격의 몇 배를 요구하고 있습니다.
> – 방납의 폐단, 《세종실록》

공납은 현물로 거두어 보관하고 운송했기 때문에 납부에 어려움이 있었다. 또한 공물 생산량이 줄거나 수납 기한이 있어서 공물을 제대로 납부하기도 어려웠다. 이에 대신 납부해 주는 방법이 성행하여 백성의 피해가 컸다.

핵심주제 01 토지 제도와 조세 제도

(1) 토지 제도의 변천

과전법 (1391)	• 경기 지방의 토지에 한정 • 전·현직 관리에게 수조권 지급(관리가 죽으면 국가에 반환 원칙, 일부는 수신전·휼양전·공신전의 형태로 세습 가능) 　　　　토지에서 조세를 거둘 수 있는 권리로, 관리가 관직 복무에 대한 대가로 국가로부터 받음
직전법 (세조)	• 배경 : 수신전·휼양전의 증가 → 신진 관료에게 지급할 과전 부족 • 내용 : 현직 관리에게만 수조권 지급
관수관급제 (성종)	• 배경 : 과전을 받은 관리가 직접 수조권 행사 → 수조권 남용으로 농민의 불만 증대 • 내용 : 지방 관청이 수조권 대행 → 수조권을 통한 양반 관료의 농민 지배 불가, 국가의 토지 지배권 강화
직전법 폐지 (명종)	관리에게 녹봉만 지급, 수조권 지급 제도 소멸

(2) 토지의 사적 소유와 지주제 확대 : 양반 지주가 매매·겸병·개간 등의 방법으로 사유지 확대 → 노비나 유랑민을 부려 경작, 병작반수 실시 → 직전법 폐지 후 지주제 확산

(3) 수취 체제의 정비

① 조세·공납·역

조세	토지 소유자에게 부과, 수확량의 1/10(최고 30두)을 거둠, 세종 때 토지의 비옥도와 풍흉을 고려하여 전분 6등법·연분 9등법 실시, 조운을 통한 운송(각 군현 → 조창 → 경창)
공납	각 호에 부과, 각 지역의 토산물 징수, 중앙 관청이 군현에 물품·액수 할당 → 각 군현이 가호에 할당 징수
역	16세 이상의 정남에게 부과, 군역(정군·보인), 요역(각종 토목 공사에 노동력 동원)

② 기타 : 염전·광산·어장·산림과 상인·수공업자 등에게 세금 징수
③ 수취 체제의 변질(16세기) : 지주가 전세를 소작인에게 전가, 방납의 폐단 발생, 대립·방군수포 성행, 환곡이 고리대로 변질 → 농민의 부담 증가 → 농민의 토지 이탈, 유민 증가 　포를 받고 군역을 면제해 주는 것

핵심주제 02 경제생활

(1) 농본주의 경제 정책 : 정부가 개간 사업 장려, 《농사직설》과 《금양잡록》 편찬·보급, 농기구 개발 → 밭농사에서 조·보리·콩의 2년 3작 보편화, 시비법 발달, 남부 일부 지방에서 모내기법(이앙법) 보급

(2) 수공업 : 관영 수공업(장인을 관청에 소속시켜 관청의 필요품 제조 → 16세기 이후 부역제 해이, 상업 발전 → 쇠퇴), 민영 수공업(농기구, 양반의 사치품 생산), 가내 수공업

(3) 상업

① **시전 상인** : 국가가 독점 판매권 부여(육의전 번성), 경시서 설치(시전 상인의 불법적 상행위 통제)
② **지방** : 행상(보부상)의 활동, 15세기 후반 장시 등장(→ 16세기 중엽 이후 전국으로 확대)
③ **화폐** : 저화·조선통보 주조 → 유통 부진, 쌀·면포가 화폐 기능

03 신분제와 사회 제도

(1) 양천제와 반상제 : 법제적으로는 양천제 → 점차 반상제 일반화

양천제	•**양인** : 과거에 응시하고 벼슬을 할 수 있는 자유민, 조세·국역 부담 •**천인** : 비자유민(벼슬에 나갈 수 없음), 개인이나 국가에 소속되어 천역 담당
반상제	지배층과 피지배층으로 구분 → 양반·중인·상민·천민의 신분제 정착

(2) 신분 구조

양반	•**의미** : 문반·무반을 아울러 부르는 명칭 → 관료와 그 가족, 가문까지 포함 •**특징** : 풍요로운 생활(물려받은 많은 토지와 노비, 과전·녹봉 받음), 생산에 종사하지 않고 과거 공부에 전념, 과거·음서·천거 등을 통해 고위직 차지, 법률과 제도로써 특권 보장, 각종 국역 면제
중인	•**의미** : 양반과 상민의 중간 신분 계층, 좁은 의미로 기술관 지칭 •**구성** : 중앙과 지방 관청의 서리·향리 및 기술관, 서얼 •**특징** : 직역 세습, 같은 신분끼리 결혼, 전문 기술이나 행정 실무 담당
상민	•**의미** : 농민·수공업자·상인을 가리킴, 평민·양인으로도 불림, 과거 응시 가능 •**구성** : 농민(조세·공납·역 부담), 수공업자(관영이나 민영 수공업에 종사), 상인(국가의 통제 아래 상거래에 종사, 농본억상 정책으로 농민보다 천시) •**신량역천** : 양인이지만 천역을 담당
천민	•**의미** : 최하 신분층, 대다수가 노비(일천즉천 적용), 백정·광대·무당 등도 천민으로 간주 부모 중 한 명이 노비일 경우 그 자녀도 노비가 되는 것 •**구성** : 공노비(관청 소속, 신공 납부), 사노비(개인 소유, 솔거 노비·외거 노비)

(3) 사회 제도

사회 제도	•**민생 안정책** : 재해 발생 시 조세 경감, 환곡제 실시, 양반 지주의 사창 운영 •**의료 시설** : 혜민서(서민의 질병 치료), 동서 활인서(서민 환자 치료, 유랑자 수용)
향촌 질서	•지방 양반(사족)을 중심으로 운영, 유향소 중심, 향회를 통해 결속력 강화 •서원 건축, 향약 보급(16세기) → 사족의 향촌 지배 체제 강화

기억하라! 사료

무릇 노비의 매매는 관청에 신고하여야 한다. 사사로이 몰래 매매하였을 경우에는 관청에서 그 노비 및 대가로 받은 물건을 모두 몰수한다. 나이 16세 이상 50세 이하의 가격은 저화 4천 장이고, 15세 이하 50세 이상은 3천 장이상이다.

– 노비의 사회적 지위

천민 중 대다수를 차지했던 노비는 재산으로 취급되어 매매, 상속, 증여의 대상이 되었다.

무릇 뒤에 향약에 가입하기를 원하는 자에게는 반드시 먼저 규약문을 보여 몇 달 동안 실행할 수 있는가를 스스로 헤아려 본 뒤에 가입하기를 청하게 한다. 가입을 청하는 자는 반드시 단자에 참가하기를 원하는 뜻을 자세히 적어서 모임이 있을 때에 진술하고, 사람을 시켜 약정(約正)에게 바치면 약정은 여러 사람에게 물어서 좋다고 한 다음에야 글로 담하고, 다음 모임에 참여하게 한다.

– 향약, 《율곡전서》

향약은 사림의 기반이 되었던 것으로, 향촌 사회의 풍속 교화를 비롯해 질서 유지, 치안 담당 등 향촌의 자치 기능을 맡았다. 향약의 보급으로 지방 사림의 지위는 강화되었으나, 지방 유력자가 주민을 위협, 수탈하는 등의 부작용도 있었다.

7 조선 전기의 경제, 사회, 문화

 WHY 《성학십도》vs 《성학집요》

《성학십도》는 이황이 쓴 책으로 군주 스스로 성학을 따를 것을 제시하였고, 《성학집요》는 이이의 책으로 현명한 신하가 군주에게 성학을 가르쳐야 한다고 주장하였다.

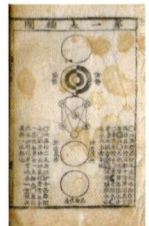

성학십도

기억하라! 자료

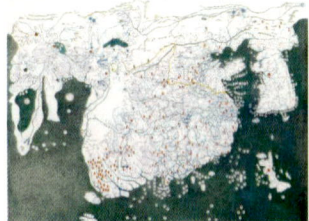

혼일강리역대국도지도

 WHY 조선 전기의 과학 문화

이 시기 조선은 부국강병 및 농민 생활의 안정을 추구했다. 그러려면 농업 생산력을 증대시켜야 했는데 과학 기술의 발달이 꼭 필요했다. 덕분에 조선 전기(세종 시기)에는 자주적이고 주체적인 과학 기술이 발달했다.

핵심주제 04 성리학의 발달과 성리학적 사회 질서의 확산

(1) 성리학의 발달

① **정착 :** 고려 말에 수용, 형성 과정에서 신진 사대부가 두 세력으로 분화

관학파	정도전 등, 《주례》를 국가 통치 이념으로 삼음, 성리학 이외의 사상 포용, 왕조 교체에 따른 문물 제도 정비, 부국강병 추진(과학 기술 중시)
사림파	길재 등, 향촌에서 교육과 제자 양성에 주력, 성리학 이외의 사상 배격, 왕도 정치 강조, 인간의 심성 문제 연구, 실용 학문 천시

② **성리학 연구**

이황	《주자서절요》·《성학십도》 저술, 근본적·이상주의적 성격, 영남학파의 형성에 영향, 일본 성리학 발전에 영향, 상대적으로 '이' 중시(주리론적 경향)
이이	《동호문답》·《성학집요》 저술, 현실적·개혁적 성격, 기호학파 형성에 영향, 상대적으로 '기' 역할 강조(주기론적 경향) 수미법 실시, 향약의 전국적 확대 등 노력

(2) 서원과 향약 : 사림 세력의 성장 기반

최초의 서원이야, 이후 이황의 건의를 받아들인 명종이 사액을 내려 '소수 서원'으로 이름이 바뀌었어.

서원	사액 서원 등장, 중종 때 백운동 서원 설립(주세붕), 성리학 연구, 향촌 문화 수준 고양, 정치 여론 형성 국왕으로부터 편액(扁額)·서적·토지·노비 등을 하사받아 그 권위를 인정받은 서원
향약	전통적인 향촌 규약에 삼강오륜의 윤리를 더하여 발전, 향촌 농민 교화, 향촌 질서 유지 기능

조광조가 최초로 주장, 이이의 '해주 향약'으로 완성

핵심주제 05 조선 전기 문화의 발달

(1) 민족 문화의 발달

훈민정음	• **과정 :** 연구(세종과 집현전 학자) → 훈민정음 반포(세종, 1446) • **편찬 :** 《삼강행실도》(백성 교화 목적), 《용비어천가》(왕조의 정통성 옹호)
역사서	• **목적 :** 왕조의 정통성 확립, 성리학적 통치 규범의 정착 • 《조선왕조실록》, 《고려국사》, 《고려사》, 《고려사절요》, 《동국통감》 등
지도, 지리서	태종 때 제작, 현존하는 동양에서 가장 오래된 지도야. • **지도 :** 〈혼일강리역대국도지도〉(세계 지도), 〈팔도도〉(전국 지도) • **지리지 :** 《팔도지리지》, 《동국여지승람》 국방을 강화하고 지방 통치를 위한 자료 확보를 위해 필요했어.
농서	《농사직설》(우리 풍토에 맞는 농사법 소개, 이앙법도 소개), 《금양잡록》
인쇄, 제지술	계미자(태종)·갑인자(세종) 발명, 조지서 설치(종이 생산)
의학	《향약집성방》(우리 풍토에 맞는 약재와 치료 방법 정리), 《의방유취》(백과사전식 의서)
무기	《총통등록》·《병장도설》 등 병서 편찬, 신기전 개발, 화차 개량

과학 기술	천문학 〈천상열차분야지도〉(천문도), 혼천의·간의(천체 관측)	역법 《칠정산》 편찬 (한양을 기준으로 천체 운동 계산)	기타 앙부일구(해시계), 자격루(물시계), 측우기(강우량 측정)

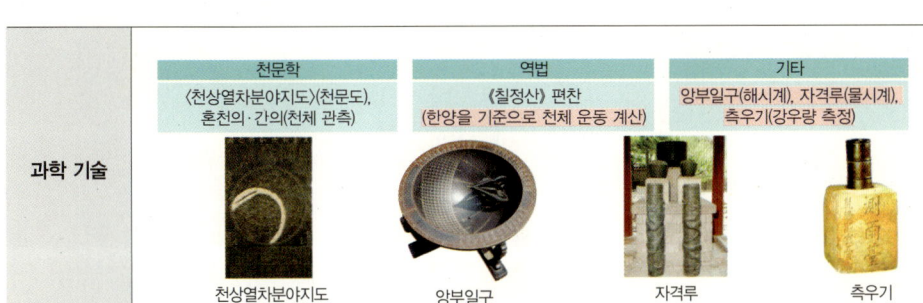

천상열차분야지도　　앙부일구　　자격루　　측우기

기억하라! 유적

도산 서원

(2) 문학과 예술의 발달

문학	한문학 발달(《동문선》), 설화 문학 발달, 소설 문학 출현, 시조 유행, 가사 문학 등장
건축	15세기 궁궐 건축, 불교 건축 / 16세기 서원 건축 발달(옥산 서원, 도산 서원 등) 사찰의 가람 배치와 비슷하였으며, 자연과의 조화를 추구했어. 경복궁　해인사 장경판전　원각사지 10층 석탑 / 강당　서재　사당　홍살문　동재 이때 지어진 경복궁은 임진왜란 때 완전 소실되었고 고종 때 흥선 대원군이 재건하였어.
공예	15세기 분청사기(소박한 멋) / 16세기 순백자 병(순백의 고상함)
회화	15세기 안견, 〈몽유도원도〉 안평 대군이 꿈에서 본 무릉도원을 도화서 화원인 안견이 그림　강희안, 〈고사관수도〉 / 16세기 어몽룡, 〈월매도〉　이정, 〈묵죽도〉　신사임당, 〈초충도〉
음악	악기 개량·정간보 발명·아악 정리, 종묘제례악 정비(세종), 《악학궤범》 간행(성종)

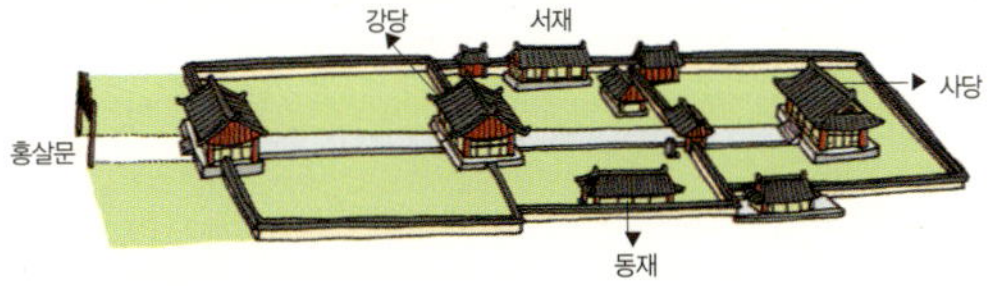

상 중 하 18회

01 다음 표는 조선 시대 토지 제도의 변천 과정을 나타낸 것이다. (가)에 대한 설명으로 옳은 것은?

| 과전법 | (가) | 관수관급제 | 직전제 폐지 |

① 녹봉만 지급하게 되었다.
② 전지와 시지를 지급하였다.
③ 수신전과 휼양전을 폐지하였다.
④ 수조권을 국가가 행사하게 되었다.
⑤ 노동력의 징발을 법적으로 보장하였다.

상 중 하 22회

02 밑줄 친 내용에 해당하는 제도에 대한 설명으로 옳은 것은?

> 전에 과전은, 아버지가 사망하여 아들이 이어받은 것을 휼양전이라 하고, 남편이 사망하여 아내가 이어받은 것을 수신전이라 하였습니다. 이를 혁파하여 직전으로 삼았는데, 간혹 지나치게 거두어 원망하는 사람들이 있습니다. 만약 관이 직접 직전세를 거두어 전주(田主)에게 준다면 그 폐단이 없어지게 될 것입니다.

① 수신전과 휼양전을 폐지한 것이다.
② 국가의 토지 지배권이 강화되는 계기가 되었다.
③ 전·현직 관리 모두에게 수조권을 지급하게 되었다.
④ 전지와 시지를 관등에 따라 차등을 두어 지급하였다.
⑤ 고려 말 신진 사대부의 경제적 기반을 마련하기 위해 시행하였다.

상 중 하 20회

03 선생님의 질문에 대한 대답으로 적절한 것을 〈보기〉에서 고른 것은?

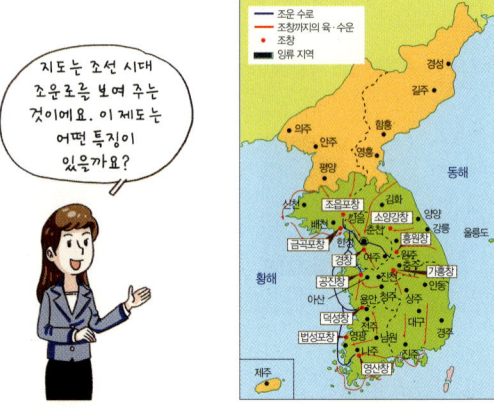

지도는 조선 시대 조운로를 보여 주는 것이에요. 이 제도는 어떤 특징이 있을까요?

〈보기〉

ㄱ. 전국 8도의 조세는 경창으로 운반되었어요.
ㄴ. 평안도의 조세는 해당 지역에서 사용하였어요.
ㄷ. 현물로 받은 조세를 운반하기 위한 제도였어요.
ㄹ. 조창은 왜구의 침입을 피하기 위해 내륙 지방에 세워졌어요.

① ㄱ, ㄴ   ② ㄱ, ㄷ   ③ ㄴ, ㄷ
④ ㄴ, ㄹ   ⑤ ㄷ, ㄹ

상 중 하 20회

04 다음 농서가 만들어졌던 시기의 과학 기술에 대한 설명으로 옳은 내용을 〈보기〉에서 고른 것은?

> 우리나라 풍토에 맞춰 제작한 서적이다. 이 농서는 각도 감사에게 명하여 각지의 익숙한 농군들에게 직접 물어 보아서 이미 경험한 바를 자세히 듣고 수집하여 편찬한 책이다.

〈보기〉

ㄱ. 시간 측정 기구인 자격루가 만들어졌다.
ㄴ. 최초로 100리 척을 사용한 지도가 제작되었다.
ㄷ. 강우량을 측정하기 위한 측우기가 제작되었다.
ㄹ. 서양 축성법을 가미한 수원 화성이 축조되었다.

① ㄱ, ㄴ   ② ㄱ, ㄷ   ③ ㄴ, ㄷ
④ ㄴ, ㄹ   ⑤ ㄷ, ㄹ

05 (가), (나) 지역을 기반으로 활동한 상인에 대한 설명으로 옳은 것은?

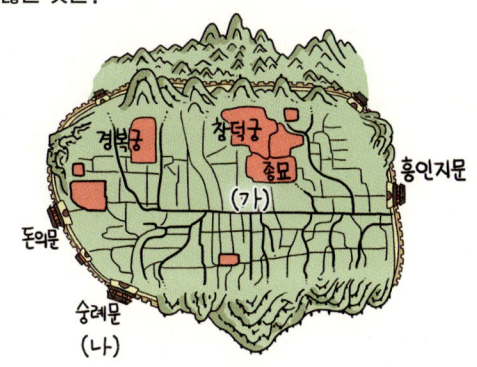

① (가) – 금난전권을 행사하였다.
② (가) – 보통 5일마다 장을 열어 물품을 거래하였다.
③ (나) – 선상, 객주, 여각 등이 활동하였다.
④ (나) – 대한 제국 시기에 황국 중앙 총상회를 조직하였다.
⑤ (가), (나) – 인삼을 재배하고 판매하였다.

07 다음 질문에 대한 대답으로 옳은 것은?

① 문과 응시가 제한되었어요.
② 조세, 공납, 역의 의무가 있었어요.
③ 주인과 따로 살며 신공을 바쳤어요.
④ 직역의 대가로 토지가 지급되었어요.
⑤ 사신을 수행하면서 무역에 관여하여 이득을 보았어요.

06 (가)의 조선의 경제 교류에 대한 설명으로 옳은 것은?

> 평안도 도절제사 이천이 군사 7천여 명을 이끌고 출정하였다. 출정군은 강계를 떠나 [(가)]의 소굴을 소탕하였다. 10일에 걸친 전투에서 적은 제대로 대항하지 못하고 뿔뿔이 흩어져 도망쳤다. …… [(가)]를 쫓아낸 뒤 먼저 여연군을 설치했다가 그 지역을 나누어 자성군을 설치하는 등 압록강 쪽의 방비를 위해 4군을 설치하였고, 두만강 쪽에는 6진을 설치하였다.

① 건국 초기부터 조공을 바쳤다.
② 주로 벽란도를 이용하여 교류하였다.
③ 통신사를 파견하여 문물을 교류하였다.
④ 무역소를 설치하여 국경 무역을 허용하였다.
⑤ 계해 약조를 맺어 제한된 범위 내에서 교역을 허락하였다.

08 밑줄 친 인물이 속한 신분에 대한 설명으로 옳은 것은?

> • 광덕이 신공(身貢)을 바치겠다고 편지를 보내왔다.
> • 너에게 씨앗 30포대와 소 3마리를 줄 터이니, 기장과 조를 뿌려 수확을 하면 말하라. 그중 조는 쌀로 바꾸어 나에게 신공으로 바치도록 하라.

① 신량역천으로 분류되었다.
② 조세, 공납, 역의 의무가 있었다.
③ 매매, 증여, 상속의 대상이 되었다.
④ 법적으로 과거 응시가 가능하였다.
⑤ 향안을 만들어 자신들의 결속력을 강화하였다.

상 중 하 18회

09 다음에서 소개하고 있는 역사서에 대한 설명으로 옳은 내용을 〈보기〉에서 고른 것은?

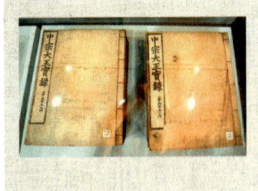

사진은 국보 제151호로, 조선 태조로부터 철종에 이르기까지 470여 년간 역사적 사실을 기록한 책의 모습이다. 현재 남한에는 정족산본 1707권 1187책과 오대산본 74책, 태백산본 1707권 848책 등이 남아 있다.

〈보기〉
ㄱ. 기전체로 서술되었다.
ㄴ. 승정원에서 편찬되었다.
ㄷ. 임금이라도 원칙적으로 볼 수 없었다.
ㄹ. 유네스코 세계 기록 유산으로 등재되었다.

① ㄱ, ㄴ   ② ㄱ, ㄷ   ③ ㄴ, ㄷ
④ ㄴ, ㄹ   ⑤ ㄷ, ㄹ

상 중 하 17회

10 (가)에 들어갈 내용으로 옳은 것은?

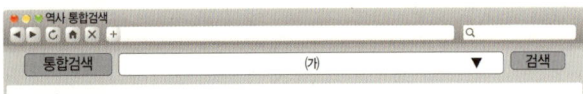

ㄴ 검색 결과
조선 시대에 인재 양성을 위하여 서울에 설치한 국립 대학 격의 유학 교육 기관이다. 대성전과 동무, 서무, 명륜당, 동재, 서재, 양현고 및 도서관인 존경각 등의 건물이 들어서 있다. 초시인 생원시와 진사시에 합격한 유생에게 우선적으로 입학 기회를 주었다. 입학생은 기숙사 격인 동재와 서재에서 생활하였으며, 출석 점수 원점을 300점 이상 취득해야만 대과에 응시할 수 있었다.

① 태학   ② 서당   ③ 서원
④ 주자감   ⑤ 성균관

상 중 하 15회

11 선생님의 질문에 대한 대답으로 적절한 것은?

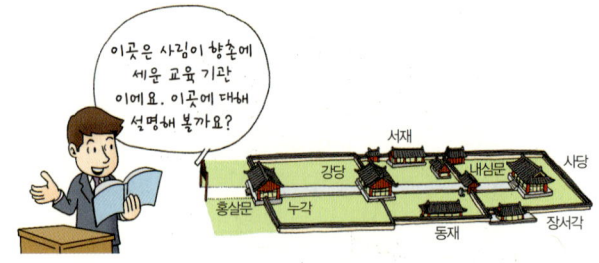

① 향음주례를 행하였어요.
② 서울에 설립된 국립 교육 기관이에요.
③ 중앙에서 훈도나 교수가 파견되었어요.
④ 향촌의 풍속을 교화하고 자치를 담당하였어요.
⑤ 공민왕이 순수한 유교 교육 기관으로 개편하였어요.

상 중 하 14회

12 밑줄 친 '이 학교'에 대한 설명으로 옳은 것은?

• 부·주·군·현마다 모두 이 학교를 설치하였다. 수령을 보내어 제사를 받들고 가르칠 사람을 두어 교육을 담당하게 하니, 이는 교화를 베풀고 예의를 가르쳐 인재를 양성하고 문명의 다스림을 돕게 하려 함이다.
• 전국 군현에 순차적으로 이 학교를 설치하였다. 유생과 생도를 교생이라 하였고, 대성전·명륜당·동재·서재 등을 두었다. 교생의 정원은 각 군현의 인구 비례로 배정하였다.

① 중학, 동학, 서학, 남학이 있었다.
② 풍기 군수 주세붕이 처음 설립하였다.
③ 초등 교육을 담당하는 사립 학교였다.
④ 중앙에서 교수 또는 훈도를 파견하였다.
⑤ 원칙적으로 생원, 진사가 입학할 수 있었다.

상 중 하 21회

13 다음은 어떤 인물의 생애를 정리한 것이다. 이 인물에 대한 설명으로 옳은 것은?

- 이원수와 신사임당 사이에서 태어나 강릉 오죽헌에서 자라다.
- 과거에 장원 급제하여 관리 생활을 하다.
- 황해도 해주로 낙향하여 향약과 사창을 실시하다.
- 사망한 뒤 파주의 자운 서원 등 전국 20여 개 서원에 배향되다.

① 수미법을 제안하였다.
② 성학십도를 저술하였다.
③ 북벌 운동을 주도하였다.
④ 위훈 삭제를 주장하였다.
⑤ 성리학을 처음 소개하였다.

상 중 하 20회

14 다음 글을 쓴 인물에 대한 설명으로 옳은 것은?

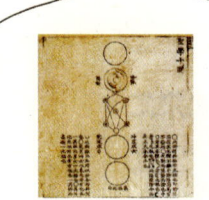

제가 생각해 보니, 처음에 글을 올려 학문을 논한 것들이 전하의 뜻을 감동시키지 못하였습니다. 이에 신이 성학(聖學)을 밝히고 마음을 다스리기 위해 옛 현인들이 가르친 방법을 그림으로 그리고 설명을 붙여 전하께 올리고자 합니다.

① 백운동 서원을 세웠다.
② 기묘사화로 피해를 입었다.
③ 십만 양병설을 주장하였다.
④ 청의 문물 수용을 주도하였다.
⑤ 일본 성리학 발전에 영향을 주었다.

상 중 하 15회

15 다음 문화유산에 대한 설명으로 옳은 내용을 〈보기〉에서 고른 것은?

왕이 정인지, 정초 등에게 명하여 역서(曆書)를 편찬하게 하였다. 명의 역서를 첨삭하여 내편(內篇)을 만들고, 또 회회력을 참고하여 외편(外篇)을 만들었다.

〈보기〉

ㄱ. 지전설이 소개되었다.
ㄴ. 세종 시기에 제작되었다.
ㄷ. 북학파의 주장이 반영되었다.
ㄹ. 한양을 기준으로 천체 운동을 계산하였다.

① ㄱ, ㄴ   ② ㄱ, ㄷ   ③ ㄴ, ㄷ
④ ㄴ, ㄹ   ⑤ ㄷ, ㄹ

상 중 하 16회

16 다음 문화유산이 처음 제작된 시대의 사실로 옳은 것은?

① 순청자가 유행하였다.
② 경천사지 10층 석탑이 세워졌다.
③ 칠정산이라는 역법서가 제작되었다.
④ 사상 의학 서적인 동의수세보원이 간행되었다.
⑤ 10리마다 눈금이 사용된 대동여지도가 만들어졌다.

막강기출유형

상 중 하 14회

17 밑줄 친 '이 왕'이 한 일로 옳은 것은?

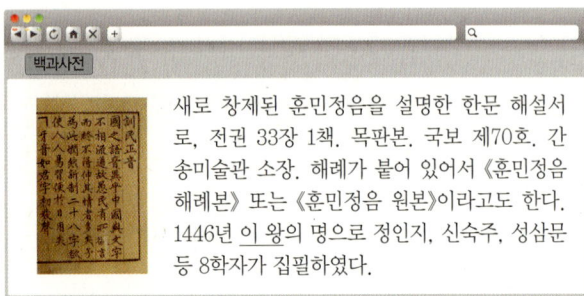

새로 창제된 훈민정음을 설명한 한문 해설서로, 전권 33장 1책. 목판본. 국보 제70호. 간송미술관 소장. 해례가 붙어 있어서 《훈민정음 해례본》 또는 《훈민정음 원본》이라고도 한다. 1446년 이 왕의 명으로 정인지, 신숙주, 성삼문 등 8학자가 집필하였다.

① 경국대전을 완성하였다.
② 수원 화성을 축조하였다.
③ 역법서인 칠정산을 만들었다.
④ 원각사지 10층 석탑을 세웠다.
⑤ 동의보감의 편찬을 명령하였다.

상 중 하 21회

18 (가)에 들어갈 서적으로 옳은 것은?

세종 시기 우리나라 사람들의 질병 치료에는 우리나라 풍토에 적합하고 우리나라에서 생산되는 약재가 더 효과적일 것이라 생각하여 편찬한 의학 서적이에요.

(가)

① 동의보감
② 마과회통
③ 의방유취
④ 향약집성방
⑤ 동의수세보원

상 중 하 14회

19 다음 그림이 그려졌던 시기의 회화에 대한 설명으로 옳은 것은?

고사관수도 　　　 몽유도원도

① 서양화 기법을 활용한 그림이 그려졌다.
② 일본 무로마치 시대의 미술에 영향을 주었다.
③ 민중의 미적 감각을 잘 나타낸 민화가 유행하였다.
④ 우리의 자연을 사실적으로 그린 진경산수화가 나타났다.
⑤ 당시 사람들의 생활 정경과 일상적인 모습을 생동감 있게 나타냈다.

상 중 하 11회

20 다음 설명에 해당하는 그림으로 옳은 것은?

이 그림은 안평 대군이 꿈꾼 꿈의 광경을 안견이 그린 것이에요. 조선 전기에 제작된 것으로 연도가 확인된 작품 중 현존하는 가장 오래된 그림이에요.

① 고사관수도
② 세한도
③ 금강전도
④ 인왕제색도
⑤ 몽유도원도

상 **중** 하 12회

21 (가)에 들어갈 인물이 그린 그림으로 옳은 것은?

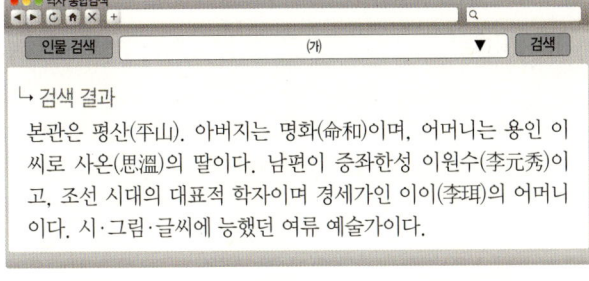

본관은 평산(平山). 아버지는 명화(命和)이며, 어머니는 용인 이씨로 사온(思溫)의 딸이다. 남편이 증좌한성 이원수(李元秀)이고, 조선 시대의 대표적 학자이며 경세가인 이이(李珥)의 어머니이다. 시·그림·글씨에 능했던 여류 예술가이다.

① ② ③

④ ⑤

상 **중** 하 20회

22 (가)에 해당하는 유물로 옳은 것은?

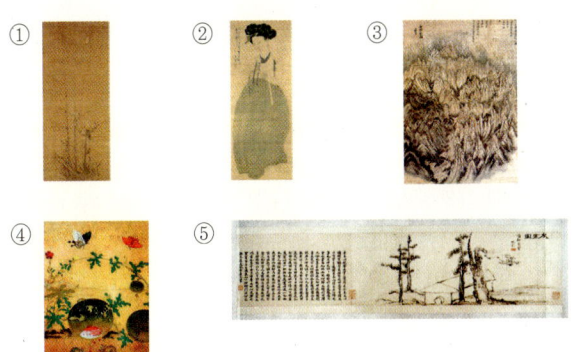

주로 14세기 후반부터 16세기 중엽까지 제작되었다. 거친 질감과 소박하고 천진스러운 무늬가 조화를 이루어 우리의 멋을 잘 나타내고 있다. 1930년대에 고유섭은 청자에 분을 발라 장식한 자기라는 뜻으로 '분장회청사기'라는 이름을 붙였다.

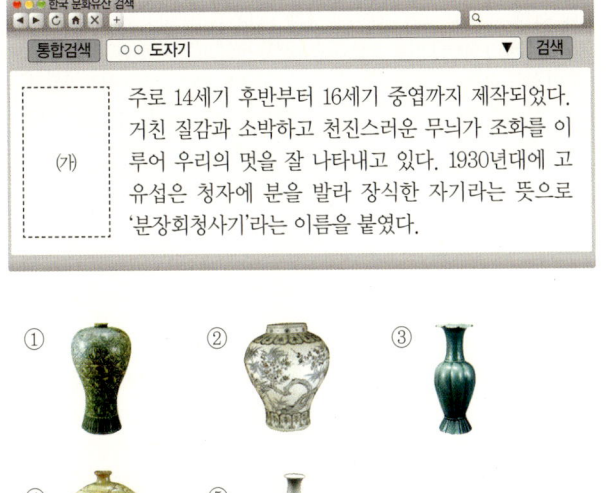

상 **중** 하 12회

23 (가), (나)에 대한 설명으로 옳은 것은?

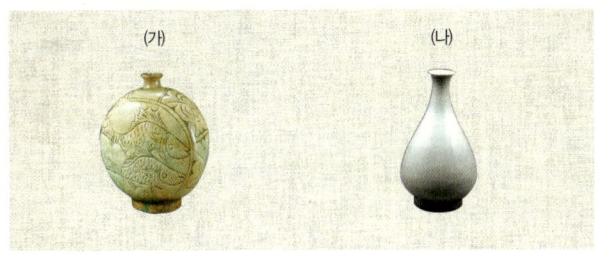

(가)   (나)

① (가) – 16세기 이후에 유행하였다.
② (가) – 청자에 백토의 분을 칠하여 만들었다.
③ (나) – 상감 기법으로 만들어졌다.
④ (나) – 무신 집권기에 대량 생산되었다.
⑤ (가), (나) – 수공업 생산을 담당한 소(所)에서 생산되었다.

상 **중** 하 14회

24 (가)에 들어갈 자료로 적절한 것은?

(가) 이 탑은 경천사에 있던 석탑을 모방하여 만든 것이다. 당시 왕조의 통치 이념이 불교와 달랐던 관계로 불교계는 대체로 위축되었다. 그럼에도 이런 탑이 만들어지게 된 것은 불교가 왕실로부터 비호를 받은 것과 관련이 있다. 탑의 재질은 대리석이며, 현재 국보로 지정되어 있다.

①
미륵사지 석탑

②
원각사지
10층 석탑

③
진전사지
3층 석탑

④
화엄사 4사자 3층
석탑

⑤
월정사 8각
9층 석탑

1. ③ 2. ② 3. ③ 4. ② 5. ① 6. ④ 7. ② 8. ③ 9. ⑤ 10. ⑤
11. ① 12. ④ 13. ① 14. ⑤ 15. ④ 16. ③ 17. ③ 18. ④ 19. ②
20. ⑤ 21. ④ 22. ④ 23. ② 24. ②

1. ③ 바로 정리 : 직전법의 실시 배경과 특징
과전법에서는 죽은 관료의 가족들이 생계를 유지할 수 있도록 받았던 토지 중 일부를 수신전, 휼양전 등으로 다시 지급하여 세습이 가능하게 됐고, 공신전도 세습할 수 있었다. 이에 따라 토지가 부족하게 되었다. 이러한 문제를 해결하려고 15세기 후반에는 직전법으로 바꾸어 현직 관리에게만 수조권을 지급하다가 16세기 중엽에는 이마저 폐지했다. 아하! ① 직전제 폐지와 관련이 있다. ② 고려의 전시과에 대한 설명이다. ④ 관수관급제에 대한 설명이다. ⑤ 신라의 녹읍에 대한 설명이다.

2. ② 바로 정리 : 관수관급제의 실시 배경과 특징, 영향
제시된 자료의 '수신전을 혁파, 간혹 지나치게 거두었다, 관이 직접 직전세를 거두어 전주에게 준다면' 등을 통해 관수관급제에 대한 설명임을 알 수 있다. 관수관급제는 직전법 실시 이후 수조권을 가진 양반 관료가 이를 남용하여 과다하게 수취하는 일이 잦아지자, 이를 시정하기 위하여 지방 관청에서 그해의 생산량을 조사하여 거두고, 관리에게 나누어 주는 방식으로 바꾼 것이다. 이에 양반 관료들이 수조권을 빌미로 토지와 농민을 지배하는 방식은 사라지고, 국가의 토지 지배권이 강화되었다. 아하! ① 직전법 실시에 대한 설명이다. ③ 고려의 시정 전시과와 개정 전시과, 과전법에 해당되는 설명이다. ④ 고려의 전시과에 대한 설명이다. ⑤ 과전법에 대한 설명이다.

3. ③ 바로 정리 : 조운로 설치 목적
제시된 지도는 조선 시대의 조운로와 관련된 것이다. 조운로는 쌀, 콩 등 현물을 운반하는 용도로 사용했는데, 일단 강가나 바닷가의 조창으로 운반했다가 전라도·충청도·황해도는 바닷길로, 강원도는 한강, 경상도는 낙동강과 남한강을 통하여 경창으로 운송했다. 평안도와 함경도는 국경에 가깝고, 특히 평안도는 사신의 내왕이 잦은 곳이라서 그 지역의 조세는 군사비와 사신 접대비로 썼다.

4. ② 바로 정리 : 《농사직설》의 편찬 시기와 목적
제시된 자료에서 '우리나라 풍토에 맞는 농법, 각 도 감사에 명하여 경험한 바를 듣고 편찬' 등을 통해 《농사직설》과 관련된 내용임을 알 수 있다. 《농사직설》은 세종 시기에 편찬되었는데, 이 시기의 과학 기술로는 혼천의, 자격루, 앙부일구, 측우기 제작과 《칠정산》 편찬 등이 있다. 아하! ㄴ. 정상기의 〈동국지도〉로, 조선 후기의 일이다. ㄹ. 정조 시기의 일로, 조선 후기의 일이다.

5. ① 바로 정리 : 조선 시대의 시전 상인과 사상
제시된 자료에서 (가)는 육의전을 비롯한 시전, (나)는 난전 또는 사상인 칠패이다. 시전 상인은 왕실이나 관청에 물품을 공급하는 대신 특정 상품에 대한 독점 판매권을 부여받았다. 이들 시전 중에 명주, 종이, 모시, 삼베, 무명을 파는 점포가 가장 번성했는데, 후에 이를 육의전이라고 했다. 칠패는 도성 주변에서 활동한 대표적인 사상 중 하나이다. 아하! ② 장시에 대한 설명이다. ③ 포구 주변에 대한 설명이다. ④ 시전 상인에 대한 설명이다. ⑤ 개성

의 송상에 대한 설명이다.

6. ④ 바로 정리 : 조선과 여진의 관계
제시문에서 '4군과 6진의 설치' 등을 토대로 여진족과 관련된 내용임을 알 수 있다. 여진에 대해 조선은 사절의 왕래를 통한 무역을 허용했고, 국경 지방인 경성과 경원에 무역소를 두고 국경 무역을 허락했다. 아하! ① 명에 대한 설명이다. ② 고려 시대의 대외 무역에 대한 설명이다. ③ 임진왜란 이후 일본과의 관계를 설명한 것이다. ⑤ 임진왜란 이전 일본과의 관계를 설명한 것이다.

7. ② 바로 정리 : 조선 시대의 신분 제도
제시된 자료에서 (가) 신분은 상민이다. 상민은 평민, 양인으로도 불렸는데 농민, 수공업자, 상인을 말한다. 이들이 과거에 응시하는 것을 법으로 금지하지는 않았지만, 이들은 과거를 준비하기가 매우 어려웠다. 대부분의 농민은 조세, 공납, 부역 등의 의무를 지고 있었다. 수공업자는 공장으로 불리며, 관영이나 민영 수공업에 종사했다. 상인 역시 국가의 통제 하에서 상거래에 종사했다. 아하! ① 서얼이나 향리, 탐라오리의 자제에 해당하는 설명이다. ③ 외거 노비에 대한 설명이다. ④ 관리에 대한 설명이다. ⑤ 중인 신분 중 역관에 대한 설명이다.

8. ③ 바로 정리 : 외거 노비의 생활
제시문에서 '신공, 씨앗, 소 3마리를 줄 터이니' 등을 통해 외거 노비와 관련된 내용임을 알 수 있다. 외거 노비는 주인에게 노동력을 제공하는 대신에 신공을 바쳤다. 한편 노비는 재산으로 취급되었으므로 매매, 상속, 증여의 대상이었다. 아하! ① 양인에 해당하지만 사람들이 꺼려하는 힘든 일에 종사하는 사람들을 일컫는다. ② 상민 중 농민에 해당하는 설명이다. ④ 상민 신분까지 해당하는 설명이다. ⑤ 지방의 양반들에 대한 설명이다.

9. ⑤ 바로 정리 : 《조선왕조실록》의 편찬 목적과 특징
제시된 자료에서 '조선 태조로부터 철종, 정족산본, 오대산본, 태백산본' 등의 내용을 통해 《조선왕조실록》에 대한 것임을 알 수 있다. 《조선왕조실록》은 한 국왕이 죽으면 다음 국왕 때 춘추관을 중심으로 실록청을 설치하고 사관이 국왕 앞에서 기록한 사초, 각 관청의 문서를 모아 만든 시정기 등을 종합, 정리하여 편년체로 편찬한 것이다. 편찬 과정에서 국왕은 사초를 살펴볼 수 없었다.

10. ⑤ 바로 정리 : 성균관의 운영
제시된 자료에서 '조선의 국립 대학 격 유학 교육 기관, 대성전, 명륜당, 양현고' 등을 통해 성균관에 대한 내용임을 알 수 있다.

11. ① 바로 정리 : 서원의 설립과 영향
제시된 자료 '사림이 향촌에 세운 교육 기관, 사당' 등을 통해 서원임을 알 수 있다. 서원은 풍기 군수 주세붕이 세운 백운동 서원이 시초이다. 서원에서는 봄·가을로 향음주례를 지냈고, 인재를 모아 학문도 가르쳤다. 서원은 이름난 선비나 고인을 숭배하고 그 덕행을 추모했으며, 유생이 한자리에 모여 학문을 닦고 연구했다. 아하! ② 고려의 국자감과 조선의 성균관에 대한 설명이다. ③ 향교에 대한 설명이다. ④ 향약에 대한 설명이다. ⑤ 성균관에 대한 설명이다.

12. ④ 바로 정리 : **향교의 설립과 특징**
제시문에서 '부·주·군·현마다 설치, 대성전, 명륜당' 등을 통해 향교와 관련된 내용임을 알 수 있다. 향교는 중등 교육 기관으로, 성현에 대한 제사와 유생의 교육, 지방민의 교화를 위해 부·목·군·현에 각각 하나씩 설립했다. 향교에는 그 규모와 지역에 따라 중앙에서 교관인 교수 또는 훈도를 파견했다. 아하! ① 사학에 대한 설명이다. ② 서원에 대한 설명이다. ③ 서당에 대한 설명이다. ⑤ 성균관에 대한 설명이다.

13. ① 바로 정리 : **율곡 이이의 생애와 학문 경향**
제시문에서 '신사임당, 해주에서 향약, 자운 서원' 등을 통해 율곡 이이와 관련된 내용임을 알 수 있다. 이이는 현실적이며 개혁적인 성격을 가지고 있었다. 이이는 《동호문답》, 《성학집요》 등을 저술하여 16세기 조선 사회의 모순을 극복하는 방안으로 통치 체제의 정비와 수취 제도의 개혁 등 다양한 개혁 방안을 제시했다. 아하! ② 이황에 대한 설명이다. ③ 송시열이 대표적이다. ④ 조광조에 대한 설명이다. ⑤ 안향에 대한 설명이다.

14. ⑤ 바로 정리 : **퇴계 이황의 학문 경향**
제시된 자료에서 '그림, 성학을 밝힌다' 등을 통해 이황의 《성학십도》임을 알 수 있다. 이황은 《주자서절요》, 《성학십도》 등을 저술했다. 이황의 사상은 도덕적 행위의 근거로서 인간의 심성을 중시하고, 근본적이며 이상주의적인 성격이 강하다. 이황의 사상은 임진왜란 이후 일본에 전해져 일본의 성리학 발전에도 영향을 끼쳤다. 아하! ① 주세붕에 대한 설명이다. ② 조광조에 대한 설명이다. ③ 이이에 대한 설명이다. ④ 박지원, 박제가에 대한 설명이다.

15. ④ 바로 정리 : 《**칠정산》의 편찬 시기와 특징**
제시문에서 '정인지, 정초, 역서, 내편' 등을 통해 《칠정산》과 관련된 것임을 알 수 있다. 세종 때 만들어진 《칠정산》은 중국의 수시력과 아라비아의 회회력을 참고하여 만든 역법서로, 우리나라 역사상 최초로 한양을 기준으로 천체 운동을 정확하게 계산한 것이다. 아하! ㄱ. 조선 후기에 김석문과 홍대용 등이 주장했다. ㄷ. 조선 후기에 있었던 일이다.

16. ③ 바로 정리 : **조선 전기의 과학 기술**
제시된 자료는 자격루와 측우기이다. 이 문화유산들은 세종의 재위 기간에 만들어진 것으로, 이 시기에는 천체 관측 기구로 혼의와 간의가 제작되었고, 시간 측정 기구로 앙부일구가 만들어졌다. 또한 《칠정산》과 《향약집성방》 등이 편찬되었다. 아하! ① 고려 문벌 귀족이 지배하던 시기의 일이다. ② 고려 말 원 간섭기의 일이다. ④, ⑤ 조선 후기의 일이다.

17. ③ 바로 정리 : **세종 대의 문화**
제시된 자료에서 '훈민정음, 정인지, 신숙주, 성삼문' 등을 통해 세종 시기의 일임을 알 수 있다. 이 시기의 과학 기술로는 혼천의, 자격루, 앙부일구, 측우기 제작, 《칠정산》 편찬 등이 있다. 아하! ① 성종 시기의 일이다. ② 정조 시기의 일이다. ④ 세조 시기의 일이다. ⑤ 광해군에 대한 설명이다.

18. ④ 바로 정리 : 《**향약집성방》의 편찬과 특징**
제시된 자료는 《향약집성방》에 대한 것이다. 《향약집성방》은 우리 풍토에 알맞은 약재와 치료 방법을 개발, 정리하여 편찬한 것이다. 아하! ① 광해군 시기에 편찬된 것이다. ② 정약용이 마진에 대한 연구 결과로 편찬한 것이

다. ③ 세종 시기에 발행한 의학 백과사전이다. ⑤ 이제마의 사상 의학을 정립한 것이다.

19. ② 바로 정리 : **조선 전기의 회화**
제시된 그림은 15세기 그림이다. 이 시기에는 중국 역대 화풍을 선택적으로 수용하고 소화하여 우리의 독자적인 화풍을 개발했다. 조선의 이런 그림은 일본 무로마치 시대의 미술에 많은 영향을 주었다. 아하! ①, ③, ④, ⑤ 조선 후기의 그림에 대한 설명이다.

20. ⑤ 바로 정리 : 〈**몽유도원도》의 제작 배경과 특징**
제시된 자료에서 '안평대군의 꿈, 안견의 그림' 등을 통해 〈몽유도원도〉와 관련된 내용임을 알 수 있다. 〈몽유도원도〉는 자연스러운 현실 세계와 환상적인 이상 세계를 능숙하게 처리하고 대각선적인 운동감을 활용하여 구현한 걸작이다. 아하! ① 15세기 강희안의 그림이다. ② 조선 후기 김정희의 그림이다. ③, ④ 조선 후기 정선의 그림이다.

21. ④ 바로 정리 : **신사임당의 생애와 문화 활동**
제시된 자료에서 '이이의 어머니' 등을 통해 신사임당에 대한 내용임을 알 수 있다. 신사임당은 〈초충도〉를 그렸다. 아하! ① 어몽룡의 〈월매도〉 ② 신윤복의 〈미인도〉 ③ 정선의 〈금강전도〉 ⑤ 김정희의 〈세한도〉

22. ④ 바로 정리 : **분청사기의 특징**
제시된 자료에서 '거친 질감, 청자에 분을 발라 장식한 자기' 등을 통해 분청사기와 관련된 내용임을 알 수 있다. 분청사기는 청자에 백토의 분을 칠한 것으로, 안정된 그릇 모양과 소박하고 천진스러운 무늬가 어우러져 정형화되지 않으면서 구김살 없는 우리의 멋을 잘 나타내고 있다. 아하! ① 상감 청자 ② 청화 백자 ③ 순청자 ⑤ 순백자

23. ② 바로 정리 : **조선 전기의 도자기 – 분청사기와 백자**
제시된 자료에서 (가)는 분청사기 철화 어문병, (나)는 순백자 병이다. 분청사기는 청자에 백토의 분을 칠한 것으로, 안정된 그릇 모양과 소박하고 천진스러운 무늬가 어우러져 정형화되지 않으면서 구김살 없는 우리의 멋을 나타내고 있다. 그러나 분청사기는 16세기부터 세련된 백자가 본격적으로 생산되면서 점차 그 생산이 줄어들었다. 조선의 백자는 청자보다 깨끗하고 담백하며 순백의 고상함을 풍겨 선비의 취향에 어울렸기 때문에 널리 이용되었다. 아하! ① 백자에 대한 설명이다. ③, ④ 상감 청자에 대한 설명이다. ⑤ 고려 시대에 해당하는 설명이다.

24. ② 바로 정리 : **원각사지 10층 석탑의 특징**
제시된 자료에서 '경천사의 탑 모방, 탑의 재질은 대리석' 등을 통해 원각사지 10층 석탑임을 알 수 있다. 아하! ① 백제 시기에 만들어졌다. ③, ④ 통일 신라 시기에 만들어졌다. ⑤ 고려 시대에 만들어졌다.

기억하라! **사료**

> 붕당은 싸움에서 생기고, 싸움은 이해관계에서 생긴다. 이해관계가 절실하면 붕당이 깊어지고, 이해관계가 오래될수록 붕당이 견고해진다. 이렇게 되는 이유는 무엇인가? 지금 열 사람이 함께 굶주리고 있는데, 한 그릇 밥을 같이 먹게 되면 그 밥을 다 먹기도 전에 싸움이 일어날 것이다. …… 조정의 붕당도 이와 다르지 않다. …… 과거를 자주 보아 인재를 너무 많이 뽑았고, …… 이것이 이른바 관직은 적은데 써야 할 사람은 많아서 모두 조처할 수 없다는 것이다.
> — 이익, 《성호집》

01 통치 체제의 변화

(1) 정치 구조의 변화

① 비변사의 기능 강화
- 성립 : 16세기 여진족, 왜구의 침입에 대비하여 설치된 임시 회의 기구(을묘왜변 이후 상설화)
- 과정 : 임진왜란을 계기로 구성원과 기능 확대, 군사 및 모든 정무를 총괄하는 최고 회의 기구로 발전
- 결과 : 의정부와 6조 중심의 행정 체계 유명무실

(2) 군사 제도의 변화

① 중앙군 : 5군영

훈련도감	임진왜란 중에 설치, 삼수병(직업 군인)으로 구성
어영청, 총융청, 수어청	인조, 후금과의 항쟁 중에 설치
금위영	숙종, 왕실과 수도 방위 목적

② 지방군 : 속오군
- 방어 체제의 변화 : 15세기 진관 체제 → 16세기 제승방략 체제 → 임진왜란 이후에 진관 복구, 속오군 체제로 정비
- 속오군 : 양반에서부터 노비까지 편제, 평상시에는 생업에 종사하고 전시에만 동원
  나중에는 양반들이 속오군에 나오지 않았어.

02 붕당 정치의 전개와 탕평책

(1) 붕당 정치의 전개

동인의 분열	정여립 모반 _{서인이었던 정여립이 전북 진안의 죽도에서 신분 질서를 부정하며 대동계를 조직하여 활동한 일을 역모로 몰아붙인 사건이야.} 사건을 계기로 남인(이황, 온건파)과 북인(조식, 급진파)으로 분열
광해군	• 북인 정국 주도 : 전후 복구 사업, 중립 외교 정책 추진 • 인조반정 : 서인이 주도하여 광해군을 몰아내고 정권 차지
인조	서인이 주도하고 남인이 참여하는 형태로 국정 주도, 상호 공존
현종	두 차례에 걸친 예송 논쟁으로 서인과 남인의 대립 격화

인조의 계비인 자의 대비의 상복 입는 문제를 둘러싸고 서인과 남인 사이에 크게 논란이 된 두 차례의 예법에 관한 논쟁이지.

(2) 붕당 정치의 변질과 탕평론의 대두

① 붕당 정치의 변질 ─ 급격한 정치 변동을 뜻하는 말로 조선 후기에는 여러 차례 환국이 발행했어.
- 숙종 때 환국, 특정 붕당이 정권을 독점하는 일당 전제화 대두
- 처음에는 서인과 남인이 격렬하게 대립 → 서인 독점 → 서인의 분화(노론과 소론 치열하게 경쟁)
- 왕이 직접 환국 주도, 언론 기관이나 재야 사족의 정치 참여가 어려워짐에 따라 붕당 정치의 기반 붕괴

② 탕평론의 대두

배경	붕당 정치가 변질되면서 정치 집단 간의 세력 균형이 무너지고 왕권도 불안정
탕평론 대두	강력한 왕권으로 국왕이 정치의 중심에 서서 세력의 균형을 유지하려는 탕평론 제기

(3) 영조와 정조의 탕평책

왕 공통점	영조	정조
왕권 강화	**국왕의 의견에 동조하는 세력** • 노론 강경파 제거(소론 · 남인 온건파 등용) → 탕평파 육성, 강력한 왕권으로 붕당 정치 일시 억제 • 탕평비 건립 • 이조 전랑의 특권 약화(삼사 관리 선발권 폐지) • 서원 600여 개로 정리	• 적극적인 탕평책. 영조 때 척신 등 제거. 소론 · 남인 온건파 등용 • 장용영(친위 부대) 설치 • 규장각 설치 • 초계문신제 실시 • 서얼, 규장각 검서관으로 등용(박제가, 이덕무, 유득공) • 수원 화성 건설 • 서얼 · 노비에 대한 차별 감소
개혁 내용 (민생 안정, 산업 진흥)	• 균역법 시행(백성들의 군역 부담 완화) • 형벌 제도 완화 · 엄격한 삼심제 • 신문고 제도 부활	**신해통공** : 육의전을 제외한 시전 상인의 금난전권 폐지 → 상공업 발달
편찬 사업	《속대전》, 《속오례의》, 《동국문헌비고》	《대전통편》, 《동문휘고》, 《탁지지》, 《무예도보통지》

(4) 정치 질서의 변화 : 세도 정치(3대 60여 년)

배경	정조 사후 정치적 균형 붕괴 → 소수 유력 가문에 권력 집중
전개	• **순조** : 노론 벽파 주도(신유박해를 이용해 남인과 소론 축출, 장용영 혁파, 훈련도감 장악) → 정순 왕후 실각 이후 김조순을 중심으로 안동 김씨 일파의 세도 정치 전개 • **헌종** : 헌종의 외척인 풍양 조씨 가문의 세도 정치 • **철종** : 안동 김씨 세력의 세도 정치
권력 구조	• **정치 기반의 축소** : 소수의 유력한 가문이 권력과 이권 독점 • **권력 구조의 왜곡** : 의정부와 6조의 유명무실화 → 비변사로 권력 집중
폐단	• **개혁 의지 상실** : 사회 통합 실패 • **정치 기강 문란** : 수령직 매관매직, 수령이 지방에서 절대권 행사 → 수령의 부정과 수탈, 조세 부담 증가 → 농촌의 불만 극도로 고조 • **삼정의 문란** : 전정(각종 부가세), 군정(인징, 족징, 백골징포, 황구첨정), 환곡(고리대화)

핵심주제 03 사회 변혁 움직임

(1) 사회 구조의 변동

① 신분제의 동요

양반층의 분화	• 붕당 정치의 변질로 권력을 장악한 일부 양반을 제외한 다수 몰락 • 정권에서 밀려난 양반은 향촌 사회에서 겨우 위세를 유지하는 향반이 되거나 완전히 몰락하여 잔반이 되기도 함
농민층의 분화	• 일부 부농은 양반으로 신분 상승(납속, 공명첩 이용), 대다수의 농민들은 임노동자화 나라에 곡물을 바치고 그 대가로 벼슬을 주거나 부역을 면하게 해 주거나 신분을 올려 주던 일 나라의 재정을 보충하려고 부유층으로부터 돈이나 곡식을 받고 팔았던 허직(명예직) 임명장 • **부농의 신분 상승** : 지위 상승과 군역 기피를 목적으로 양반 신분을 매입하거나 족보를 위조하여 양반 행세

기억하라! **사료**

> 신축 · 임인년(1721, 1722) 이래로 조정에서 노론, 소론, 남인의 삼색(三色)이 날이 갈수록 더욱 사이가 나빠져 서로 역적이라는 이름으로 모함하니, 이 영향이 시골에까지 미치게 되어 하나의 싸움터를 만들었다. 그리하여 서로 혼인을 하지 않을 뿐만 아니라, 다른 당색끼리는 서로 용납하지 않는 지경에까지 이르렀다. …… 대체로 당색이 처음 일어날 때는 미미하였으나, 자손들이 그 조상의 당론을 지켜 200년을 내려오면서 마침내 굳어져 깨뜨릴 수 없는 당이 되고 말았다. …… 근래에 와서는 사색(四色)이 모두 진출하여 오직 벼슬만 할 뿐, 예로부터 저마다 지켜 온 의리는 쓸모없는 물건처럼 되었고, 사문(斯文 : 유학)을 위한 시비와 국가에 대한 충역은 모두 과거의 일로 돌려 버리니……
> ―붕당 정치의 폐해, 이중환, 《택리지》

> 시아비 상복 막 벗고, 아기는 탯물도 마르지 않았는데 삼대가 다 군보에 실리다니 가서 아무리 호소해도 문지기는 호랑이요, 이정은 으르렁대며 마구간 소 몰아가고……
> ―군정의 문란, 정약용, 〈애절양〉

기억하라! **자료**

공명첩

기억하라! 사진

선운사 도솔암 마애불

19세기에는 마애불 명치 부위에 있는 감실에 비결이 들어 있는데 그것이 나오는 날 한양이 망한다는 이야기가 퍼졌다.

기억하라! 사료

평서대원수는 급히 격문을 띄우노니 관서의 부로(父老)와 자제와 공·사천민들은 모두 이 격문을 들으라. 무릇 관서는 성인 기자의 옛 터요 단군 시조의 옛 근거지로서 의관(유교 문화를 생활화하는 사람)이 뚜렷하고 문물이 아울러 발달한 곳이다. …… 그러나 조정에서는 관서를 버림이 분토(지역 차별)와 다름없다. 심지어 권세 있는 집의 노비들도 서토(관서 지방)의 사람을 보면 반드시 '평안도 놈'이라고 말한다.
– 홍경래의 격문, 《패림》

기억하라! 지도

19세기 농민 봉기

② 중간 계층의 신분 상승 운동

서얼	•상소 운동 전개 : 관직 진출의 제한을 없애 줄 것 요구 → 정조 때 박제가, 유득공, 이덕무 등이 규장각 검서관으로 등용
중인	•기술직에 종사하며 축적된 경제력과 실무 능력을 바탕으로 신분 상승 추구 •역관 : 청과의 외교 업무에 종사하며 외래문화 수용에 선구적 역할 → 성리학적 질서에 도전하는 새로운 사회 수립 추구

③ 관권의 강화
•관권의 강화 : 수령을 중심으로 관권 강화, 향리의 역할 증대
•향회의 기능 변화 : 수령이 세금을 부과할 때 의견을 물어보는 자문 기구로 전락

④ 노비의 해방

노비의 신분 상승	•군공과 납속으로 신분 상승 •노비종모법의 시행으로 노비의 신분 상승 촉진 아버지가 노비라고 하더라도 어머니가 양인이면 그 자식은 양인이 되었어.
공노비 해방	순조 때(1801) 중앙 관서의 노비 6만 6천여 명 해방
사노비 해방	갑오개혁 때(1894) 신분제가 폐지되면서 법적으로 소멸

⑤ 가족 제도의 변화

구분	조선 초기~중기	조선 후기
가족 제도	부계, 모계의 영향을 모두 받음	부계 위주의 가족 제도 확립(부계 위주의 족보 편찬), 동성 마을 형성, 효와 정절 강조
혼인 풍습	혼인 후 남자가 여자 집에서 거주	혼인 후 여자가 남자 집에서 생활(친영 제도)
상속	아들, 딸 균분 상속	장자 우대
제사	자녀 공동 책임	장자가 제사 책임, 양자 입양 보편화

(2) 사회 불안 고조(19세기)
① 배경 : 세도 정치기, 역병 발생, 도적 출몰, 이양선 출몰
② 예언 사상 유행 : 비기, 도참(《정감록》), 무격 신앙(구복적), 미륵 신앙(변혁 사상으로 이용)
조선 후기 민간에 성행한 예언서. 이씨의 한양 다음에는 정씨의 계룡산, 그다음에는 조씨의 가야산이 흥할 것 등을 예언했어.

(3) 동학(1860)과 서학(천주교)

동학	•창시 : 최제우(성리학·불교·서학 배척) •사상 : 인내천(인간의 존엄성, 누구나 평등), 후천개벽(조선 왕조 부정), 보국안민(서양·일본의 침투 경계) 사람이 곧 하늘이다 •확산 : 삼남 지방에 널리 보급, 확산 / 정부의 탄압(1864) 충청도·경상도·전라도를 이르는 말
서학 (천주교)	•전래 : 17세기 소개, 서양 문물의 하나로 이해 → 18세기 후반, 신앙으로 수용, 경기 지역(남인 중심), 이승훈(최초의 영세 신자) •교리 : 평등사상, 내세사상 •탄압 : 성리학적 질서와 충돌, 제사 거부 → 신유박해, 기해박해, 병인박해 •교세 확장 : 평등사상, 내세사상이 피지배층에게 공감, 서민과 여성들 사이에 널리 전파

(4) 농민의 동태
① 삼정의 문란과 탐관오리의 착취, 자연재해, 흉년, 전염병 유행
② 농민의 저항 : 소극적 저항(소청·벽서·괘서) → 적극적 저항(납세 거부·수령 모욕·관아 습격)

	홍경래의 난(1811, 순조)	임술 농민 봉기(1862, 철종)
원인	탐관오리 착취, 평안도 지역에 대한 차별	경상 우병사 백낙신의 농민 수탈
중심 세력	몰락 양반 홍경래 + 상인 + 농민 + 광부 + 품팔이꾼	몰락 양반 유계춘 + 농민
전개 과정	청천강 이북 점령 → 정주성 싸움 패배	진주성 점령 → 전국적으로 민란 확대
의의 및 한계	•농민 각성 계기 → 이후 농민 봉기에 영향 •평안도 지역 한정, 개혁안 부재	삼정의 문란과 탐관오리의 횡포에 항거한 농민 운동

③ **정부 대책** : 암행어사 파견, 삼정 이정청 설치 → 효과 없음

> 1862년 5월에 삼정의 문란을 바로잡기 위하여 임시로 설치한 관아를 말해.

핵심주제 04
대외 관계의 변화

> 청을 무조건 배척하지만 말고 이로운 것은 배우자는 주장이야.

청	•17세기 : 북벌 정책 – 효종 대에 군대 양성, 성곽 수리(송시열, 이완 등) •18세기 : 청의 국력 신장과 문물 발달 → 사신들이 청의 사정과 신문물 소개 → 북학론 대두 •국경 분쟁 – 청이 본거지였던 만주 지역을 성역화, 우리나라 사람들 일부가 두만강을 건너 인삼을 캐거나 사냥 → 청과 국경 분쟁 발생 – 백두산정계비(1712) : 간도 귀속 문제 발생(토문강 해석 문제) – 간도 협약(1909) : 불법적으로 외교권을 강탈한 일본이 만주 안봉선 철도 부설권을 대가로 청에게 간도 지방을 넘김
일본	•국교 재개 – 기유 약조(1609, 부산포 개항) : 임진왜란 후 일본의 요청으로 왜관 설치, 제한된 범위에서 무역 허용 •통신사 파견(1607~1811) : 조선의 선진 문화를 일본에 전파, 에도 막부의 쇼군이 바뀔 때 사절로 12차례 파견 •울릉도·독도 – 삼국 시대 이래 우리의 영토 : 일본 어민들의 침범으로 잦은 충돌 – 숙종 때 안용복이 일본에 직접 가서 영토 확약 받음 → 대한 제국 때 울릉군으로 승격, 울릉군에서 독도 관할

> 토문강을 송화강의 지류로 해석하면 조선의 영토가 만주 일부 지역을 포함하고, 토문강을 두만강의 발음을 한자로 적은 것이라고 해석하면 조선의 영토는 한반도 내로 국한되지.

◆ **조선 시대 정국의 변화**

연산군 ~ 명종	선조	광해군	인조	효종	현종	숙종	영조	정조	순조 ~ 철종
사화	•붕당 형성 •동·서인의 대립	북인 집권	서·남인의 공존과 대립			서인의 일당 전제화	탕평 정치		세도 정치
•무오사화 (연산군) •갑자사화 (연산군) •기묘사화 (중종) •을사사화 (명종)	동인 (정여립 모반 사건) ↓ 남인, 북인으로 분열	중립 외교	•친명배금 정책 •호란 발발	북벌 운동 전개	예송 논쟁 전개 – 1차 예송, 서인 승리 – 2차 예송, 남인 승리	•경신환국(1680), 서인 집권 •기사환국(1689), 남인 집권 •갑술환국(1694), 서인 집권	•탕평파 육성 •집권 말기 노론의 정국 주도	•시파와 벽파 갈등 → 더욱 강력한 탕평책 추진 •붕당에 관계없이 능력 있는 인재 등용	•특정 가문 권력 독점 •정치 기강 해이 •매관매직 •탐관오리 •민란 발생
	서인	인조반정으로 서인 집권				•노론, 송시열 계열 •소론, 윤증 계열	임오화변 (사도 세자 사건)	•시파, 사도 세자 옹호 •벽파, 사도 세자 비판	

막강기출유형

상 중 하 21회

01 밑줄 친 '왕'의 재위 시기에 나타난 사실로 옳은 것은?

이 책은 인현 왕후를 폐출하고, 장 희빈을 왕비로 책봉한 왕을 깨우치기 위해 김만중이 쓴 소설입니다.

사씨남정기

① 규장각 설치
② 대전회통 편찬
③ 세도 정치 시작
④ 일당 전제화 대두
⑤ 정여립 모반 사건 발생

상 중 하 21회

02 다음 자료와 관련된 전쟁에 대한 설명으로 옳은 것은?

> 지금 신(臣)에게는 아직 열두 척의 전선이 있습니다. …… 전선의 수가 비록 적으나 신이 죽지 않는 한 왜적은 감히 우리를 업신여기지 못할 것입니다
>
> ─〈이충무공 전서〉

① 최영이 홍산에서 왜구를 물리쳤다.
② 이종무가 쓰시마 섬을 정벌하였다.
③ 삼전도에서 굴욕적인 항복을 하였다.
④ 홍의 장군 곽재우 등의 활약이 있었다.
⑤ 4군 6진을 개척하여 지금의 국경선을 확보하였다.

상 중 하 20회

03 다음 자료와 관련 있는 왕의 업적을 〈보기〉에서 고른 것은?

탕평비 탁본   탕평채

〈보기〉
ㄱ. 수원 화성 건립   ㄴ. 속대전 편찬
ㄷ. 균역법 시행   ㄹ. 사창제 실시

① ㄱ, ㄴ   ② ㄱ, ㄷ   ③ ㄴ, ㄷ
④ ㄴ, ㄹ   ⑤ ㄷ, ㄹ

상 중 하 19회

04 다음과 같은 상황이 심화된 시기를 연표에서 옳게 고른 것은?

뇌물 주고 산 관직이니 본전을 뽑아야지!

	1519	1575	1623	1742	1796	1862
		(가)	(나)	(다)	(라)	(마)
	기묘사화	동서 분당	인조 반정	탕평비 건립	수원 화성 축조	임술 농민 봉기

① (가)   ② (나)   ③ (다)
④ (라)   ⑤ (마)

05 다음 자료의 내용이 수록된 책으로 옳은 것은?

- 가혹한 형벌 폐지
- 균역법 실시에 따른 변화된 조세 제도
- 형벌 남용 금지
- 초계문신제도 등의 법령
- 서얼 허통 관계 법규

①
화성성역의궤

②
경국대전

③
속대전

④
대전통편

⑤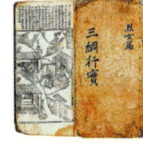
삼강행실도

06 (가) 전쟁의 결과로 옳은 것은?

굴욕의 현장을 가다

___(가)___ 때 인조는 결국 더 이상 버티지 못하고 이곳에서 굴욕적인 항복을 하였다. 청나라 군대의 퇴로 차단으로 미처 식량을 충분히 비축하지 못한 남한산성에서 한 달 남짓 버티다 결국 청 태종에게 항복한 것이다.

① 5군영이 완성되었다.
② 강화도로 천도하였다.
③ 청과 군신 관계를 맺었다.
④ 대동법이 최초로 실시되었다.
⑤ 공명첩이 발급되기 시작하였다.

07 다음 자료에 대한 탐구 활동으로 적절한 것은?

백두산정계비

오라 총관 목극등이 천자의 명을 받들어 변방의 경계를 직접 조사하고자 …… 서쪽은 압록이고 동쪽은 토문이다. 그러므로 물이 나뉘는 고개 위에 돌을 새겨 기록하노라.

① 청일 전쟁의 원인을 조사한다.
② 효종의 영토 인식을 파악한다.
③ 4군 6진 개척의 영향을 이해한다.
④ 거문도 사건이 일어난 지역을 조사한다.
⑤ 조선과 청 사이의 간도 귀속 문제를 조사한다.

08 (가)에 들어갈 인물로 옳은 것은?

(가)
- 일시 : ○○○○년 ○○월~○○월 ○○일
- 장소 : ○○ 미술관 특별 전시관
- 관람 시간 : 09시~17시

영조, 사도 세자, 정조 3대에 걸쳐 높은 경륜으로 충성을 다했으며 정조의 문예 부흥기를 이끌고 화성의 건립을 총지휘했던 ○○○ 선생의 특별전을 개최합니다. 정조가 친히 평을 겸한 서문을 지어 주신 시문집도 공개됩니다.

번암집

①
채제공

②
김정희

③
송시열

④
박지원

⑤
신숙주

상 중 하 17회

09 (가)에 들어갈 내용으로 적절하지 <u>않은</u> 것은?

> **역사 다큐멘터리 제작 기획안**
> 제목 : 정조 시대
> 1. **시대 배경** : 정조의 재위 기간(1777~1800)
> 2. **기획 의도** : 정조 대의 역사적 사건을 소재로 하여 당시의 정치적 상황과 주요 인물들을 입체적으로 조명한다.
> 3. **주요 내용** : (가)

① 경국대전 편찬
② 수원 화성 건립
③ 통공 정책 실시
④ 초계문신제 실시
⑤ 규장각과 장용영 설치

상 중 하 17회

10 다음의 사건이 일어나게 된 원인으로 가장 적절한 것은?

> 평서 대원수가 급히 격문을 띄우노라. 무릇 관서 지방은 단군 조선의 터전으로 예로부터 문물이 빛났고 임진, 병자의 두 병란을 극복하는 데 큰 공을 세운 인물이 난 자랑스러운 곳이다. 그런데도 조정에서는 이 땅을 천시하니 어찌 억울하고 원통하지 않겠는가? 현재 국왕이 나이가 어려 김조순, 박종경 등 권신의 무리가 국권을 농단하여 정치는 어지럽고 인민은 도탄에 빠져서 헤어날 길을 모르고 있다.
> ─ 평서 대원수 홍경래

① 삼정의 문란
② 서원의 철폐
③ 경복궁 중건
④ 노론과 소론의 대립
⑤ 권문세족의 대토지 소유

상 중 하 17회

11 (가)에 들어갈 인물에 대한 설명으로 옳지 <u>않은</u> 것은?

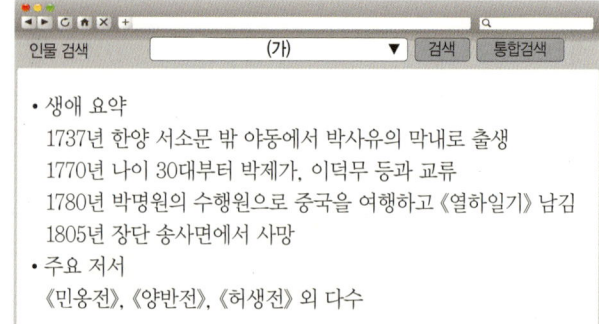

> • 생애 요약
> 1737년 한양 서소문 밖 야동에서 박사유의 막내로 출생
> 1770년 나이 30대부터 박제가, 이덕무 등과 교류
> 1780년 박명원의 수행원으로 중국을 여행하고 《열하일기》 남김
> 1805년 장단 송사면에서 사망
> • 주요 저서
> 《민옹전》, 《양반전》, 《허생전》 외 다수

① 균전제를 주장하였다.
② 이용후생 학파에 속한다.
③ 청의 문물 수용을 주장하였다.
④ 양반 사회의 모순을 비판하였다.
⑤ 수레와 선박의 이용을 주장하였다.

상 중 하 18회

12 다음 그림이 그려질 무렵의 사회 모습으로 옳은 것은?

① 과부의 재가가 허용되었다.
② 방납의 폐단이 심화되었다.
③ 중인들의 시사(詩社) 활동이 활발하였다.
④ 자녀에 대해 균분 상속이 일반화되어 갔다.
⑤ 사림 세력이 중앙 정계에 처음으로 진출하였다.

상 **중** 하 16회

13 (가)와 (나)가 언급하는 사상에 대한 설명으로 옳은 것은?

(가) 이보게, 서학이라고 들어 보았는가? 남녀평등과 천국을 이야기하여 믿는 자들이 늘고 있다던데.

(나) 인간은 모두 하늘이라며 양반 제도를 부정하는 종교도 점차 확산되고 있다 하네.

① (가) – 교조 신원 운동을 전개하였다.
② (가) – 몰락 양반인 최제우가 창시하였다.
③ (나) – 정조 재위 시기에 큰 탄압을 받았다.
④ (나) – 처음에 서양 학문의 하나로 인식되었다.
⑤ (가), (나) – 정부로부터 탄압을 받았다.

상 중 **하** 15회

14 다음 책을 저술한 사람들의 공통된 주장으로 옳은 것은?

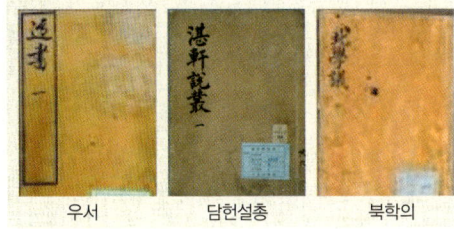

우서   담헌설총   북학의

① 상공업 진흥
② 토지의 국유화
③ 신분에 따른 토지 지급
④ 중국 중심의 사관 비판
⑤ 천주교와 동학의 포교 허용

상 **중** 하 16회

15 그림을 통해 알 수 있는 시기를 연표에서 옳게 고른 것은?

청에 당한 수치를 씻기 위해 청을 공격할 준비를 하시오.

예, 전하. 분부를 받들겠나이다.

1392	1510	1592	1623	1636	1654
(가)	(나)	(다)	(라)	(마)	
조선 건국	삼포왜란	임진왜란	인조반정	병자호란	나선 정벌

① (가) ② (나) ③ (다) ④ (라) ⑤ (마)

상 중 **하** 14회

16 다음은 조선 시대의 정치 변천 과정이다. (가)~(라)를 시대순으로 바르게 나열한 것은?

(가) 장 희빈과 남인이 쫓겨나고, 서인이 정권을 재탈환하였다.
(나) 자의 대비의 상복 문제를 놓고 서인과 남인 간의 논쟁이 발생하였다.
(다) 정여립 모반 사건 처리 문제로 동인이 남인과 북인으로 나뉘었다.
(라) 척신 정치의 잔재 청산 문제로 기성 사림과 신진 사림이 대립하였다.

① (가) – (나) – (다) – (라)
② (가) – (다) – (나) – (라)
③ (나) – (다) – (라) – (마)
④ (다) – (라) – (가) – (나)
⑤ (라) – (다) – (나) – (가)

상 중 하 14회

17 다음 대화가 이루어지던 시기의 상황으로 가장 적절한 것은?

① 사림의 권력 다툼으로 붕당의 발생
② 세도 정치 시기의 정치와 삼정의 문란
③ 권문세족의 횡포로 농민들의 불만 심화
④ 호포제의 실시로 양반 계층의 불만 심화
⑤ 신라 말 왕권 약화로 관리들의 수탈 심화

상 중 하 14회

18 다음은 어느 왕의 연보이다. 이 왕의 재위 기간에 있었던 일로 가장 적절한 것은?

> 1661년 조선 19대 왕으로 즉위
> 1680년 경신환국으로 남인 축출, 서인 등용
> 1694년 갑술환국으로 서인 재발탁
> 1720년 6월 8일 경덕궁(경희궁)에서 승하

① 비변사 설치
② 대동법 시행
③ 훈련도감 신설
④ 호포제와 사창제 실시
⑤ 붕당 정치의 변질로 일당 전제화 현상 대두

상 중 하 14회

19 다음 그림과 관련이 깊은 왕의 업적으로 옳지 않은 것은?

시흥 환어 행렬도

① 속대전 편찬
② 수원 화성 건립
③ 통공 정책 실시
④ 초계문신제 시행
⑤ 규장각과 장용영 설치

상 중 하 12회

20 (가)에 들어갈 내용으로 적절한 것은?

> **국왕 OO의 정책**
> • (가)
> • 서원을 정리하고 산림의 존재를 부정하며 탕평책을 실시하였다.
> • 노비종모법을 시행하였다.
> • 《속대전》을 편찬하였다.

① 영정법 마련
② 금위영 설치
③ 균역법 실시
④ 척화비 건립
⑤ 신문고 처음 설치

상 **중** 하 12회

21 다음을 주장한 실학자에 대한 설명으로 옳지 <u>않은</u> 것은?

> 비유하건대, 재물은 대체로 샘과 같다. 퍼내면 차고, 버려두면 말라 버린다. 그러므로 비단옷을 입지 않아서 나라에 비단 짜는 사람이 없게 되면 여공이 쇠퇴하고, 쭈그러진 그릇을 싫어하지 않고 기교를 숭상하지 않아서 공장하는 일이 없게 되면 기예가 망하게 된다.
> – 《북학의》

① 이용후생 학파에 속한다.
② 최소한의 농민 생활을 보장하려 하였다.
③ 서얼 출신으로 규장각 검서관에 등용되었다.
④ 소비 촉진을 통한 생산력의 증대를 주장하였다.
⑤ 청의 문물을 적극적으로 수용하자고 주장하였다.

상 중 **하** 21회

22 지도의 전쟁에 대한 탐구 활동으로 가장 적절한 것은?

① 서학의 전래 과정을 알아본다.
② 세도 정권의 폐단을 토론한다.
③ 북벌 운동의 배경을 조사한다.
④ 노비종모법을 시행한 왕을 파악한다.
⑤ 공명첩이 최초로 발급된 시기를 조사한다.

상 **중** 하 21회

23 다음 자료에서 알 수 있는 시기의 사회 상황으로 옳은 것은?

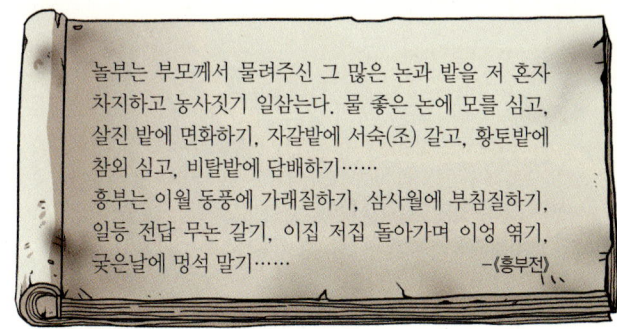

> 놀부는 부모께서 물려주신 그 많은 논과 밭을 저 혼자 차지하고 농사짓기 일삼는다. 물 좋은 논에 모를 심고, 살진 밭에 면화하기, 자갈밭에 서숙(조) 갈고, 황토밭에 참외 심고, 비탈밭에 담배하기……
> 흥부는 이월 동풍에 가래질하기, 삼사월에 부침질하기, 일등 전답 무논 갈기, 이집 저집 돌아가며 이엉 엮기, 궂은날에 멍석 말기……
> – 《흥부전》

① 여성이 호주가 되기도 하였다.
② 여성의 지위가 상대적으로 높았다.
③ 형제들이 돌아가며 제사를 지냈다.
④ 부모의 재산이 자녀에게 균등하게 분배되었다.
⑤ 대를 잇기 위해 양자를 들이는 일이 일반화되었다.

상 중 **하** 20회

24 (가)에 들어갈 군사 기구에 대한 설명으로 옳은 것은?

> ____(가)____ 기관은 훈국(訓局)이라고 부르기도 하며 임진왜란 중인 1593년 8월에 임시 기구로 설치되었다. 이후 상설 기구화되어 영조 22년인 1746년에 《속대전》에 올라 법전에 규정되었다. …… 이 기관은 삼수병으로 조직되어 운영되었다.

① 고종 즉위 후 축소, 폐지되었다.
② 일종의 예비군으로 노비가 포함되어 있다.
③ 조선 후기 변방 지역을 방어하는 기구이다.
④ 급료를 받는 직업 군인으로 구성되어 있었다.
⑤ 양계 지역에 파견되어 국경을 수비하는 기구이다.

1. ④ 2. ④ 3. ③ 4. ⑤ 5. ④ 6. ③ 7. ⑤ 8. ① 9. ① 10. ①
11. ① 12. ③ 13. ⑤ 14. ① 15. ⑤ 16. ⑤ 17. ② 18. ⑤ 19. ①
20. ③ 21. ② 22. ③ 23. ⑤ 24. ④

1. ④ 바로 정리 : 숙종 때의 환국

제시된 자료에 있는 '인현 왕후, 장 희빈'을 통해 숙종에 대한 설명임을 알 수 있다. 숙종 때 경신환국을 비롯해 환국이 자주 일어나면서 하나의 붕당이 권력을 독점하는 일당 전제화가 나타났다. 아하! ① 정조 ② 고종 ③ 순조 ⑤ 선조 때의 일로 동인이 남인과 북인으로 분당되는 계기가 되었다.

2. ④ 바로 정리 : 임진왜란

제시된 자료는 명량 대첩을 앞두고 이순신이 선조에게 올린 상소문이다. 이를 통해 이 자료와 연관 있는 전쟁은 임진왜란임을 알 수 있다. 임진왜란 당시 의령에서 의병을 일으킨 곽재우 장군, 행주 대첩을 승리로 이끈 권율 장군 등이 활약했다. 아하! ① 고려 말의 상황이다. ②, ⑤ 세종 때의 일이다. ③ 병자호란과 관련이 있다.

3. ③ 바로 정리 : 영조의 탕평책

탕평비를 세우고 탕평채라는 음식을 만들었던 왕은 영조이다. 영조의 정책으로는 양반들이 백성에게 했던 가혹한 형벌 폐지, 사형수에 대한 3심제 실시, 균역법 실시, 이조 전랑의 통청권 혁파, 《속대전》·《속오례의》·《동국문헌비고》 등의 편찬을 들 수 있다. 아하! ㄱ. 수원 화성 건립은 정조 때의 일이다. ㄹ. 사창제는 고종 때 흥선 대원군이 한 일이다.

4. ⑤ 바로 정리 : 삼정의 문란

제시된 그림은 삼정의 문란에 관한 그림이다. 삼정의 문란은 전정, 군정, 환곡 등 세 제도의 폐단으로, 전정에서는 각종 부과세 증가의 폐단, 군정에서는 인징(이웃에게 대신 부과), 족징(친족에게 대신 부과), 백골징포(죽은 자도 장부에 올려서 부과), 황구첨정(세 살 미만의 어린 아기도 장부에 올려서 부과), 강년채(60세 넘은 노인의 이름을 장부에 올려서 부과) 등의 폐단, 환곡에서는 고리대의 폐단 등을 들 수 있다. 삼정의 문란을 배경으로 임술 농민 봉기가 일어났다.

5. ④ 바로 정리 : 조선 후기의 법전

제시된 자료에서 '초계문신제 등의 법령, 서얼 허통 관계 법규' 등을 볼 때 정조 때 편찬된 《대전통편》임을 파악할 수 있다. 아하! ① 수원 화성을 건설하면서 건축 과정을 기록한 책이다. ② 성종 때 편찬된 법전이다 ③ 영조 때 편찬된 법전이다. ⑤ 세종 때 삼강의 모범이 될 만한 충신, 효자, 열녀를 뽑아 행실을 모아 놓은 책이다.

6. ③ 바로 정리 : 병자호란의 영향

제시된 자료 '인조, 굴욕적인 항복, 남한산성, 청 태종' 등을 통해 (가)는 '병자호란'임을 알 수 있다. 병자호란 때 인조는 남한산성에서 나와 삼전도에서 굴욕적으로 항복했다. 그 결과 조선은 청과 군신 관계를 맺었고, 소현 세자를 비롯한 왕자와 신하들이 청나라에 끌려가게 되었다. 아하! ① 5군영이 완성된 것은 숙종 때이다. ② 고려 시대 몽골 침입 당시의 상황이다. ④ 대동법

이 최초로 실시된 것은 광해군 때이다. ⑤ 공명첩은 임진왜란 중에 처음 발급되었다.

7. ⑤ 바로 정리 : 백두산정계비

제시된 자료는 숙종 때 세워진 백두산정계비이다. 이후 조선과 청은 비문의 토문강 위치를 놓고 분쟁이 일어나 간도 귀속 문제가 발생했다. 일본은 청과 간도 협약을 맺어 간도를 청의 영토로 인정하고 남만주 철도 부설권을 얻었다. 아하! ① 청일 전쟁은 백두산정계비와 관련이 없다. ② 백두산정계비는 숙종 때 세워진 것이다. ③ 4군 6진은 세종 때 개척한 것이다. ④ 거문도 사건은 1885년 거문도를 영국이 점령한 사건이다.

8. ① 바로 정리 : 조선 후기의 정치가 채제공

제시된 자료 '영조부터 정조 3대에 걸쳐 높은 경륜으로 충성, 화성의 건립을 총지휘'라는 내용에서 남인의 영수 '채제공'임을 알 수 있다. 채제공은 정조 시기 이조 전랑의 권한 약화, 신해통공, 수원 화성 건설 등에서 큰 역할을 했다. 아하! ② 추사 김정희는 정조 세도 정치 시기의 인물이다. ③ 송시열은 북벌론을 주장한 서인의 영수로, 숙종 때 사망했다. ④ 박지원은 관직에 나가지 않은 실학자이다. ⑤ 신숙주는 조선 초기의 인물이다.

9. ① 바로 정리 : 정조의 정책

정조의 정책은 규장각, 장용영 설치와 수원 화성의 건립, 《대전통편》, 《동문휘고》, 《탁지지》 편찬 등이 있다. 통공 정책(신해통공)을 실시하여 금난전권을 폐지하고, 서얼의 관직 진출을 자유롭게 했다. 붕당의 폐해를 막기 위해 이조 전랑의 특권을 완전히 폐지했다. 아하! ①《경국대전》은 세조 때 편찬하기 시작하여 성종 때 완성된 법전이다.

10. ① 바로 정리 : 홍경래의 난

제시된 자료는 홍경래의 난에 대한 설명이다. 이러한 농민 항거는 세도 정치 시기에 국가의 기강이 해이해진 틈을 타서 확산된 탐관오리의 부정부패, 삼정의 문란 때문에 일어났다. 아하! ②, ③ 서원의 철폐와 경복궁 중건은 고종 때 흥선 대원군이 한 일이다. ④ 노론과 소론이 대립한 것은 18세기의 일이다. ⑤ 권문세족은 고려 후기에 등장한다.

11. ① 바로 정리 : 중상학파 실학자 박지원

제시된 자료 《열하일기》, 《양반전》 등을 통해 박지원에 대한 설명임을 알 수 있다. 박지원은 청에 다녀온 후 기행문인 《열하일기》를 남겼으며, 《양반전》 등을 통하여 양반 제도의 비생산성을 지적하기도 했다. 청나라에 건너가서 생산과 유통의 중요성을 느낀 이후 상공업 진흥에 보다 많은 관심을 기울였다. 수레와 선박의 이용, 화폐 유통의 필요성을 강조했다. 아하! ① 균전제를 주장한 것은 경세치용 학파 실학자인 반계(磻溪) 유형원이다.

12. ③ 바로 정리 : 조선 후기의 사회 모습

제시된 그림은 신윤복의 《단오풍정》으로, 조선 후기에 그려진 풍속화이다. 조선 후기에는 서민 문화가 발달했고, 양반이 아닌 중인들의 시 동호회 모임(시사)이 매우 활발했다. 역관, 중앙 관청의 서리 등 중인들이 모여 만든 시사 모임은 공동 시집을 발간하기도 했다. 아하! ① 조선 시대에는 과부의 재가가 불허되었다. ② 조선 중기, 16세기의 일이다. ④ 조선 후기에는 장자에게 재산 상속이 집중되었다. ⑤ 성종 때의 일이다.

13. ⑤ 바로 정리 : **서학과 동학**
(가)는 서양에서 들어온 서학이고, (나)는 사람이 곧 하늘(인내천)임을 강조하는 동학이다. 동학은 경주의 몰락한 양반 최제우가 창시한 종교로 인내천, 시천주, 후천 개벽 등을 강조했다. 동학은 당시 지배 체제의 모순과 서양 세력의 접근(이양선) 등으로 위기의식이 고조되던 시기에 등장하여 피지배층을 중심으로 유행했다. 아하! ① 동학에 대한 설명이다. ② 최제우가 창시한 것은 동학이다. ③ 동학이 창시된 것은 정조가 죽은 뒤 세도 정치 시기이다. ④ 서양 학문의 하나로 인식된 것은 서학이다.

14. ① 바로 정리 : **중상학파의 특징**
제시된 책은 유수원의 《우서》, 홍대용의 《담헌설총》, 박제가의 《북학의》이다. 모두 청의 문물 수용과 상공업 진흥, 기술 혁신을 주장한 북학파(이용후생 학파) 학자들의 책이다. 아하! ② 정약용의 주장 ③ 유형원의 균전제 ④ 안정복의 《동사강목》 ⑤ 종교와 관련된 주장은 하지 않았다.

15. ⑤ 바로 정리 : **북벌 정책**
제시된 자료에서 '청을 공격할 준비'를 통해 북벌 정책임을 알 수 있다. 북벌 정책은 병자호란 이후 효종 때 등장하게 된다.

16. ⑤ 바로 정리 : **조선 후기 붕당의 전개**
(가)는 숙종 때 남인이 쫓겨난 갑술환국이고, (나)는 효종이 죽은 뒤 현종 때 일어난 예송 논쟁에 대한 설명이다. (다)는 선조 때 동인이 남인과 북인으로 나누어지는 사건이고, (라)는 선조 즉위 초에 기성 사림(서인)과 신진 사림(동인)이 나누어지는 과정, 즉 붕당이 발생하게 된 배경이다. 따라서 사건의 순서는 (라)−(다)−(나)−(가) 이다.

17. ② 바로 정리 : **세도 정치의 전개**
제시된 대화 내용은 세도 정치로 인한 탐관오리의 횡포, 삼정의 문란 등에 대한 내용이다. 아하! ① 붕당이 발생한 것은 조선 선조 때이다. ③ 고려 말의 상황이다. ④ 호포제는 고종 때 흥선 대원군이 실시한 개혁이다. ⑤ 왕권이 약화되어 왕위 쟁탈전이 심화되고 관리들의 횡포가 심해진 것은 신라 말이다.

18. ⑤ 바로 정리 : **숙종의 정책**
제시된 자료에서 '조선 19대 왕, 경신환국'으로 보아 숙종 때의 일이다. 숙종 때에는 세 차례의 환국으로 서인과 남인의 정권 교체가 발생하고, 붕당 정치가 변질되고, 보복과 사사(賜死)가 일반화된다. 주조가 중단되었던 상평통보를 다시 주조하여 유통을 확대시켰다. 아하! ① 비변사가 처음으로 설치된 것은 중종 때이다. 비변사는 삼포왜란을 계기로 만들어진 임시 기구였는데 임진왜란을 거치면서 상설 기구화되고, 임진왜란 후인 인조 때 최고 기구로 확대되었다. ② 대동법을 처음 시행한 것은 광해군 때의 일이다. ③ 훈련도감은 임진왜란 중 임시 기구로 만들어졌다. ④ 호포제와 사창제는 고종 때 흥선 대원군이 실시한 개혁이다.

19. ① 바로 정리 : **정조의 업적**
제시된 그림은 정조가 화성에 행차하던 것을 그린 것이다. 정조는 초계문신제를 통해 신진 관리와 중·하급 관리를 재교육시켰으며, 규장각과 장용영, 수원 화성 축조를 통해 왕권을 강화했다. 또한 자유로운 상업 활동을 위해 시전 상인의 금난전권을 폐지하는 통공 정책을 실시했다. 아하! ① 《속대전》 편찬은 영조의 업적이다.

20. ③ 바로 정리 : **영조의 탕평책**
제시된 자료에서 '서원을 정리하고 산림의 존재를 부정'이라는 내용으로 영조임을 알 수 있다. 영조는 노비종모법 실시, 《속대전》 편찬, 균역법 시행, 신문고 제도 부활 등의 정책을 펼쳤다. 아하! ① 영정법은 인조 때 실시한다. ② 금위영을 설치한 것은 숙종이다. ④ 전국 각지에 척화비를 세운 것은 흥선 대원군이다. ⑤ 신문고를 처음 설치한 것은 태종이다.

21. ② 바로 정리 : **중상학파 박제가**
제시된 자료는 박제가가 쓴 《북학의》이다. 박제가는 서얼 출신으로 규장각 검서관에 등용되었고, 스승인 박지원의 영향을 받아 화폐의 유통, 수레와 선박의 이용을 주장했다. 또한 절약보다 소비를 강조하여 적절한 소비가 오히려 경제를 활성화시킨다는 것을 강조했다. 박제가는 청의 문물 수용을 주장한 이용후생 학파에 속한다. 아하! ② 최소한의 농민 생활을 보장하려 한 사람은 성호 이익이다. 이익은 한전제에서 최소한의 토지인 영업전을 보장해 주고, 그 이외의 토지에 대한 자유로운 매매를 주장했다.

22. ③ 바로 정리 : **병자호란**
제시된 지도에서 '임경업'을 찾을 수 있으므로 '호란'임을 알 수 있다. 정묘호란과 병자호란을 겪으며 굴욕적인 항복을 했던 조선은 전쟁 직후 효종 때 청에 당한 치욕을 씻고 명에 대한 의리를 지키자는 북벌 운동을 펼쳤다. 아하! ① 서학은 호란과 관계없다. ② 세도 정권의 폐단으로는 삼정 문란이 대표적이다. ④ 영조에 대한 설명이다. ⑤ 공명첩은 왜란 중에 발급된 것이다.

23. ⑤ 바로 정리 : **조선 후기의 가족 제도**
제시된 자료에서 각종 상품 작물이 나오는 것으로 보아 조선 후기의 일이다. 조선 후기에는 성리학적인 윤리가 보급되어 사회 질서가 가부장적으로 변모하고 여성의 지위 또한 그 전보다 낮아졌다. 아하! ①, ②, ③, ④ 모두 조선 전기까지의 사회 모습이다.

24. ④ 바로 정리 : **훈련도감**
훈련도감은 임진왜란 중에 임시 기구로 설치되어 점차 상설 기구화되었다. 포수·사수·살수의 삼수병으로 이루어져 있으며, 이들은 모두 한 달에 군사 1인당 쌀 여섯 말을 받는 직업 군인이었다. 아하! ① 비변사이다. ② 잡색군에 대한 설명이다. ③ 훈련도감은 서울(한양)에 배치되었다. ⑤ 고려 시대 주진군에 대한 설명이다.

핵심주제 01 ## 수취 체제의 개편

(1) 영정법(전세의 정액화)

배경	농경지가 황폐해지고 전세 제도 문란, 농민의 부담 가중
내용	풍흉에 관계없이 전세를 토지 1결당 미곡 4두로 고정
결과	부가세(운송비, 여러 명목의 수수료 등) 징수로 농민의 부담 오히려 증가

(2) 대동법(공납의 전세화) 양반 지주의 반대가 매우 심했어. 경기도에서 시작하여 전국으로 확대되기까지 100여 년이 걸렸대.

배경	방납의 폐단으로 토지에서 이탈하는 농민 증가	하급 관리가 대신 나라에 공물을 바치고 그 대가로 백성에게 더 많은 것을 받아내던 일
내용	토지 1결당 미곡 12두를 쌀, 삼베, 무명, 동전으로 납부	
결과	• 농민의 부담이 줄고, 지주의 부담 증가 • 공인의 등장으로 상품 화폐 경제 발달	국가에서 지정한 상품을 공급해 주고 대가를 받는 상인으로, 조선 후기 상품 화폐 경제 발달에 큰 역할을 했어.

(3) 균역법(군역 부담의 감소)

배경	5군영 성립 이후 수포군 증가(군적수포제), 양반의 증가로 인한 면역자 증가, 군포 징수의 확산과 군역 기피로 농민의 군포 부담 증가 사람들에게 군포를 내고 군역을 대신하게 하는 제도
내용	1년에 2필에서 1필로 군포를 경감하고 결작, 선무군관포, 잡세로 부족한 재정 보충
결과	농민의 부담이 일시적으로 경감, 그러나 지주가 결작을 농민에게 전가하고 군적이 문란해지면서 농민의 부담 다시 가중

논밭 소유자에게 부과한 세　　　선무군관에 임명된 사람에게서 해마다 1필씩 거두어들인 포

핵심주제 02 ## 서민 경제의 발달

(1) 농민 경제의 변화
① **농민들의 노력** : 개간, 수리 시설 복구, 농기구·시비법 개량 논밭에 거름을 주는 방법
② **모내기법(이앙법)의 확대** : 벼와 보리의 이모작, 단위 면적당 수확량 증가, 노동력 절감 등으로 광작(廣作) 가능, 저수지 확충
③ **농업 경영의 변화** : 밭을 논으로 변경(쌀 수요 증가), 상품 작물 재배 및 판매(쌀, 목화, 담배, 채소, 약초 등)
④ **소작 쟁의** : 소작권을 인정하고 소작료를 일정 액수로 내도록 변화
⑤ **농민 계층의 분화** : 일부 농민은 부농으로 성장, 다수는 몰락하여 도시·광산·포구의 임노동자로 전락

(2) 민영 수공업 발달

배경	부역제 해이, 상품 화폐 경제 발달, 대동법 실시로 관수품 수요 증가
민영 수공업의 발달	장인 등록제 폐지 : 장인세를 납부하면 생산 활동에 자유롭게 종사
수공업 형태의 변화	선대제 수공업 성행, 독립 수공업자 활동(18세기 후반) 독자적인 물품 생산과 판매를 추진했어.

자금과 원료를 미리 받아 제품을 생산하는 방식. 상업 자본에 예속

(3) 민영 광산의 증가

배경	민영 수공업 발달로 광물 수요 증가, 청과의 무역 확대로 은의 수요 증가
과정	본래 정부가 독점 채굴, 17세기부터 민간인에게 광산 채굴 허용하고 세금 받는 정책 실시 → 민간인 광산 개발 활기, 잠채 성행 광물을 몰래 채취하는 것
경영	물주로부터 자본을 조달받아 채굴 노동자, 제련 노동자 등을 고용하여 광물을 채굴하는 덕대 등장

기억하라! 사료

농민이 밭에 심는 것은 곡물만이 아니다. 모시, 오이, 배추, 도라지 등의 농사도 잘 지으면 그 이익이 헤아릴 수 없이 크다. 도회지 주변에는 파밭, 마늘밭, 오이밭 등이 많다. 특히 서도 지방의 담배밭, 북도 지방의 삼밭, 한산의 모시밭, 전주의 생강밭, 강진의 고구마밭, 황주의 지황밭에서의 수확은 모두 상상등전(上上等田)의 논에서 나는 수확보다 그 이익이 10배에 이른다.

－상품 작물의 재배, 《경세유표》

03 상품 화폐 경제의 발달

기억하라! 사료

(1) 사상의 대두

배경	농업 생산력 증대, 수공업 생산의 활기로 인해 상품의 유통 활발, 부세 및 소작료의 금납화, 인구 증가 → 상품 화폐 경제의 발전 촉진 → 사상의 대두 세금을 매겨 물림
활동	• 18세기 이후 활발. 칠패·송파 등의 도성 주변과 지방에서 활동, 지방 장시를 연결하여 상권 확대 • 대표 사상 : 송상(개성 근거, 전국에 지점 설치, 인삼을 주로 판매), 경강상인(한강 근거, 운송업 종사, 쌀을 주로 거래), 만상(청과의 무역 담당), 내상(일본과의 무역 담당)

(2) 장시의 발달

발달	• 15세기 말 남부 지방에서 등장 → 18세기 중엽 전국에 1천여 개 개설(전국적 유통망) • 일부는 정기 시장(5일장), 일부는 상설 시장
기능	지방민의 교역 장소, 주변의 장시와 함께 지역 상권 형성
보부상	각 장시를 연결(지역 간의 유통 전담)

(3) 포구의 성장

배경	육로 교통의 미발달, 수로 이용 활발, 장시보다 큰 규모의 상거래 활발
기능	15세기, 세곡과 소작료 운송 기지 → 18세기, 상업의 중심지
상인	• 선상 : 선박을 이용하여 각 지방의 물품을 판매, 경강상인이 대표적 • 객주와 여각 : 선상의 상품을 매매·중개, 금융, 운송, 숙박 등의 영업

(4) 대외 무역의 발달(개시 무역과 후시 무역)
정식 교역 시장을 통한 무역　밀무역

청	의주 만상이 주도 : 수출 – 은, 종이, 무명, 수입 – 비단, 약재, 문방구
일본	동래 내상이 주도 : 수출 – 인삼, 쌀, 무명, 수입 – 은, 구리, 황, 후추

(5) 화폐의 유통

배경	18세기 후반 상공업 발달에 따라 상평통보가 전국적으로 유통
기능	세금과 소작료 대납, 교환과 재산 축적의 수단
폐해	전황 발생 : 지주나 대상인들이 화폐를 재산 축적의 수단과 고리대로 이용 동전이 제대로 유통되지 않아 부족한 현상이야.
기타	신용 화폐 보급(대규모 상거래에 환, 어음 등 이용)

---

 04 실학의 대두

(1) 성리학의 변화
① **성리학의 절대화** : 17세기 송시열을 중심으로 서인은 명분론 강화
② **성리학적 질서 거부** : 6경과 제자백가에서 해결의 사상적 기반을 찾으려함, 윤휴(유교 경전에 대한 독자적인 해석 시도), 박세당(양명학과 노장 사상의 영향, 주자의 학설 비판)
③ **결과** : 노론 세력에 의해 윤휴, 박세당은 사문난적으로 몰려 사형
주자의 성리학을 다르게 해석했던 선비를 비난하기 위해 사용한 말

(2) 양명학의 수용

배경	성리학의 형식화 비판, 실천성 강조(지행합일)
정제두	양명학을 체계적으로 연구하여 강화학파 형성
영향	대한 제국기 국학자인 박은식, 정인보 등에게 계승

사료 (우측 박스)

> 그(허생)는 안성의 주막에 자리 잡고서 밤, 대추, 감, 배, 귤 등의 과일을 모두 사들였다. 허생이 과일을 도거리로 사두자, 온 나라가 잔치나 제사를 치르지 못할 지경에 이르렀다. 따라서 과일 값이 크게 폭등하였다. 허생은 이에 10배의 값으로 과일을 되팔았다. 이어서 허생은 그 돈으로…… 말총을 모두 사들였다. 말총은 망건의 재료였다. 얼마 되지 않아 망건 값이 10배나 올랐다. 이렇게 하여 허생은 은 50만 냥에 이르는 큰 돈을 벌었다.
> — 도고의 활동, 《허생전》

> 우리나라는 동·서·남의 3면이 모두 바다이므로, 배가 통하지 않는 곳이 거의 없다. 배에 물건을 싣고 오가면서 장사하는 장사꾼은 반드시 강과 바다가 이어지는 곳에서 이득을 얻는다. 전라도 나주의 영산포, 영광의 법성포, 흥덕의 사진포, 전주의 사탄은 비록 작은 강이나, 모두 바닷물이 통하므로 장삿배가 모인다. 충청도 은진의 강경포는…… 매년 봄, 여름에 생선을 잡고 해초를 뜯을 때에는 비린내가 마을에 넘치고, 큰 배와 작은 배가 밤낮으로 포구에 줄을 서고 있다.
> — 포구에서의 상업 활동, 이중환, 《택리지》

(3) 실학의 발달

① **배경** : 성리학을 극복하기 위해 등장한 사회 개혁론

② **중농학파와 중상학파**

구분	중농학파(경세치용 학파)	중상학파(북학파, 이용후생 학파)
특징	토지 제도 개혁 주장	• 청과 서양 문화의 영향(북학파) • 상공업 진흥과 기술 혁신 등 물질문화의 발달에 관심(이용후생학파)
농업	토지 재분배를 통한 자영농 육성 주장	기술 개발을 통한 농업 생산력 증대에 관심
출신	농촌 출신(경기도 남인)	도시 출신(서울 노론)
실학자	• 유형원 : 균전론(관리와 사농공상에게 토지를 차등 지급, 토지 매매 금지) 주장, 《반계수록》 저술 • 이익 : 한전론(토지 소유의 하한 설정, 영업전·구분전) 주장, 《성호사설》 저술 • 정약용 : 여전론(공동 농장 제도 – 노동량에 따른 분배) 주장, 《목민심서》·《경세유표》 저술	• 유수원 : 사농공상의 직업적 평등화·전문화, 《우서》 저술 • 홍대용 : 지전설·신분제 철폐 주장, 《의문산답》 저술 • 박지원 : 양반 제도의 비생산성 비판, 수레와 선박의 이용과 화폐 유통 주장, 《열하일기》 저술 • 박제가 : 소비는 생산의 촉진제, 청과의 무역 주장, 《북학의》 저술
공통점	농민 생활의 안정 추구, 민족적·근대 지향적 학문	
한계점	정치적 실권과 거리가 먼 몰락한 지식인들의 개혁론이었기 때문에 국가 정책에 반영 안 됨	

③ **국학 연구의 확대**

분야	학자	저서	내용
역사	안정복	《동사강목》	단군 조선~고려 말까지 역사 정리
	유득공	《발해고》	발해를 우리 역사로 인식, 발해와 신라를 남북국으로 봄
지리	이중환	《택리지》	현지 답사를 통해 각 지역의 자연·경제·풍속 서술
	정상기	〈동국지도〉	최초로 백 리를 1척으로 축소하여 제작한 축척 지도
	김정호	〈대동여지도〉	산맥·하천과 함께 도로망 표시, 목판으로 제작하여 대량 보급 가능, 10리마다 방점 표시, 범례로 지도표 사용
국어	신경준	《훈민정음운해》	한글 음운 연구서(한글의 우수성과 함께 문화적 자아의식 표현)
	유희	《언문지》	
의학	허준	《동의보감》	예방 의학, 전통 약재를 사용한 치료법, 중국 및 일본에 영향
	이제마	《동의수세보원》	체질에 따른 다른 처방을 소개한 사상 의설

핵심주제 05 문화의 새 경향

(1) 배경과 경향

배경	서당 교육의 보급, 서민의 경제적·신분적 지위 향상
경향	인간의 감정을 적나라하게 표현, 양반들의 위선과 사회의 부정 및 비리 풍자
주제	중인과 서민이 참여, 상민이나 광대들의 활동도 활발

(2) 다양한 서민 문화

① 그림과 글씨

진경산수화	정선 : 우리의 자연을 사실적으로 그려 냄, 〈금강전도〉·〈인왕제색도〉
풍속화	• **김홍도** : 소탈하고 익살스러운 필치로 사람들의 일상 묘사 • **신윤복** : 양반과 부녀자의 생활과 유흥, 남녀 간의 애정을 감각적·해학적으로 묘사
민화	서민의 소원을 기원하고 생활 공간 장식
기타	**강세황** : 서양화 기법 사용　　•**장승업** : 강렬한 필법　　•**김정희** : 〈세한도〉

정선, 〈금강전도〉　　정선, 〈인왕제색도〉　　신윤복, 〈단오풍정〉　　신윤복, 〈월하정인〉

김홍도, 〈서당도〉　　김홍도, 〈씨름도〉　　민화, 〈까치와 호랑이〉　　민화, 〈문자도〉

② 건축과 백자

건축	17세기	금산사 미륵전, 화엄사 각황전, 법주사 팔상전
	18세기	논산 쌍계사, 부안 개암사, 수원 화성
	19세기	경복궁 근정전, 경회루

백자	 
	청화 백자 매죽문호　　대나무무늬 각병

③ 기타

판소리	서민 문화의 중심으로 솔직한 감정 표현, 19세기 신재효 정리
한글 소설	《홍길동전》, 《춘향전》 등 현실 비판적
사설시조	형식에 구애되지 않고 서민의 감정을 자세히 표현

(3) 과학 기술의 발달

홍대용	지전설 주장
지도 제작	〈곤여만국전도〉(세계 지도) 전래
의학	허준 《동의보감》, 이제마 《동의수세보원》, 정약용 《마과회통》
농서	박세당 《색경》, 서유구 《임원경제지》
기술 개발	**정약용** : 거중기 사용(수원 화성), 한강 배다리 설계

기억하라! **김홍도** VS **신윤복**

단원 김홍도(1745~?)는 조선 후기 최고의 풍속 화가로, 화원 출신의 대표적인 화가이다. 그는 서민을 주인공으로 하여 밭갈이, 추수, 집짓기, 대장간, 서당 풍경 등 주로 농촌과 서민의 생활상을 그리면서 땀 흘려 일하는 사람들의 일상생활을 소탈하고 익살스럽게 묘사하였다.

혜원 신윤복(1758~?)은 주로 도회지 양반의 풍류 생활과 부녀자의 풍습, 남녀 간의 애정을 풍자적인 필치로 묘사하였다. 기법에 있어서도 김홍도가 배경을 생략하고 간결하고 소탈한 필치를 구사한 데 비하여 신윤복은 산수를 배경으로 섬세하고 세련된 필치를 구사하였다.

기억하라! **기술**

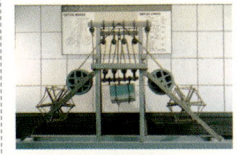

거중기

정약용이 고안해 수원 화성 축조 때 사용한 기계

상 중 하 21회

01 (가)에 들어갈 사진 자료로 옳은 것은?

○ ○ 신 문　　0000년 00월 00일

한국의 자랑, 세계의 유산

같은 병이라도 체질에 맞게 약을 써야 한다는 학설을 적어 놓은 전인미답의 처녀지를 개척한 세기적인 의학서이다. 이 책은 태양인, 태음인, 소양인, 소음인으로 체질을 구분하여 처방을 달리한 최초의 의학서이다.

(가)

① 의방유취

② 동의수세보원

③ 의림촬요

④ 동의보감

⑤ 마과회통

상 중 하 21회

02 (가)에 들어갈 내용으로 옳은 것은?

Q : 도산 서원과 간고등어로 유명한 ○○지역에 여행을 가려고 합니다. 그 지역에서 가 볼 만한 장소를 추천해 주세요.

A : (가)

① 명성 황후 생가에 가 보세요.

② 천주교 성지인 절두산에 가 보세요.

③ 조선 시대 왕들의 무덤인 동구릉에 가 보세요.

④ 별신굿과 하회탈로 유명한 하회마을에 가 보세요.

⑤ 백제의 숨결이 살아 있는 무령왕릉을 방문해 보세요.

상 중 하 21회

03 다음 질문에 대한 대답으로 옳은 것은?

전라북도 김제에 있는 이 건물은 거대한 미륵존 불을 봉안한 불전입니다. 이 사찰은 견훤이 아들에 의해 감금된 곳이기도 합니다. 어디일까요?

① 금산사 미륵전입니다.

② 불국사 대웅전입니다.

③ 화엄사 각황전입니다.

④ 법주사 팔상전입니다.

⑤ 해인사 장경판전입니다.

상 중 하 20회

04 다음 빈칸에 들어갈 기사의 제목으로 옳은 것은?

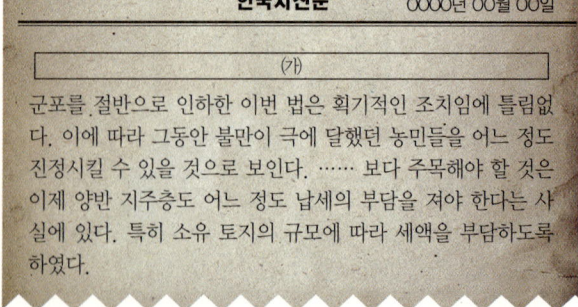

한국사신문　　0000년 00월 00일

(가)

군포를 절반으로 인하한 이번 법은 획기적인 조치임에 틀림없다. 이에 따라 그동안 불만이 극에 달했던 농민들을 어느 정도 진정시킬 수 있을 것으로 보인다. …… 보다 주목해야 할 것은 이제 양반 지주층도 어느 정도 납세의 부담을 져야 한다는 사실에 있다. 특히 소유 토지의 규모에 따라 세액을 부담하도록 하였다.

① 대동법 실시, 공납의 전세화

② 영정법 실시, 1결당 4두로 고정

③ 직전법 실시, 세조의 왕권 강화

④ 균역법 시행, 군포 1년에 1필로 감소

⑤ 의창제 실시, 춘궁기 빈민 구제의 길 열려

상 중 하 20회

05 다음 자료에 해당하는 문화유산으로 옳은 것은?

흰 바탕에 푸른색으로 산수·나무와 풀·꽃·새 등을 그려 넣은 것으로 조선 후기에 많이 제작되었다. 이 자기의 코발트 안료로는 아라비아 지역에서 생산되어 중국을 통해 수입된 회회청(回回靑)이 쓰였다.

① ② ③
④ ⑤

상 중 하 20회

06 다음에서 설명하는 화폐로 옳은 것은?

인조 11년 김신국(金藎國)·김육(金堉) 등의 건의에 따라 주조하여 유통을 시도했으나 결과가 나빠 유통을 중지하였다. 그 후 1678년(숙종 4) 정월에 영의정 허적(許積), 좌의정 권대운(權大運) 등의 주장에 따라 다시 주조하여 서울과 서북 일부에서 유통하게 하였다.

① 건원중보   ② 삼한통보   ③ 상평통보
④ 해동통보   ⑤ 은병

상 중 하 20회

07 자료와 관련된 문화가 확산된 시기에 대한 설명으로 옳은 것은?

양반 : 나는 사대부의 자손이세
선비 : 아니 뭐라꼬, 사대부? 나는 팔대부의 자손이세.
양반 : 아니, 팔대부? 그래, 팔대부는 뭐요?
선비 : 팔대부는 사대부의 갑절이지.
양반 : 뭐가 어째? 어흠, 우리 한뱅은 문하시중을 지내셨거든
선비 : 아, 문하시중. 그까짓 꺼…… 우리 한뱅은 바로 문상 시대인걸.
양반 : 아니 뭐, 문상 시대? 그건 또 뭐요?
선비 : 어햄, 문하보다는 문상이 높고 시중보다는 시대가 더 크다 이 말이세.

　　　　　　　　　　　　　　　　　　—〈안동 하회 별신굿 탈놀이〉

① 민화가 유행하였다.
② 분청사기가 유행하였다.
③ 상민의 수가 증가하였다.
④ 관영 수공업이 발달하였다.
⑤ 풍흉에 따라 전세가 부과되었다.

상 중 하 20회

08 다음의 풍속과 관련 있는 명절은?

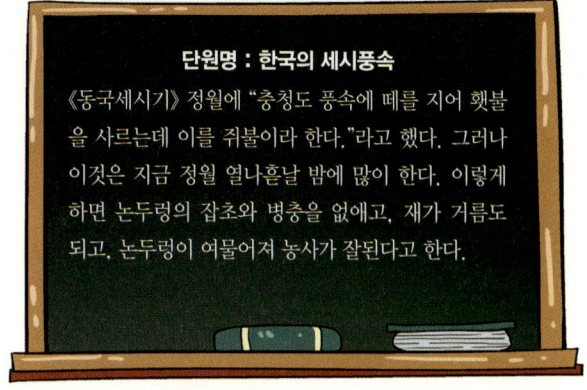

단원명 : 한국의 세시풍속

《동국세시기》 정월에 "충청도 풍속에 떼를 지어 횃불을 사르는데 이를 쥐불이라 한다."라고 했다. 그러나 이것은 지금 정월 열나흗날 밤에 많이 한다. 이렇게 하면 논두렁의 잡초와 병충을 없애고, 재가 거름도 되고, 논두렁이 여물어져 농사가 잘된다고 한다.

① 추석   ② 단오   ③ 설날
④ 칠월칠석   ⑤ 정월 대보름

09 다음 정책이 실시된 결과로 가장 적절한 것은?

정부에서는 선혜청을 설치해 대동미를 일괄 수납, 이를 가지고 공물과 진상물을 구입할 것이다.

① 신분제 강화
② 공인의 등장
③ 토지 1결당 4두 징수
④ 농민의 군포 부담 감소
⑤ 권문세족의 경제적 기반 약화

10 다음 그림에 나타난 농법에 대한 설명으로 옳지 않은 것은?

① 농업 생산력이 증가하였다.
② 강수량이 적은 지역에 적합하였다.
③ 벼와 보리의 이모작을 가능하게 하였다.
④ 잡초 제거에 들어가는 노동력이 절감되었다.
⑤ 한 농가의 경작 면적이 이전보다 증가하였다.

11 밑줄 친 ㉠에 해당하는 내용으로 가장 적절한 것은?

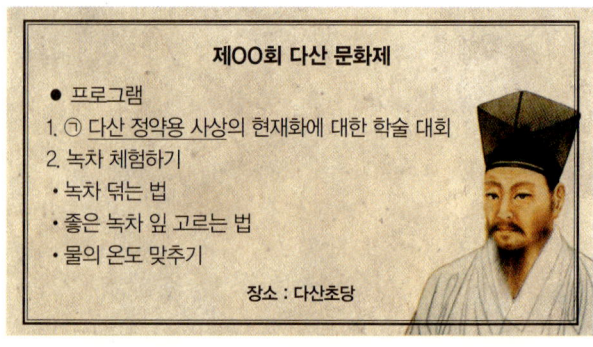

제○○회 다산 문화제

● 프로그램
1. ㉠ 다산 정약용 사상의 현재화에 대한 학술 대회
2. 녹차 체험하기
• 녹차 덖는 법
• 좋은 녹차 잎 고르는 법
• 물의 온도 맞추기

장소 : 다산초당

① 지행합일의 실천성 강조
② 매매할 수 없는 영업전 설정
③ 주자와 다른 독자적 해석 강조
④ 공동 소유, 공동 경작의 여전론 주장
⑤ 절약보다는 소비 촉진을 통한 상공업 발달

12 (가)에 들어갈 그림으로 가장 적절한 것은?

〈신윤복 특별전〉
조선 후기 풍속화를 만나다.

전시 장소 : 간송미술관

(가)

①  ② ③
④  ⑤

13 다음 그림에 나타난 상인에 대한 설명 중 옳은 것은?

① 의주에 근거지를 두었다.
② 금난전권 폐지로 타격을 받았다.
③ 청과 일본의 중계 무역을 담당하였다.
④ 전국의 장시를 연결하는 역할을 하였다.
⑤ 포구에 상주하며 금융, 숙박을 주도하였다.

14 (가)에 들어갈 자료로 옳은 것을 고른 것은?

이달의 역사 인물
ㅇㅇㅇ, 실학을 집대성하다

1. 출생 : 경기도 남양주 출생
2. 주요 저서 : 《여유당전서》, 《목민심서》, 《마과회통》 등
3. 관련 사진 : (가)

① 대동여지도
② 동국지도
③ 거중기
④ 거북선
⑤ 자격루

15 (가)에 들어갈 내용으로 적절한 것은?

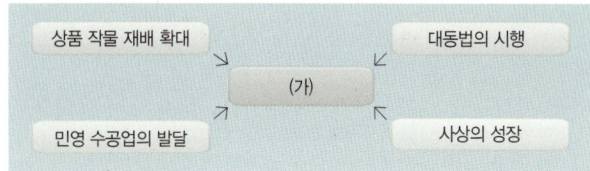

상품 작물 재배 확대 → (가) ← 대동법의 시행
민영 수공업의 발달 → (가) ← 사상의 성장

① 탕평책의 실시
② 모내기법의 확산
③ 세도 정치의 시작
④ 서얼에 대한 차별 강화
⑤ 상품 화폐 경제의 발달

16 (가)~(다)를 처음 제작한 순서대로 옳게 나열한 것은?

(가) 법주사 팔상전   (나) 원각사지 10층 석탑   (다) 측우기

① (가) – (나) – (다)
② (가) – (다) – (나)
③ (나) – (가) – (다)
④ (나) – (다) – (가)
⑤ (다) – (나) – (가)

상 중 하 17회

17 (가)~(라)에 대한 설명으로 옳은 것을 〈보기〉에서 고른 것은?

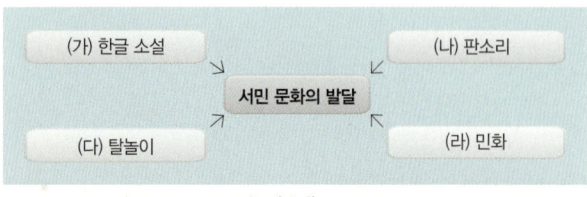

(가) 한글 소설		(나) 판소리
	서민 문화의 발달	
(다) 탈놀이		(라) 민화

〈보기〉

ㄱ. (가) – 허생전이 대표적인 작품이다.
ㄴ. (나) – 19세기에 신재효가 6마당을 정리하였다.
ㄷ. (다) – 양반의 위선과 사회 부조리를 비판하였다.
ㄹ. (라) – 주로 도화서의 화가들이 그렸다.

① ㄱ, ㄴ   ② ㄱ, ㄷ   ③ ㄴ, ㄷ
④ ㄴ, ㄹ   ⑤ ㄷ, ㄹ

상 중 하 17회

18 (가)~(라)에 대한 설명으로 옳은 것을 고르시오.

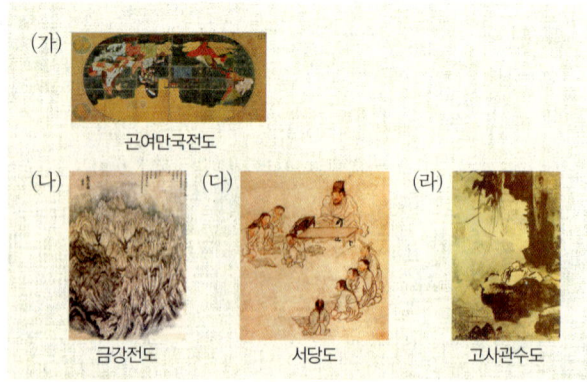

(가) 곤여만국전도
(나) 금강전도
(다) 서당도
(라) 고사관수도

① (가)–최초로 100리 척을 사용하여 제작하였다.
② (나)–신윤복이 그린 조선 후기의 진경산수화이다.
③ (다)–김홍도의 작품으로 서민들의 풍속을 그렸다.
④ (라)–안견의 작품으로 현실 세계와 이상 세계를 그렸다.
⑤ (가)~(라)–모두 조선 후기에 완성된 유물이다.

상 중 하 17회

19 다음 글에 대한 설명으로 옳은 것은?

> 부여씨가 망하고 고씨가 망한 다음, 김씨가 남방을 차지하고 대씨가 북방을 차지하고는 발해라 하였으니, 이것을 남북국이라 한다. 당연히 남북국을 다룬 역사책이 있어야 하는데, 고려가 편찬하지 않은 것은 잘못이다. 저 대씨가 어떤 사람인가? 바로 고구려 사람이다. 그들이 차지하고 있던 땅은 어떤 땅인가? 바로 고구려 땅이다.

① 자연과 인간 생활의 관계를 인과적으로 이해하였다.
② 중국과 일본의 자료를 참고하여 역사 연구의 폭을 넓혔다.
③ 고조선부터 고려 말까지 우리 역사를 체계적으로 정리하였다.
④ 한국사의 무대를 한반도뿐만 아니라 중국 동북부까지 확대시켰다.
⑤ 상업 발달과 상권의 확대로 만주 지방에 대한 연구가 활발해졌다.

상 중 하 17회

20 다음 지도에 대한 설명으로 옳은 것은?

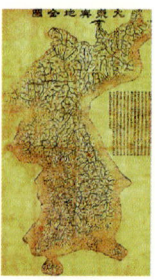

대동여지도

① 최초로 100리 척을 사용하였다.
② 동양에서 가장 오래된 세계 지도이다.
③ 조선 초기 중앙 집권을 위해 제작하였다.
④ 목판에 새겨 대량으로 인쇄할 수 있었다.
⑤ 우리나라의 산천, 인물, 지역의 특징을 알 수 있다.

상 중 **하** 16회

21 다음 자료와 같은 모습이 나타난 시기의 그림으로 적절한 것은?

> 1761년 8월 노비에 대한 상전의 사형 금지
> 1764년 노비비총법 확대 실시
> 1775년 장예원 폐지
> 1785년 공장안 폐지

①  ② 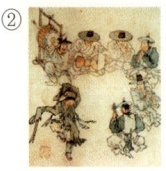 ③

④  ⑤

상 **중** 하 16회

22 자료에 나타난 농업 기술의 확산이 끼친 영향으로 적절한 것은?

모내기를 하는 것은 세 가지 이유가 있다. 김매기의 노력을 더는 것이 첫째요, 두 땅의 힘으로 하나의 모를 서로 기르는 것이 둘째며, 좋지 않은 것은 솎아 낸다.
－《임원경제지》

① 저수지가 감소하였다.
② 방납의 폐단이 없어졌다.
③ 관영 수공업이 발달하였다.
④ 공노비와 사노비가 해방되었다.
⑤ 벼와 보리의 이모작이 가능해졌다.

상 중 **하** 15회

23 다음 질문에 대한 댓글로 옳지 <u>않은</u> 답변을 한 학생은?

> 조선 후기 문화의 새로운 경향을 알려 주세요. 검색 통합검색
>
> 답변 : 5 조회 : 2033
>
> 갑 : 청화백자가 유행했어요.
> 을 : 탈춤과 판소리가 유행했어요.
> 병 : 사설시조와 풍속화가 유행했어요.
> 정 : 한글 소설이 보급되어 널리 읽혔어요.
> 무 : 《악학궤범》이 편찬되었어요.

① 갑 ② 을 ③ 병 ④ 정 ⑤ 무

상 **중** 하 15회

24 문화유산에 대한 설명이 <u>잘못</u>된 것은?

①
조선 후기 서민적인 요소가 가미된 청화 백자이다.

②
신윤복이 양반과 기생이 노는 모습을 표현하였다.

③
조선 후기 김정희가 완성한 서체로 추사체라고 한다.

④
정선이 그린 진경산수화이다.

⑤
김홍도가 그린 풍속화이다.

```
1. ② 2. ④ 3. ① 4. ④ 5. ④ 6. ③ 7. ① 8. ⑤ 9. ② 10. ②
11. ④ 12. ② 13. ④ 14. ③ 15. ⑤ 16. ⑤ 17. ③ 18. ③ 19. ④
20. ④ 21. ② 22. ⑤ 23. ⑤ 24. ⑤
```

1. ② 바로 정리 : 조선 후기의 의학 서적

제시된 자료에서 '체질에 맞게 약을 써야'라는 말을 통해 사상 의학을 다룬 이제마의 《동의수세보원》임을 알 수 있다. 아하! ① 세종 때 만들어진 의학 백과사전이다. ③ 선조 때 양예수가 저술한 의서이다. ④ 광해군 때 허준이 지은 의서이다. ⑤ 정약용이 지은 홍역 치료에 관한 책이다.

2. ④ 바로 정리 : 조선 시대 안동의 문화유산

제시된 지역은 경상북도 안동이다. 아하! ① 명성 황후 생가는 경기 여주에 있다. ② 절두산은 서울 마포구 합정동에 있다. ③ 동구릉은 경기도 구리시에 있다. ⑤ 무령왕릉은 충남 공주시 금성동(옛 이름은 송산리)에 있다.

3. ① 바로 정리 : 조선 후기의 건축

제시된 사진은 금산사 미륵전이다. 김제에 있는 사찰로 견훤이 아들 신검에 의해 유폐되었던 절이다. 조선 후기의 건축은 17세기 금산사 미륵전, 화엄사 각황전, 법주사 팔상전, 18세기 논산 쌍계사, 부안 개암사, 안성 석남사, 불국사 대웅전, 평양 대동문 등이 있다. 아하! ② 경남 경주의 사찰이다. ③ 17세기에 세워진 전남 구례의 사찰이다. ④ 우리나라 최고(最古)의 5층탑 형식의 목조 건물로, 충북 보은에 있다. ⑤ 팔만대장경을 보관하고 있는 건물로, 경남 합천에 있다.

4. ④ 바로 정리 : 군역 제도의 개혁 – 균역법

제시된 지문은 균역법에 대한 설명이다. 균역법은 군포를 1년에 1필로 줄인 제도이다. 줄어든 만큼 필요한 양은 결작이나 선무군관포 등으로 보충했다. 아하! ① 대동법은 공물 대신 쌀로 내게 하는 제도이다. ② 영정법은 토지 1결당 4두로 토지세를 고정한 법이다. ③ 직전법은 세조 때 실시했던 제도로, 현직 관리에게만 토지를 나누어 주는 제도이다. ⑤ 의창 제도는 백성들에게 곡식을 빌려 주는 제도이다.

5. ④ 바로 정리 : 조선 후기의 도자기

제시된 자료는 청화 백자에 대한 설명이다. 청화 백자는 백토로 기형(器型)을 만들고, 그 위에 회청(回靑) 또는 토청(土靑)이라고 불리는 코발트 안료로 무늬를 그린 다음, 순백의 유약을 씌워서 맑고 고운 푸른색 무늬가 생기게 만든 자기이다. 코발트 안료는 당시 한국에서는 채취하지 못했으므로 아라비아 상인들을 통하여 중국에서 수입했다. 아하! ① 순백자 ② 분청사기 조화어문 편병 ③ 청자 칠보 투각 향로 ⑤ 청자 상감 운학문 매병

6. ③ 바로 정리 : 조선 후기의 화폐

인조 때 처음 주조되었다가 숙종 때 다시 주조된 조선의 화폐는 상평통보이다. 상평통보는 조선 후기의 화폐로 19세기까지 널리 사용되었다. 아하! ① 고려 시대 화폐로 국가에서 주조한 우리나라 최초의 철전이다. ②, ④, ⑤ 고려 시대 화폐

7. ① 바로 정리 : 조선 후기의 사회와 문화

제시된 자료는 조선 후기 양반 사회를 풍자한 '안동 하회 별신굿 탈놀이'의 일부이다. 조선 후기에는 탈놀이, 판소리, 한글 소설, 민화 등 서민 문화가 크게 발달했다. 아하! ② 분청사기가 유행한 시기는 조선 초기이다. ③ 조선 후기에는 공명첩, 족보 위조 등을 통해 양반이 증가하면서 상민의 수가 감소했다. ④ 조선 후기에는 민영 수공업이 발달했다. ⑤ 조선 후기에는 영정법이 시행되어 풍흉에 관계없이 1결당 4두의 전세가 부과되었다.

8. ⑤ 바로 정리 : 세시풍속

제시된 자료의 '정월 열나흗날, 쥐불' 등을 통해 정월 대보름임을 알 수 있다. 달의 움직임을 표준으로 삼는 음력을 사용하는 사회에서는 1년이 시작되는 1월 1일보다 첫 보름달이 뜨는 대보름날에 더 큰 의미를 부여한다. 아하! ① 추석(음력 8월)은 한 해 농사가 마무리된 가을 한가운데의 명절이다. ② 음력 5월 5일인 단오는 1년 중 양기(陽氣)가 가장 왕성한 날이다. ③ 설날(음력 1월 1일)은 새해의 첫날이다. ④ 칠월칠석(음력 7월 7일)은 견우성(牽牛星)과 직녀성(織女星)이 1년에 한 번 만난다고 하는 전설에 따라 별을 제사 지내는 날이다.

9. ② 바로 정리 : 대동법의 실시

제시된 자료는 대동법에 대한 설명이다. 대동법은 토지의 결수에 따라 쌀, 포목, 화폐 등으로 세를 부과하는 방식인데, 이로 인해 백성들의 생활이 일시적으로 안정되었다. 또한 특산물을 구해 오는 공인이 성장하고 이들의 활동으로 인해 상품 화폐 경제가 발전하였다. 아하! ① 임진왜란 이후 공명첩의 발급과 납속 등으로 신분제가 동요했다. ③ 영정법에 대한 설명이다. ④ 농민의 군포 부담이 감소한 것은 균역법과 관련이 있다. ⑤ 고려 권문세족의 경제적 기반이 약화된 것은 과전법의 실시와 관련이 있다.

10. ② 바로 정리 : 모내기법의 보급

제시된 그림의 농법은 모판에서 모를 옮겨 심는 모내기법(이앙법)이다. 모내기법을 통해 생산량 증가, 이모작 가능, 노동력 절감, 광작(한 사람이 넓게 경작하는 것) 등의 효과를 볼 수 있었다. 아하! ② 모내기법은 수리 시설을 갖추지 않을 경우 가뭄에 따른 피해가 크다.

11. ④ 바로 정리 : 중농학파 실학자 정약용

정약용은 중농학파 실학자로 공동 경작, 공동 분배(노동량에 따른 분배)를 기본으로 하는 여전론을 주장했다. 여전론은 공동 노동을 통하여 생산과 수확을 하고, 노동량을 기록하여 노동량에 따라 분배하자는 주장이다. 아하! ① 양명학에 대한 설명으로 정제두와 관련이 있다. ② 이익에 대한 설명이다. ③ 윤휴, 박세당 등에 대한 설명이다. ⑤ 박제가에 대한 설명이다.

12. ② 바로 정리 : 신윤복의 풍속화

신윤복의 풍속화로는 〈단오풍정〉, 〈월하정인〉, 〈미인도〉 등이 있다. 신윤복은 양반층의 풍류와 남녀 간의 연애, 기녀와 기방의 세계를 도시적 감각과 해학으로 그렸다. 아하! ① 김홍도의 풍속화 〈무동〉 ③ 조선 전기 이정의 〈묵죽도〉 ④ 조선 후기의 민화 〈까치와 호랑이〉 ⑤ 조선 후기 김득신의 〈파적도〉

13. ④ 바로 정리 : 보부상

조선 후기 장시를 중심으로 봇짐이나 등짐을 지고 행상을 하면서 생산자와

소비자 사이의 중간자 역할을 했던 전문적인 상인을 보부상이라고 한다. 아하! ① 의주에 근거지를 두고 중국과의 무역에 종사했던 상인은 만상이다. 이들은 사상에 속한다. ② 금난전권을 폐지했던 신해통공(1791)으로 위축된 것은 시전 상인이다. ③ 청과 일본의 중계 무역을 담당했던 상인은 송상이다. ⑤ 포구에서 상품의 매매, 운송, 숙박, 금융, 중계를 담당했던 것은 객주와 여각이다.

14. ③ 바로 정리 : 정약용의 업적
제시된 자료에서 《여유당전서》, 《목민심서》 등의 저서를 보고 정약용임을 알 수 있다. 정약용은 실학을 집대성한 학자로, 정조 때 관직 생활을 했으나 신유박해 때 전라도 강진에 유배되어 18년의 귀양 생활을 했다. 지방 행정 개혁을 논한 《목민심서》, 중앙 행정 개혁을 이야기한 《경세유표》, 《흠흠신서》 등을 저술했고, 〈탕론〉, 〈원목〉, 〈전론〉 등의 논설을 통해 사회 개혁 사상을 주장했다. 또한 수원 화성 축조 때에는 거중기를 제작해 사용했다. 아하! ① 김정호 ② 정상기 ④ 거북선은 태종 때 처음으로 제작되었다. ⑤ 세종

15. ⑤ 바로 정리 : 조선 후기 상품 화폐 경제의 발달
제시된 자료 '상품 작물 재배 확대, 대동법 시행, 사상의 성장, 민영 수공업의 발달'로 인해 나타날 수 있는 사회의 모습은 상품 화폐 경제의 발달이다. 대동법의 시행으로 공인이 국가에 많은 관수품을 조달하면서 상품 수요가 증가했다. 또한 사상의 성장, 민영 수공업의 발달, 화폐 유통의 활성화 등으로 장시, 포구 등을 중심으로 상업이 크게 발달했다. 여기에 다양한 상품 작물을 재배한 농민들이 시장에 많은 물건을 내다팔면서 조선 후기 상품 화폐 경제는 더욱 크게 발달했다.

16. ⑤ 바로 정리 : 조선 시대의 문화유산
(가) 법주사 팔상전은 임진왜란 이후 1605년에 다시 재건한 목탑이고, (나) 원각사지 10층 석탑은 세조 때 건립되었다. (다) 측우기는 세종 때 처음 제작되었다. 즉 제작 순서는 (다)－(나)－(가)순이다.

17. ③ 바로 정리 : 조선 후기 서민 문화의 발달
조선 후기 대표적인 서민 문화로 한글 소설, 민화, 판소리와 탈놀이가 있다. 판소리는 구체적인 창과 사설로 엮어져 있으며 19세기 신재효가 〈춘향가〉, 〈심청가〉, 〈박타령〉, 〈토별가〉, 〈적벽가〉, 〈변강쇠가〉의 판소리 6마당을 정리했다. 탈놀이는 양반과 승려의 부패와 위선을 풍자하는 내용이 많았다. 아하! ㄱ. 박지원이 쓴 《허생전》은 한문 소설이다. ㄹ. 민화는 대부분 무명 화가나 떠돌이 작가들이 그린 그림이다.

18. ③ 바로 정리 : 조선 시대 회화
(가)는 〈곤여만국전도〉로 1602년에 서양 지리를 처음으로 중국에 소개한 마테오리치와 명나라 학자 이치조가 함께 만들어 목판으로 찍어 펴낸 것이다. 최초로 100리 척을 사용한 지도는 〈동국지도〉이다. (나)는 정선의 〈금강전도〉, (다)는 김홍도의 〈서당도〉, (라)는 강희안의 〈고사관수도〉이다.

19. ④ 바로 정리 : 《발해고》의 역사 인식
제시된 자료는 유득공의 《발해고》이다. 유득공은 《발해고》에서 발해사 연구를, 이종휘는 《동사》에서 고구려 역사 연구를 심화했다. 이들은 고대사 연구의 시야를 만주 지방까지 확대시킴으로써 한반도 중심의 협소한 사관을 극복하는 데 힘썼다. 아하! ② 한치윤의 《해동역사》 ③ 안정복의 《동사강목》

20. ④ 바로 정리 : 조선 후기의 지도 – 대동여지도
주어진 자료는 〈대동여지도〉이다. 〈대동여지도〉는 전체 크기가 세로 6.7미터, 가로 4.2미터에 달하는 대형 지도이다. 〈청구도〉를 토대로 각종 전국 지도와 읍지도 등을 집대성하여 만들어졌으며, 축척이 약 1:16만 정도로 정밀하고 수록 내용이 다양하여 실용성이 높다. 목판본으로 제작되어 지도를 대량으로 보급하는 것이 가능하여 대중화에 기여했고 자유로이 접고 펼쳐 볼 수 있어 휴대와 열람이 편리하다. 아하! ① 〈동국지도〉 ②, ③ 〈혼일강리역대국지도〉 ⑤ 《택리지》

21. ② 바로 정리 : 조선 후기의 회화
제시된 자료를 통해 조선 후기임을 알 수 있다. 조선 후기에 유행하던 회화로는 진경산수화, 풍속화, 민화 등이 있다. 김홍도의 〈무동〉은 조선 후기 풍속화에 해당한다. 아하! ① 강희안의 〈고사관수도〉 ③ 고려 공민왕의 〈천산대렵도〉 ④ 신사임당의 〈초충도〉 ⑤ 안견의 〈몽유도원도〉

22. ⑤ 바로 정리 : 모내기법의 영향
모내기법을 시행하면서 직파에 비해 수확량이 크게 늘어났다. 또 노동력을 절감할 수 있어 한 사람이 이전보다 넓은 경작지를 농사지을 수 있는 광작이 가능해져 부농이 등장할 수 있게 되었고 벼와 보리의 이모작도 가능해졌다. 아하! ① 저수지가 늘어났다. ② 대동법에 대한 설명이다. ③, ④ 모내기법이 미친 영향이라고 보기 어렵다.

23. ⑤ 바로 정리 : 조선 후기 문화의 특징
조선 후기에는 상품 화폐 경제가 발달하고 신분제가 동요하면서 서민 문화가 크게 발달했다. 판소리와 탈놀이, 사설시조, 한글 소설이 크게 유행했고 풍속화와 민화가 많이 그려졌다. 조선 후기의 자기로는 백자 외에도 청화 백자, 철화 백자 등이 있었다. 아하! ⑤ 《악학궤범》은 성종 때 성현이 음악의 역사, 악기, 악보 등을 정리한 책이다.

24. ⑤ 바로 정리 : 조선 후기 문화의 특징
조선 후기에는 청화 백자, 풍속화, 민화 등의 서민 문화가 발달하였다. 민화는 해, 달, 나무, 꽃, 동물, 물고기 등의 다양한 소재를 민중의 미적 감각에 맞게 표현한 그림이다. 또한 민중의 소원을 반영하고 생활 공간을 장식했다. 이와 같은 민화는 조선 후기 서민층의 경제적·사회적 지위 상승에 힘입어 유행하게 되었다. 아하! ⑤ '효'를 그린 민화 〈문자도〉로 정확한 화가의 이름은 모른다.

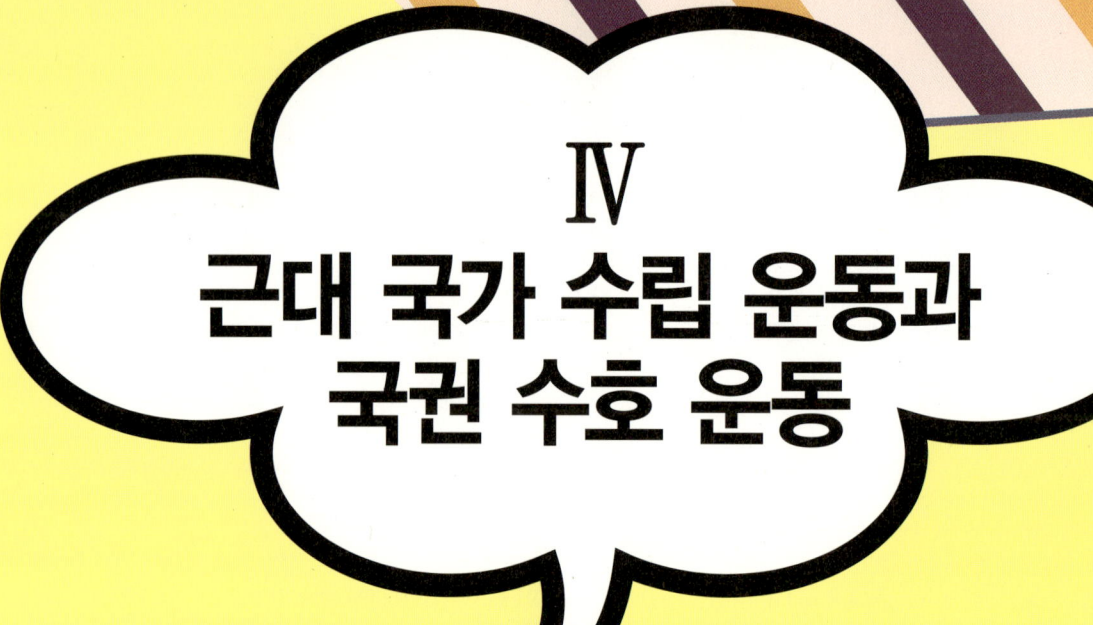

IV
근대 국가 수립 운동과 국권 수호 운동

출제 위원 생생 리얼 합격 코칭 100%

10강. 외세의 침략적 접근과 개항

출제 포인트!

01	흥선 대원군의 개혁 정치	흥선 대원군의 개혁 정책**, 통상 수교 거부 정책***
02	개항과 불평등 조약	강화도 조약***을 비롯한 개항기 조약 순서와 조약 내용**
03	위정척사파와 개화파	위정척사파***, 개화파의 형성과 분화(온건 개화파, 급진개화파)** 개항 후 정부의 개화 정책*
04	임오군란과 갑신정변	임오군란(배경, 과정, 결과 및 조약)***, 갑신정변(배경, 과정, 결과 및 조약)***

11강. 근대 개혁 운동

출제 포인트!

01	동학 농민 운동	동학 농민 운동 순서 및 과정(고부 봉기 → 1차 봉기 → 전주 화약 → 2차 봉기)***
02	갑오 · 을미개혁	제1, 2차 갑오개혁 내용**, 을미개혁의 배경과 내용*
03	독립 협회와 대한 제국	독립 협회 활동 과정 및 활동 내용***, 대한 제국의 성립 과정 및 광무개혁 내용**

12강. 일제의 국권 침탈과 국권 수호 운동

출제 포인트!

01	일제의 국권 침탈	국권 침탈 순서 및 내용**, 간도와 독도 영토 분쟁*
02	을사조약 규탄	을사조약(헤이그 특사 파견**, 안중근*, 장지연*, 나철 · 오기호* 등)
03	항일 의병 운동의 전개	을미 의병, 을사 의병, 정미 의병의 발발 배경 및 활동 · 결과**
04	애국 계몽 운동의 전개	애국 계몽 운동 단체 활동 내용 구분*, 신민회 활동***

13강. 근대의 경제, 사회, 문화

출제 포인트!

01	열강의 경제적 침탈	거류지 무역과 외국 상인의 상권 침탈**, 열강의 이권 침탈*, 일본의 금융 지배(화폐 정리 사업)**, 경제적 구국 운동의 전개*
02	경제적 구국 운동의 전개	상권 수호 운동, 방곡령 선포**, 독립 협회의 이권 수호 운동, 보안회의 활동*, 국채 보상 운동**
03	민권 의식의 성장과 의식주의 변화	평등 의식의 확산*, 근대적 사회 의식의 확산
04	근대 문물 및 시설의 도입	근대 시설의 도입(최초의 통신, 교통, 전기, 의료, 건축)**
05	근대 교육의 전개	교육입국 조서*, 사립 학교의 설립과 일본의 탄압(사립 학교령)*
06	언론 기관의 발달	각 근대 신문의 특징***
07	국학 연구	한국사 연구(신채호, 박은식)**
08	문예와 종교의 새 경향	신체시와 근대 소설*, 신극 운동과 원각사, 천주교와 천도교, 대종교의 활동** 유교와 불교의 변화

기억하라! 유물

당백전

척화비

洋夷侵犯 非戰則和 主和賣國

서양 오랑캐가 침범하는데도 싸우지 않으면 화친하는 것이요, 화친을 주장하는 것은 매국하는 것이다.

기억하라! 지도

병인양요와 신미양요

핵심주제 01 흥선 대원군의 개혁 정치

(1) 대내적 개혁 정치

개혁의 방향		개혁의 내용
왕권 강화책	인재 등용	세도 정치 타파(능력에 따른 인재 등용)
	통치 기구 정비	**비변사 혁파(1865)** : 의정부(정치)와 삼군부(군사) 부활 → 정치와 군사 분리 목적
	법치 질서 정비	《대전회통》, 《육전조례》 편찬
	서원 정리	• 화양동 서원을 비롯하여 전국 600여 개소의 서원 정리, 47개소만 남김 *당쟁의 온상이며, 국가 재정을 좀먹기 때문이지.* • 서원의 **토지·노비 몰수** : 국가 재정 확충 목적 → 유생들의 반발
	경복궁 중건 (1865~1868)	• **목적** : 왕실 위엄 회복을 위해 임진왜란 때 소실된 경복궁 중건 • **폐단** : 양반 묘지림 벌목, 당백전 발행, 원납전 징수, 성문세 징수, 농민 부역 동원 등 → 경제 혼란, 백성 불만 가중 *공사용 목재 충당을 위해서야. 서울 사대문 출입 통행세 흥선 대원군이 경복궁 중건을 위하여 강제로 거둔 기부금 고종 때 정부 재정 확보를 위해 주조, 통용된 화폐*
민생 안정	전정(田政)	**양전 사업 실시** : 토지 대장에서 누락된 전토를 찾아냄(은결 적발)
	군정(軍政)	평민에게만 받던 군포를 양반에게도 징수하는 호포법 실시(1년에 1필)
	환곡(還穀)	사창제 실시(양심적인 지방 유생들이 자금 관리)

(2) 통상 수교 거부 정책과 양요

배경	서양의 통상 요구, 영·프 연합군의 베이징 점령, 러시아의 연해주 차지 → 흥선 대원군이 통상 수교 거부 정책을 추진(강화도 포대 설치)
병인박해 (1866. 2)	흥선 대원군이 러시아를 견제하기 위해 프랑스와 교섭 시도(실패) → 유생과 양반들의 천주교 금지 주장 → 프랑스 선교사와 천주교도 처형(병인박해)
제너럴셔먼호 사건(1866. 8)	미국 상선 제너럴셔먼호가 평양(대동강)에 와서 통상을 요구하며 약탈 자행 → 평양 군민의 공격으로 침몰(평안도 관찰사 박규수)
병인양요 (1866. 9)	병인박해를 이유로 프랑스군(로즈 제독)이 강화도 침략 → 강화읍 점령 → 문수산성(한성근), 정족산성(양헌수)에서 조선군의 승리 → 외규장각 도서 약탈, 프랑스 군대 퇴각 *규장각의 부속 도서관으로 왕실 문서와 의궤 등을 보관*
오페르트 도굴 사건(1868)	통상 요구를 거부당한 독일 상인 오페르트가 흥선 대원군의 아버지 남연군 묘(충남 덕산) 도굴 시도 → 서양에 대한 경계심 고조, 통상 수교 거부 정책 강화
신미양요(1871)	제너럴셔먼호 사건을 구실로 미국 함대(로저스 제독)가 강화도 침략(초지진과 덕진진 점령) → 어재연의 항전(광성보 전투) → 미국 군대 퇴각(서울 종로 거리와 전국 각지에 척화비 건립)

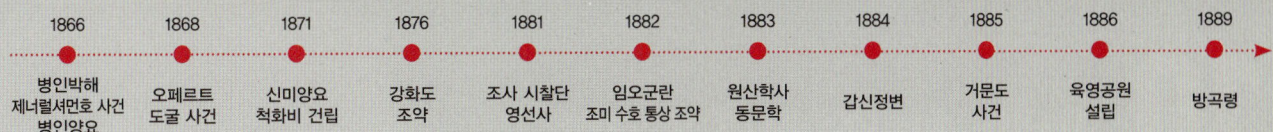

1866	1868	1871	1876	1881	1882	1883	1884	1885	1886	1889
병인박해 제너럴셔먼호 사건 병인양요	오페르트 도굴 사건	신미양요 척화비 건립	강화도 조약	조사 시찰단 영선사	임오군란 조미 수호 통상 조약	원산학사 동문학	갑신정변	거문도 사건	육영공원 설립	방곡령

 핵심주제 02

개항과 불평등 조약

(1) 강화도 조약의 배경

① 흥선 대원군 하야(1873) : 고종의 친정
② 통상 개화론 대두 : 박규수, 오경석, 유홍기 등이 문호 개방 주장《해국도지》,《영환지략》) 수입
③ 운요호 사건(1875) : 일본 운요호의 강화도 불법 침입 → 통상 수교 요구
④ 반발 : 최익현, 왜양일체론을 내세워 개항 반대

> 중국 청나라의 세계여가 지은 세계 지리책
> 청나라 때, 위원이 지은 세계 지리서

(2) 강화도 조약(조일 수호 조규, 1876)

내용	① 조선은 자주국으로 일본과 평등한 권리를 갖는다(청의 종주권 부인). ② 15개월 후에 양국은 서로 사신을 파견한다. ③ 개항장에서 일본 상인의 무역과 조계(租界)의 설정 및 가옥 건축 등 거주의 편의를 제공한다. 　　　　　　　　　　　　　　　외국인 거주 지역 ④ 20개월 이내에 부산과 그 밖의 두 항구를 개항한다(원산, 인천). ⑤ 일본은 조선 연안을 자유로이 측량할 수 있다(해안, 측량권). ⑥ 양국의 민간 무역 활동에서 관리의 간섭을 받지 않는다. ⑦ 일본은 조선의 지정한 항구에 영사를 파견한다. ⑧ 개항장에서 일본인 범죄는 일본 영사에 의해 재판을 받는다(치외법권).
의의	최초의 근대적 조약, 해안 측량권과 치외 법권 인정 등 불평등 조약

(3) 강화도 조약의 부속 조약(1876)

수호 조규 부록	일본 외교관의 여행 자유, 일본 화폐 유통, 개항장 10리 이내 무역 허가
통상 장정	무관세, 무제한 양곡 유출 허용

(4)《조선책략》

내용	수신사로 갔던 김홍집이 가져온 책, 러시아 남하 방지책으로 중국·미국·일본과 교류해야 한다는 내용
영향	미국과의 수교 계기, 개화 정책이 본격적으로 실시되는 계기, 이만손의 〈영남 만인소〉 등 위정 척사파 반발

(5) 다른 나라와 맺은 조약

① 조미 수호 통상 조약(1882)

배경	• 미국의 수교 요청, 황쭌셴의《조선책략》유포 • 조선에 대한 종주권을 국제적으로 과시하기 위한 청나라의 알선 　　　　　　　　　　　　　　일본에 대한 견제 목적이었지.
내용	서양과 최초의 조약, 불평등 조약(치외 법권, 최혜국 대우 조항, 낮은 관세 조항(최초), 거중 조정 조항(유사시 미국의 개입 또는 중재) 　　　　다른 나라와 조약을 맺을 때, 이전에 자국과 맺은 조약보다 더 유리한 　　　　내용이 있을 경우 자동으로 적용받게 되는 것
영향	보빙사 파견(1883), 다른 서양 열강과 조약 체결 　미국에 파견된 조선의 외교 사절

② 조청 상민 수륙 무역 장정(1882) : 청 상인의 내지 통상권 허용(거류지 무역 해제)
③ 조프 수호 통상 조약(1886) : 천주교 포교의 자유 허용

기억하라! 사진

운요호
무력시위를 하면서
문호 개방을 요구하였다.

기억하라! 자료

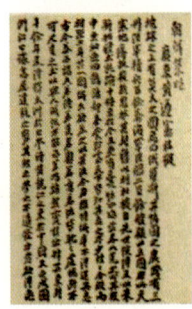

《조선책략》

2차 수신사로 일본에 간 김홍집이 청나라 외교관 황쭌셴의 책《조선책략》을 가져왔다. 이 책에는 중국, 일본뿐만 아니라 미국과의 연대(수교)를 주장하는 내용이 담겨 있다.

…… 러시아를 막을 수 있는 조선의 책략은 무엇인가? 오직 중국과 친하고, 일본과 맺고, 미국과 연합함으로써 자강을 도모하는 길뿐이다.
　　　　　　　　－《조선책략》

기억하라! 인물

최익현(위정척사파)

김홍집(온건 개화파)

김옥균(급진 개화파)

기억하라! 표

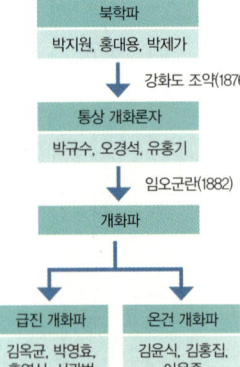

북학파
박지원, 홍대용, 박제가

↓ 강화도 조약(1876)

통상 개화론자
박규수, 오경석, 유홍기

↓ 임오군란(1882)

개화파

급진 개화파	온건 개화파
김옥균, 박영효, 홍영식, 서광범	김윤식, 김홍집, 어윤중

개화파의 형성과 분화

기억하라! 사료

...... 미국은 우리가 본래 모르던 나라입니다. 돌연히 타인의 권유로 끌려들었다가 ...... 러시아는 본래 우리와는 싫어하고 미워할 처지에 있지 않은 나라입니다. 공연히 남의 말만 믿고 틈이 생기면 우리의 체통이 손상되게 됩니다. 또 이를 빌미로 침략해 온다면 장차 이를 어떻게 막을 것입니까?

– 〈영남 만인소〉

김홍집이 가져온 《조선책략》의 내용에 분노한 유생들은 이만손을 중심으로 〈영남 만인소〉를 올렸다.

 핵심주제 03 위정척사파와 개화파

(1) 위정척사파 : 성리학 수호, 천주교와 서양 문화 배격

시기	상황	주도 인물	운동 내용
1860년대	열강의 통상 요구 (병인양요, 신미양요 등)	이항로, 기정진	통상 반대 운동, 척화주전론 서양의 침략에 맞서자는 주장 → 흥선 대원군의 통상 수교 거부 강력 지지
1870년대	강화도 조약 전후	유인석, 최익현	왜양일체론, 개항불가론 서양이나 일본 모두를 위협의 대상으로 보는 이론 → 개항 반대 운동
1880년대	개화 정책 추진, 《조선책략》 유포	이만손, 홍재학	《조선책략》 유포에 반발, 〈영남 만인소〉 등 개화 반대 운동
1890년대	을미사변	유인석, 이소응	항일 의병 운동으로 계승

(2) 개화파(북학파 → 통상 개화론자 → 개화파(온건 개화파, 급진 개화파))

① **개화사상의 형성**
- 조선 후기의 북학 사상, 청의 양무운동, 일본의 문명 개화론에 영향을 받음
- 자주적으로 문호를 개방하여 서구 문물과 제도를 받아들여야 한다고 주장

② **통상 개화론자** : 오경석, 유홍기, 박규수

③ **개화파의 두 흐름** : 온건 개화파와 급진 개화파

구분	온건 개화파(수구당, 사대당)	급진 개화파(개화당, 독립당)
주요 인물	김홍집, 김윤식, 어윤중 등	김옥균, 박영효, 홍영식, 서광범 등
정치적 입장	친청 사대 정책	청의 간섭과 정부의 사대 정책에 불만
주장	점진적 개혁 추구, 동도서기론 동양의 도덕(동도)과 서양의 문물(사기)은 서로 모순되는 것이 아니며 공존할 수 있다고 보는 시각이야.	의식, 제도 개혁까지 포함하는 급진적 개혁 추구, 문명개화론
개혁 모델	청의 양무운동	일본의 메이지 유신

④ **개항 후 정부의 개화 정책**

기구 개편	통리기무아문 설치, 별기군(일본 교관) 창설 1880년(고종 17) 제2차 수신사 파견 후에 대외 통상에 대응하여 국가 외교·군사 제도의 근대적 개혁을 위해 설치한 관청
사절단 파견	1, 2차 수신사(일, 1876, 1880) : 2차 수신사 김홍집이 《조선책략》을 국내에 유포 조사시찰단(일, 1881) : 박정양 등이 암행어사로 위장해서 파견, 일본 근대 시설 견문 보고서 작성 영선사(청, 1881) : 김윤식 등이 무기 제조 및 군사법 습득 → 재정 부족으로 1년 만에 돌아왔으나 기기창 설치에 영향
의의	근대 시설의 설치(기기창, 박문국, 우정총국 등) 최초의 신문인 〈한성순보〉를 발행했어.

04 임오군란과 갑신정변

(1) 임오군란(1882)

배경	곡가 폭등, 구식 군인 차별 등으로 민중의 불만 고조, 개화와 보수 세력의 대립, 민씨 세력과 대원군 간의 정치적 대립
직접적 원인	구식 군인의 급료 지급 문제로 불만 폭발
전개 과정	구식 군인의 폭동에 민중이 합세하여 일본 공사관 등 습격 → 명성 황후 피신 → 흥선 대원군 재집권 → 청나라 군사 파견, 진압 → 흥선 대원군 청 압송, 명성 황후 복권
결과 및 조약	• **청 내정 간섭 강화** : 청군 상주(위안스카이), 고문 파견(마젠창, 묄렌도르프) • **조청 상민 수륙 무역 장정(1882, 조·청)** : 청 상인의 경제적 침투 본격화, 조선에서 일본 상인과 청 상인 간의 경쟁 가속 • **제물포 조약(1882, 조·일)** : 일본에 배상금 지급, 일본 경비병의 서울 주둔 인정
의의	개항 후 조선 민중이 외세의 침탈과 개화 정책에 대하여 전개한 최초의 투쟁

(2) 갑신정변(1884)

배경	•임오군란 이후 청의 내정 간섭과 경제 침략 강화 •일본의 지원을 받은 급진적 개화 세력(김옥균, 박영효 등)의 정변
내용 (14개조 정강)	•청과의 사대 관계 폐지, 흥선 대원군의 귀환 요구, 입헌 군주제적 정치 구조 지향 •문벌 폐지, 인민 평등권과 능력에 따른 인재 등용 주장 •지조법 개혁, 호조로 재정 일원화, 혜상공국 폐지(자유로운 상업의 발전을 위해) 토지 가격에 따라 조세를 부과하는 방식　　　1883년에 보부상을 다스리려고 설치한 관청
한계	청군의 개입으로 3일 만에 실패, 일본군이 지원하지 않음, 민중의 지지를 얻지 못함, 외세 의존적 토지 제도에 대한 개혁안이 없었기 때문이야.
의의	근대 국민 국가 건설을 목표로 한 최초의 정치 개혁 운동(위로부터의 개혁)
정세 변화	• **조러 비밀 협약 추진** : 청의 내정 간섭에서 벗어나기 위해 • **영국의 거문도 불법 점령(1885)** : 러시아의 남하 견제책으로 거문도 점령 • **조선의 중립국화론** : 독일 부영사 부들러 건의, 유길준 제기
조약	• **한성 조약(1885, 조·일)** : 갑신정변의 처리를 위해 조선과 일본 사이에 체결된 조약, 배상금 지급 • **톈진 조약(1885, 청·일)** : 양국군 공동 철수, 이후 군대 파견 시 사전 통보

기억하라! 지도

갑신정변 흐름도

기억하라! 사료

① 청에 잡혀 간 대원군을 돌아오게 하며, 청에 대한 조공의 허례 폐지
② 문벌을 폐지하여 사민(士民) 평등권 확립
③ 조세 제도(지조법) 개혁, 관리 부정 방지
④ 내시부 폐지, 인재 등용
⑤ 부정 관리 처벌
⑥ 상환(환상)미를 영구히 받지 않을 것
⑦ 규장각을 없앰
⑧ 순사를 두어 도둑 방지
⑨ 혜상공국(惠商工局)의 폐지
⑩ 특옥·유배자 감형
⑪ 4영(營)을 1영(營)으로 하고 장정을 뽑아 근위대 설치
⑫ 모든 재정은 호조(戸曹)에 통할하고 그 밖의 모든 재정아문 혁파
⑬ 대신과 참찬은 매일 합문 내 의정소에 모여 정령(政令) 의결·반포
⑭ 정부 6조 외의 용관(모든 불필요한 기관) 폐지　　　－ 14개조 정강

01 다음 자료를 통해 알 수 있는 사상이 형성된 시기는?

나의 아버지 오경석은 당시 중국에 파견되는 사신의 통역으로 자주 중국을 왕래하였다. …… 평상시 가장 친교가 있는 친구 중에 의관 유홍기란 분이 있었다. 그에게 아버지는 중국에서 가져온 《해국도지》와 《영환지략》 같은 각종 서적을 주며 연구를 권하였다. 그 뒤 두 사람은 사상적 동지로서 결합하여 조선의 정세가 풍전등화라 탄식하고 언젠가는 일대 혁신을 일으키지 않으면 안 된다고 상의하였다.
– 오세창의 회고

1863		1875		1882		1894		1897		1905
	(가)		(나)		(다)		(라)		(마)	
고종 즉위		운요호 사건		임오군란		갑오개혁		고종 환궁		을사조약

① (가) ② (나) ③ (다) ④ (라) ⑤ (마)

02 다음은 어느 사건의 과정을 보여 주는 그림이다. 이 사건의 원인으로 옳은 것은?

① 김옥균이 정변을 일으켰다.
② 고부에서 농민들이 봉기하였다.
③ 고종이 아관 파천을 단행하였다.
④ 구식 군인들을 차별 대우하였다.
⑤ 영국이 불법적으로 거문도를 점령하였다.

03 (가) 사건의 배경으로 옳은 것은?

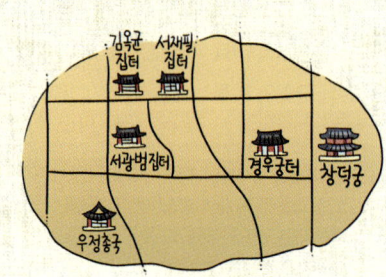

〈수행 평가 보고서〉

주제 : 급진 개화파가 건설하려는 세상
관련 사건 : [(가)]
시기 : ○○○○년 ○○월 ○○일

① 조선책략이 유포되었다.
② 대한 제국이 선포되었다.
③ 영국이 거문도를 점령하였다.
④ 청의 내정 간섭이 더욱 심해졌다.
⑤ 조청 상민 수륙 무역 장정이 체결되었다.

04 (가)에 들어갈 내용으로 옳은 것은?

● 발생 연도 : 고종 8년(1871)
● 사건 배경 : 대동강을 거슬러 올라온 미국의 배가 불타 버린 사건
● 전개 과정 : 미국 군대의 강화도 침입
⇒ [(가)]
⇒ 대원군은 각지에 척화비 건립

① 외규장각 약탈
② 강화도 조약 체결
③ 고종의 강제 퇴위
④ 거문도 불법 점령
⑤ 어재연이 광성보에서 전사

05 다음과 같이 전개된 사건의 영향으로 옳은 것은?

일자	내용
11월 4일	김옥균, 박영효 논의
12월 4일	우정국 개국 축하연 날 정변
12월 5일	경우궁으로 고종의 처소 옮김
12월 6일	청군의 공격
12월 7일	김옥균, 박영효가 일본으로 탈출

① 별기군이 창설되었다.
② 운요호 사건이 일어났다.
③ 통상 장정이 체결되었다.
④ 청이 내정을 간섭하였다.
⑤ 일본군이 경복궁을 점령하였다.

06 다음 조약 체결이 가져온 결과로 옳은 것을 〈보기〉에서 모두 고른 것은?

- 제2조 조선 상민(商民)이 이미 개항한 중국의 항구에서 소유한 일체의 재산 관계 범죄는 피고와 원고가 어느 나라 사람이든 간에 모두 중국 지방관이 법조문에 따라 심판한다.
- 제4조 중국 상민(商民)이 조선의 양화진과 서울에 들어가 행상을 하거나 영업소를 차릴 수 있도록 하되, 여러 물건을 모아서 내륙 지방에 운반하여 점포를 차려 놓고 팔지는 못하게 한다.

〈보기〉
ㄱ. 조선 국내 상인 몰락
ㄴ. 외국 상인의 내륙 무역 진출 허용
ㄷ. 청·일 상인 간의 상권 침탈 경쟁 심화
ㄹ. 청 상인의 거류지 무역·중계 무역 실시

① ㄱ, ㄴ ② ㄱ, ㄷ ③ ㄴ, ㄷ
④ ㄱ, ㄴ, ㄷ ⑤ ㄴ, ㄷ, ㄹ

07 다음 문화유산이 있는 지역의 위치를 지도에서 옳게 고른 것은?

우리나라 문화유산 알기

정족산성　광성보　외규장각

① (가) ② (나) ③ (다) ④ (라) ⑤ (마)

08 (가)에 들어갈 보고서의 제목으로 가장 적절한 것은?

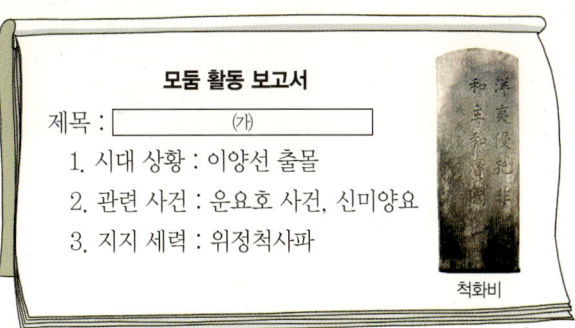

모둠 활동 보고서

제목 : (가)
1. 시대 상황 : 이양선 출몰
2. 관련 사건 : 운요호 사건, 신미양요
3. 지지 세력 : 위정척사파

척화비

① 강화도 조약의 불평등성
② 조선과 청의 국경선 분쟁
③ 조선 농촌에서 쌀의 무제한 유출
④ 흥선 대원군의 통상 수교 거부 정책
⑤ 명성 황후의 등장으로 인한 개화 정책

상 중 하 19회

09 다음 조항들의 공통점으로 옳은 것은?

- 조선 정부는 부산과 제5관에서 제시하는 두 항구(뒤에 인천과 원산으로 결정)를 개방하고 일본인이 자유롭게 왕래하면서 통상할 수 있게 한다.　　　　　　　　　　　　― 조일 수호 조규

- 조선국 연해를 일본국의 항해자가 자유롭게 측량하도록 허가한다.　　　　　　　　　　　　　　　　　― 조일 수호 조규

- 조선국 항구에 머무르는 일본인은 쌀과 잡곡을 수출할 수 있다. 기타 수출입 상품에 관세를 부과하지 않는다.　　― 통상 장정

① 내지 무역을 허락하였다.
② 최혜국 대우를 규정하였다.
③ 천주교의 포교를 허용하였다.
④ 불평등 조항이 포함되어 있다.
⑤ 일본군이 경복궁을 점령하였다.

상 중 하 19회

10 밑줄 친 '그'에 대한 설명으로 옳은 것은?

세 차례에 걸친 일본 방문을 통해 그는 부국강병과 문명 개화의 필요성을 더욱 절실히 느꼈다. 그는 일본이 동양의 영국같이 되어 가는 것을 보고, 조선은 동양의 프랑스와 같이 되어야 한다고 생각하였다. 이에 메이지 유신을 모델로 개혁을 추진하고자 하였다.

① 조선책략을 지었다.
② 갑신정변을 일으켰다.
③ 보안회를 조직하였다.
④ 영남 만인소를 주도하였다.
⑤ 한반도 중립화론을 적극적으로 주장하였다.

상 중 하 19회

11 다음의 내용이 조선에 미친 영향으로 옳은 것은?

조선이라는 땅덩어리는 실로 아시아의 요충을 차지하고 있어 그 형세가 반드시 다툼을 불러올 것이다. 조선이 위태로우면 중동(中東)의 형세도 위급해진다. 따라서 러시아가 강토를 공략하려 한다면 반드시 조선이 첫 번째 대상이 될 것이다. …… 러시아를 막을 수 있는 조선의 책략은 무엇인가? 오직 중국과 친하고(親中) 일본과 맺고(結日), 미국과 연합(聯美)함으로써 자강을 도모하는 길뿐이다.

① 을사조약이 체결되었다.
② 미국과 수교하게 되었다.
③ 독일과 수교하게 되었다.
④ 전국 각지에서 민란이 발생하였다.
⑤ 흥선 대원군의 개혁 정치가 시작되었다.

상 중 하 18회

12 (가)에 들어갈 내용으로 가장 적절한 것은?

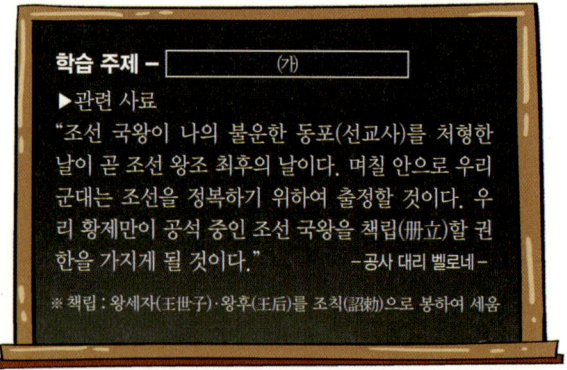

학습 주제 – 　　　(가)

▶관련 사료
"조선 국왕이 나의 불운한 동포(선교사)를 처형한 날이 곧 조선 왕조 최후의 날이다. 며칠 안으로 우리 군대는 조선을 정복하기 위하여 출정할 것이다. 우리 황제만이 공석 중인 조선 국왕을 책립(冊立)할 권한을 가지게 될 것이다."　　　― 공사 대리 벨로네 ―

※ 책립 : 왕세자(王世子)·왕후(王后)를 조칙(詔勅)으로 봉하여 세움

① 신미양요
② 병인양요
③ 운요호 사건
④ 영선사 파견
⑤ 오페르트 도굴 사건

상 중 하 18회

13 (가), (나)를 주장한 세력에 대한 설명으로 옳은 것은?

(나) 그들 또한 우리가 모르던 나라에 불과하오. 비록 대국의 안선이라 하나 같은 오랑캐일 뿐이오.

(가) 이 책에 써 있는 대로 미국과 수교하여 러시아를 막아야 하오. 어찌 그리 답답하시오?!

① (가) – 최익현, 유인석이 대표적이다.
② (가) – 반봉건, 반외세를 주장하였다.
③ (가) – 오경석, 유홍기의 사상을 계승하였다.
④ (나) – 김홍집, 김옥균, 박영효가 대표적이다.
⑤ (나) – 흥선 대원군의 정책을 적극적으로 반대하였다.

상 중 하 18회

14 (가) 사건을 주도한 세력의 당시 주장으로 옳은 것은?

쪽지 시험 O반 O번 OOO

• 다음은 [(가)] 사건의 전개 과정과 그 의의에 대해 서술한 것이다. 맞으면 ○, 틀리면 ×를 하시오.

맞은 개수 −2, 틀린 개수 −1

(1) 청군의 개입으로 마무리되었다.
(2) 제물포 조약을 체결하였다.
(3) 청과 일본의 군대가 철수하였다.

① 집강소를 설치하자.
② 수신사를 파견하자.
③ 척화비를 건립하라.
④ 근대적 자주 국가를 수립하자.
⑤ 구식 군대 차별 대우를 개선하라.

상 중 하 17회

15 밑줄 친 사건의 명칭과 그 배경을 바르게 연결한 것은?

○ ○ 신 문 2007년 OO월 OO일

영종 첨사의 반박문

너희들의 나라와 우리나라의 사이에는 원래 서로 왕래도 없었고 또 서로 은혜를 입거나 원수진 일도 없는데 이번 덕산 묘지에서 저지른 사건이야말로 어찌 사람의 도리로서 차마 할 수 있는 일이겠는가? 또한 방비가 없는 것을 엿보아 몰래 들이닥쳐 소동을 일으키며, 무기를 빼앗고 백성들의 재물을 강탈하는 것도 사리로 볼 때 어찌 할 수 있는 일이겠는가? 이런 사태에서 우리나라 신하와 백성들은 다만 있는 힘을 다하여 한마음으로 네놈들과는 한 하늘을 이고 살 수 없다는 것을 다짐할 뿐이다.

① 병인양요 – 병인박해
② 강화도 조약 – 운요호 사건
③ 신미양요 – 제너럴셔먼호 사건
④ 오페르트 도굴 사건 – 통상 수교 거부 정책
⑤ 임오군란 – 구식 군대와 별기군의 차별 대우

상 중 하 17회

16 다음은 조선 후기의 정치 세력을 대표하는 인물을 나열한 것이다. (가)~(다) 인물이 속한 세력에 대한 설명으로 옳지 <u>않</u>은 것은?

(가) 김옥균 (나) 김홍집 (다) 최익현

① (가) – 박영효 등과 함께 급진 개화파라 한다.
② (나) – 온건 개화파로 동도서기를 주장하였다.
③ (다) – 흥선 대원군의 통상 수교 거부 정책을 지지하였다.
④ (가), (나) – 갑신정변을 일으키고 일본으로 망명하였다.
⑤ (다) – 1870년대 왜양일체론을 주장하며 개항을 반대하였다.

상 중 하 17회

17 다음 대화가 이루어진 시기를 연표에서 옳게 고른 것은?

1863		1876		1882		1889		1897		1905
	(가)		(나)		(다)		(라)		(마)	
고종 즉위		강화도 조약		임오군란		방곡령		고종 환궁		을사조약

① (가)　　② (나)　　③ (다)　　④ (라)　　⑤ (마)

상 중 하 16회

18 (가)~(마) 문화유산에 대한 설명으로 옳지 않은 것은?

① (가) – 청동기 시대 무덤이다.
② (나) – 무신 집권기 때 천도했던 곳이다.
③ (다) – 프랑스의 침입 때 양헌수가 싸운 곳이다.
④ (라) – 양명학을 대표하는 사람의 무덤이다.
⑤ (마) – 소격서가 주관하여 초제가 열리던 곳이다.

상 중 하 16회

19 (가)와 (나)에 들어갈 내용으로 적절한 것은?

① (가) – 대동법 제정
② (가) – 경복궁 중건
③ (나) – 수신사 파견
④ (나) – 강화도 조약 체결
⑤ (나) – 조청 상민 수륙 무역 장정 체결

상 중 하 16회

20 다음 조약의 체결 결과로 가장 적절한 것은?

제1조　제3국이 한쪽 정부에 부당하게 또는 억압적으로 행동할 때는 다른 한쪽 정부가 원만한 타결을 위해 주선을 한다.
제2조　미국에 대한 최혜국 대우를 인정한다.
제4조　치외 법권은 잠정적으로 한다.
제5조　수출입 상품에 대한 관세 부과권은 조선 정부에 속한다.
제6조　거류지는 조선 영토의 불가결한 부분이다.
제11조　양국 간에 언어, 문예, 법률 등 문화 학술 교류에 보호와 원조를 다 한다.

① 조선책략이 유포되었다.
② 갑신정변이 전개되었다.
③ 청의 군대가 출병하였다.
④ 보빙사 일행을 파견하였다.
⑤ 러시아에 금광 채굴권을 넘겨주었다.

21 다음은 어느 인물의 생애를 정리한 것이다. 이 인물에 대한 설명으로 옳은 것은?

〈서술형 평가〉

※ 다음 인물의 활동에 대해 서술하시오.
• 주요 행적
– 1881년 조사 시찰단의 일원으로 일본 방문
– 1883년 보빙사 수행으로 미국 방문, 우리나라 최초의 미국 유학생
– 1885년 귀국, 갑신정변 연루자로 체포, 7년 투옥
– 1892년 석방, 감금 7년간 서유견문 집필
– 1895년 서유견문 출간

① 중립화론을 주장하였다.
② 대한매일신보를 창간하였다.
③ 개항 반대 운동을 전개하였다.
④ 동학 농민 운동을 주도하였다.
⑤ 미국에서 귀국하여 독립 협회를 창립하였다.

22 (가)~(마)에 대한 설명으로 옳은 것은?

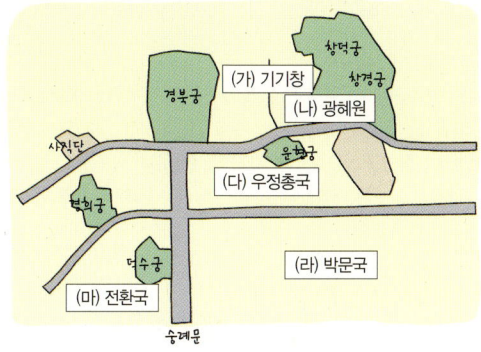

① (가) – 한성순보를 발간하였다.
② (나) – 최초의 근대적인 우체국이다.
③ (다) – 개화 정책을 총괄하는 기관이다.
④ (라) – 서양의 문물을 보급하기 위한 기관이다.
⑤ (마) – 화폐의 주조를 담당하던 기관이다.

23 다음 퀴즈에 대한 답으로 옳은 것은?

1880년(고종 17)에 변화하는 국내외 정세에 대응하기 위해 국내외의 군국기무(軍國機務)를 총괄하는 업무를 담당하기 위해 설치한 기관은 무엇일까요?

 ① 별기군
 ② 박문국
 ③ 우정국
 ④ 통리기무아문
 ⑤ 전환국

24 (가)에 들어갈 수 있는 장면으로 적절한 것은?

구식 군인들의 불만 폭발 → (가) → 제물포 조약 체결

① 우정국 개국 축하연
② 러시아 세력을 끌어들이는 고종
③ 청에 원병을 요청하는 명성 황후
④ 통상 반대 운동을 전개하는 유생
⑤ 일본으로 망명하는 김옥균, 박영효

1. ① 2. ④ 3. ④ 4. ⑤ 5. ④ 6. ④ 7. ① 8. ④ 9. ④ 10. ②
11. ② 12. ② 13. ③ 14. ⑤ 15. ④ 16. ④ 17. ① 18. ③ 19. ②
20. ④ 21. ① 22. ⑤ 23. ④ 24. ③

1. ① 바로 정리 : 개화사상의 형성
1860년대의 개화사상은 '통상 개화론'으로 북학파 실학사상으로부터 영향을 받았다. 북학파의 주장은 19세기에 이규경, 최한기 등에 의해 계승되었고, 이후 박규수, 오경석, 유홍기 등에 의해 통상 개화론으로 발전했다. 대표적인 인물인 오경석은 중인 역관으로, 청을 왕래하며 세계 정세의 변화와 《해국도지》, 《영환지략》 등의 서적을 접하면서 개화사상을 가지게 되었다. 박규수와 개항을 주장하여 강화도 조약 체결에도 영향을 미쳤다. 유홍기는 중인 의관으로, 오경석을 통해 양무 서적을 접하면서 개화사상을 가지게 되었다. 박규수는 조부인 박지원의 사상을 계승하고 청에 사신으로 자주 왕래하면서 개화 의식을 가지게 되었고, 운요호 사건 이후 일본과의 수교를 적극적으로 주장했다.

2. ④ 바로 정리 : 임오군란
제시된 그림에서 '청군의 대원군 납치'라는 말을 통해 임오군란임을 알 수 있다. 임오군란은 민씨 정권이 일본인 교관을 채용하여 훈련시킨 신식 군대인 별기군을 우대하고, 구식 군대를 차별 대우하는 데 대한 불만에서 폭발했다. 아하! ① 갑신정변(1884) ② 동학 농민 운동(1894) ③ 아관 파천(1896)은 이후의 일이다. ⑤ 거문도 사건(1885)

3. ④ 바로 정리 : 갑신정변
제시된 자료에서 '김옥균, 우정총국' 등을 통해 갑신정변임을 알 수 있다. 갑신정변은 임오군란 이후 요직을 차지한 친청 세력이 그들을 반대하는 개화당(급진 개화파)을 탄압함에 따라, 개화 정책 추진의 어려움과 신변의 위협마저 느낀 개화당 요인들이 일으킨 사건이다. 갑신정변은 청군의 개입으로 3일 만에 실패로 돌아갔고, 이후 청의 내정 간섭이 심화되었다. 아하! ① 《조선책략》은 1880년 수신사로 파견된 김홍집이 가져와 국내에 유포하였다. ② 고종은 러시아 공사관에서 경운궁으로 환궁한 후 대한 제국을 선포하고 연호를 광무로 정했다. ③ 영국의 거문도 사건 이후 부들러, 유길준 등의 중립화론이 대두되었다. ⑤ 조청 상민 수륙 무역 장정은 임오군란 이후 체결되었다.

4. ⑤ 바로 정리 : 신미양요
제시된 자료의 배경은 '제너럴셔먼호' 사건이다. 이로 인해 미국이 침략한 사건은 신미양요이다. 신미양요 때 어재연이 광성보에서 전사하였다. 아하! ① 병인양요 때 프랑스 군이 약탈 ② 1876년 ③ 1907년 ④ 1885년 거문도 사건

5. ④ 바로 정리 : 갑신정변의 결과 및 영향
갑신정변은 후원을 약속한 일본의 배신과 청군의 개입으로 3일 천하로 끝났다. 갑신정변으로 조선과 일본 사이에 한성 조약이 체결되어 일본에 배상금을 지불하고, 청과 일본 사이에는 톈진 조약이 체결되어 양국의 군대가 조선에서 철수하게 되었다. 그러나 조선에 대한 청의 내정 간섭이 심화되었다.

6. ④ 바로 정리 : 조청 상민 수륙 무역 장정
제시된 자료는 조청 상민 수륙 무역 장정이다. 임오군란의 결과 조선과 청 사이에는 조청 상민 수륙 무역 장정이 체결된다(1882). 이 장정은 청의 상인들이 조선 내에서 거주, 영업, 여행을 자유롭게 할 수 있도록 허용한다는 내용을 담고 있다. 이로써 외국 상인들이 조선 내륙 시장에 본격적으로 진출함에 따라 조선 국내 상인(객주, 여각, 보부상)들은 몰락하게 되었고, 조선의 상권을 둘러싸고 청·일 상인 간의 치열한 상권 침탈 경쟁이 벌어졌다. 아하! ㄹ. 개항 직후에 일본 상인들이 거류지 무역과 중계 무역을 통해 조선 상권을 장악했다.

7. ① 바로 정리 : 강화도
제시된 자료의 사진은 모두 강화도에 있는 문화 유적이다.

8. ④ 바로 정리 : 흥선 대원군의 대외적 개혁
조선에서는 흥선 대원군이 집권하기 이전부터 프랑스 선교사가 국내에 잠입, 선교 활동을 하여 천주교 신자가 점차 늘어났고, 의주·동례 등지를 통하여 서양 상품이 불법 유입되고 있었다. 이러한 상황 속에서 집권한 흥선 대원군은 외세의 침투를 막기 위하여 군제 개혁과 군비를 강화하는 등 국방력을 강화했으며, 열강의 통상 요구를 거절하고, 서양 상품의 유입을 엄금하고, 천주교를 탄압했는데, 이를 통상 수교 거부 정책이라 한다. 아하! ① 1876년 ② 백두산정계비 ③ 조일 통상 장정 ⑤ 흥선 대원군 실각 이후 강화도 조약이 체결되고 개화 정책이 추진되었다.

9. ④ 바로 정리 : 개항기의 불평등 조약
제시된 자료의 내용은 강화도 조약과 통상 장정이다. 강화도 조약은 부산 외에 두 항구 개항, 영사 재판권, 해안 측량권, 치외 법권 등의 불평등 조약을 담고 있다. 통상 장정(조일 무역 규칙) 또한 일본 상품의 무관세, 일본 선박의 항세 면제, 모든 항구에서 쌀과 잡곡을 수출할 수 있다는 등의 불평등한 내용을 담고 있다. 아하! ① 조청 상민 수륙 무역 장정 ② 조미 수호 통상 조약 이후부터 체결된 조약에 해당한다. ③ 조프 수호 통상 조약의 내용 ⑤ 갑오 개혁과 관련된 내용이다.

10. ② 바로 정리 : 김옥균
제시된 자료는 김옥균이다. 김옥균은 개화의 선구자인 박규수 등으로부터 개화사상을 배워 조선을 일본과 같은 방식으로 근대화하려 했다. 민씨 정권과 대립하면서 갑신정변을 일으켰으나 실패했다. 아하! ① 황쭌셴 ③ 일본의 조선 황무지 개간권 요구에 대항했다. 송수만, 심상진 등에 의해 조직된 항일단체 ④ 이만손 ⑤ 유길준

11. ② 바로 정리 : 《조선책략》
일본에 파견된 수신사 김홍집에 의해서 당시 청국 주일 공사관 황쭌셴이 지은 《조선책략》이 국내에 유포되었다. 주요 내용은 러시아를 막기 위한 방법으로, 중국과 친하게 지내고, 일본과 결합하고, 미국과 연합하라는 내용을 담고 있다. 《조선책략》은 당시 집권층에게 큰 영향을 주어 미국과 수교를 맺고, 개방 정책을 추진하는 등 서구 문물을 받아들이는 계기가 되었다. 반면 이만손 등은 〈영남 만인소〉를 올리며 격렬하게 개항에 반대했다.

12. ② 바로 정리 : **병인양요**

흥선 대원군은 처음에는 천주교에 관대했다. 프랑스 선교사의 알선으로 프랑스 세력을 끌어들여 러시아 세력의 남하를 견제하려 했기 때문이다. 하지만 그 교섭이 실패로 돌아가고 유생들의 강력한 요구 등에 의해 천주교에 대한 탄압으로 입장이 바뀌었다. '병인박해'라고 불리는 이 탄압으로 9명의 프랑스 신부들과 남종삼 등 수천 명의 신도들이 처형당했다. 프랑스는 프랑스 선교사 처형을 구실로 극동 함대 사령관 로즈 제독이 이끄는 7척의 군함을 파견하여, 강화읍을 점령하고 서울로 진격하려 했다. 그러나 한성근 부대(문수산성), 양헌수 부대(정족산성)의 항전에 힘입어 프랑스 군함을 격퇴했다. 이를 병인양요라 한다.

13. ③ 바로 정리 : **《조선책략》**

(가)는 개화파, (나)는 위정척사파이다. 오경석, 유홍기 등은 1세대 개화파, 통상 개화론자들이다. 이하! ① 최익현, 유인석은 위정척사파 ② 반봉건·반외세는 동학 농민군의 주장 ④ 김홍집, 김옥균, 박영효는 개화파 ⑤ 위정척사파는 대원군의 통상 수교 거부 정책 지지

14. ⑤ 바로 정리 : **임오군란**

제물포 조약은 구식 군인의 차별 대우에 반발하여 일어난 임오군란의 결과로 체결된 것이다.

15. ④ 바로 정리 : **오페르트 도굴 사건**

독일 상인 오페르트가 두 차례 통상을 요구하다 거절당하자 아산만에 상륙, 흥선 대원군의 부친 남연군의 분묘(충남 덕산)를 발굴하려다 실패했다. 이 결과 흥선 대원군의 쇄국 의지는 더욱 강화되었으며, 백성들도 서양인을 배척하는 기운이 커졌다.

16. ④ 바로 정리 : **위정척사파, 온건 개화파, 급진 개화파**

(가)는 급진 개화파(개화당), (나)는 온건 개화파(사대당), (다)는 위정척사파이다. 급진 개화파는 일본의 메이지 유신을 모델로 하여 문명 개화론을 주장했고 입헌군주제를 기본으로 한 근대적인 자주 국가 수립을 목표로 했다. 주요 인물로는 김옥균, 박영효, 홍영식, 서광범, 서재필 등이 있다. 온건 개화파는 청의 양무운동을 모델로 하여 동도서기론을 주장했고 청에 사대하자는 입장이었다. 주요 인물로는 김홍집, 김윤식, 어윤중 등이 있다. 위정척사파는 반외세적인 입장으로 척화주전론(기정진, 이항로), 왜양일체론, 개항불가론(최익현, 유인석), 이만손의 〈영남 만인소〉 등의 개화 반대 운동 등으로 전개된다.

17. ① 바로 정리 : **흥선 대원군의 대내적 개혁**

흥선 대원군의 대내적인 개혁 정책은 왕권 강화와 민생 안정 추구이다. 비변사 폐지, 법전 정비(《대전회통》), 서원 철폐, 경복궁 중건, 삼정의 문란 시정을 위한 호포제와 사창제 실시 등이 있다. 주어진 그림의 대화 내용은 호포제와 서원 철폐에 대한 것이다. 강화도 조약은 흥선 대원군이 물러나고 난 후 체결되었다.

18. ③ 바로 정리 : **강화도의 문화 유적**

이하! ③ 광성보는 신미양요 때 어재연이 미국의 침략에 맞서 싸운 곳이다.

19. ② 바로 정리 : **흥선 대원군의 개혁**

제시된 자료는 흥선 대원군에 관한 것이다. 흥선 대원군은 대내적으로는 왕권 강화를 위해 세도 정치를 막고, 법전을 정비했으며, 삼정 개혁, 경복궁 중건 등의 개혁 정책을 펼쳤다. 대외적으로는 외세의 침투를 막기 위하여 서양의 통상 수교 요구를 거부하는 정책을 펼쳤다. 이하! ① 대동법은 광해군이 즉위한 직후 경기도에 처음 실시되었으며 100년 동안에 걸쳐 확대 실시되었다. ③ 개항 후의 일이다. ④ 흥선 대원군이 물러나고 체결되었다. ⑤ 임오군란 이후 조선에 대한 청의 영향력이 확대되는 과정에서 체결된 장정이다. 흥선 대원군의 개혁 정책과는 상관이 없다.

20. ④ 바로 정리 : **조미 수호 통상 조약**

제시된 자료는 미국과 맺은 조미 수호 통상 조약(1883)의 내용이다. 미국과 수교를 맺게 된 조선은 감사의 표시로 미국에 보빙사를 파견했다. 보빙사는 민영익, 부대신 홍영식, 종사관 서광범, 수원 유길준 포함 11명으로 구성되었다. 보빙사는 우편 제도 정비와 육영 공원 설치 등에 큰 영향을 주었다.

21. ① 바로 정리 : **유길준**

제시된 자료에서 '보빙사, 《서유견문》'으로 유길준임을 알 수 있다. 유길준은 열강의 침략으로부터 조선의 안전을 강대국에게 보장받기 위한 중립화론을 구상했다. 이하! ② 양기탁 ③ 최익현 ④ 전봉준 ⑤ 서재필

22. ⑤ 바로 정리 : **개화 정책**

(가) 기기창 – 무기 제조 공장 (나) 광혜원 – 우리나라 최초의 근대식 국립 의료 기관 (다) 우정국 – 근대식 우체국 (라) 박문국 – 신문 등의 인쇄를 맡은 기관(〈한성순보〉 발간) (마) 전환국 – 화폐 주조 기관

23. ④ 바로 정리 : **통리기무아문**

제시문은 통리기무아문에 대한 설명이다. 통리기무아문은 개화 전담 기구이다. 이하! ① 신식 군대 ② 신문 인쇄 기관 ③ 근대식 우체국 ⑤ 화폐 주조 기관

24. ③ 바로 정리 : **임오군란**

제시된 그림은 임오군란의 배경과 결과이다. 따라서 (가)에는 임오군란의 내용 전개가 들어가야 한다. 임오군란은 청의 개입으로 진압되었다.

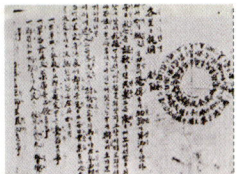

사발통문

주모자가 누구인지 알 수 없
도록 사발 모양으로 둥그렇
게 서명했다.

장태

동학 농민군이 사용한 신무
기이다.

① 동학도는 정부와의 원한을 씻고 서정
에 협력한다.
② 탐관오리는 그 죄상을 조사하여 엄징
한다.
③ 횡포한 부호를 엄징한다.
④ 불량한 유림과 양반의 무리를 징벌한다.
⑤ 노비 문서를 소각한다.
⑥ 7종의 천인 차별을 개선하고 백정이 쓰
는 평량갓을 없앤다.
⑦ 청상과부의 개가를 허용한다.
⑧ 무명의 잡세를 일체 폐지한다.
⑨ 관리 채용에는 지벌을 타파하고 인재
를 등용한다.
⑩ 공사채를 물론하고 기왕의 것은 무효
로 한다.
⑪ 왜와 통하는 자는 엄징한다.
⑫ 토지는 평균하여 분작한다.
—폐정 개혁안 12조
※ 붉은색 부분은 갑오개혁에 그대로 반영

핵심주제 01 동학 농민 운동

(1) 교조 신원 운동 : 교조 최제우의 억울함을 풀어 달라는 종교 운동

(2) 전개 : 삼례 집회(1892, 교조 신원과 동학 탄압 중지 요구) → 서울 복합 상소(1893, 교조 신원 상소) → 보은 집회(1893, 반외세 구호 최초, 종교 운동에서 정치 사회 운동으로 발전)

(2) 동학 농민 운동의 전개

고부 봉기 (1894. 1)	고부 군수 조병갑의 수탈(만석보) → 사발통문을 돌려 농민군이 고부 관아 점령 주모자가 누구인지 알 수 없도록 봉기 참여자 이름을 사발 모양으로 둥글게 서명한 문서야. → 전봉준을 비롯한 동학 농민군의 봉기 → 신임 군수의 수습으로 자진 해산
1차 봉기 (1894. 3)	안핵사 이용태의 탄압 → 무장(전북 고창)에서 봉기 → 백산 집결(보국안민·제폭구민 주장, 격문과 농민군 4대 강령 발표) → 황토현, 황룡촌 전투에서 관군 격파 → 전주성 점령 → 청군과 일본군 출병 정부가 청에 원병을 요청하자, 일본은 텐진 조약을 빌미로 일본군을 파견했지.
전주 화약 (1894. 5)	전라도에 농민 자치 기구인 '집강소' 설치, 중앙에 교정청 설치, 폐정 개혁안 실천(노비 문서 소각, 탐관오리와 횡포한 부호 처벌 등 개혁) 농민 자체 민정 기구로, 전라도에 50여 개소를 설치했어.
2차 봉기 (1894. 10)	일본군의 경복궁 점령(6월) → 청일 전쟁 발발, 제1차 갑오개혁 실시 → 논산에서 남접과 북접이 모두 집결(9월) → 우금치(공주) 전투에서 일본군과 관군에게 패배 → 전봉준 체포(12월)

(3) 성격과 의의 : 반봉건, 반외세의 개혁 운동, 갑오개혁에 영향, 동학 농민군의 잔여 세력이 항일 의병에 참여

핵심주제 02 갑오·을미개혁

(1) 제1차 갑오개혁(1894)

배경	일본군의 경복궁 점령 → 민씨 정권 붕괴, 제1차 김홍집 내각 수립(흥선 대원군 섭정), 군국기무처 설치 초정부적 개혁 추진 기구로 이곳에서 심의, 통과시킨 의안을 국왕이 재가하면 국법으로 시행했어.
내용	'개국' 연호 사용, 왕실 사무와 정부 사무 분리(궁내부 신설), 6조를 8아문으로 개편, 과거제 폐지, 경무청 신설, 재정의 일원화(탁지아문), 은 본위 화폐 제도, 조세의 금납화, 도량형 통일, 신분제 폐지(공·사노비 제도 폐지), 조혼 금지, 과부의 재가 허용, 고문과 연좌제 폐지, 의복 제도 간소화

(2) 제2차 갑오개혁(1894)

배경	청일 전쟁에서 일본의 승세 → 흥선 대원군 퇴진, 제2차 김홍집 내각(박영효 참여), 군국기무처 폐지
내용	고종 홍범 14조 발표, 의정부를 내각으로 개편, 8아문을 7부로 개편, 지방 8도를 23부로 개편, 고종이 직접 종묘에서 갑오개혁의 추진 의지를 천명했지. 사법권 독립(지방관의 권한 축소), 훈련대와 시위대 설치, 교육입국 조서 발표(근대적 교육 제도 마련, 한성 사범 학교 설립, 외국어 학교 관제 마련)

(3) 을미개혁(1895)

배경	청일 전쟁 종전(시모노세키 조약) → 삼국 간섭(러시아, 독일, 프랑스)으로 일본의 요동 반도 반환 → 박영효 실각, 제3차 김홍집 내각(친미, 친러) → 을미사변(일본이 명성 황후 시해) → 제4차 김홍집 내각(친일), 을미개혁 추진
내용	'건양' 연호 사용, 태양력 사용, 단발령 실시, 종두법 시행, 우편 사무 재개, 소학교 설치, 친위대(중앙)와 진위대(지방) 설치
영향	을미 의병 발생 → 아관 파천(친러 내각 수립) → 단발령 철회, 고종의 의병 해산 권고

기억하라! 자료

원구단

핵심주제 03 독립 협회와 대한 제국

(1) 독립 협회(1896)

① **활동 과정** : 서재필 귀국 → 〈독립신문〉 발간 → 독립 협회 창립 → 영은문 터에 독립문 건립, 강연회와 토론회 개최, 만민 공동회 개최

② **주요 활동**

자주 국권	러시아의 절영도 조차 요구 저지, 일본의 석탄 저장고 기지 반환, 러시아의 군사 고문단과 재정 고문단 철수, 한러 은행 폐쇄, 러시아의 목포와 증남포 토지 매도 저지
	절영도는 지금의 부산 영도야. 러시아에서 석탄고 기지로 사용할 것을 요구했으나 독립 협회가 만민 공동회를 개최하여 이를 저지했지.
자유 민권	국민의 신체 자유와 재산권 보호 운동, 언론과 집회의 자유 확보 노력, 국민 참정권 운동
자강 개혁	부정부패한 정부 대신 규탄 상소(박정양 내각 수립에 영향), 관민 공동회에서 헌의 6조 결의(황제의 재가), 의회 설립 운동(민의를 국정에 반영할 수 있도록 정부와 협상하여 중추원 관제 반포)
	김홍집 내각 붕괴 후 내각 총리대신으로 을미개혁을 추진했어.	의장 1인, 부의장 1인, 의관 50인으로 구성. 그중 절반을 독립 협회에서 채우기로 했어.

③ **해산 과정** : 왕정을 폐지하고 공화정을 실시하려 한다고 보수 세력이 모함 → 독립 협회 간부 체포, 황제의 해산 명령 → 반대하는 만민 공동회 개최 → 황국 협회의 만민 공동회 습격, 군대를 동원한 강제 해산

독립 협회에 대항하여 보수 관료 세력의 주도로 조직된 단체야. 수천 명의 보부상을 받아들여 회원을 확대했어.

(2) 대한 제국과 광무개혁

배경	• 아관 파천 직후 독립 협회, 정부 관리, 유생들의 고종 환궁 요구 • 한반도를 둘러싸고 러시아와 일본의 세력 균형
성립	• 경운궁(덕수궁)으로 환궁 후 국호 '대한 제국', 연호 '광무' • 원구단에서 황제 즉위식 거행
광무개혁 (1897)	• 구본신참의 개혁(갑오·을미개혁의 급진성 비판, 점진적 개혁, 위로부터의 개혁) 옛것을 근본으로 삼고 새로운 것을 수용한다는 의미의 점진적 개혁론 • 황제권 강화 : 대한국 국제(1899) 제정, 원수부 설치, 무관 학교 설립 대한 제국의 최고 군령 기관으로, 황제가 직접 군대를 장악했어. • 식산흥업 정책(상공업 진흥 정책) : 실업·기술 교육 기관 설립, 유학생 파견, 근대 시설 도입 • 지방을 23부에서 13도로 개편, 울릉도를 군으로 승격(독도 관할), 양전 사업 실시, 지계 발급(근대적 토지 소유권)
한계	열강의 내정 간섭, 정권 내부 파쟁, 진보적 정치 개혁 운동 탄압

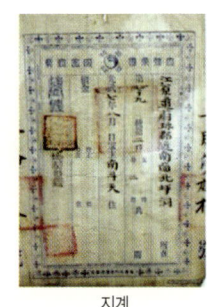

지계

기억하라! 사료

1. 외국인에게 의지하지 말고 관민이 합심하여 황제권을 공고히 할 것.
2. 외국과의 이권에 관한 계약과 조약은 각 부 대신과 중추원 의장이 함께 날인하여 시행할 것.
3. 재정은 탁지부에서 전담하여 맡고 예산과 결산은 국민에게 공포할 것.
4. 중대한 범죄는 공판하고, 피고의 인권을 존중할 것.
5. 칙임관은 정부에 그 뜻을 물어 과반수가 동의하면 임명할 것.
6. 정해진 규정을 실천할 것.
－관민 공동회와 헌의 6조

제1조 대한국은 세계 만국이 공인한 자주 독립 제국이다.
제2조 대한국의 정치는 만세불변의 전제 정치이다.
제3조 대한국의 대황제는 무한한 군권을 누린다.
－대한국 국제

상 **중** 하 22회

01 (가)에 들어갈 내용으로 적절한 것은?

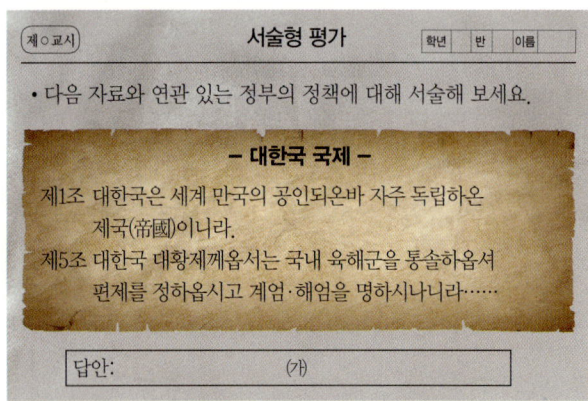

제○교서   **서술형 평가**   학년 | 반 | 이름

• 다음 자료와 연관 있는 정부의 정책에 대해 서술해 보세요.

– 대한국 국제 –

제1조 대한국은 세계 만국의 공인되온바 자주 독립하온
  제국(帝國)이니라.
제5조 대한국 대황제옵서는 국내 육해군을 통솔하옵셔
  편제를 정하옵시고 계엄·해엄을 명하시나니라……

답안: (가)

① 신분제를 폐지하였다.
② 과부의 재가를 허용하였다.
③ 토지 조사국을 설치하였다.
④ 건양이라는 연호를 제정하였다.
⑤ 근대적 토지 소유 증명서인 지계를 발급하였다.

상 중 **하** 22회

03 다음 자료들과 관계있는 단체는?

독립문   독립신문

① 보안회   ② 황국 협회   ③ 독립 협회
④ 헌정 연구회   ⑤ 국채 보상 기성회

상 **중** 하 22회

02 (가)에 들어갈 내용으로 적절한 것은?

다음 소식입니다. 단발령을 선포하여
머리카락을 풀 베듯이 베어 버리고 있다고 합니다.
한편 정부는 단발령 외에도   (가)   등을
계획하고 있다고 발표하였습니다.

단발령 실시

① 의회 설립   ② 광무개혁   ③ 신분제 폐지
④ 종두법 실시   ⑤ 궁내부 설치

상 중 하 21회

04 (가)에 들어갈 단체에 대한 설명으로 옳은 것은?

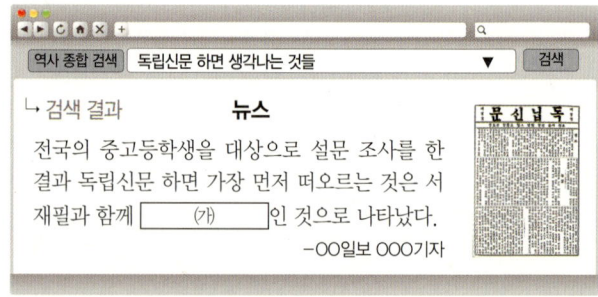

역사 종합 검색 | 독립신문 하면 생각나는 것들 | ▼ | 검색

└ 검색 결과   **뉴스**

전국의 중고등학생을 대상으로 설문 조사를 한
결과 독립신문 하면 가장 먼저 떠오르는 것은 서
재필과 함께   (가)   인 것으로 나타났다.
  −○○일보 ○○○기자

① 갑오개혁을 주도하였다.
② 의병 운동을 전개하였다.
③ 만민 공동회를 개최하였다.
④ 최초로 신문을 발행하였다.
⑤ 물산 장려 운동을 계획하였다.

05 밑줄 친 '전쟁'에 대한 설명으로 옳은 것은?

① 강화도 조약 체결의 원인이 되었다.
② 일본은 전쟁 중 독도를 침탈하였다.
③ 일본은 승리를 위해 경부선을 부설하였다.
④ 일본이 경비병을 주둔시키는 계기가 되었다.
⑤ 시모노세키 조약이 체결되는 결과를 초래하였다.

07 다음 자료와 관련 있는 사건이 일어난 시기로 옳은 것은?

러시아, 프랑스, 독일의 대사들은 일본의 외무 차관 다다스를 방문하여 '요동 반도를 일본이 소유하는 것은 청의 수도에 대한 항구적인 위협일 뿐만 아니라 조선의 독립을 유명무실하게 만드는 것'이라 주장하면서 요동의 반환을 요구하였다.

1876	1885	1889	1894	1896	1905
(가)	(나)	(다)	(라)	(마)	
강화도 조약	거문도 사건	방곡령	갑오개혁	아관 파천	을사조약

① (가)　② (나)　③ (다)　④ (라)　⑤ (마)

06 다음 개혁에 대한 설명으로 옳은 것은?

1. 청국에 의탁하는 생각을 끊어 버리고 확실히 자주독립하는 기초를 확고히 세울 것
2. 왕실 전범을 제정하여 대통의 계승과 종실, 외척의 구별을 밝힐 것
3. 대군주가 정전에서 일을 보되, 정사를 친히 각 대신에게 물어 재결하여 왕후와 비빈, 종실, 외척이 간여함을 용납하지 않을 것
4. 왕실 사무와 국정 사무를 모름지기 나누어 서로 혼합하지 아니할 것
7. 조세 과정과 경비 지출은 모두 탁지아문이 관할할 것

① 교정청에서 주도하였다.
② 통리기무아문이 설치되었다.
③ 일본의 간섭 하에 이루어졌다.
④ 태양력을 사용하기로 결정하였다.
⑤ 정미 의병이 전개되는 계기가 되었다.

08 (가)에 들어갈 사건에 대한 설명으로 옳은 것은?

① 제폭구민, 보국안민을 주장하였다.
② 외교권 박탈을 계기로 전개되었다.
③ 일본의 군사적 지원 약속에 의존하였다.
④ 청의 내정 간섭이 심화되는 결과를 초래하였다.
⑤ 청과 일본이 톈진 조약을 체결하는 계기가 되었다.

상 중 하 20회

09 밑줄 친 '이 신문'을 옳게 고른 것은?

이 신문은 ○○○과 국내 개화파들이 민중을 계몽할 목적으로 창간한 우리나라 최초의 민간 신문이었다. 당시 정부는 신문 설립을 위한 자금을 지원하고 정부 소유의 건물을 사옥으로 빌려 주었다. 이 신문은 모두 4면으로, 제3면까지는 국문판으로, 제4면은 영문판으로 편집하여 주 3회 격일간지로 출발하였다.

①
독립신문

②
대한매일신보

③
한성순보

④
황성신문

⑤
제국신문

상 중 하 19회

10 다음은 (가) 인물을 주제로 쓴 시이다. (가) 인물의 주장으로 옳은 것은?

(가)

새야, 새야, 파랑새야 녹두밭에 앉지 마라
녹두 꽃이 떨어지면 청포 장수 울고 간다
새야, 새야, 파랑새야 녹두 잎에 앉은 새야
녹두 잎이 깐닥 하면 너 죽을 줄 왜 모르니

① 절영도 조차를 철회하라.
② 보국안민을 위해 죽기로 싸우자.
③ 평안도 사람에 대한 차별을 철폐하라.
④ 단발령을 철회시켜 유교 윤리 수호하자.
⑤ 구식 군인의 밀린 월급을 빨리 지급하라.

상 중 하 19회

11 (가)에 들어갈 수 있는 인물에 대한 설명으로 옳은 것은?

통합검색 | (가) | 검색

연보 1880년 2차 수신사 파견, 《조선책략》 유입
　　 1885년 외무독판으로 한성 조약 체결
　　 1894년 군국기무처 총관으로 임명
　　 1896년 광화문 앞에서 군중에 의해 타살

① 갑신정변을 주도하였다.
② 독립신문을 창간하였다.
③ 갑오개혁을 추진하였다.
④ 영남 만인소를 계획하였다.
⑤ 좌우 합작 운동을 주도하였다.

상 중 하 19회

12 다음 조항들의 공통점으로 옳은 것은?

(가) 14개조 정강
2항　문벌을 폐지하여 백성의 평등권을 제정하여 재능에 따라 인재를 등용할 것.
12항 일체의 국가 재정은 호조에서 관할하고 그 밖의 재정 관청은 금지할 것.
13항 대신과 참찬은 날을 정하여 의정부에서 회의하고, 정령을 의정 집행할 것.

(나) 폐정 개혁안 12조
5조　노비 문서를 없앨 것.
6조　7종의 천인 차별을 개선하고, 백정이 쓰는 평량갓은 없앨 것.
12조 토지는 평균하여 분작할 것.

① 외세에 의존하였다.
② 반봉건적인 성격을 띠었다.
③ 의회의 설립을 주장하였다.
④ 입헌 군주제의 수립을 지향하였다.
⑤ 청의 간섭을 강화시키는 결과를 초래하였다.

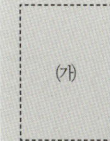 18회

13 다음을 발표한 단체의 활동으로 옳은 것은?

> 1. 외국인에게 의지하지 말고 관민이 한마음으로 힘을 합하여 전제 황권을 견고하게 할 것.
> 2. 외국과의 이권에 관한 조약은 각 대신과 중추원 의장이 합동 날인하여 시행할 것.
> 3. 국가 재정을 탁지부에서 전관하고 예산과 결산을 국민에게 공포할 것.
> 4. 중대 범죄를 공판하되 피고의 인권을 존중할 것.
> 5. 칙임관을 임명할 때는 정부의 자문을 받아 다수의 의견에 따를 것.
> 6. 정해진 규칙을 실천할 것.
>
> – 헌의 6조

① 자유 민권 운동을 전개하였다.
② 국외 독립운동 기지를 건설하였다.
③ 고종 퇴위 반대 운동을 전개하였다.
④ 일제의 황무지 개간권 요구를 저지하였다.
⑤ 을사 5적을 규탄하고 친일파를 처단하려 하였다.

상 중 하 18회

14 (가)에 들어갈 자료로 옳은 것은?

> (가) 서울 특별시 중구 소공동에 있는 대한 제국 시기의 제단으로, 천자가 하늘에 제사를 드리는 곳이다. 고종이 이곳에 제를 올리고 대한 제국 황제 즉위식을 거행하였다. 1913년 일제가 이곳을 허물고 그 자리에 호텔을 지었다.

①  운현궁
②  원구단
③  덕수궁 석조전
④  경복궁 근정전
⑤  종묘

상 중 하 18회

15 (가) 사건의 결과 및 영향에 대한 설명으로 옳은 것은?

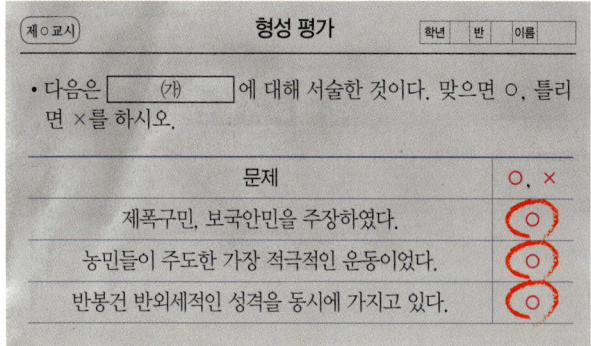

문제	O, ×
제폭구민, 보국안민을 주장하였다.	O
농민들이 주도한 가장 적극적인 운동이었다.	O
반봉건 반외세적인 성격을 동시에 가지고 있다.	O

제○교시 **형성 평가** 학년 | 반 | 이름

• 다음은 [(가)]에 대해 서술한 것이다. 맞으면 O, 틀리면 ×를 하시오.

① 만민 공동회를 열었다.
② 의병 운동으로 이어졌다.
③ 아관 파천 이후 해산하였다.
④ 단발령 공포에 저항한 것이다.
⑤ 입헌 군주제 국가의 수립을 지향하였다.

상 중 하 18회

16 밑줄 친 '이것'으로 옳은 것은?

① 갑신정변 ② 아관 파천 ③ 갑오개혁
④ 독립 협회 ⑤ 동학 농민 운동

상 중 하 18회

17 다음 자료를 통해 알 수 있는 의병에 대한 설명으로 옳은 것은?

> 임진왜란 시 의병의 전통을 이어받아 왜놈을 몰아내고 조국을 지키는 것을 가장 큰 목적으로 한다. 국모를 시해한 너희를 우리는 절대 용서 못하며 단발을 반대하는 실천 방법으로 침략자인 일본인과 일본당을 제거하려 한다.

① 해산 군인을 중심으로 조직되었다.
② 평민 출신 의병장이 중심이 되었다.
③ 국제법상 교전 단체로 인정할 것을 요청하였다.
④ 고종의 해산 권고 조치에 따라 대부분 해산하였다.
⑤ 13도 창의군을 조직하여 서울 진공 작전을 계획하였다.

상 중 하 17회

19 다음 인물들이 함께 주도한 개혁에 대한 설명으로 옳은 것은?

박영효　　　　　김홍집

① 태양력이 실시되었다.
② 의회를 설립하고자 하였다.
③ 통리기무아문을 중심으로 실시되었다.
④ 청에 대한 의존적 관계를 청산하고자 하였다.
⑤ 청의 내정 간섭이 심해지는 결과를 초래하였다.

상 중 하 17회

18 (가) 시기에 들어갈 수 있는 사건으로 옳지 <u>않은</u> 것은?

백산 봉기　　　(가)　　　우금치 전투

① 갑오개혁 실시
② 청일 전쟁 발발
③ 고부 농민 봉기 발생
④ 농민군의 전주성 점령
⑤ 일본군의 경복궁 점령

상 중 하 17회

20 다음 대화가 이루어진 시기를 연표에서 옳게 고른 것은?

1889	1894	1896	1897	1904	1905
(가)	(나)	(다)	(라)	(마)	
방곡령	갑오개혁	아관 파천	대한 제국 수립	러일 전쟁	을사조약

① (가)　② (나)　③ (다)　④ (라)　⑤ (마)

21 다음은 어느 인물의 생애를 요약한 자료이다. 이 인물에 대한 설명으로 옳은 것은?

1864년	전남 보성 출생
1896년	독립 협회 고문에 임명
1898년	만민 공동회 개최
1919년	대한인 국민회 외교 고문에 임명
1947년	군정청 최고 정무관
1951년	사망

① 사창제를 실시하였다.
② 독립신문을 창간하였다.
③ 갑오개혁을 실시하였다.
④ 을사 의병을 주도하였다.
⑤ 한반도 중립화론을 주장하였다.

22 다음을 발급한 시기에 볼 수 있는 모습으로 적절한 것은?

지계

① 단발령에 저항하는 유생
② 광무개혁을 추진하는 관리
③ 신분제 폐지를 기뻐하는 노비들
④ 우금치 전투에 참전하고 있는 농민군
⑤ 거류지 무역을 통해 이익을 얻고 있는 지주

23 다음 자료를 통해 알 수 있는 인물로 옳은 것은?

① 유인석 ② 전봉준 ③ 신돌석 ④ 이인영 ⑤ 최익현

24 다음 가상 엽서의 밑줄 친 (가)~(다)를 시기순으로 옳게 배열한 것은?

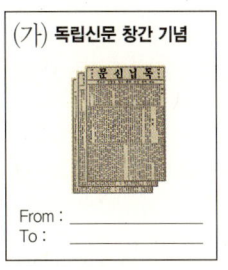

① (가) – (나) – (다) ② (가) – (다) – (나)
③ (나) – (가) – (다) ④ (나) – (다) – (가)
⑤ (다) – (나) – (가)

1. ⑤ 2. ④ 3. ③ 4. ③ 5. ⑤ 6. ③ 7. ④ 8. ① 9. ① 10. ②
11. ③ 12. ② 13. ① 14. ② 15. ② 16. ② 17. ④ 18. ③ 19. ④
20. ② 21. ② 22. ② 23. ⑤ 24. ④

1. ⑤ 바로 정리 : 대한 제국

제시된 자료에서 '대한국 국제, 제국, 국내 육해군 통솔' 등을 통해 대한 제국과 관련된 내용임을 알 수 있다. 대한 제국은 황제권 강화를 위해 원수부를 설치하여 황제가 군대를 통솔하게 했고, 국가 재정을 확보하기 위해 양전 사업을 실시했으며, 일부 지역에서 토지 소유권을 명시한 지계를 발급했다. 또한 서양의 기술과 기계를 적극 도입하여 상공업을 진흥시키려는 식산 흥업 정책을 폈다. 아하! ①, ② 갑오개혁에 대한 설명이다. ③ 일제 강점기 1910년대에 해당한다. ④ 을미개혁에 해당한다.

2. ④ 바로 정리 : 을미개혁

을미개혁은 을미사변을 계기로 친러파는 붕괴되고 유길준, 서광범 등을 중심으로 한 제4차 김홍집 친일 내각이 수립되어 재개한 개혁이다. 을미개혁의 주요 내용은 '건양' 연호 사용, 진위대 설치, 단발령을 비롯해 태양력, 종두법, 소학교, 우편 사무 등을 시작하는 것이었다. 아하! ① 독립 협회의 중추원 설립이 최초의 시도였다. ② 지계 발급, 상공업 진흥책, 황제권 강화 등이 광무개혁에 해당한다 ③, ⑤ 제1차 갑오개혁 때 이루어졌다.

3. ③ 바로 정리 : 독립 협회

독립 협회의 첫 사업은 국민의 성금을 모아 사대(事大)의 상징인 영은문(중국의 은혜로움을 맞이한다는 뜻의 문)을 헐어 버리고 그 자리에 자주독립의 상징인 독립문을 건립한 것이다. 또한 모화관(중국을 사모하는 집이란 뜻)을 독립관으로 개수했다. 독립 협회는 토론회를 열어 국민 계몽에 앞장서고, 만민 공동회를 열어 자주 국권 운동을 전개했으며, 관민 공동회를 열어 헌의 6조 건의, 의회 설립 운동 등을 추진했다. 아하! ① 황무지 개간권 요구를 저지했다. ② 보부상이 만든 단체로, 독립 협회를 해산하는 데 동원되었다. ④ 독립 협회를 계승한 애국 계몽 운동 단체이다. ⑤ 국채 보상 운동을 전개했다.

4. ③ 바로 정리 : 독립 협회의 활동

제시된 자료에서 〈독립신문〉, 서재필 등을 통해 독립 협회와 관련된 내용임을 알 수 있다. 독립 협회는 최초의 한글 신문인 〈독립신문〉을 발간하고, 독립문을 건설했다. 또한 〈대조선 독립 협회 회보〉를 간행하고 토론회를 개최하여 국민 계몽과 이권 수호 운동을 전개했다. 만민 공동회를 개최하여 러시아의 내정 간섭과 이권 요구를 규탄하는 자주 국권 운동, 자유 민권 운동을 펼쳤다. 아하! ① 김홍집 내각이 주도했다. ② 유생, 전직 관료, 해산 군인 등이 지도부를 형성했다. ④ 최초의 신문은 〈한성순보〉이다. ⑤ 물산 장려 운동은 자작회, 조선 물산 장려회 등이 이끌었다.

5. ⑤ 바로 정리 : 일본의 경복궁 점령과 청일 전쟁의 발발

제시된 자료에서 '일본의 경복궁 점령, 청군과 전쟁' 등을 통해 청일 전쟁임을 알 수 있다. 일제는 청일 전쟁에서 승기를 잡자 제2차 갑오개혁을 강요하는 등 내정을 간섭했다. 청일 전쟁에서 승리한 일본은 시모노세키에서 청과 체결한 강화 조약으로 타이완과 요동 반도를 할양받았는데, 이후 러시아 등

삼국 간섭으로 요동 반도를 반환하게 되었다. 이러한 상황에서 친러 정부가 수립되자 일본은 을미사변을 일으켜 명성 황후를 시해했다. 아하! ① 운요호 사건을 빌미로 체결되었다. ② 러일 전쟁 중 일본에 의해 불법으로 피탈당했다. ③ 러일 전쟁 과정에서 부설되었다. ④ 임오군란 이후의 일이다.

6. ③ 바로 정리 : 갑오개혁의 실시

제시된 자료에서 '청국에 의탁하는 생각을 끊고, 왕실 사무와 국정 사무의 분리, 탁지아문' 등을 통해 제2차 갑오개혁임을 알 수 있다. 제2차 갑오개혁은 청일 전쟁에서 승세를 잡은 일본이 군국기무처를 폐지하고, 박영효를 앞세워 추진한 것이다. 이 개혁에는 내각의 개편, 8도에서 23부로 지방 제도 개편, 지방관의 권한 축소, 사법권의 독립, 근대적 교육 제도 마련 등의 내용이 포함되었다. 아하! ① 교정청은 전주 화약 체결 이후 설치되었다. ② 강화도 조약 이후 개화 정책을 추진할 때의 일이다. ④ 을미개혁에 해당한다. ⑤ 고종의 강제 퇴위와 군대 해산에 해당한다.

7. ④ 바로 정리 : 삼국 간섭의 시기

제시된 자료에서 '러시아, 프랑스, 독일, 요동의 반환 요구' 등을 통해 삼국 간섭 시기의 일이라는 것을 알 수 있다. 청일 전쟁 이후 일본이 청으로부터 타이완과 요동 반도를 할양받는 등의 내용이 담긴 시모노세키 조약(1895)을 체결하자, 러시아·프랑스·독일 등은 요동 반도의 반환을 요구했다. 이에 일본은 요동을 반환했고, 조선 정부에는 친러 내각이 수립되었다.

8. ① 바로 정리 : 동학 농민 운동의 전개

제시된 자료 '김개남, 장태, 전봉준, 사발통문'과 연관 있는 사건은 동학 농민 운동이다. 장태는 동학 농민군의 방어용 무기이고, 사발통문은 고부 농민 봉기 직전에 작성한 것이다. 정부에서는 안핵사 이용태를 파견하여 고부 민란을 조사하게 했는데, 이용태는 모든 책임이 동학교도에게 있다 하여 교도들을 체포, 처형했다. 이에 전봉준, 김개남, 손화중 등 농민군은 제폭구민, 보국 안민의 기치를 내걸고 백산에 집결, 〈호남 창의문〉을 발표하고 농민군의 4대 행동 강령을 선포했다. 아하! ② 을사 의병. ③, ④, ⑤ 갑신정변

9. ① 바로 정리 : 독립 협회와 〈독립신문〉

제시된 자료에서 '최초의 민간 신문, 국문판, 영문판' 등을 통해 〈독립신문〉임을 알 수 있다. 서재필의 주도로 창간된 〈독립신문〉은 정부 관리의 부정부패를 비판하고 국민의 권리와 의무, 국제 사회에서 한국의 위치, 열강의 이권 침탈 상황 등을 알렸다. 또한 순 한글을 사용하여 독자층을 늘리고 한글을 일상적인 문자로 격상시켰다. 아하! ② 베델 등에 의해 창간된 것으로, 의병 운동을 호의적으로 보도했다. ③ 박문국에서 발간한 것으로, 순 한문체를 사용했으며 갑신정변 이후 발행이 중단되었다가 〈한성주보〉로 다시 발간되었다. ④ 국한문 혼용체를 사용했고 식자층인 유생을 대상으로 창간되었다. ⑤ 순 한글을 사용했고 하층민과 부녀자를 주된 독자층으로 삼았다.

10. ② 바로 정리 : 전봉준과 동학 농민 운동

제시된 자료에서 '녹두' 등을 통해 (가)는 전봉준임을 알 수 있다. 자료는 동학 농민 운동이 실패로 끝난 뒤 농민들이 불렀던 노래이다. 아하! ① 독립 협회에 해당한다. ③ 홍경래의 난에 해당한다. ④ 을미 의병에 해당한다. ⑤ 임오군란에 해당한다.

11. ③ 바로 정리 : 김홍집의 활동

제시된 자료에서 '2차 수신사 파견, 《조선책략》 유입, 군국기무처' 등을 통해 김홍집임을 알 수 있다. 김홍집은 온건 개화파로 갑오개혁 당시 내각을 주도했다. 아하! ① 급진 개화파에 해당한다. 김옥균, 박영효가 대표적이다. ② 서재필에 해당한다. ④ 이만손에 해당한다. ⑤ 여운형과 김규식에 해당한다.

12. ② 바로 정리 : 갑신정변과 동학 농민 운동의 공통점

제시된 자료는 갑신정변 문서인 14개조 정강과 동학 농민 운동의 폐정 개혁안 12조이다. 14개조 정강에서는 '백성의 평등권', 폐정 개혁안에서는 '노비 문서를 소각할 것'이라는 내용을 통해 신분제의 폐지를 주장하고 있음을 알 수 있다. 아하! ①, ④, ⑤ 갑신정변에 해당한다. ③ 독립 협회에 해당한다.

13. ① 바로 정리 : 독립 협회의 헌의 6조

제시된 자료에서 '헌의 6조, 탁지부에서 국가 재정 담당, 피고의 인권 존중' 등을 통해 독립 협회임을 알 수 있다. 독립 협회는 자강 개혁, 자유 민권, 자주 국권 등을 주장했고, 이를 위해 만민 공동회와 관민 공동회를 개최했다. 아하! ② 신민회에 해당한다. ③ 대한 자강회에 해당한다. ④ 보안회에 해당한다. ⑤ 5적 암살단에 해당한다.

14. ② 바로 정리 : 대한 제국과 원구단

제시된 자료에서 '대한 제국 시기의 제단, 황제 즉위식' 등을 통해 원구단임을 알 수 있다. 아하! ① 흥선 대원군의 거처이다. ③ 덕수궁에 건설된 서양식 건물이다. ④ 경복궁 안에 있는 왕이 사무를 보던 건물이다. ⑤ 조선 역대 왕의 신주를 모셔 놓은 사당이다.

15. ② 바로 정리 : 동학 농민 운동

제시된 자료에서 '제폭구민, 보국안민, 농민들이 주도' 등을 통해 동학 농민 운동임을 알 수 있다. 동학 농민 운동은 고부 봉기로부터 시작하여 봉건적인 제도 개혁 운동, 일본 침략에 대한 저항 운동을 펼쳤다. 하지만 공주 우금치 전투에서 일본군에 패배한 이후 의병에 합류했다. 동학 농민 운동의 반봉건적인 성격은 갑오개혁으로, 반외세적인 성격은 의병 운동으로 계승된다. 아하! ① 독립 협회 ③, ④ 을미 의병 ⑤ 관민 공동회나 헌정 연구회

16. ② 바로 정리 : 아관 파천

제시된 자료에서 '을미사변 이후, 변장까지 하고 감행'에서 아관 파천이라는 사실을 알 수 있다. 아관 파천은 고종이 경복궁에서 러시아 공사관으로 처소를 옮긴 사건이다. 이후 개혁 주도 세력이 제거되고, 일부 관료가 일본으로 망명하는 등 개혁이 중단되었다. 아하! ① 급진 개화파가 근대적인 개혁을 위해 전개했다. ③ 일본이 경복궁을 점령한 이후 강요하여 전개했으며, 동학 농민군의 주장을 일부 반영했다. ④ 자유 민권, 자주 국권, 자강 개혁 등을 주장하면서 만민 공동회를 개최했다. ⑤ 반봉건·반외세의 성격을 가진 농민 주도의 운동이다.

17. ④ 바로 정리 : 을미 의병의 특징

제시된 자료에서 '국모를 시해, 단발을 반대' 등을 통해 을미 의병임을 알 수 있다. 을미 의병은 명성 황후의 시해와 단발령 실시에 반대하여 지방 유생층을 중심으로 전개되었다. 그러나 을미 의병은 양반 유생 의병장들의 신분 차별 의식으로 인해 결집력이 약했고, 아관 파천 이후 고종이 단발령을 취소하

고 해산을 권유하자 활동을 중단했다. 아하! ①, ③, ⑤ 정미 의병에 해당한다. ② 을사 의병 때 처음 나타났다.

18. ③ 바로 정리 : 동학 농민 운동의 순서

제시된 자료에서 '백산 봉기, 우금치 전투'를 통해 동학 농민 운동임을 알 수 있다. 백산 봉기는 고부 봉기 이후 안핵사 이용태가 오히려 농민들을 처벌하자, 이에 반발하여 재봉기한 일이고, 우금치 전투는 제2차 농민 봉기 과정에서 벌인 일본군과의 전투를 말한다. 고부 민란은 백산 봉기 이전의 일이다.

19. ④ 바로 정리 : 제2차 갑오개혁

제시된 자료 '박영효, 김홍집'을 통해 제2차 갑오개혁임을 알 수 있다. 제2차 갑오개혁은 청일 전쟁에서 승세를 잡은 일본이 일본에 망명 중인 박영효를 불러들여 김홍집과 함께 연립 내각을 구성하여 추진한 개혁이다. 이 개혁에서는 홍범 14조가 반포되었고, 고종은 교육입국 조서를 발표하고 근대적인 교육 제도를 마련했다. 아하! ① 을미개혁 ② 독립 협회 ③ 개화 정책 초기 ⑤ 갑신정변

20. ② 바로 정리 : 삼국 간섭

제시된 자료에서 '일본이 요동 반도 반환, 러시아, 프랑스, 독일의 요구를 받아들임' 등을 통해 삼국 간섭과 관련되었음을 알 수 있다. 삼국 간섭 이후 조선에서는 친러 정부가 들어섰다. 이에 일제는 이를 견제하기 위해 명성 황후를 시해하는 만행을 저질렀다. 이후 고종은 아관 파천을 단행했다.

21. ② 바로 정리 : 서재필

제시된 자료에서 '독립 협회 고문, 만민 공동회' 등을 통해 서재필과 관련된 내용임을 알 수 있다. 서재필은 〈독립신문〉을 창간하고 독립 협회를 창립했다. 또한 만민 공동회를 개최하여 러시아의 이권 침탈을 규탄했다. 아하! ① 흥선 대원군 ③ 김홍집 ④ 최익현, 신돌석 ⑤ 유길준

22. ② 바로 정리 : 광무개혁

지계는 광무개혁 때 발행한 토지 소유권 증명서이다. 이를 통해 토지 소유를 법적으로 확인하고, 농지의 실제 규모를 파악하여 국가의 재정 수입을 늘리려고 했다. 아하! ① 을미 의병에 해당한다. ③ 갑오개혁 때의 일이다. ④ 동학 농민 운동 당시의 일이다. ⑤ 개항 초기의 일이다.

23. ⑤ 바로 정리 : 최익현과 을사 의병

제시된 자료는 최익현과 관련된 내용이다. 최익현은 흥선 대원군 집권 시기 서원 철폐 반대 운동을 전개했고, 강화도 조약 체결 당시에는 일본도 서양과 비슷하다는 논리를 펴 개항 반대 운동을 전개했다. 이후 을사조약이 체결되자 을사 의병을 주도하다가, 왕의 군대와는 싸울 수 없다며 관군에게 잡힌 이후 쓰시마 섬에 유배되어 사망했다. 아하! ① 을미 의병을 주도한 유생이었다. ② 동학 농민군 총대장이었다. ③ 을사 의병 당시의 대표적인 농민 의병장이었다. ④ 정미 의병 당시 13도 연합 의병을 이끌었던 의병장이었다.

24. ④ 바로 정리 : 독립 협회, 조미 수호 통상 조약, 갑오개혁

(가) 독립 협회 창간은 1896년, (나) 조미 수호 통상 조약 체결은 1882년, (다) 갑오개혁은 1894년의 일이다. 즉 (나) – (다) – (가)의 순으로 일어났다.

12 일제의 국권 침탈과 국권 수호 운동

기억하라! 사료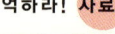

첫째, 일본은 필리핀에 대한 미국의 지배권을 확인한다.
둘째, 미국은 한국에 대한 일본의 지배권을 확인한다.
셋째, 극동 평화를 위하여 미국·영국·일본 세 나라가 실질적으로 동맹 관계를 맺는다.
— 가쓰라·태프트 밀약

제1조 대한 제국 정부는 이후에 대 일본 제국 정부의 중개를 경유하지 않고서 국제적 성질을 가진 하등의 조약이나 또는 약속을 하지 않기로 서로 약정함.
제3조 대 일본 제국 정부는 그 대표자로 하여금 대한 제국 황제 밑에 1명의 통감을 두되, 통감은 오직 외교에 관한 사항을 관리하기 위해 경성에 주재하고……
— 을사조약

핵심주제 01 일제의 국권 침탈

(1) 국권 침탈 과정

한일 의정서(1904.2)	조선 내의 군사 기지를 일본이 마음대로 사용
제1차 한일 협약(1904. 8)	러일 전쟁에서 전세가 유리해진 일본의 요구로 체결, 대한 제국의 외교(스티븐스)·재정(메가타) 분야에 일본이 추천한 외국인 고문 초빙
일본, 미국·영국·러시아와 협약	가쓰라·태프트 밀약(1905. 7, 미·일), 제2차 영일 동맹(1905. 8, 영·일), 포츠머스 조약(1905. 9, 러·일)을 맺어 일본의 한반도 지배 인정
을사조약(을사늑약, 제2차 한일 협약, 1905. 11)	러일 전쟁 종결 후 무력으로 강제 체결 → 대한 제국의 외교권 박탈, 통감부 설치 → 고종의 조약 무효 선언, 헤이그 특사 파견(1907) → 일제의 고종 강제 퇴위
한일 신협약(정미7조약, 1907)	통감의 권한 확대, 행정 각부에 일본인 차관 임명 → 대한 제국 군대 해산
기유 각서(1909. 7)	대한 제국의 사법권 박탈
경찰관 위탁 각서(1910. 6)	대한 제국의 경찰권 박탈
한일 병합 조약(1910. 8. 29)	국권 강탈, 조선 총독부 설치, 일제의 식민 통치 실시

(2) 간도와 독도

간도	• 청과 영유권 분쟁 : 백두산정계비 토문강 해석 문제로 간도 귀속 분쟁 • 대한 제국에서 간도 관리사 파견(이범윤), 간도를 함경도 행정 구역으로 편입 • 간도 협약(1909, 일·청) : 남만주 철도(안봉선) 부설권 획득 대가로 간도를 청의 영토로 인정
독도	대한 제국이 울릉도를 군으로 승격(1900), 러일 전쟁 중 일본이 불법적으로 자국 영토로 편입(1905)

기억하라! 사진

백두산정계비

핵심주제 02 을사조약 규탄

민영환, 조병세	조약 폐기 상소, 자결
장인환, 전명운	샌프란시스코에서 친일 미국인 스티븐스 사살(1908)
안중근	하얼빈에서 초대 통감을 지낸 이토 히로부미 사살(1909)
이재명	명동 성당 앞에서 이완용 암살 시도, 실패(1909)
장지연	'시일야방성대곡' (《황성신문》)
나철, 오기호 대종교 창시자	을사 5적 처단을 위한 5적 암살단 조직

핵심주제 03

항일 의병 운동의 전개

(1) 을미 의병(1895)

배경	을미사변, 단발령
활동 내용	대한 제국이 울릉도를 군으로 승격(1900), 러일 전쟁 중 일본이 불법적으로 자국 영토로 편입(1905)

(2) 을사 의병(1905)

배경	을사조약 강제 체결
활동 내용	평민 의병장(신돌석) 등장, 전직 관료·유생 의병장 주도(민종식 – 홍성, 최익현 – 순창)

(3) 정미 의병(1907)

배경	고종의 강제 퇴위, 군대 해산
활동 내용	• 해산 군인의 합류(의병 전쟁으로 확산) • 13도 연합 의병 결성 → 서울 진공 작전 감행(1908, 이인영·허위), 의병을 국제법상 교전 단체로 인정할 것을 요구 • 일제가 남한 대토벌 작전으로 진압(1909)

 핵심주제 04

애국 계몽 운동의 전개

(1) 방향 : 우리 국민의 힘으로 교육과 산업의 발전을 통한 부국강병과 실력 양성으로 국권 회복을 꾀했다.

(2) 단체

> 1904년 일본의 토지 침탈 기도에 대응하여 개간 사업을 목적으로 설립한 근대적 농업 회사야. 하지만 그해 해체되었지.

보안회(1904)	• 유생, 관료 출신 주축 • 일제의 황무지 개간권 요구 철회 운동 → 성공, 농광회사를 설립하여 일본에 대응
헌정 연구회(1905)	독립 협회 계승, 입헌 군주정 수립 주장, 일진회에 저항, 일제 탑압으로 해산(1906)
대한 자강회(1906)	헌정 연구회 계승(윤효정, 장지연 등), 《대한 자강회》 월보 간행, 일제의 고종 강제 퇴위 반대 운동을 주도하다 해산(1907)
대한 협회(1907)	교육 진흥과 계몽 운동 추진, 〈대한민보〉 간행, 친일적 성격으로 변질

(3) 신민회(1907, 비밀 결사 조직)

결성	안창호, 양기탁, 이동휘 등
목표	공화정체의 자유 독립국
활동	• 교육 : 대성 학교, 오산 학교 건립 • 기관지 : 〈대한매일신보〉 발행 • 산업 : 태극서관(대구), 자기 회사(평양) 설립 　　　　출판 사업 • 해외 독립운동 기지 건설 : 남만주의 삼원보, 신흥 강습소 설립　　후에 신흥 무관 학교로 발전해.
체제	일제가 날조한 105인 사건으로 조직 와해(1911) → 해외로 활동 근거지 이동

기억하라! **최익현**

> 오호라, 작년 10월에 저들이 한 행위는 만고에 일찍이 없던 일로서, 억압으로 한 조각의 종이에 조인하여 5백 년 전해 오던 종묘사직이 드디어 하룻밤 사이에 망했으니, 천지신명도 놀라고 조종의 영혼도 슬퍼하였다. 우리 의병 군사의 올바름을 믿고 적의 강대함을 두려워하지 말자. 이에 격문을 돌리니 의연히 일어나라.
> — 최익현의 을사 의병 격문, 《면암집》

기억하라! **지도**

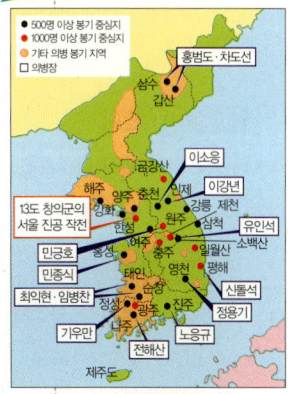

항일 의병 운동

기억하라! **사료**

> 1. 국민에게 민족의식·독립 사상 고취
> 2. 동지의 발견·단합으로 국민 운동 역량 축적
> 3. 상공업 기관 건설로 국민의 부력 증진
> 4. 교육 기관 설립으로 청소년 교육 진흥
> — 신민회 4대 강령

상 중 하 22회

01 (가) 지역에서 있었던 일로 옳은 것은?

① 경강 상인이 활동하였다.
② 팔만대장경이 조판되었다.
③ 형평사 운동이 시작되었다.
④ 견훤이 도읍지로 정하였다.
⑤ 국채 보상 운동이 시작되었다.

상 중 하 22회

02 (가)에 들어갈 내용으로 적절한 것을 〈보기〉에서 고른 것은?

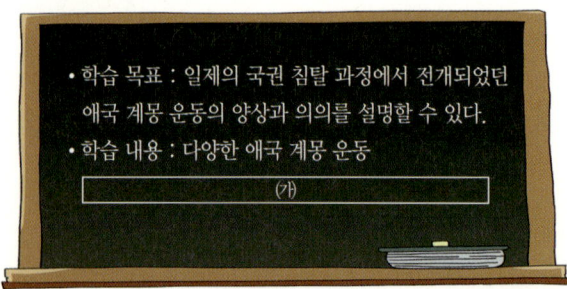

〈보기〉

ㄱ. 민족 학교의 설립
ㄴ. 국채 보상 운동의 전개
ㄷ. 문자 보급 운동의 추진
ㄹ. 13도 연합 의병의 결성

① ㄱ, ㄴ   ② ㄱ, ㄷ   ③ ㄴ, ㄷ
④ ㄴ, ㄹ   ⑤ ㄷ, ㄹ

상 중 하 22회

03 (가)에 들어갈 내용으로 적절한 것은?

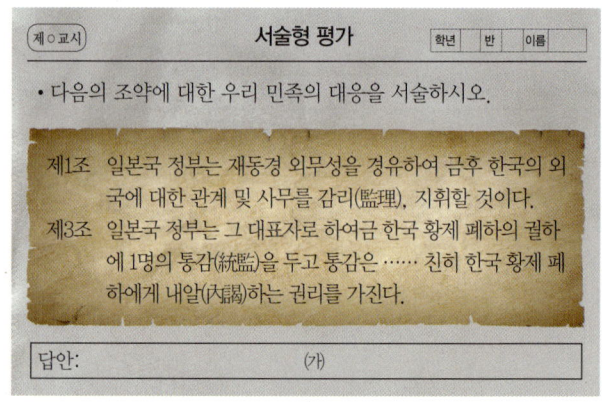

① 동학 농민군이 2차 봉기를 일으켰다.
② 장지연이 시일야방성대곡을 작성하였다.
③ 서상돈 등이 국채 보상 운동을 전개하였다.
④ 독립 협회가 이권 수호 운동을 전개하였다.
⑤ 의병 연합이 서울 진공 작전을 전개하였다.

상 중 하 22회

04 다음은 어느 단체에 대해 정리한 내용이다. 이 단체에 대한 설명으로 옳은 것은?

• 창립 : 안창호 등의 노력
• 활동 : 만주 삼원보에 독립운동 기지 건설
• 해산 : 105인 사건이 계기

① 제국신문을 발간하였다.
② 연통제, 교통국을 운영하였다.
③ 대성 학교, 오산 학교를 설립하였다.
④ 입헌 군주제 국가를 수립하고자 하였다.
⑤ 황무지 개간권 요구 철회 운동을 전개하였다.

05 다음 대화가 이루어졌던 시기의 일로 적절한 것은?

① 단발령이 선포되었다.
② 고종이 퇴위당하였다.
③ 한성순보를 발간하였다.
④ 군국기무처가 설치되었다.
⑤ 고종이 아관 파천을 단행하였다.

06 (가)에 해당하는 단체에 대한 설명으로 옳지 <u>않은</u> 것은?

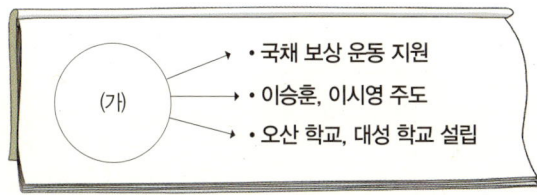

① 형평 운동을 전개하였다.
② 105인 사건으로 해산되었다.
③ 국외에 독립군 기지를 건설하였다.
④ 공화정의 국가를 수립하고자 하였다.
⑤ 태극서관, 자기 회사 등을 설립하였다.

07 밑줄 친 '이 운동'에 대한 설명으로 옳은 것은?

 사진 속 인물은 서상돈으로, 1907년 대구에서 단연회를 조직하여 이 운동을 시작하였다. 그는 "2천만 동포가 석 달만 담배를 끊으면, 나라 빚 1300만 원을 무난히 갚을 수 있다."고 주장하였다.

① 대한 자강회의 설립으로 이어졌다.
② 회사령 철폐를 계기로 시작되었다.
③ 황국 중앙 총상회를 중심으로 전개되었다.
④ 언론 기관 주도로 모금 운동이 전개되었다.
⑤ 일부 사회주의자들의 비판을 받으며 실패하였다.

08 다음 자료에 해당하는 신문은?

• 1904년 창간 – 1910년 폐간
• 구독자 수 1위의 신문
• 주요 인물 – 베델, 양기탁 등
• 국채 보상 운동에 대해 적극적으로 지지
• 일제에 가장 비판적인 신문

①  대한매일신보

②  황성신문

③  제국신문

④  독립신문

⑤  한성순보

상 중 하 20회

09 다음 조약을 맺은 시기를 연표에서 옳게 고른 것은?

> 제1조 대한 제국 정부는 대 일본 제국 정부가 추천한 일본인 1명을 재정 고문에 초빙하여 재무에 관한 사항은 모두 그의 의견을 들어 시행할 것.
> 제2조 대한 제국 정부는 대 일본 제국 정부가 추천한 외국인 1명을 외교 고문으로 외부에서 초빙하여, 외교에 관한 중요한 업무는 모두 그의 의견을 들어 시행할 것.

1897	1904	1905	1907	1909	1910
	(가)	(나)	(다)	(라)	(마)
대한 제국 수립	러일 전쟁	통감부 설치	헤이그 특사 파견	기유각서 체결	국권 강탈

① (가) ② (나) ③ (다) ④ (라) ⑤ (마)

상 중 하 20회

10 다음 설명에 해당하는 인물로 옳은 것은?

> • 1905년 – 공립 협회 회원
> • 1908년 – 스티븐스 저격
> • 1909년 – 대한인 국민회 회원
> • 1927년 – 동지회 회원

①  지청천

②  조소앙

③  전명운

④  이동휘

⑤ 이시영

상 중 하 20회

11 다음 조약을 맺은 순서를 알맞게 연결한 것은?

> (가) 러시아 제국 정부는 일본 제국이 한국에서 정치·군사상 및 경제상의 탁월한 이익을 갖는다는 것을 인정한다.
> (나) 일본국 정부는 그 대표자로 한국 황제 폐하 밑에 1명의 통감을 두되 통감은 오로지 외교에 관한 사항을 관리한다.
> (다) 한국 정부는 통감이 추천한 일본인을 한국 관리로 임명할 것.
> (라) 일본국 황제 폐하는 전조에 기재한 양여를 수락하고 완전히 한국을 일본 제국에 병합함을 승낙한다.
> (마) 대 일본 제국 정부는 전항의 목적을 달성하기 위하여 전략상 필요한 지점을 수시로 사용할 수 있다.

① (가) – (나) – (다) – (라) – (마)
② (나) – (라) – (마) – (다) – (가)
③ (다) – (라) – (가) – (나) – (마)
④ (라) – (마) – (나) – (가) – (다)
⑤ (마) – (가) – (나) – (다) – (라)

상 중 하 19회

12 (가)에 들어갈 내용으로 적절한 것은?

> **역사신문** ○○○○년 ○○월 ○○일
>
> | (가) |
>
> 원로 대신들의 상소 운동이 전개되면서 조약 반대 항쟁은 민간에까지 확산. 서울 종로에 있는 육의전이 철시를 단행한 데 이어 시내 전 상가가 차례로 철시 …… 각급 학교 학생들도 자진 휴학을 단행하고 있는데 …… 한편 민영환의 뒤를 이어 전 의정 대신 조병세도 국민과 각국 공사에게 보내는 유서를 남기고 12월 1일 음독 자결하였다.

① 군대, 해산당하다
② 고종, 퇴위당하다
③ 명성 황후, 시해당하다
④ 정부, 단발령을 공포하다
⑤ 일제, 을사조약의 체결을 강요하다

상 중 하 19회

13 (가)에 들어갈 내용으로 적절한 것은?

> ### 역 사 신 문
> ○○○○년 ○○월 ○○일
>
> **혼란의 1907년, 나라의 운명은?**
>
> 1907년은 한민족에게 시련의 시기였다. 황제가 폐위당하고, 군대가 해산당하였으며, 일제는 차관 정치를 강요하는 등 침략을 더욱 노골화하였다. 이에 우리 민족은 ____(가)____ 등 다양한 방법으로 저항하였다.

① 활빈당 조직

② 독립 의군부 활동

③ 민족 유일당 운동 전개

④ 13도 연합 의병 부대 결성

⑤ 고종이 헤이그에 밀사 파견

상 중 하 19회

15 다음에 해당하는 단체는?

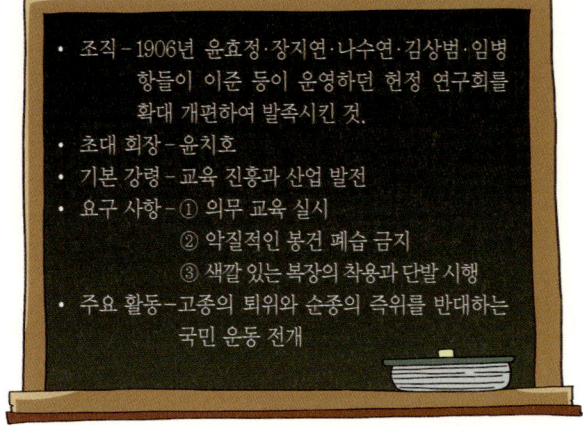

* 조직 – 1906년 윤효정·장지연·나수연·김상범·임병항들이 이준 등이 운영하던 헌정 연구회를 확대 개편하여 발족시킨 것.
* 초대 회장 – 윤치호
* 기본 강령 – 교육 진흥과 산업 발전
* 요구 사항 – ① 의무 교육 실시
    ② 악질적인 봉건 폐습 금지
    ③ 색깔 있는 복장의 착용과 단발 시행
* 주요 활동 – 고종의 퇴위와 순종의 즉위를 반대하는 국민 운동 전개

① 보안회   ② 신민회

③ 대한 협회   ④ 헌정 연구회

⑤ 대한 자강회

상 중 하 19회

14 밑줄 친 '이 사건'에 해당하는 것은?

그림은 한국의 지배와 동아시아의 주도권을 둘러싸고 두 나라가 벌인 <u>이 사건</u>을 풍자한 것이다. <u>이 사건</u>을 계기로 미국과 영국의 지원을 등에 업은 일본은 한국을 식민지로 삼을 수 있는 발판을 마련하였다.

① 을사조약   ② 러일 전쟁

③ 청일 전쟁   ④ 운요호 사건

⑤ 제1차 세계 대전

상 중 하 19회

16 갑~무 중 옳지 <u>않게</u> 답변한 사람은?

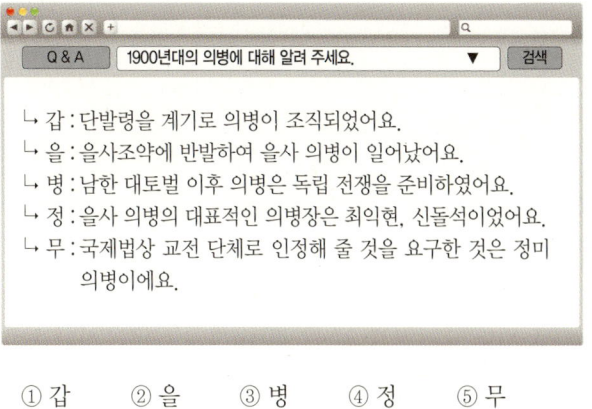

Q & A   1900년대의 의병에 대해 알려 주세요.   ▼   검색

ㄴ 갑 : 단발령을 계기로 의병이 조직되었어요.

ㄴ 을 : 을사조약에 반발하여 을사 의병이 일어났어요.

ㄴ 병 : 남한 대토벌 이후 의병은 독립 전쟁을 준비하였어요.

ㄴ 정 : 을사 의병의 대표적인 의병장은 최익현, 신돌석이었어요.

ㄴ 무 : 국제법상 교전 단체로 인정해 줄 것을 요구한 것은 정미 의병이에요.

① 갑   ② 을   ③ 병   ④ 정   ⑤ 무

상 中 하 19회

17 다음 조약을 맺은 시기를 연표에서 옳게 고른 것은?

제1조 한국 정부는 시정 개선에 관하여 통감의 지도를 받을 것.
제2조 한국 정부의 법령 제정 및 중요한 행정상 처분은 미리 통감의 승인을 거칠 것.
제5조 한국 정부는 통감이 추천한 일본인을 한국 관리로 임명할 것.

1897	1904	1905	1907	1909	1910
	(가)	(나)	(다)	(라)	(마)
대한 제국 수립	러일 전쟁	통감부 설치	헤이그 특사 파견	기유각서 체결	국권 강탈

① (가)　② (나)　③ (다)　④ (라)　⑤ (마)

상 中 하 18회

19 밑줄 친 '이 단체'로 옳은 것은?

일제의 경제적인 침탈에 맞선 단체로는 어떤 것이 있을까?

일제의 황무지 개간권 요구에 저항했던 이 단체가 있어.

① 신간회　② 보안회　③ 독립 협회
④ 물산 장려회　⑤ 국채 보상 기성회

상 中 하 16회

18 다음 자료의 민족 운동에 대한 설명으로 옳은 것은?

지금 우리들은 정신을 새로이 하고 충의를 떨칠 때이니, 국채 1천3백만 원은 우리 대한 제국의 존망에 직결된 것입니다. 이것을 갚으면 나라가 보존되고 이것을 갚지 못하면 나라가 망할 것은 필연적인 사실이나, 지금 국고에서는 도저히 갚을 능력이 없으며……

－〈대한매일신보〉, 1907년 2월 21일

---

① 토산품의 애용을 주장하였다.
② 금주·금연 운동을 전개하였다.
③ 독립 협회를 중심으로 전개되었다.
④ 동아일보 등 언론 기관에서 주도하였다.
⑤ 모금 운동을 통해 대학을 설립하고자 하였다.

상 中 하 18회

20 밑줄 친 '이 지역'에 대한 설명으로 옳은 것은?

이 협약은 1909년에 일본이 청나라와 체결한 것으로, 일본이 남만주의 철도 부설권을 얻는 대신 이 지역을 청의 영토로 인정하게 되었다. 제1조에 "청·일 양국 정부는 두만강을 한·청 경계로 상호 성명하고 정계비로부터 석을수를 경계선으로 한다."고 규정하였다.

---

① 대한인 국민회가 활동하였다.
② 관동 대지진으로 많은 한인이 피해를 입었다.
③ 대한 제국은 이 지역을 함경도로 편입하였다.
④ 안용복은 우리 땅임을 증명하기 위해 노력하였다.
⑤ 대한 제국 정부가 공인한 최초의 노동 이민 지역이다.

21 그림과 같은 상황이 발생한 배경으로 옳은 것은?

① 일제가 고종을 강제로 퇴위시켰다.
② 대한 제국의 외교권이 강탈당하였다.
③ 윌슨이 민족 자결주의를 선언하였다.
④ 일제가 한일 의정서 체결을 강요하였다.
⑤ 일제가 조선의 군대를 강제로 해산시켰다.

22 다음과 같은 근대 교육 기관이 설립된 목적으로 가장 적절한 것은?

> 1907년 대성 학교 설립 사실이 세상에 알려지자, 입학 지원자가 조수와 같이 밀려 순식간에 5백~6백 명의 청년이 모였다. 교장으로는 윤치호를 추대하고 안창호는 스스로 대리 교장이 되었다. …… 당시 대성 학교 학생들은 입을 벌리면 나라를 걱정하였고, 행동은 모두 민족의 지도자를 자부하였다. …… 매일 아침 엄숙한 조회를 하여 〈애국가〉를 부른 후 '애국'에 관한 훈화가 있어 학생들은 이를 마음속 깊이 받아들였다.
>
> – 《안창호 전서》

① 독립군 부대 양성
② 민족정신과 민족의식 고취
③ 근대 학문과 무술 교육 전파
④ 새로운 기술자와 경영인 양성
⑤ 양반 자제와 관리를 위한 근대 교육

23 다음 인물의 활동으로 옳은 것은?

> 한·중·일 3국 간의 상설 기구인 동양 평화 회의를 뤼순에 조직해 기타 아시아 국가가 참여하는 회의로 발전시키고, 동북아 3국 공동 은행 설립, 동북아 3국 공동 평화군 창설 등의 구체적인 구상도 밝혔다. 이는 유럽 연합(EU) 형태의 한·중·일 평화 체제 구상론으로 100년이라는 시간을 앞선 것이라는 평가를 받고 있다.

① 의열단을 조직하였다.
② 한인 애국단을 조직하였다.
③ 헤이그에 특사로 파견되었다.
④ 종로 경찰서에 폭탄을 투척하였다.
⑤ 이토 히로부미를 하얼빈 역에서 처단하였다.

24 다음 퀴즈에 대한 답으로 옳은 것은?

> 이것은 재정 고문 메가타가 추진한 것으로, 이로 인해 한국 상인과 은행이 파산하였으며 일본 제일 은행은 사실상 우리나라의 중앙 은행이 되었어요. 이것은 무엇일까요?

① 회사령

② 토지 조사 사업

③ 화폐 정리 사업

④ 농촌 진흥 운동

⑤ 남한 대토벌 작전

1. ⑤ 2. ① 3. ② 4. ③ 5. ② 6. ① 7. ④ 8. ① 9. ② 10. ③
11. ⑤ 12. ⑤ 13. ④ 14. ② 15. ⑤ 16. ① 17. ④ 18. ② 19. ②
20. ③ 21. ② 22. ② 23. ⑤ 24. ③

1. ⑤ 바로 정리 : 대구에서 일어난 국채 보상 운동

제시된 지도에서 (가) 지역은 대구이다. 국채 보상 운동은 일본에 빌린 외채 1300만 원을 갚아 경제적 예속을 탈피하자는 취지로 김광제, 서상돈을 중심으로 대구에서 시작하여 전국으로 확산되었다. 아해! ① 한강을 중심으로 활동 ② 강화도 ③ 경남 진주 ④ 완산주(지금 전주)

2. ① 바로 정리 : 애국 계몽 운동

제시된 자료를 통해 (가)는 애국 계몽 운동과 관련한 활동 내용임을 알 수 있다. 신민회는 대성 학교, 오산 학교 등의 민족 학교를 설립했으며, 언론 기관은 대중 계몽 활동을 비롯해 국채 보상 운동과 같은 경제적 구국 운동에도 적극 참여했다. 아해! ㄷ. 1920년대 조선일보가 전개한 문맹 퇴치 운동이다. ㄹ. 1907년에 전개된 항일 의병 전쟁(정미 의병)이다.

3. ② 바로 정리 : 을사조약

제시된 자료에서 '일본국 정부는 한국의 외국에 대한 관계 및 사무를 감리(監理), 지휘할 것, 1명의 통감을 두고' 등의 내용을 통해 (가)는 을사조약 체결에 대한 우리 민족의 대응 내용임을 알 수 있다. 을사조약이 체결되자 장지연은 〈황성신문〉에 '시일야방성대곡'을 실어 을사조약의 부당성을 알렸다. 아해! ① 일제가 경복궁을 점령하고, 조선 정계를 장악하자 1894년에 2차 봉기했다. ③ 경제적 구국 운동이다. ④ 독립 협회는 을사조약이 체결되기 전에 활동한 단체이다. ⑤ 고종 강제 퇴위와 군대 해산 등에 반발하여 일어났다.

4. ③ 바로 정리 : 신민회

제시된 자료에서 '안창호, 만주 삼원보에 독립운동 기지 건설, 105인 사건으로 해산' 등의 내용을 통해 신민회임을 알 수 있다. 안창호, 양기탁 등을 지도부로 한 신민회는 대성 학교와 오산 학교를 설립하여 신교육과 신사상을 보급했다. 아해! ① 이종일이 창간한 일간 신문이다. ② 대한민국 임시 정부의 비밀 행정 조직이다. ④ 신민회는 공화정을 수립하고자 하였다. ⑤ 보안회의 활동 내용이다.

5. ② 바로 정리 : 정미 의병

제시된 자료에서 '해산된 군인들의 의병 합류' 등을 통해 일제의 고종 강제 퇴위와 군대 해산에 대한 반발로 일어난 정미 의병(1907)과 관련한 내용임을 알 수 있다. 아해! ① 을미개혁(1895) ③ 우리나라 최초의 신문 〈한성순보〉는 1883~1884년 발간되었다. ④ 제1차 갑오개혁(1894) ⑤ 을미사변(1895) 직후 아관 파천(1896) 단행

6. ① 바로 정리 : 신민회

제시된 자료에서 '이승훈, 이시영, 대성 학교, 오산 학교 설립' 등을 통해 신민회임을 알 수 있다. 신민회는 공화정의 국가 수립을 목표로 했으며, 태극 서관, 자기 회사 설립, 남만주(서간도) 독립운동 기지 건설 등의 활동을 했다. 신민회는 일제가 날조한 105인 사건(1911)으로 해산되었다. 아해! ① 형평 운동은 1923년부터 백정들이 평등한 대우를 요구하면서 전개한 운동이다.

7. ④ 바로 정리 : 국채 보상 운동

제시된 자료에 '서상돈, 1907년 대구, 나라 빚 1300만 원' 등의 내용을 통해 국채 보상 운동에 대한 설명임을 알 수 있다. 국채 보상 운동(1907)은 국채 1300만 원을 갚으려는 경제적 구국 운동으로, 〈대한매일신보〉 등 언론 기관이 적극적으로 참여했다. 아해! ① 1906년에 조직된 애국 계몽 단체이다. ② 회사령은 일제가 1920년에 철폐했다. ③ 1898년 서울에서 창립된 시전 상인들의 단체이다. ⑤ 사회주의는 3·1 운동(1919) 이후에 수용되었다.

8. ① 바로 정리 : 〈대한매일신보〉

제시된 자료에서 '베델, 양기탁, 국채 보상 운동 적극 지지' 등을 통해 〈대한매일신보〉임을 알 수 있다. 〈대한매일신보〉는 영국인 베델과 양기탁에 의해 처음에는 국문으로 창간되었다가 국한문으로 전환되어 발행되었다. 발행인이 영국인 베델이었기 때문에 일제의 검열을 피해 비교적 활동이 자유로워 강경한 항일 논조를 펼 수 있었으며 국채 보상 운동도 지원했다.

9. ② 바로 정리 : 제1차 한일 협약

주어진 자료에서 '일본인 1명을 재정 고문으로 초빙, 일본 정부가 추천하는 외국인 1명을 외교 고문으로 초빙' 등을 통해 제1차 한일 협약(1904. 8)임을 알 수 있다. 일제는 러일 전쟁의 전세가 유리해지자 재정 고문 메가타, 외교 고문 스티븐스를 통해 내정을 간섭하는 고문 정치를 시행했다. 제1차 한일 협약은 (나) 시기에 체결되었다.

10. ③ 바로 정리 : 전명운

제시된 자료에서 '스티븐스 저격, 대한인 국민회 회원' 등을 통해 전명운에 대한 설명임을 알 수 있다. 장인환, 전명운은 통감부의 한국 통치를 찬양한 외교 고문 스티븐스를 미국 샌프란시스코에서 사살했다.

11. ⑤ 바로 정리 : 국권 피탈 과정

제시된 자료에서 (가)는 '러시아 제국 정부가 한국에 대한 일본의 정치·군사상 및 경제상의 이익을 인정한다'는 내용을 통해 러일 간에 체결한 포츠머스 조약(1905. 9), (나)는 '한국 황제 폐하 밑에 1명의 통감을 둔다'는 내용을 통해 을사조약(1905. 10), (다)는 '통감이 추천하는 일본인'을 통해 한일 신협약(1907, 정미7조약), (라)는 '완전히 한국을 일본 제국에 병합함을 승낙한다'는 내용을 통해 한일 병합 조약(1910. 8), (마)는 '전략상 필요한 지점을 수시로 사용할 수 있다'를 통해 한일 의정서(1904. 2)임을 알 수 있다. 따라서 국권 피탈 과정에서 체결된 조약 순서는 (마) – (가) – (나) – (다) – (라)이다.

12. ⑤ 바로 정리 : 을사조약

제시된 자료에서 '조약 반대 항쟁, 민영환과 조병세의 자결' 등을 통해 (가)는 을사조약과 관련한 내용임을 알 수 있다. 을사조약(1905)이 체결되자, 민영환의 자결, 조약의 부당성을 비판한 장지연의 '시일야방성대곡' 기사 게재, 신돌석 등 평민 의병장이 활약한 을사 의병 등 다양한 저항 운동이 전개되었다. 아해! ①, ② 정미 의병 ③, ④ 을미 의병

13. ④ 바로 정리 : 정미 의병

제시된 자료에서 '1907년, 황제 폐위, 군대 해산, 차관 정치' 등을 통해 (가)는 당시 민족 운동과 관련한 내용임을 알 수 있다. 고종의 강제 퇴위와 군대 해산에 대한 반발로 의병 전쟁이 전국적으로 확산되었는데, 1907년 이인영을

총대장으로 하는 13도 연합 의병 부대는 서울 진공 작전을 전개했다. 아하! ① 동학 농민 운동 후에 남아 있던 농민군이 1896년 을미 의병 운동 이후에 만든 조직 ② 일제 강점기인 1912년 전라도 지방에서 결성되어 서울과 전국으로 퍼진 비밀 독립운동 단체 ③ 1920년대 민족주의 계열과 사회주의 계열의 민족 협동 전선 운동 ⑤ 1905년 을사조약 이후에 고종이 파견한 특사

14. ② 바로 정리 : **러일 전쟁**
제시된 자료에서 '한국의 지배와 동아시아의 주도권을 둘러싸고 두 나라가 벌인 전쟁, 일본이 한국을 식민지로 삼을 수 있는 발판 마련' 등을 통해 러일 전쟁임을 알 수 있다. 일제는 러일 전쟁에서 승리함으로써 러시아뿐만 아니라 영국과 미국 등의 열강들에게 한국의 지배권을 승인받았다.

15. ⑤ 바로 정리 : **대한 자강회**
제시된 자료에서 '1906년 헌정 연구회를 확대 개편하여 발족, 교육 진흥과 산업 발전, 고종 퇴위 반대 운동' 등을 통해 대한 자강회임을 알 수 있다. 아하! ① 일제의 황무지 개간권 요구 반대 운동 ② 안창호가 주도하여 설립된 애국 계몽 단체 ③ 해산된 대한 자강회를 재정비하여 조직한 단체 ④ 민족의 정치 의식 고취와 입헌 정치 체제 수립을 목적으로 창설한 애국 운동 단체

16. ① 바로 정리 : **1900년대 항일 의병 운동**
1900년대 항일 의병 운동으로는 을사 의병(1905), 정미 의병(1907)이 있다. 을사조약 체결에 대한 반발로 일어난 을사 의병은 최익현 등의 양반 출신 의병장, 최초의 평민 출신 의병장 신돌석 등이 활약했다. 고종의 강제 퇴위와 군대 해산에 대한 반발로 일어난 정미 의병은 국제법상 교전 단체로 인정해 줄 것을 요구하면서 서울 진공 작전을 전개했으며, 일제의 남한 대토벌 작전 이후에는 독립 전쟁을 준비했다. 아하! ① 갑, 을미 의병(1895)에 대한 설명이다.

17. ④ 바로 정리 : **한일 신협약**
제시된 자료에서 '한국 정부는 통감이 추천하는 일본인을 한국 관리로 임명할 것'을 통해 한일 신협약(1907, 정미7조약)임을 알 수 있다. 고종의 헤이그 특사 파견을 구실로 일제는 고종을 강제 퇴위시키고 한일 신협약을 체결하여 차관 정치를 실시했다. 따라서 (라)에 해당된다.

18. ② 바로 정리 : **국채 보상 운동**
제시된 자료에서 '국채 1천3백만 원, 대한매일신보 1907년' 등을 통해 국채 보상 운동임을 알 수 있다. 국채 1300만 원을 갚기 위해 금주·금연 등의 방법으로 절약한 돈을 기부했다. 아하! ① 1920년대 물산 장려 운동 ③ 독립 협회(1896~1898), 국채 보상 운동 이전에 해산 ④ 동아일보는 1930년대 브나로드 운동 전개 ⑤ 1920년대 민립 대학 설립 운동

19. ② 바로 정리 : **보안회**
제시된 자료에서 '일제의 황무지 개간권 요구에 저항'했다는 내용을 통해 밑줄 친 '이 단체'는 보안회임을 알 수 있다. 아하! ① 민족 유일당 차원으로 1927년에 조직된 단체 ③ 서재필 등이 조직한 단체, 열강의 이권을 저지하는 운동 전개 ④ 1920년대 물산 장려 운동을 주도한 단체, 국산품 애용 운동 전개 ⑤ 국채 보상 운동 주도

20. ③ 바로 정리 : **간도**
제시된 자료에서 '일본이 청나라와 체결, 청의 영토로 인정' 등을 통해 간도 협약(1909) 체결로 청의 영토로 귀속된 '간도' 지역임을 알 수 있다. 대한 제국 정부는 이범윤을 간도 관리사로 파견하고 간도를 함경도 행정 구역에 포함시켰으나, 을사조약(1905) 체결로 외교권을 빼앗은 일제는 청과 간도 협약을 체결하여 남만주 철도 부설권을 얻는 조건으로 간도를 청의 영토로 인정했다. 아하! ① 미국 ② 일본 ④ 독도 ⑤ 미국(하와이)

21. ② 바로 정리 : **고종의 헤이그 특사 파견**
제시된 자료에서 '헤이그 만국 평화 회의에 이위종을 비롯한 3명 파견' 등을 통해 을사조약(1905)의 부당성을 알리기 위해 고종이 파견한 헤이그 특사임을 알 수 있다. 아하! ① 헤이그 특사 파견을 구실로 일제가 고종을 강제 퇴위시켰다. ③ 3·1 운동(1919)의 배경 ④ 1904년 러일 전쟁 발발 직후 체결되었다. ⑤ 고종 강제 퇴위 후 군대가 해산되었다.

22. ② 바로 정리 : **대성 학교 설립 목적**
제시된 자료에서 '대성 학교'를 통해 신민회가 설립한 근대 교육 기관임을 알 수 있다. 신민회는 애국 계몽 운동의 일환으로 민족의식을 고취하기 위하여 대성 학교, 오산 학교 등의 학교 설립, 남만주 삼원보에 해외 독립운동 기지 건설, 태극서관, 자기 회사 등의 회사 설립을 활발하게 하였으나 일제가 날조한 105인회 사건으로 조직이 와해되었다. 아하! ① 서간도의 신흥 무관 학교에 해당한다. ③ 최초의 근대 사립 교육 기관인 원산 학사에 해당한다. ④ 대한 제국 시기에 세운 광무 학교에 해당한다. ⑤ 관립 학교인 육영 공원에 해당한다.

23. ⑤ 바로 정리 : **안중근**
제시된 자료에서 '동양 평화 회의, 뤼순' 등을 통해 1910년 안중근이 뤼순 감옥에서 쓴 《동양평화론》과 관련된 내용임을 알 수 있다. 1909년 안중근은 이토 히로부미를 하얼빈 역에서 처단했다. 아하! ① 김원봉 ② 김구 ③ 이준, 이위종, 이상설 ④ 김상옥

24. ③ 바로 정리 : **메가타의 화폐 정리 사업**
제시된 자료에서 '재정 고문 메가타, 한국 상인과 은행이 파산' 등을 통해 제1차 한일 협약에 따라 부임한 재정 고문 메가타가 추진한 화폐 정리 사업(1905)임을 알 수 있다. 아하! ①, ② 1910년대 일제의 경제 수탈 정책 ④ 1930년대 일제의 정책 ⑤ 1909년 일제가 실시한 의병 토벌 작전

기억하라! 표

개항 이후 무역의 변화(수입액)

핵심주제 01 열강의 경제적 침탈

거류지 무역	• 외국 상인의 활동 범위를 개항장 10리로 제한(거류지 무역) → 국내 상인(보부상, 객주, 여각)이 중계 무역으로 부 축적 개항장 외국인이 있는 지역(거류지)에서 이루어지는 무역 형태. 개항장 밖으로 나갈 수 없는 외국 상인을 대신해 국내 상인이 내륙으로 판매하면서 부를 축적하였어(중계 무역). • 일본 상인이 약탈 무역, 치외 법권, 일본 화폐 사용, 무관세 무역 등의 혜택으로 성장 일본은 불평등 조약을 바탕으로 조선의 쌀, 콩 등을 가져갔어. • 수입 : 영국산 면제품(국내 면직물 산업에 타격) • 수출 : 쇠가죽, 곡물(쌀, 콩)이 일본으로 반출(곡물 가격 폭등)
외국 상인의 내륙 진출	• 임오군란 직후 청의 영향력 강화 → 조청 상민 수륙 무역 장정(1882) 체결 → 청 상인의 내륙 진출 허용(최혜국 대우를 내세워 다른 나라 상인도 내륙 진출) → 국내 상인에 큰 타격 • 청의 지원 속에 청나라 상인의 성장 → 조선 상권을 두고 기존의 일본 상인과 상권 경쟁 심화(청일 전쟁의 배경) → 청일 전쟁 이후 일본이 조선 무역 독점
조일 통상 장정 개정(1883)	낮은 관세 설정, 최혜국 대우 조항 삽입, 방곡령 선포 한 달 전에 미리 통보해야 하는 규정 마련
이권 침탈	아관 파천 이후 열강의 이권 침탈 심화
토지 약탈	러일 전쟁 전후 일본이 군용지 명목으로 토지 약탈
화폐 정리 사업	• 재정 고문 메가타를 중심으로 화폐 정리 사업(1905) 추진 → 상평통보와 백동화를 일본제일은행권으로 교환 → 조선인 은행과 상공업자 몰락 제1차 한·일 협약으로 임명된 대한 제국의 일본인 재정 고문 • 차관 제공으로 경제적 예속 심화

핵심주제 02 경제적 구국 운동의 전개

상권 수호 운동	• 외국 상인의 내륙 진출에 대항하여 객주 등 국내 상인이 상회사 설립 개항장에 설립된 객주 동업 조합 • 시전 상인이 철시를 통해 상권 수호 운동 전개, 황국 중앙 총상회(1898) 조직
방곡령 선포	• 배경 : 일본으로 조선 곡물이 대량 유출되어 곡물 가격 급등 • 조일 통상 장정 규정에 따라 방곡령 선포(1889, 함경도) 관찰사 조병식이 함경도 밖으로 곡물 유출을 금지시켰어. • 일본이 한 달 전 통보 규정을 구실로 항의, 배상금 지불하고 방곡령 철회
경제 자주권 수호 운동	• 독립 협회의 이권 수호 운동(러시아의 절영도 조차 저지) 현재의 부산 영도 • 보안회(1904)의 일본 황무지 개간권 요구 저지(농광회사 설립) 조선 정부가 직접 황무지를 개간하기 위해 세운 회사
국채 보상 운동	일본의 빚을 갚자는 국채 보상 운동(1907)이 대구에서 시작(서상돈) → 언론 기관과 계몽 단체의 지원, 금주·단연·가락지 모으기 등 모금 운동 → 통감부의 탄압으로 실패

기억하라! 지도

방곡령이 선포된 도시
방곡령이 선포된 지역

명천
길주
북청
영변 · 홍원 · 단천
순천 · 함흥 · 정평
평양 · 원산
안악 · 봉산 · 삭령
장연 · 연천 · 마전
재령 · 한양
황해 · 수원
평택 · 여산
함양 · 진산
전주 · 대구
밀양
광주 · 의령
제주

황해도 방곡령 사건(1890)
함경도 방곡령 사건(1889)
시전 상인 철시 운동(1890)

방곡령 선포와 시전 상인의 철시 운동

핵심주제 03 민권 의식의 성장과 의식주의 변화

평등 사회로의 이행	갑신정변 때 급진 개화파의 인민 평등권 주장, 동학 농민 운동 때 폐정 개혁안의 노비 문서 소각, 갑오개혁 때 평등 사회의 제도적인 기틀 마련
근대적 사회의식의 확산	독립 협회의 만민 공동회, 애국 계몽 운동 단체의 근대 의식 전파, 항일 의병 활동에 평민과 천민 등이 참여, 여성의 사회 진출('여권통문', 찬양회 등) ─ 한국 최초의 여성 단체 └ 1898년 서울 양반 부인 수백 명이 여학교를 설립해야 한다고 주장한 글
의식주의 변화	신분에 따른 의복 구분 폐지, 서양식 복장, 커피와 홍차 보급, 서양식 건물 등장(1898년 명동 성당, 1910년 덕수궁 석조전)

핵심주제 04 근대 문물 및 시설의 도입

통신	• **전신** : 서울–인천, 서울–의주 가설(1885), 전보사 설치 ← 전보 업무를 관장하는 관청 • **전화** : 서울–인천 처음 연결, 경운궁 가설(1898), 이후 서울 시내 민가에 가설, 1902년부터 시내 전화 업무 시작 • **우편** : 우정총국(1884), 을미개혁 때 우편 업무 재개, 만국 우편 연합에도 가입(1900)

전화를 연결하는 교환수

우정총국

교통	• **전차** : 한성 전기 회사가 서대문–청량리 구간에 가설(1898) • **철도** : 1899년 경인선 개통(노량진–제물포), 러일 전쟁 중 군사적 목적으로 공사가 시작된 경부선(1905), 경의선(1906) 개통 └ 열강의 이권 침탈 경쟁 과정에서 부설이 진행됨

전차의 개통

경인선의 개통식

군용 철도 파괴 혐의로 처형되는 조선인

전기	• **전등** : 1887년 경복궁 건천궁에 최초로 가설 • 한성 전기 회사 설립(1898) : 황실과 미국인 콜브란 합작, 전차 운영, 가로등 설치
의료	• **광혜원(제중원)** : 1885년 알렌이 세운 최초의 근대식 병원 • 세브란스 병원(1904) : 개신교에서 설립 • **관립 병원** : 광제원(1900), 대한 의원(1907, 중앙), 자혜 의원(1909, 지방)
건축	

2층 건물의 등장

명동 성당(1898, 고딕 양식)

덕수궁 석조전(1910, 르네상스 양식)

기억하라! 자료

관민 공동회

만민 공동회의 의장은 시전 상인이었고, 백정 박성춘은 관민 공동회에서 연설을 하였다.

> 나는 대한의 가장 천한 사람이고 무지몰각합니다. 그러나 충군애국의 뜻은 대강 알고 있습니다. 이에 이국편민의 길인즉, 관민이 합심한 연후에야 하리라고 생각합니다. 저 차일에 비유하건대, 한 개의 장대로 받친즉 역부족이나, 많은 장대를 합한즉 그 힘이 공고합니다. 원컨대, 관민이 합심하여 우리 황제의 성덕에 보답하고, 국운이 만만세 이어지게 합시다.
> – 백정 박성춘의 관민 공동회 연설문(1898)

기억하라! 신문

한성순보

독립신문

황성신문

제국신문

대한매일신보

핵심주제 05 근대 교육의 전개

근대 교육의 시작	• **원산 학사(1883)** : 함경도 덕원 주민 중심, **최초의 근대 교육 기관(사립)**, 근대 학문과 외국어, 무술 교육 • **동문학(1883)** : 정부가 세운 영어 강습 기관 • **배재 학당(1885)** : 미국인 선교사가 세운 사립 학교 • **육영 공원(1886)** : 관립 학교, **양반 자제와 관리**를 학생으로 선발, **미국인 교사**(헐버트, 길모어 등)를 초빙하여 근대 학문 교육 • **연무 공원(1888)** : 미국인 교관을 초빙, 근대식 사관 학교
갑오개혁 시기	• 학무아문 설치, **'교육입국 조서'** 발표 국가의 부강함이 교육에 달려 있다는 내용 • 소학교, 사범 학교, 외국어 학교 등 관립 학교 설립
대한 제국 시기	• 관립 **중학교** 설립 최초의 중학교는 대한 제국 때 설립된 한성 중학교 • **광무 학교, 상공 학교** 등 각종 실업 학교 설립 • 신민회의 대성 학교(평양), 오산 학교(정주) 설립 • 민족주의 교육을 위한 사립 학교 설립 활성화(《유년필독》과 같은 민족주의적 성격의 교과서 사용) → 1908년 **사립 학교령**을 통한 일제의 탄압

통감부는 1908년 사립 학교령을 발표하여 사립 학교의 설립과 운영을 통제했어.

핵심주제 06 언론 기관의 발달

(1) 근대 신문의 창간

	문체	특징
한성순보(1883)	한문	박문국에서 발간, 정부의 **개화 정책 홍보**(관보의 성격), 갑신정변 때 발행 중단
한성주보(1886)	국한문 혼용	〈한성순보〉를 복간해서 펴낸 정부의 관보, **최초의 상업 광고 게재**, 1주일 간격으로 발행, 경영난으로 폐간
독립신문(1896)	**한글+영문**	서재필, **최초의 민간 신문**, 국민 계몽에 기여
제국신문(1898)	**한글**	이종일, 민중 계몽, **서민층과 부녀자층이 주된 독자층**
황성신문(1898)	**국한문 혼용**	**남궁억**, 점진적 개혁 제시, **유생층이 주된 독자층**, 의병에 비판적, 장지연의 논설 **'시일야방성대곡'**(을사조약의 부당성 주장) 을사조약의 불법성을 고발하고 을사 5적을 비난하였어.
대한매일신보 (1904)	한글판, 국한문판, 영문판	영국인 **베델과 양기탁**, 강력한 반일 논조로 폭넓은 지지, **의병 운동에 호의적**, 통감부의 탄압(베델을 추방하고 양기탁을 횡령 혐의로 구속) 러일 전쟁 취재 때문에 조선을 방문한 베델은 《대한매일신보》의 발행인으로 활동
만세보(1906)	국한문 혼용	손병희, **천도교 기관지**, 여성 교육과 여권 신장 관심, 1907년 폐간
경향신문(1906)	한글	천주교 기관지

(2) 국외의 신문 : 〈신한민보〉(미주), 〈해조신문〉(연해주)

(3) 일제의 언론 탄압 : **신문지법(1907)**을 제정하여 반일 논조의 신문을 탄압, 1910년에는 한글 신문 모두 폐간

핵심주제 07 국학 연구

배경	• 을사조약 이후 국권 상실의 위기감 고조 • 민족의식 고취, 민족 문화 수호를 위해 국학 연구 활발
국사	• **계몽 사학** : 애국심 고취, 민중 계몽, 위인전, 외국 흥망사 저술 　민중 계몽이 주된 목적인 역사학 • **신채호** : 근대 <mark>민족주의 역사학의 연구 방향</mark> 제시, 《<mark>독사신론</mark>》·《이순신전》·《을지문덕전》 등 저술 　　　　　　 역사를 읽는 새로운 방법이라는 의미로 신채호는 이 글을 통해 역사 서술의 주체를 　　　　　　 민족으로 설정하고 화이론과 일제의 고대사 왜곡을 비판했어. • **박은식** : 최남선과 함께 <mark>조선 광문회</mark> 조직(민족 <mark>고전 정리</mark>) 　　　　　　《춘향전》, 《동국통감》 등을 간행
국어	• **국한문체 보급** : 유길준의 《서유견문》 • **순 한글 신문 간행** : 〈독립신문〉, 〈제국신문〉 등 • **국문 연구소(1907)** : 정부 기관, 주시경·지석영, 국문 정리
문화	**전형필** : 오세창의 지도, 일본으로 넘어간 문화재 수집(간송미술관에 소장)

핵심주제 08 문예와 종교의 새 경향

(1) 문학, 예술계의 새로운 변화

문학	• 언문일치의 신소설(《<mark>혈의 누</mark>》, 《<mark>자유종</mark>》, 《<mark>금수회의록</mark>》), 신체시(최남선의 〈<mark>해에게서 소년에게</mark>〉), 　번역 문학(《성경》, 《천로역정》))　　　　　　　　1908년 잡지 《소년》 창간호에 실린 신체시 • 근대 의식과 민족의식을 높이는 데 기여
음악	• **창가** : 우리말 가사에 서양 악곡(〈권학가〉, 〈학도가〉, 〈독립가〉) • **판소리** : 신재효가 판소리 6마당 정리
연극	• **창극** : 전통적인 판소리를 1인 1역의 공연 형태로 변화 • **신극** : 신소설을 각색하여 연극으로 공연, 1908년 최초의 서양식 극장 <mark>원각사</mark>에서 〈은세계〉, 　〈치악산〉 등을 공연

(2) 종교의 새 경향

개신교	서양 의술의 보급, 교육에 기여
천주교	고아원과 양로원 건립, 교육과 언론 활동
동학	• 동학 농민 운동의 실패로 약화 • 이용구가 친일 조직인 일진회로 동학을 흡수 시도 → 손병희가 동학을 <mark>천도교</mark>로 개명(동학의 　전통 계승, 〈만세보〉 발간)
대종교	• <mark>나철·오기호</mark> 등이 단군 신앙을 발전시켜 창시 • 간도·연해주 등지의 해외 항일 운동(중광단, 북로 군정서) 　　　　　　대종교 교인으로 이루어진 만주의 독립군 부대
유교	• 유학의 쇠퇴, 민중에 대한 영향력 감소 • 박은식의 <mark>유교구신론</mark>(양명학에 바탕을 둔 실천 유교 주장)
불교	일본 불교의 침투 → 한용운의 불교유신론(조선 불교의 자주성 회복, 미신적 요소 제거 주장)

WHY 신소설

신소설은 언문일치의 문체나 계몽적인 내용을 담고 있다는 점에서 고전소설과 구분되지만, 여전히 권선징악이나 사건의 우연성 등에서 봉건적인 모습을 벗어나지 못하였다. 이는 신체시도 마찬가지이다.

금수회의록

1908년 안국선의 신소설로, 개화기 인간 사회와 인간의 행위에 대해 동물들의 입을 빌려 신랄하게 비판하는 내용이다. 특히 여우의 입을 통해 제국주의에 빌붙는 세력을 비판하였다.

상 중 하 21회

01 (가)에 들어갈 인물로 옳은 것은?

모둠 활동 발표

독립운동가 (가) 의 활동

- 1모둠 주제 : 계몽 운동에 참여(황성신문)
- 2모둠 주제 : 항일 언론 운동 활동(대한매일신보)
- 3모둠 주제 : 항일 결사 운동 활동(신민회)
- 4모둠 주제 : 한국 고대사 체계화
- 5모둠 주제 : '조선 혁명 선언' 집필, 발표

①  이상설

②  이동녕

③  민영환

④ 이동휘

⑤ 신채호

상 중 하 22회

02 (가)에 들어갈 내용으로 적절한 것을 고른 것은?

제ㅇ교시	서술형 평가	학년 반 이름

- 다음의 조약이 끼친 영향을 서술하시오.

  제4조 서울의 양화진과 베이징에서 개잔 무역을 허락하되, 내지채판은 금할 것을 규정한다. 단, 내지채판이 필요할 경우 지방관의 허가서를 얻도록 하고 있다.

  ─조청 상민 수륙 무역 장정

  답 : _____(가)_____

① 청의 군대가 주둔하게 되었다.
② 외국 상인이 내륙으로 진출하게 되었다.
③ 일본이 철도 부설권을 획득하게 되었다.
④ 개항장에서 일본 상인의 영향력이 확대되었다.
⑤ 조선의 보부상과 객주의 이익이 더욱 증대되었다.

상 중 하 21회

03 밑줄 친 '이 사건'에 대한 설명으로 옳은 것은?

광혜원

일본의 지원을 받아 급진 개화파 세력이 일으킨 <u>이 사건</u> 당시 칼에 맞아 중상을 입은 민영익을 치료해 생명을 구해 주었던 알렌의 건의로 세운 병원이다. 이후 제중원과 세브란스 병원으로 이름을 변경하였다.

① 구식 군인이 주도하였다.
② 청과의 관계를 청산하고자 하였다.
③ 신분 제도를 공식적으로 폐지하였다.
④ 일본의 경비병이 주둔하는 계기가 되었다.
⑤ 양반 중심의 성리학 질서를 지키려 한 것이다.

상 중 하 21회

04 (가)에 들어갈 도시를 지도에서 옳게 고른 것은?

ㅇㅇ신문   2014년 ㅇㅇ월 ㅇㅇ일

개항의 역사를 찾아서

_____(가)_____는 강화도 조약과 함께 열린 우리나라 최초의 개항장이다. 수신사 김기수 일행과 신사 유람단이 일본 기선을 타고 출발하기도 하였다. 앞바다에는 러시아가 저탄소 설치를 요구했던 절영도라는 섬이 있다.

① ㉠ ② ㉡ ③ ㉢ ④ ㉣ ⑤ ㉤

상 중 하 21회

05 다음 가상 편지에 등장하는 교육 기관으로 옳은 것은?

> ○○에게
> 안녕. 오랜만이야. 잘 지내고 있어?
> 나도 통역관의 꿈을 이루기 위해 착실하게 준비하고 있어. 특히 올해 나라에서 처음으로 세운 외국어 교육 기관에 입학하게 되어 정말 기뻐. 학생은 모두 40명인데, 오전 오후반으로 나뉘어 있어. 영어, 일본어, 필산(筆算)을 배우는데, 아깝게도 1등은 남궁억이란 친구가 늘 차지해. 내일 또 시험이라 밀리지 않으려면 공부해야 해. 또 연락할게. 안녕!
> 1884년 ○○월 ○○일 ○○가

① 동문학　　② 육영 공원　　③ 원산 학사
④ 배재 학당　　⑤ 한성 사범 학교

상 중 하 21회

06 다음 대화에서 알 수 있는 시기를 〈보기〉에서 고르면?

1882	1894	1895	1896	1904	1907
㉠	㉡	㉢	㉣	㉤	
임오군란	청일 전쟁	을미사변	독립 협회 설립	러일 전쟁	정미 조약

① ㉠　② ㉡　③ ㉢　④ ㉣　⑤ ㉤

상 중 하 22회

07 (가)에 들어갈 내용으로 옳은 것은?

> • 단체명 : ＿＿＿(가)＿＿＿
> • 창립 : 서울 시전 상인 주도
> • 활동
> 　─ 일본과 청국 상인들의 불법적인 상업 활동 중단 요구
> 　─ 상권 수호 운동 전개
> 　─ 자강 개혁 내각 수립 요구

① 보안회　　② 농광회사　　③ 헌정 연구회
④ 황국 협회　　⑤ 황국 중앙 총상회

상 중 하 20회

08 다음 자료에 해당하는 신문은?

> • 1898년 9월 5일 사장 남궁억, 총무원 나수연 등이 국민 지식의 계발과 외세 침입에 대한 항쟁의 기치 아래 지금의 서울 광화문에서 창간하였다.
> • 1905년 11월 20일자에 '시일야방성대곡'이 실려 정간을 당하고, 사장 장지연을 비롯하여 10여 명의 직원이 체포되었다.

①  제국신문
② 독립신문
③  대한매일신보
④  황성신문
⑤  한성순보

막강기출유형

상 중 하 18회

09 다음 퀴즈의 정답으로 옳은 것은?

이 종교는 1866년 프랑스와의 수교로 신앙의 자유가 허용되어 선교의 자유를 얻은 뒤 고아원과 양로원을 설치 운영하였습니다. 또 1919년 간도에서 의민단을 조직하여 무장 독립운동을 합니다. 이 종교는 무엇일까요?

 ① 천주교
 ② 개신교
 ③ 원불교
 ④ 천도교
 ⑤ 대종교

상 중 하 20회

10 밑줄 그은 ㉠에 대한 설명으로 옳은 것은?

○○초등학교 연혁

㉠ 1895년 관립 ○○소학교 개교
1943년 ○○국민학교로 개칭
1995년 개교 100주년 기념 행사 거행
1996년 ○○초등학교로 개칭

① 을미개혁의 결과이다.
② 외국인들의 선교 목적이었다.
③ 애국 계몽 운동의 일환이었다.
④ 양반 자제의 교육을 위한 것이었다.
⑤ 근대 학문과 무술을 주로 가르치는 곳이다.

상 중 하 19회

11 다음 내용을 통해 알 수 있는 사회적 변화로 옳은 것은?

• 문벌을 폐지하여 인민 평등의 권리를 세워, 능력에 따라 관리를 임명한다. – 14개조 정강
• 노비 문서를 소각한다. – 폐정 개혁안 12조
• 공사 노비법은 일체 혁파하고 인신매매를 금지한다. – 갑오개혁

① 의회 제도가 마련되었다.
② 평등 의식이 점차 확산되었다.
③ 일반 백성의 참정권이 보장되었다.
④ 일제의 경제적 침탈이 더욱 강화되었다.
⑤ 식산흥업 정책으로 상공업이 발달하였다.

상 중 하 19회

12 밑줄 친 내용에 해당하는 사건으로 옳은 것은?

오호라, 작년 10월(1905. 11)에 저들이 한 행위는 만고에 일찍이 없던 일로서, 억압으로 한 조각의 종이에 조인하여 5백 년 전해 오던 종묘사직이 드디어 하룻밤 사이에 망했으니, 천지신명도 놀라고 조종의 영혼도 슬퍼하였다. 우리 의병 군사의 올바름을 믿고 적의 강대함을 두려워하지 말자. 이에 격문을 돌리니 의연히 일어나라.

—최익현, 〈포고 팔도 사민〉

① 을사조약　② 정미7조약　③ 강화도 조약
④ 한일 의정서　⑤ 한일 병합 조약

상 중 하 18회

13 밑줄 친 '이 종교'로 옳은 것은?

> 이 종교는 단군 신앙을 발전시켜 1909년에 창시한 종교이다. 간도에서 중광단을 조직하는 등 해외 항일 운동과 밀접한 관련이 있다.

① 천주교
② 개신교
③ 원불교
④ 천도교
⑤ 대종교

상 중 하 20회

14 다음은 어느 종교에 대한 설명이다. 이 종교에 대한 설명으로 옳은 것은?

- 외국인 선교사들이 선교의 목적으로 학교와 병원을 세워 근대 교육과 의료 발달에 기여하였다.
- 평안도 지역의 신자들이 대거 신민회에 가입하여 활동하였다.
- 대표적인 신자로는 안창호, 이승만 등이 있으며, 배재 학당과 이화학당이 세워졌다.

① 천도교
② 대종교
③ 천주교
④ 개신교
⑤ 원불교

상 중 하 18회

15 다음 자료에서 설명하는 인물로 옳은 것은?

○○신문 ○○○○년 ○○월 ○○일

이달의 현충 시설 : ○○○ 선생 생가

이달의 현충 시설로 ○○○ 선생 생가가 선정되었다. 선생은 언론인으로 애국 계몽 운동에 앞장섰다. 〈대한매일신보〉의 주필로 《독사신론》, 《이순신전》, 《최도통전》 등의 민족사적 영웅들의 전기를 통하여 민족자존의 방도를 강구하였다.

① 박은식
② 정인보
③ 신채호
④ 문일평
⑤ 백남운

상 중 하 18회

16 밑줄 친 '이 신문'에 해당하는 것으로 옳은 것은?

> 1900년대 초에는 여러 신문들이 발간되었어.

> 천도교에서 발간한 이 신문도 그런 신문에 해당해.

① 만세보
② 황성신문
③ 제국신문
④ 대한 협회보
⑤ 대한매일신보

상 중 **하** 18회

17 다음 자료를 통해 알 수 있는 인물로 옳은 것은?

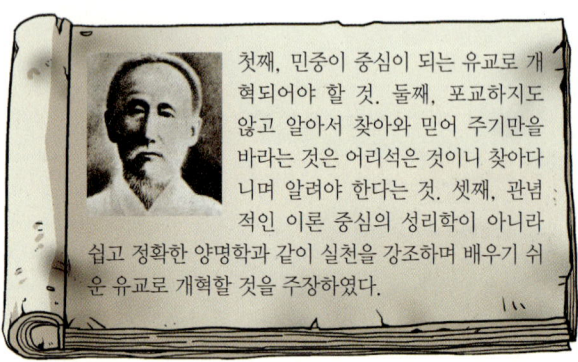

첫째, 민중이 중심이 되는 유교로 개혁되어야 할 것. 둘째, 포교하지도 않고 알아서 찾아와 믿어 주기만을 바라는 것은 어리석은 것이니 찾아다니며 알려야 한다는 것. 셋째, 관념적인 이론 중심의 성리학이 아니라 쉽고 정확한 양명학과 같이 실천을 강조하며 배우기 쉬운 유교로 개혁할 것을 주장하였다.

① 정인보　　② 이상설　　③ 박은식
④ 최익현　　⑤ 한용운

상 중 **하** 18회

18 다음 건물이 완성된 이후의 사실로 옳은 것은?

원구단과 황궁우

① 단발령이 실시되었다.
② 별기군이 창설되었다.
③ 청일 전쟁이 일어났다.
④ 아관 파천이 발생하였다.
⑤ 양전 사업으로 지계가 발급되었다.

상 **중** 하 17회

19 다음 설명에 해당하는 근대 건축물로 옳은 것은?

- 순수한 고딕 양식의 건물
- 설계와 공사 감독을 신부 코스트(E. Coste)가 직접 맡았다. 1896년 코스트가 죽고 프와넬이 뒤를 이어 내부 공사를 마무리하였다.
- 우리나라 천주교의 상징이자 구심점

①
서울역

②
동양 척식 주식회사

③
명동 성당

④
경성 제국 대학

⑤
덕수궁 석조전

상 **중** 하 17회

20 다음은 어느 민족 운동을 설명한 내용이다. 이 민족 운동에 해당하는 것으로 옳지 **않은** 것은?

- 실학파의 민족의식과 근대 지향 의식 계승
- 대한 제국 말기의 근대적 민족주의 출현
- 애국 계몽 운동 과정에서 민족의식 고취 노력

① 애국심 고취, 민중 계몽을 목적으로 하였다.
② 신채호는 이순신전 등의 영웅 전기를 저술하였다.
③ 박은식은 조선 광문회를 조직하여 민족 고전을 정리, 간행하였다.
④ 주시경은 국문 연구소를 설립하여 국어의 새로운 이해 체계를 확립하고자 하였다.
⑤ 최남선은 해에게서 소년에게라는 신체시를 발표하여 근대 시의 형식을 새로이 개척하였다.

상 중 하 16회

21 다음 자료에서 설명하는 인물로 옳은 것은?

"바보 같은 남자." 남부럽지 않은 갑부!
기와집 한 채가 천 원이던 시절, 기와집 열 채 값으로 달랑 그릇
하나 사 오는 사람.
소문을 듣고 찾아오는 사람들.
"천 원만 쳐 주십시오."
"아니요, 오천 원 드리리다."
1938년 서울 한복판에 최초로 사립 미술관을 연 사람. 그의 수집
품을 거론하지 않고서는 제대로 된 한국 미술사를 논할 수 없다.

– 역사채널

① 전형필   ② 최현배   ③ 주시경
④ 신채호   ⑤ 정인보

상 중 하 16회

22 대화에 나타난 학교에 대한 설명으로 옳은 것은?

① 갑오개혁기에 세워졌다.
② 최초의 여성 교육 기관이다.
③ 기독교 선교를 목적으로 세워졌다.
④ 상류층의 자제들만을 대상으로 하였다.
⑤ 우리나라 최초의 근대적 사립 학교이다.

상 중 하 15회

23 다음 지도에 표시된 교통수단에 대한 설명으로 옳은 것을 〈보기〉에서 고른 것은?

〈보기〉

ㄱ. 무단 통치기에 처음 부설되었다.
ㄴ. 경인선이 가장 먼저 개통되었다.
ㄷ. 부설 과정에서 많은 토지를 약탈당했다.
ㄹ. 호남선은 러일 전쟁 과정에서 부설되었다.

① ㄱ, ㄴ   ② ㄱ, ㄷ   ③ ㄴ, ㄷ
④ ㄴ, ㄹ   ⑤ ㄷ, ㄹ

상 중 하 15회

24 다음 사진을 찍었을 무렵에 볼 수 있는 모습으로 옳지 않은 것은?

경인선 개통식

① 커피를 마시는 관리
② 양복을 입고 다니는 신사
③ 몸뻬를 입고 일하는 여인
④ 근대식 학교에 다니는 학생
⑤ 신문의 상업 광고를 보는 청년

1. ⑤ 2. ② 3. ② 4. ④ 5. ① 6. ④ 7. ⑤ 8. ④ 9. ① 10. ①
11. ② 12. ① 13. ⑤ 14. ④ 15. ③ 16. ① 17. ③ 18. ⑤ 19. ③
20. ⑤ 21. ① 22. ⑤ 23. ④ 24. ③

1. ⑤ 바로 정리 : 신채호
제시된 자료에서 '〈대한매일신보〉, 신민회, 고대사 체계화, 조선 혁명 선언' 등을 통해 신채호와 관련된 내용임을 알 수 있다. 아하! ① 헤이그 특사 중 한 명으로 서전서숙과 권업회 등을 창설했다. ② 서전서숙과 신민회, 한국 국민당 등을 창설했다. ③ 을사조약이 체결되자 자결했다. ④ 대한민국 임시 정부 초대 국무총리이다.

2. ② 바로 정리 : 조청 상민 수륙 무역 장정과 내지 무역의 확대
제시된 자료에서 '서울의 양화진' 등을 통해 조청 상민 수륙 무역 장정임을 알 수 있다. 청 상인은 조청 상민 수륙 무역 장정을 통해 내지 통상권을 얻었다. 이후 일본과 서구 열강도 최혜국 대우를 근거로 동일한 권리를 보장받았다. 아하! ① 임오군란에 해당한다. ③ 아관 파천 이후의 일이다. ④ 강화도 조약 체결 이후 일본의 거류지는 점차 확대되었다. ⑤ 조청 상민 수륙 무역 장정 체결 이전에는 일부 상인이 중계 무역으로 이득을 취하기도 했다.

3. ② 바로 정리 : 광혜원 설립의 계기가 된 갑신정변
제시된 자료에서 '이 사건'은 '일본의 지원을 받아, 급진 개화파 세력이 일으킴' 등을 통해 갑신정변임을 알 수 있다. 갑신정변 당시 급진 개화파는 청과의 사대 관계 폐지 등을 주장하며 일시적으로 권력을 장악했지만 청의 군대가 출동하여 실패하고 말았다. 아하! ①, ④ 임오군란에 해당한다. ③ 갑오개혁에 해당한다. ⑤ 위정척사 운동에 해당한다.

4. ④ 바로 정리 : 개항장 부산
제시된 자료에서 '최초의 개항장, 수신사가 출발, 러시아 저탄소 설치' 등을 통해 부산이라는 사실을 알 수 있다.

5. ① 바로 정리 : 동문학
제시된 자료에서 '우리나라에서 처음으로 세운 외국어 교육 기관'을 통해 동문학임을 알 수 있다. 동문학은 정부에서 세운 영어 강습소이다. 아하! ② 양반 자제의 교육을 위해 설립했다. ③ 원산 덕원의 주민들이 세운 우리나라 최초의 근대식 학교이다. ④ 외국인 선교사가 세운 학교이다. ⑤ 갑오개혁 당시 발표한 교육입국 조서에 의거하여 세운 학교이다.

6. ④ 바로 정리 : 열강의 이권 침탈
열강의 이권 침탈이 본격화된 것은 아관 파천(1896. 2~1897. 2) 이후이다. 러시아가 자국의 이권을 얻기 위해 러시아의 독점적인 이권 획득을 견제할 열강들에도 여러 이권을 나누어 주면서 이권 침탈이 본격화된다. 이에 독립 협회가 설립되어 이권 수호 운동을 전개한다.

7. ⑤ 바로 정리 : 황국 중앙 총상회 활동
제시된 자료에서 '서울 시전 상인, 상권 수호 운동' 등을 통해 황국 중앙 총상회임을 알 수 있다. 아하! ① 일제의 황무지 개간권 요구를 저지했다. ② 일제의 황무지 개간권 요구를 저지한 뒤 정부가 주도하여 설립한 회사이다. ③ 입헌 군주 체제의 국가 수립을 목표로 활동했던 애국 계몽 단체이다. ④ 보부상을 중심으로 조직되어, 독립 협회 해산에 앞장섰다.

8. ④ 바로 정리 : 〈황성신문〉
제시된 자료에서 '시일야방성대곡, 장지연'을 통해 〈황성신문〉임을 알 수 있다. 〈황성신문〉은 1898년 남궁억, 유근 등에 의해 국한문 혼용으로 발간되었고 장지연, 박은식, 신채호 등이 주필로 활약했다. 장지연의 '시일야방성대곡'을 게재해 3개월 정도 정간되었다가 복간되었다. 아하! ① 1898년 이종일, 이승만 등이 순 한글로 발행하여 자주독립과 개화를 역설했고, 주요 독자층은 서민과 부녀자들이었다. ② 1896년 4월 정부 지원 하에 서재필 등이 창간한 우리나라 최초의 민간 신문이다. ③ 1904년 국문으로 창간되었다가 1905년 국한문으로 전환되었으며, 영국인 베델과 양기탁에 의해 발행되었다. ⑤ 1883년 박문국에서 발행한 우리나라 최초의 근대 신문이다.

9. ① 바로 정리 : 천주교
제시된 자료에서 '프랑스와의 수교로 신앙의 자유 허용, 고아원과 양로원' 등의 내용을 통해 천주교와 관련된 내용임을 알 수 있다. 아하! ② 개신교는 미국과의 수교 이후 본격적으로 전래되었으며, 세브란스 병원 등을 세워 환자를 치료하고 의사 양성에 힘썼다. 또한 배재 학당 등 학교를 설립하고, 여성 교육과 사회 봉사 활동을 벌였다. ③ 미신 타파 등의 계몽 운동을 전개했다. ④ 동학의 제3대 교주 손병희가 개칭한 것으로, 기관지 〈만세보〉를 발행했다. ⑤ 단군 신앙을 기반으로 나철·오기호 등이 창시한 것으로, 만주와 연해주 일대에서 포교 활동을 전개하여 민족의식과 항일의식을 고취했다.

10. ① 바로 정리 : 을미개혁과 소학교 설립
제시된 자료에서 관립(공립) 소학교는 을미개혁 이후 본격적으로 세워졌다. 아하! ② 배재 학당, 이화 학당 등에 해당한다. ③ 대성 학교, 오산 학교 등에 해당한다. ④ 육영공원에 해당한다. ⑤ 원산 학사에 해당한다.

11. ② 바로 정리 : 평등 의식의 확산
갑신정변의 14개조 정강, 동학 농민 운동의 폐정 개혁안 12조, 갑오개혁을 거치면서 전통적 신분 제도가 법적으로 폐지되고 봉건적인 폐습을 타파함으로써 평등 사회의 기틀이 마련된다. 또한 이를 보장하기 위하여 독립 협회는 새롭고 구체적인 제도 마련과 사회 구성원들의 의식을 바꿀 수 있는 민중 계몽 운동을 전개하여 민중의 민권 의식과 평등 의식이 성장하는 데 이바지했다. 아하! ① 헌의 6조에서 개혁하고자 한 내용이다. ③ 독립 이후의 일이다. ④ 러일 전쟁 이후의 일이다. ⑤ 대한 제국 수립 이후의 일이다.

12. ① 바로 정리 : 을사조약과 최익현의 〈포고 팔도 사민〉
제시된 자료에서 '5백 년 전해 오던 종묘사직이 드디어 하룻밤 사이에 망했다'는 내용을 통해 을사조약을 비판하는 내용임을 알 수 있다. 아하! ② 헤이그 특사 사건 이후에 일본이 강요한 것으로, 차관 정치의 실시와 관련이 있다. ③ 우리나라가 최초로 체결한 근대적 조약이다. ④ 러일 전쟁 당시 일본이 우리나라의 영토를 군사적으로 사용할 목적으로 체결한 것이다. ⑤ 1910년 국권 강탈 시 체결한 것이다.

13. ⑤ 바로 정리 : **대종교**
제시된 자료에서 '단군 신앙 발전, 중광단 조직' 등을 통해 대종교와 관련된 내용임을 알 수 있다. 대종교는 나철·오기호 등이 단군 신앙을 기반으로 창시한 것으로, 이후 대종교도는 만주와 연해주 일대에서 포교 활동을 전개하여 민족의식과 항일의식을 고취했다. 많은 애국지사들이 대종교에 가담하여 독립운동을 전개했다.

14. ④ 바로 정리 : **개신교의 활동**
'외국 선교사, 배재 학당과 이화 학당, 신민회 참여, 안창호와 이승만' 등을 통해 개신교에 대한 자료임을 알 수 있다. 배재 학당과 이화 학당은 미국 감리교 선교사들이 세운 근대 교육 기관이고, 안창호와 이승만 등은 개신교 신자이다. 평안도 지역의 개신교 신자들이 신민회에 많이 가입했으며 105인 사건 때 큰 피해를 봤다. 개신교는 세브란스 병원 등을 세워 환자를 치료하고 의사 양성에 힘썼으며, 배재 학당 등 학교를 설립하여 근대 교육과 사회 봉사 활동을 전개했다. 아해! ① 동학의 제3대 교주 손병희가 개칭한 것으로, 기관지 〈만세보〉를 발행했다. ② 단군 신앙을 기반으로 나철·오기호 등이 창시한 것으로, 만주와 연해주 일대에서 포교 활동을 전개하여 민족의식과 항일의식을 고취했다. ③ 프랑스와 수교 이후 포교의 자유를 얻었으며 고아원과 양로원을 설립했다. ⑤ 미신 타파 등의 계몽 운동을 전개했다.

15. ③ 바로 정리 : **신채호의 활동**
제시된 자료에서 〈대한매일신보〉의 주필, 《이순신전》 등을 통해 신채호라는 사실을 알 수 있다. 아해! ① 《한국통사》 등을 저술했고, 대한민국 임시 정부 제2대 대통령이 되었다. ② 한국사에서 '얼'을 강조했다. ④ 민족주의 사학자이다. ⑤ 사회경제 사학자로 《조선사회경제사》를 저술하고, 한국사가 세계사의 보편적인 발전 법칙에 입각하여 발전해 왔음을 강조했다.

16. ① 바로 정리 : **〈만세보〉의 특징**
제시된 자료에서 '천도교에서 발행' 등을 통해 〈만세보〉임을 알 수 있다.

17. ③ 바로 정리 : **박은식의 활동**
제시된 자료에서 '유교로 개혁할 것을 주장'이라는 내용을 통해 박은식임을 알 수 있다. 박은식은 《한국통사》를 집필한 민족주의 역사학자이며, 대한민국 임시 정부의 제2대 대통령인 독립운동가이다.

18. ⑤ 바로 정리 : **원구단과 대한 제국기의 사업**
제시된 원구단은 고종 광무 원년인 1897년에 고종이 러시아 공사관에서 경운궁으로 환궁하면서 황제 즉위식을 지낼 수 있도록 조성된 3층의 화강암 제단이다. 원구단 조성 2년 후인 1899년(광무 4)에는 8각 모양의 3층 지붕인 황궁우를 조성하고, 신위판(神位版)을 모셨다. 그러나 일제 강점기에 일제에 의해 해체되었으며, 그 자리에 조선 호텔이 들어서면서 현재는 황궁우와 용무늬가 새겨진 석고, 석조 대문만이 보존되어 있다. 원구단과 밀접한 연관이 있는 것은 대한 제국의 광무개혁이다. 지문 중에 광무개혁과 연관 있는 것은 ⑤번이다. 아해! ①, ②, ③, ④는 모두 대한 제국 이전에 일어난 일이다.

19. ③ 바로 정리 : **명동 성당**
제시된 자료에서 설명하는 건축물은 명동 성당이다. 아해! ① 서울역은 서양에서 18세기 이래 유행되어 온 절충주의 양식을 모방한 건물이다. ② 동

양 척식 주식회사는 1908년 일제가 대한 제국의 토지와 자원을 수탈할 목적으로 설치한 식민지 착취 기관이다. ④ 민립 대학 설립 운동의 견제책으로 관립 대학인 경성 제국 대학을 설립했다. ⑤ 덕수궁 석조전은 대한 제국기(1900~1910)에 지어진 건물이다.

20. ⑤ 바로 정리 : **국학 운동**
제시된 자료에서 '민족의식'과 '근대 지향 의식' 등을 통해 국학 운동과 관련된 내용임을 알 수 있다. 을사조약 이후 일제의 침탈로부터 국권을 회복하려는 애국 계몽 운동은, 국사와 국어를 연구하여 민족의식을 고취시키려는 국학 운동으로 나타난다. 국사 연구에서는 장지연, 박은식, 신채호 등에 의하여 근대 계몽 사학이 성립되었고, 주시경은 국문 연구소를 설립하여 국어학 연구 체계를 확립하고자 하였다. 아해! ⑤ 최남선이 〈해에게서 소년에게〉라는 신체시를 발표한 것은 문예에 있어서의 새로운 경향일 뿐 국학 운동과는 관련 없다.

21. ① 바로 정리 : **간송 전형필**
제시된 자료에서 '최초로 사립 미술관을 연' 등을 통해 간송 전형필임을 알 수 있다. 전형필은 구한말부터 일제 시기까지의 인물로, 10만 석 부호이자 문화재 수집가였다. 정선, 김홍도, 심사정, 김정희, 장승업의 작품을 비롯하여 반출되는 많은 문화재를 사재를 털어 수집했고, 1938년에는 우리나라 최초의 사립 박물관을 설립하기도 하였다.

22. ③ 바로 정리 : **원산 학사**
제시된 자료에서 '원산의 덕원 주민' 등을 통해 원산 학사임을 알 수 있다. 원산 학사는 우리나라 최초의 근대적 사립 교육 기관이었다. 아해! ① 교육입국 조서로 인해 세워진 관립 학교들로 한성 소학교, 한성 사범 학교에 해당한다. ② 스크랜턴이 설립한 이화 학당에 해당한다. ③ 개신교 선교사들이 설립한 학교에 해당한다. ④ 육영 공원에 해당한다.

23. ③ 바로 정리 : **철도 건설**
제시된 자료는 철도와 관련된 내용이다. 대한 제국 시기의 철도 부설은 열강의 이권 침탈과 관계가 많고, 부설 과정에서 토지, 노동력 징발 등이 이루어졌다. 1899년 경인선을 시작으로 러일 전쟁 기간 중에 경부선과 경의선이 부설되었다. 아해! ㉠ 대한 제국기에 처음 부설된다. ㉣ 호남선은 국권을 강탈당한 1911년에 부설되어 1914년에 완성된다.

24. ③ 바로 정리 : **전차 운영의 시기**
제시된 자료는 1899년(대한 제국) 서울과 인천을 오가는 경인선 기차 개통식과 관련된 사진이다. 이 시기에는 서양의 문화를 도입하여 의식주에서 많은 변화가 있었다. 아해! ③ 몸빼는 일본 여성의 노동복 바지를 국민복처럼 조선 여성에게 강요한 것으로, 일제 강점기인 1930년대 말에 해당한다.

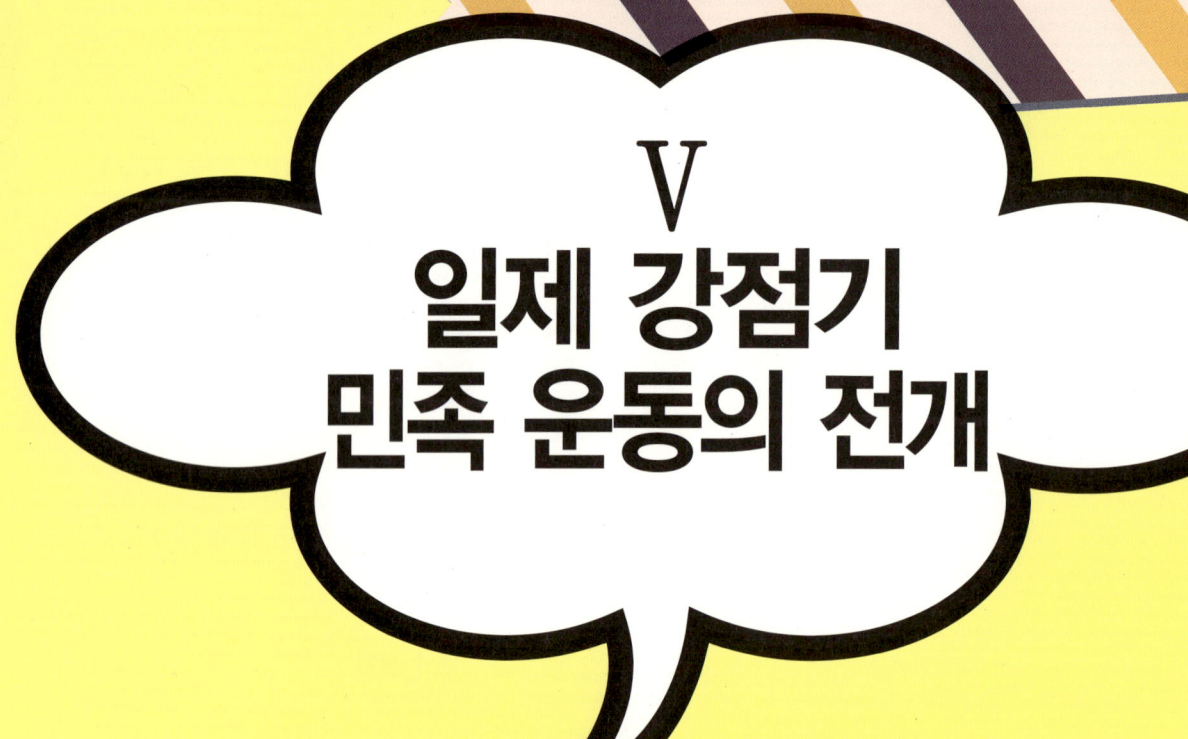

V
일제 강점기 민족 운동의 전개

출제 위원 생생 리얼 합격 코칭 100%

14강. 1910~1920년대 일제의 식민 지배와 민족 운동의 전개

출제 포인트!

01	1910~1920년대 민족의 수난	19010년대 무단 통치(헌병 경찰 통치)✚✚✚ vs 1920년대 문화 통치(보통 경찰 통치)✚✚✚
02	1910~1920년대 일제의 경제 수탈	1910년대 경제 수탈 정책(토지 조사 사업)✚✚, 회사령) vs 1920년대 경제 수탈 정책(산미 증식 계획✚✚, 회사령 폐지)
03	1910년대 민족 운동	국내 비밀 결사(독립 의군부, 대한 광복회)✚, 국외 독립운동 기지✚
04	3·1 운동	3·1 운동 배경 및 의의✚✚
05	대한민국 임시 정부	임시 정부 탄생 배경 및 활동(지방 조직, 외교 활동 등)✚✚✚, 국민 대표 회의(창조파 vs 개조파)✚✚
06	1920년대 국외 무장 독립 전쟁	서간도·북간도 지역, 해외 독립군 부대 활동 구분✚, 봉오동 전투 vs 청산리 전투✚✚, 독립군의 시련 과정✚✚
07	의열 투쟁의 전개 – 의열단 vs 한인 애국단	의열단(1919) vs 한인 애국단(1931)의 결성 및 활동 내용 구분✚
08	민족 유일당 운동의 전개 – 신간회	신간회 결성 과정 및 활동✚✚✚

15강. 1930~1940년대 일제의 식민 지배와 민족 운동의 전개

출제 포인트!

01	1930~1940년대 일제의 식민 지배 정책	1920년대 통치 방식✚✚, 경제 수탈 과정✚✚✚
02	의열 투쟁의 전개	한인 애국단(1931) 활동✚
03	1930년대 항일 무장 투쟁	한·중 연합 작전(한국 독립군 vs 조선 혁명군)✚, 조선 의용대✚✚
04	1940년대 항일 무장 투쟁	한국광복군✚✚✚ vs 조선 의용군✚
05	광복 직전의 건국 준비 활동	대한민국 임시 정부(김구, 조소앙, 지청천, 김원봉)✚✚ 조선 독립 동맹(김두봉)✚, 조선 건국 동맹(여운형, 안재홍)✚✚

16강. 일제 강점기 다양한 사회 운동 및 민족 문화 수호 운동

출제 포인트!

01	학생 운동	6·10 만세 운동, 광주 학생 항일 운동의 배경·전개 과정✚
02	민족 실력 양성 운동	물산 장려 운동✚✚, 민립 대학 설립 운동✚✚, 브나로드 운동(동아일보)✚✚
03	다양한 사회 운동의 전개	소년 운동(천도교 소년회, 방정환), 여성 운동(근우회, 신간회 자매 단체), 형평 운동, 농민 운동(암태도 소작 쟁의), 노동 운동(원산 노동자 총파업)✚
04	국외 이주 동포의 활동	만주, 연해주, 일본, 미국 이주민의 활동과 시련
05	일제의 식민지 문화 정책	1~4차 조선 교육령 비교✚, 언론 및 종교 탄압, 식민 사관
06	국어 연구와 한글 보급	조선어 연구회 vs 조선 어학회
07	한국사 연구	박은식✚, 신채호✚✚, 백남운 등
08	종교·문학·예술 활동	종교(대종교, 천도교)의 활동✚, 문화(나운규의 〈아리랑〉)

제복을 입고 칼을 찬 교원

태형 도구

토지 조사 사업

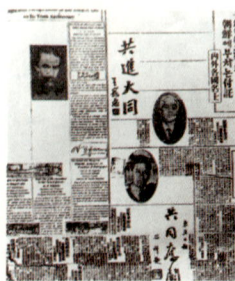

언론 탄압(검열로 기사가 삭제된 지면)

핵심주제 01 1910~1920년대 민족의 수난

사회주의 운동과 민족 독립 운동 진영을 탄압하기 위해 제정한 법. 천황제나 사유 재산제 부정 운동을 단속했어.

시대	1910년대	1920년대	
통치 형태	무단 통치	문화 통치	
		변경 내용	문화 통치의 실제
총독 출신	무관만 총독 임명	문관도 총독 임명 가능	문관 총독이 한 명도 임명되지 않음
경찰 제도	헌병 경찰 통치(즉결 처분권, 조선 태형령) 정식 재판 절차 없이 벌금·태형 등의 처벌을 가하는 것	보통 경찰 통치	경찰관서·인원·예산 증가, 치안 유지법 제정(1925)
교육 제도	우민화 교육(보통 교육·실업 교육에 치중 → 고등 교육 기회 박탈)	교육 기회 확대	초등 교육의 취학률 저조 유상 교육이었기 때문이지.
언론 제도	출판·언론·집회·결사의 자유 박탈(신문지법 제정, 1907)	출판·언론·집회·결사의 자유 일부 허용(조선·동아일보 발행)	검열·삭제·정간·압수 등으로 탄압

핵심주제 02 1910~1920년대 일제의 경제 수탈

(1) 1910년대 경제 수탈

토지 조사 사업 (1912~1918)	목적	• **표면적** : 근대적 토지 소유 제도 확립 • **실질적** : 토지 약탈과 토지세 확보
	방법	• 기한부 신고제(신고 기간이 짧음) • 증거주의(복잡한 구비 서류와 절차) • 지주의 소유권만 인정
	결과	• 총독부의 토지 약탈 증가 → 과세 면적 증가 → 농민 부담 가중 • 농민의 토지 상실 → 소작농 증가 토지 조사 사업으로 인해 지주들은 • 소작농의 관습적인 경작권 상실 → 지주권 강화 손해를 입지 않았어. • 농민의 처지 악화 → 만주·일본 등지로의 이주민 증가
산업 침탈	회사령(1910)	회사 설립 총독 허가제, 민족 자본 및 기업의 성장 억제
	전매제	인삼·소금·담배 전매 실시 일본 기업이 산업 분야를 독점했어. 우리 기업은 경공업에 한정되었지.
	기타	삼림령(1911), 어업령(1911), 광업령(1915) 등 → 주요 산업 허가제로 전환

(2) 1920년대 경제 수탈

① 산미 증식 계획(1920~1934)

배경	일본의 비약적 공업화로 인한 도시 인구 및 노동자 증가 → 일본 내 쌀값 폭등
방법	수리 시설 확충, 종자 개량, 비료 사용 확대, 쌀 단작화 등
결과	• **국내 식량 사정 악화** : 부족한 식량을 만주에서 잡곡으로 보충 • **농민 부담 증가** : 비료 사용료, 수리 시설 이용료 등 생산 비용 부담 • **몰락 농민 증가** → 만주, 일본 등지로 떠나는 이주민 증가

② 일본 자본과 상품 본격 진출

우리 기업도 신고만 하면 회사를 세울 수 있게 되었어.

회사령 폐지(1920)	회사 설립을 허가제에서 신고제로 전환 → 일본 기업의 자유로운 한국 진출과 일부 민족 기업(경성 방직 주식회사 등) 성장
관세 폐지(1923)	일본 상품의 수입 증가 → 일본 상품의 소비 시장으로 전락

03 1910년대 민족 운동

(1) 국내의 비밀 결사

	비밀 결사	중심인물	활동 내용
국내	대한 독립 의군부(1912)	임병찬	고종 황제의 밀명으로 조직, 일제에 국권 반환 요구, 복벽주의 표방 국권을 회복하여 고종을 황제로 복위시키려 한 거야.
	대한 광복회(1915)	박상진, 김좌진	군자금 모금 및 친일 부호 처단, 공화정 수립 목표
	송죽회(1913)	숭의 여학교 교사와 학생	독립운동 자금 조달, 여성 중심
	기타	조선 국권 회복단, 조선 국민회 등	

(2) 국외 독립운동 기지 건설

1907년에 조직된 비밀 결사야. 105인 사건으로 해체되었어.

	지역	서간도	북간도	연해주	미국
국외	한인 사회	삼원보(신민회 건설)	명동촌, 용정촌, 밀산 한흥동(이상설)	신한촌	
	자치 조직	경학사 (→ 부민단)	간민회, 중광단(대종교 조직)	성명회, 권업회	대한인 국민회
	교육 기관	신흥 강습소 (→ 신흥 무관 학교)	서전서숙(이상설), 명동 학교	한민 학교	
	독립군 조직	서로 군정서 (신민회)	북로 군정서 (중광단에서 발전)	대한 광복군 정부(1914, 이상설·이동휘), 대한 국민 의회(1919)	대조선 국민군단 (1914, 박용만)

04 3·1 운동

배경	국내	고종 서거와 독살설 확산
	국외	윌슨의 민족 자결주의 채택(1919, 파리 강화 회의), 대한 독립 선언서 발표(만주), 2·8 독립 선언서 발표(일본)
준비		천도교·기독교·불교 등 종교계 인사들이 주도, 학생 연합
전개		**1단계:** 태화관에서 민족 대표 33인의 독립 선언서 낭독 및 비폭력 시위 **2단계:** 전국 도시로 확산, 학생·상인·노동자층 참여 **3단계:** 농촌·산간벽지로 확산, 농민 주도의 무력 저항 토지 조사 사업으로 피해를 입은 농민들이 적극 가담했지.
확산		만주, 연해주, 일본, 미주 등지로 만세 시위 확산
탄압		일제는 헌병 경찰과 군대를 동원해 만세 시위를 진압(화성, 제암리 사건 등)
의의		독립운동의 체계화·조직화·활성화 계기 마련(만주 지역의 무장 독립 전쟁과 국내 민족 운동 확대에 영향을 끼침), 대한민국 임시 정부 수립 계기, 일제 통치 방식의 변화(문화 통치로 전환), 중국의 5·4 운동, 인도 간디의 비폭력·불복종 저항 운동, 베트남·필리핀·이집트 등지의 민족 해방 운동에 영향

기억하라! 지도

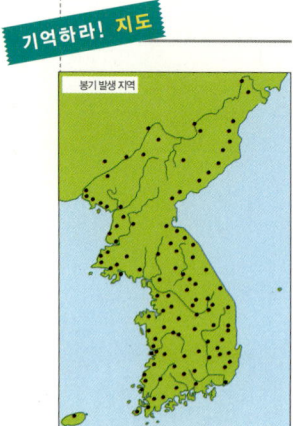

국외 독립운동 기지

1910년 국권 피탈을 전후하여 건설되었다.

기억하라! 지도

3·1 운동의 확산

기억하라! 지도

대한민국 임시 정부의 통합과 이동 경로

봉오동 전투와 청산리 전투

독립군의 이동

기억하라! 자료

대한민국 임시 정부 애국 공채

핵심주제 05 대한민국 임시 정부

배경		3·1 운동 후 독립운동을 조직적으로 이끌어 갈 지도부의 필요성 대두
통합		대한 국민 의회(연해주) + 한성 정부(국내) + 대한민국 임시 정부(상하이) → 대한민국 임시 정부(1919. 9, 상하이)로 통합
체제		3권 분립에 입각한 민주 공화제 정부 임시 의정원(입법), 국무원(행정), 법원(사법)
활동	지방 조직	•**연통제** : 국내 비밀 행정 조직 •**교통국** : 통신 기관 (이륭양행 내 단둥 교통국) •독립운동 자금 모금 : 애국 공채 발행
	외교 활동	파리 강화 회의에 김규식을 대표로 파견, 구미 위원부 설치
	문화 활동	〈독립신문〉 발간, 사료 편찬소 설치
	군사 활동	군무부 설치, 직할 부대 편성(광복군 사령부, 광복군 총영, 육군주만 참의부)
국민 대표 회의(1923)	배경	대한민국 임시 정부의 위기(연통제·교통국 붕괴 및 외교 활동 성과 미흡 등)
	내용	•**창조파** : 신채호 – 임시 정부 해산 → 새 정부 수립, 무력 항쟁 강조 •**개조파** : 안창호 – 임시 정부 개편 및 존속 → 실력 양성과 외교 활동 강조 •**현상 유지파** : 김구 – 임시 정부 유지 → 국민 대표 회의 자체를 반대
	결과	**대한민국 임시 정부 개편** : 이승만 탄핵(1925), 구미 위원부 폐지, 대통령에 박은식 추대 → 대통령제를 내각 중심의 국무령제로 개편 → 집단 지도 체제(주석 체제)로 개편(1927)

핵심주제 06 1920년대 국외 무장 독립 전쟁

(1) 무장 독립 전쟁

① 해외 독립군 부대 조직

배경	3·1 운동을 계기로 무장 독립 전쟁 필요성 인식
남만주 **서간도 지역**	신흥 무관 학교, 서로 군정서, 대한 독립단, 광복군 총영 등
북간도 지역	북로 군정서, 대한 국민회 등

② 봉오동 전투와 청산리 전투

봉오동 전투 (1920)	참가 부대	대한 독립군(홍범도), 군무 도독부군(최진동), 국민회 독립군(안무)
	전개 과정	대한 독립군의 국내 진입 작전(삼둔자 전투) → 일본의 토벌군 파견 → 일본군을 봉오동으로 유인, 승리
청산리 전투 (1920)	참가 부대	북로 군정서(김좌진), 대한 독립군 등의 연합 부대
	전개 과정	일본군의 봉오동 전투 패배 → 훈춘 사건 → 일본군 대규모 파견 → 청산리 일대에서 10여 차례 전투 끝에 일본군 대파, 승리(백운평·어랑촌 전투)

③ 독립군의 시련

간도 참변(1920)	봉오동·청산리 전투에서 패배한 일본군이 간도의 한인 마을 습격, 학살, 방화, 약탈
독립군 이동	대한 독립군단 결성 → 소련령 자유시로 이동
자유시 참변 (1921)	한인 부대 통합 과정에서 주도권 분쟁, 소련 적군이 무력으로 무장 해제 단행 → 수백 명의 독립군 희생
미쓰야 협정 (1925)	일제와 만주 군벌이 독립군을 탄압하기 위해 체결

④ 만주 독립군의 재정비

3부 성립	배경	자유시 참변 이후 독립군의 조직 정비 시도
	구성	육군 주만 참의부(1923), 정의부(1925), 신민부(1925)
	성격	자치 행정을 맡아 보는 민정 기관, 독립군의 훈련과 작전을 담당한 군정 기관
3부 통합 운동	남만주	국민부(조선 혁명당과 조선 혁명군 결성)
	북만주	혁신 의회(한국 독립당과 한국 독립군 조직)

윤봉길(한인 애국단)

윤봉길 의거를 계기로 대한
민국 임시 정부는 활기를 찾
았을 뿐만 아니라 중국 관내
에서 무장 투쟁이 가능하게
되었다.

핵심주제 07 의열 투쟁의 전개 – 의열단 vs 한인 애국단

(1) 의열단(1919)

결성	1919년 김원봉이 만주에서 결성, 조선 혁명 선언(1923, 신채호)을 행동 강령으로 함
활동	박재혁(1920, 부산 경찰서 투척), 김익상(1921, 조선 총독부 투척), 김상옥(1923, 종로 경찰서 투척), 김지섭(1924, 일본 왕궁 투척), 나석주(1926, 동양 척식 주식회사 투척)
변화	개별적 폭력 투쟁 한계 인식 → 조직적 무장 투쟁 준비 → 황포 군관 학교 입교, 조선 혁명 간부 학교 설립, 조선 민족 혁명당(1935) 결성, 조선 의용대 창설(1938)

(2) 한인 애국단(1931)

결성	김구가 침체된 임시 정부의 활로를 찾기 위해 1931년 조직
활동	• 이봉창 의거(1932) : 도쿄에서 일본 국왕에게 폭탄 투척 → 항일 민족 운동의 활력소 역할, 이 사건의 중국 신문 보도를 트집 잡은 일제에 의해 상하이 사변 발생 • 윤봉길의 상하이 훙커우 공원 의거(1932) : 상하이 사변 전승 기념식장에 폭탄을 던져 일본군 장성과 고관들 처단 → 중국 국민당 정부가 임시 정부의 활동 적극 지원

핵심주제 08 민족 유일당 운동의 전개 – 신간회

배경	국외	제1차 국·공 합작의 영향 → 한국 독립당 북경 촉성회 설립, 만주 지역 3부 통합
	국내	민족주의 진영 / 타협적 민족주의(자치 운동 주장)와 비타협적 민족주의로 분열 → 세력 약화
		사회주의 진영 / 치안 유지법(1925)을 통한 일제의 사회주의 탄압 → 세력 약화
결성	조선 민흥회 조직(1926, 민족주의 진영), 정우회 선언(1926, 사회주의 진영)으로 비타협적 민족주의계와 사회주의계 연합 (1927) → 민족 유일당 운동 조선 물산 장려회 중심의 민족주의 세력이 사회주의 세력 일부와 만든 조직이야.	
강령	민족의 단결, 정치적·경제적 각성 촉구, 기회주의자 배격	
활동	• 민중 계몽 활동 : 전국 순회 강연, 노동 야학 참여 등 • 대중 운동 지도 : 노동·농민·청년·여성·형평 운동 지원 • 광주 학생 항일 운동 당시 조사단 파견 → 전국적 확산에 기여	
해체	민중 대회 사건과 일제의 탄압, 내부의 이념 대립, 코민테른의 노선 변화로 해체(1931) 지도부가 타협적 민족주의자들과 협력하려 하자 신간회 해체를 주장했어.	
의의	민족주의 세력과 사회주의 세력이 연합한 최대 규모의 정치·사회 단체	

신간회 창립 총회 기사

상 중 하 18회

01 다음 자료와 관련이 깊은 시기의 사실로 옳은 것은?

헌병 경찰　　　　　　태형 기구

① 신사 참배가 강요되었다.
② 치안 유지법이 제정되었다.
③ 산미 증식 계획이 추진되었다.
④ 황국 신민화 정책을 강화하였다.
⑤ 강압적인 무단 통치가 실시되었다.

상 중 하 20회

02 (가)에 들어갈 내용으로 가장 적절한 것은?

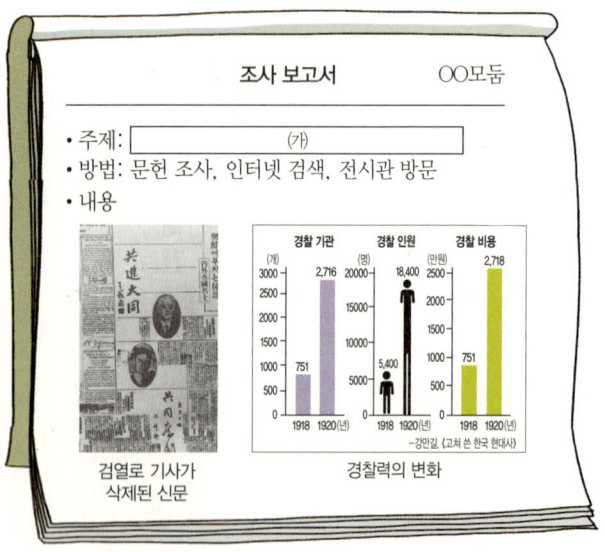

조사 보고서　　　　　　○○모둠

· 주제: (가)
· 방법: 문헌 조사, 인터넷 검색, 전시관 방문
· 내용

검열로 기사가 삭제된 신문　　　경찰력의 변화

① 국권을 강탈하기 위한 통감 정치
② 민족 분열을 위한 기만적 문화 통치
③ 전쟁 수행을 위한 병참 기지화 정책
④ 공업 원료 증산을 위한 남면 북양 정책
⑤ 독립운동을 탄압하기 위한 강압적인 무단 통치

상 중 하 15회

03 다음 가상 대화가 이루어진 시기의 사회 모습으로 옳은 것은?

① 전쟁터로 끌려가는 청년들
② 황국 신민 서사를 암송하는 학생
③ 제복을 입고 칼을 차고 있는 관리와 교원
④ 쌀, 감자, 고구마 등 식량을 공출당하는 사람들
⑤ 조선일보와 동아일보 등 민족 신문을 읽는 시민들

상 중 하 21회

04 다음 자료의 발표를 계기로 실시한 일제의 통치 정책에 대한 설명으로 옳은 것은?

> 조선 통치의 방침인 일시 동인(一視同仁)의 대의를 존중하고 동양 평화를 확보하여 민중의 복리를 증진시키는 것을 대원칙으로 일찍이 정하는 바이다. …… 정부는 관제를 개혁하여 총독의 임용 범위를 확장하고 경찰 제도를 개정하며, 또한 일반 관리나 교원 등의 복제를 폐지함으로써 시대의 흐름에 순응하고 …… 장래 기회를 보아 지방 자치 제도를 실시하여 국민 생활을 안정시키고 일반 복리를 증진시킬 것이다.
> ─사이토 총독, 〈시정 방침 훈시〉

① 문관 총독을 임명하였다.
② 황국 신민화 정책을 실시하였다.
③ 경찰의 수와 비용을 축소하였다.
④ 우리 민족의 자치권을 인정하였다.
⑤ 헌병 경찰제를 보통 경찰제로 전환하였다.

05 다음과 같은 일제의 경제 수탈 정책에 대한 설명으로 옳은 것은?

> • 제1조 토지의 조사 및 측량은 본령에 의한다.
> • 제4조 제 토지 소유자는 조선 총독이 정하는 기간 내에 주소·씨명, 명칭 및 소유지의 소재, 지목, 자번호, 사표, 등급, 지적 결수(結數)를 임시 토지 조사국장에게 신고해야 한다.
> −〈조선총독부 관보〉

① 1920년대 일제의 경제 수탈 정책이다.
② 민족 자본의 성장을 억제하고자 하였다.
③ 병참 기지화 정책의 일환으로 실시하였다.
④ 농민들의 관습적인 경작권을 인정하지 않았다.
⑤ 한국에서 쌀 소비량이 감소하는 계기가 되었다.

06 자료를 통해 알 수 있는 일제의 수탈 정책에 대한 설명으로 옳은 것을 〈보기〉에서 고른 것은?

> 1. 토지 개량 시행 면적 : 427,500정보
>   지목 변경(밭 → 논) : 112,500정보
> 2. 시행 기간 : 1920 ~ 1934년
> 3. 증수 목표 : 쌀 8,995,000석

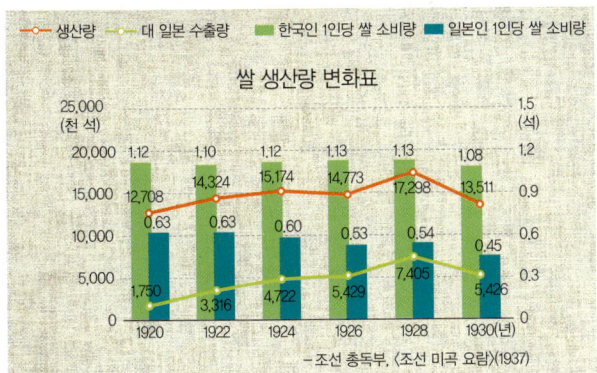

〈보기〉

ㄱ. 동양 척식 주식회사에서 주도하였다.
ㄴ. 공업 원료 부족에 대비하여 남면북양 정책을 실시하였다.
ㄷ. 쌀 생산량 증식에 필요한 비용을 소작농에게 전가하였다.
ㄹ. 일본의 공업화 정책에 따른 식량 부족을 해결하기 위해 실시하였다.

① ㄱ, ㄴ   ② ㄱ, ㄷ   ③ ㄴ, ㄷ
④ ㄴ, ㄹ   ⑤ ㄷ, ㄹ

07 다음 자료에 해당하는 국외 이주 지역을 지도에서 옳게 찾은 것은?

> • 신민회가 주도적으로 건설한 독립운동 기지
> • 자치 기관인 경학사와 부민단 설립
> • 신흥 강습소(후에 신흥 무관 학교)를 통한 독립군 간부 양성

① (가)   ② (나)   ③ (다)   ④ (라)   ⑤ (마)

08 다음 자료와 관련이 깊은 시기의 국내 민족 운동에 대한 설명으로 옳은 것은?

토지를 측량하는 일본인   칼을 차고 제복을 입은 교원

① 6·10 만세 운동이 일어났다.
② 물산 장려 운동을 전개하였다.
③ 민족 유일당 운동이 추진되었다.
④ 민립 대학 설립 운동이 전개되었다.
⑤ 대한 독립 의군부, 대한 광복회 등이 활동하였다.

상 중 하 9회

09 다음 지도의 (가) 지역에 대한 설명으로 옳은 것은?

① 간도 참변이 발생하였다.
② 윤봉길 의거가 일어났다.
③ 구미 위원부가 창설되었다.
④ 2·8 독립 선언이 발표되었다.
⑤ 박용만이 대조선 국민군단을 조직하였다.

상 중 하 14회

11 선생님의 질문에 대한 대답으로 옳은 것을 〈보기〉에서 고른 것은?

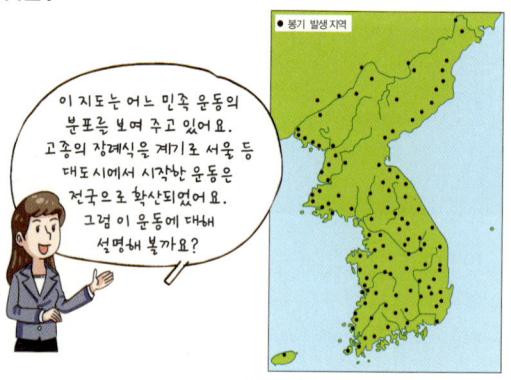

〈보기〉
ㄱ. 사회주의 사상의 영향을 받았어요.
ㄴ. 일제가 문화 통치를 실시하게된 배경이 되었어요.
ㄷ. 민족주의 계열과 사회주의 계열이 연대하여 추진하였어요.
ㄹ. 중국 상하이에 대한민국 임시 정부가 수립되는 계기가 되었어요.

① ㄱ, ㄴ   ② ㄱ, ㄷ   ③ ㄴ, ㄷ
④ ㄴ, ㄹ   ⑤ ㄷ, ㄹ

상 중 하 16회

10 다음 자료를 통해 알 수 있는 민족 운동에 대한 설명으로 옳은 것을 〈보기〉에서 고른 것은?

이화 학당 동기인 관순이와 나는 종로와 장충단, 남산, 남대문을 돌아다니며 '대한 독립 만세'를 불렀어. 그리고 관순이는 고향 병천으로, 나는 그 옆 동네인 목천으로 가서 만세 운동을 했지. …… 고문이 어찌나 심한지 허리가 부서졌는데 내 목숨은 어찌나 질기던지, 관순이는 1년 반 만에 숨졌는데……

– 남동순의 증언

〈보기〉
ㄱ. 민족 유일당 운동을 추진하는 배경이 되었다.
ㄴ. 신간회의 지원으로 전국적인 운동으로 확산되었다.
ㄷ. 토지 조사 사업으로 피해를 본 농민들이 적극 참여하였다.
ㄹ. 일제는 강압적인 무단 통치에서 기만적인 문화 통치로 전환하였다.

① ㄱ, ㄴ   ② ㄱ, ㄷ   ③ ㄴ, ㄷ
④ ㄴ, ㄹ   ⑤ ㄷ, ㄹ

상 중 하 21회

12 (가)에 들어갈 인물로 옳은 것은?

독립운동가 (가) 의 활동
1 모둠 주제 : 간도에서 대한 독립군 조직
2 모둠 주제 : 봉오동 전투에서의 활약
3 모둠 주제 : 자유시 참변 이후의 활동

①
이동녕

②
이상설

③
홍범도

④
이동휘

⑤
신채호

13 다음과 관련된 독립운동 단체에 대한 설명으로 옳은 것을 〈보기〉에서 고른 것은?

> 제1조 대한민국은 민주 공화제로 한다.
> 제2조 대한민국은 임시 정부가 임시 의정원의 결의에 의하여 이를 통치한다.
> 제3조 대한민국의 인민은 남녀, 귀천 및 빈부의 계급이 없고 일체 평등하다.
> 제4조 대한민국의 인민은 종교, 언론, 저작, 출판, 결사, 집회, 주소 이전, 신체 및 소유의 자유를 향유한다.

〈보기〉
ㄱ. 애국 공채를 발행하였다.
ㄴ. 대성 학교, 오산 학교를 설립하였다.
ㄷ. 삼권 분립에 입각한 민주 공화제 정부이다.
ㄹ. 만주 지역에서 동북 항일 연군을 조직하여 항일 무장 투쟁을 전개하였다.

① ㄱ, ㄴ ② ㄱ, ㄷ ③ ㄴ, ㄷ
④ ㄴ, ㄹ ⑤ ㄷ, ㄹ

14 자료와 관련이 깊은 독립운동 단체에 대한 설명으로 옳은 것은?

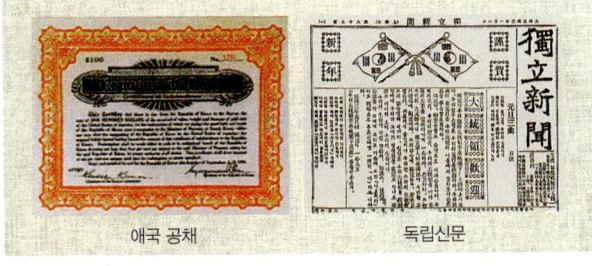

애국 공채 　　　독립신문

① 만민 공동회를 개최하여 열강의 침탈을 규탄하였다.
② 서전서숙, 명동 학교와 같은 민족 학교를 설립하였다.
③ 민족의 실력을 키우기 위해 자기 회사, 태극서관을 설립하였다.
④ 독립 자금을 모으고, 독립운동을 지도하기 위해 연통제와 교통국을 조직했다.
⑤ 개별적인 투쟁의 한계를 극복하기 위해 단원들을 군관 학교에 들어가 훈련받게 했다.

15 다음과 같은 대화가 이루어진 시기를 연표에서 옳게 고른 것은?

1910	1919	1932	1935	1940	1945
	(가)	(나)	(다)	(라)	(마)
국권 피탈	임시 정부 수립	윤봉길 의거	한국 국민당 창당	한국광복군 창설	8·15 광복

① (가) ② (나) ③ (다) ④ (라) ⑤ (마)

16 (가)에 대한 설명으로 옳은 것을 〈보기〉에서 고른 것은?

　　(가) 일지

전투 기간	전투 지역
1920년 10월 21일~26일	백운평·어랑촌·천보산·고등하곡

〈보기〉
ㄱ. 한중 연합 작전으로 전개되었다.
ㄴ. 김좌진과 홍범도 등이 부대를 지휘하였다.
ㄷ. 일본이 간도 참변을 일으키는 원인이었다.
ㄹ. 대한 독립 의군부와 대한 광복회가 주도하였다.

① ㄱ, ㄴ ② ㄱ, ㄷ ③ ㄴ, ㄷ
④ ㄴ, ㄹ ⑤ ㄷ, ㄹ

상 중 **하** 18회

17 선생님의 질문에 대한 대답으로 옳은 것은?

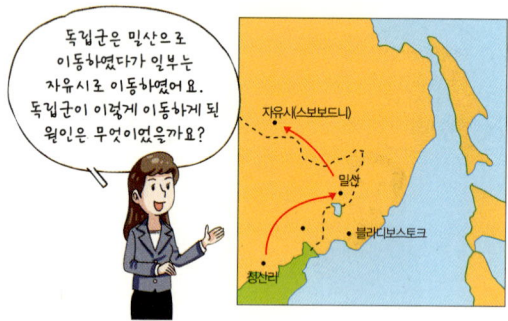

독립군은 밀산으로 이동하였다가 일부는 자유시로 이동하였어요. 독립군이 이렇게 이동하게 된 원인이 무엇이었을까요?

① 간도 참변이 발발하였어요.
② 만주 사변이 발발하였어요.
③ 미쓰야 협정이 체결되었어요.
④ 조선 의용군이 조직되었어요.
⑤ 민족 유일당 운동이 추진되었어요.

상 중 **하** 8회

18 다음 지도에 나타난 독립운동 조직에 대한 설명으로 옳은 것은?

① 자유시 참변을 계기로 해체되었다.
② 민정 기관과 군정 기관을 갖추었다.
③ 연합국의 일원으로 태평양 전쟁에 참여하였다.
④ 미국과 협조하여 국내 진공 작전을 시도하였다.
⑤ 중일 전쟁을 계기로 조선 의용군에 흡수되었다.

상 중 **하** 20회

19 자료를 통해 알 수 있는 독립운동 단체에 대한 설명으로 옳은 것은?

나석주의 동양 척식 주식회사 폭탄 투척 기사

김상옥의 종로 경찰서 폭탄 투척 기사

① 6·10 만세 운동을 주도했다.
② 기관지로 만세보를 발행하였다.
③ 광주 학생 항일 운동을 지원하였다.
④ 조선 혁명 선언의 지침에 따라 활동하였다.
⑤ 조직적인 항일 무장 투쟁을 위해 한국광복군을 창설하였다.

상 중 **하** 11회

20 다음 선언을 활동 지침으로 삼았던 단체에 대한 설명으로 옳은 것은?

······ 강도 일본을 쫓아내려면 오직 혁명으로만 가능하며, 혁명이 아니고는 강도 일본을 쫓아낼 방법이 없는 바이다. ······ 민중은 우리 혁명의 대본영(大本營)이다. 폭력은 우리 혁명의 유일한 무기이다. 우리는 민중 속으로 가서 민중과 손을 맞잡아 끊임없는 폭력─암살, 파괴, 폭동─으로써 강도 일본의 통치를 타도하고, 우리 생활에 불합리한 일체의 제도를 개조하여, 인류로서 인류를 압박하지 못하며, 사회로서 사회를 박탈하지 못하는 이상적인 조선을 건설할지니라.

① 김구가 조직하였다.
② 3부 통합 운동 결과 탄생하였다.
③ 미쓰야 협정의 체결로 해체되었다.
④ 대한민국 임시 정부에 활기를 불어넣기 위해 결성되었다.
⑤ 조선 총독부 등 일제 식민 통치 기관을 공격 대상으로 삼았다.

21 밑줄 친 '이 청년'이 일으킨 사건의 영향으로 옳은 것은?

<u>이 청년</u>이란 다른 사람이 아니다. 아까 늙은이와 작별하던 바로 그 사람이다. 그는 뜻한 바를 기어이 성공하려고 4월 27일에 식장인 공원으로 가서 모든 것을 세밀하게 또 신중히 배치 수배하고, 다시 훙커우로 가서 백천 대장의 사진을 얻고 일본 국기 한 장을 사서 가슴속에 품고 있다가 29일 새벽이 되자 양복을 입고 어깨에 (폭탄이 장치된) 군용 물병을 메고 손에는 역시 폭탄이 장치된 도시락을 들고 공원으로 달음질쳐 간 것이다. …… <u>이 청년</u>은 누구였던가?

―〈도왜실기〉

① 일제의 통치 방식이 바뀌었다.
② 독립군이 자유시로 이동하였다.
③ 만주 길림에서 의열단을 조직하였다.
④ 상하이에서 국민 대표 회의가 개최되었다.
⑤ 중국 국민당 정부가 대한민국 임시 정부를 지원하였다.

22 다음 인물들의 공통점에 대한 설명으로 옳은 것은?

이봉창   윤봉길

① 한중 연합 작전에 참여하였다.
② 조선 혁명 선언을 활동 지침으로 삼았다.
③ 헤이그 특사로 파견되어 외교 활동을 전개했다.
④ 광복 직후 조선 건국 준비 위원회를 조직하였다.
⑤ 침체에 빠진 대한민국 임시 정부에 활기를 불어넣었다.

23 다음 강령을 내건 단체에 대한 설명으로 옳은 것은?

• 우리는 단결을 공고히 한다.
• 우리는 기회주의를 일체 부인한다.
• 우리는 정치적·경제적 각성을 촉진한다.

① 비밀 결사 단체
② 안창호와 양기탁이 주도
③ 남만주 삼원보에 독립운동 기지 건설
④ 자기회사와 태극서관을 설립하여 실력 양성 운동 전개
⑤ 비타협적 민족주의자들과 사회주의자들이 연대하여 조직

24 (가) 단체에 대한 설명으로 옳은 것을 〈보기〉에서 고른 것은?

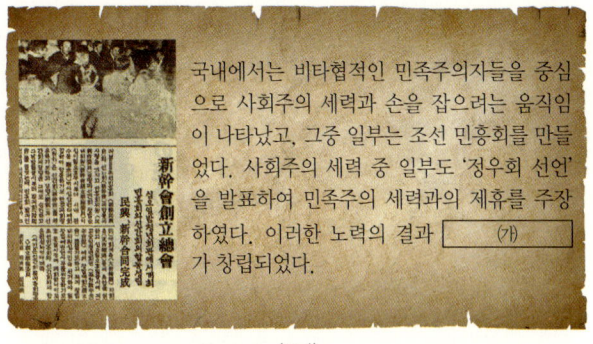

국내에서는 비타협적인 민족주의자들을 중심으로 사회주의 세력과 손을 잡으려는 움직임이 나타났고, 그중 일부는 조선 민흥회를 만들었다. 사회주의 세력 중 일부도 '정우회 선언'을 발표하여 민족주의 세력과의 제휴를 주장하였다. 이러한 노력의 결과 [(가)]가 창립되었다.

〈보기〉

ㄱ. 국채 보상 운동에 적극 참여하였다.
ㄴ. 노동 운동과 농민 운동을 지원하였다.
ㄷ. 민족 기업을 육성하자는 물산 장려 운동을 전개하였다.
ㄹ. 광주 학생 항일 운동을 전국적으로 확산시키는 데 기여했다.

① ㄱ, ㄴ   ② ㄱ, ㄷ   ③ ㄴ, ㄷ
④ ㄴ, ㄹ   ⑤ ㄷ, ㄹ

1. ⑤ 바로 정리 : 헌병 경찰 통치

제시된 자료는 강압적인 무단 통치를 시행하기 위해 전국 각지에 설치된 경무부와 헌병대의 모습, 조선인에 한해 태형을 가할 수 있는 태형 도구이다. 1910년대 일제는 헌병 경찰 제도를 통해 항일 운동을 철저히 탄압했을 뿐만 아니라, 헌병 경찰이 경찰 업무까지 간여하면서 일상생활에서도 위압적인 분위기를 조성했다. 아하! ①, ④ 1930년대 이후 민족 말살 통치 시기의 일제 정책이다. ②, ③ 1920년대 문화 통치 시기의 일제 정책이다.

2. ② 바로 정리 : 민족 분열을 위한 문화 통치

제시된 자료는 '1920년대 검열로 기사가 삭제된 신문, 1910~1920년대 경찰력의 변화표'이다. 일제는 3·1 운동을 계기로 무단 통치에서 문화 통치로 전환하면서 언론의 자유를 허용하고, 헌병 경찰제를 보통 경찰제로 전환한다고 발표했으나, 실제로는 신문도 검열 과정을 거치게 해 기사가 삭제, 압수, 정간되는 경우가 많았으며, 경찰의 수와 경찰 비용이 3·1 운동 이후에 오히려 증가했다. 아하! ① 국권 피탈 이전(1905~1910) 시기이다. ③, ④ 1930년대 이후 모습이다. ⑤ 1910년대 헌병 경찰 통치 시기이다.

3. ③ 바로 정리 : 무단 통치 시기의 사회 모습

제시된 자료에서 헌병 경찰이 조선인에 한해 태형을 가할 수 있으며, 정식 재판을 거치지 않고 즉결 처분할 수 있다는 내용을 통해 1910년대 무단 통치 시기임을 알 수 있다. 이 시기에 일제는 일반 관리는 물론 교원들까지 제복을 입고 칼을 차게 했다. 아하! ①, ②, ④ 1930년대 이후 모습이다. ⑤ 1920년대 이후 모습이다.

4. ⑤ 바로 정리 : 1920년대 일제의 통치

제시문은 3·1 운동 이후 강압적인 무단 통치의 한계를 인식하여 통치 방식을 문화 통치로 전환하겠다는 사이토 총독의 〈시정 방침 훈시〉이다. 일제는 3·1 운동(1919)을 계기로 헌병 경찰 제도를 보통 경찰 제도로 전환했다. 아하! ① 문관 총독을 임명할 수 있다고 했으나 새로 부임한 사이토 총독도 해군 대장이었으며, 문관 총독은 한 명도 임명되지 않았다 ② 황국 신민화 정책은 1930년대 이후에 실시되었다. ③ 3·1 운동 이전보다 경찰 비용과 경찰관 수가 4배가량 증가했다. ④ 일제는 도 평의회, 부·면 협의회를 설치했으나 의결권이 없었고, 극히 친일 인사만 참여를 허용했으며, 자치나 참정권을 허용하지 않았다.

5. ④ 바로 정리 : 토지 조사 사업의 결과

제시된 자료는 1910년대 토지 조사령(1912)이다. 일제는 토지 조사 사업을 통해 토지 약탈과 식민 통치에 필요한 지세 수입을 확보하고자 했다. 토지 조사 사업은 지주의 소유권은 인정했으나, 농민들의 관습적인 경작권을 인정하지 않음으로써 농민들은 기한부 소작농으로 전락했다. 아하! ① 토지 조사 사업은 1910년대 수탈 정책이다. ② 민족 자본의 성장을 억제하기 위한 정책은 회사령이다. ③ 병참 기지화 정책은 1930년 이후의 정책이다. ⑤ 쌀 소비

량의 감소는 토지 조사 사업과 직접적인 관계가 없다.

6. ⑤ 바로 정리 : 산미 증식 계획을 통한 쌀 수탈

제시된 자료에서 '증수 목표 – 쌀, 쌀 생산량 변화표' 등을 통해 1920년대 산미 증식 계획임을 알 수 있다. 산미 증식 계획은 일본의 비약적인 공업화에 따라 쌀값이 폭등하자, 자국의 부족분을 확보하기 위해 일본이 실시한 정책이다. 종자 개량 비용, 비료 사용료, 수리 시설 이용료 등의 각종 비용을 농민에게 부담시켰다. 아하! ㄱ. 1908년 한국의 토지와 자원을 독점하고 수탈할 목적으로 설립한 회사이다. ㄴ. 일본 방직 자본가들의 공업 원료 부족을 우려한 일제가 1930년대에 실시한 정책이다.

7. ② 바로 정리 : 국외 독립운동 기지 – 남만주(서간도)

제시된 자료에서 '경학사, 부민단, 신흥 무관 학교' 등을 통해 남만주 지역임을 알 수 있다. 신민회는 서간도(남만주) 삼원보에 국외 독립 운동 기지를 건설하여 경학사와 부민단 등의 자치 기관과 독립군을 양성하기 위한 신흥 강습소(후에 신흥 무관 학교)를 설립했다.

8. ⑤ 바로 정리 : 1910년대 국내 민족 운동

제시된 자료 '토지를 측량하는 일본인, 칼을 차고 제복을 입은 교원'을 통해 1910년대 헌병 경찰 통치 시기임을 알 수 있다. 1910년대는 일제의 무단 통치로 인해 국내 민족 운동은 비밀 결사 형태였다. 대표적인 단체로는 의병 운동을 계승한 대한 독립 의군부와 박상진·김좌진 등이 중심이 된 대한 광복회 등이 있다. 아하! ①, ②, ③, ④ 1920년대 전개된 민족 운동이다.

9. ① 바로 정리 : 국외 독립운동 기지 – 북간도

자료의 (가) 지역은 최초·최대의 국외 독립운동 기지인 북간도이다. 이 지역은 1920년대 봉오동 전투와 청산리 대첩 등에서 패배한 일본이 이에 대한 보복으로 간도 참변을 일으킨 곳이다. 아하! ② 상하이 ③ 워싱턴 ④ 일본, 도쿄 ⑤ 하와이(미주) 지역에 대한 설명이다.

10. ⑤ 바로 정리 : 3·1 운동의 전개

제시문에서 '이화 학당의 관순이, 대한 독립 만세' 등을 통해 3·1 운동임을 알 수 있다. 3·1 운동은 도시에서 농촌으로 확산되면서 토지 조사 사업으로 피해를 본 농민들이 적극 참여했으며, 그 결과 일제는 강압적인 무단 통치에서 기만적인 문화 통치로 전환했다. 아하! ㄱ. 6·10 만세 운동(1926)이다. ㄴ. 광주 학생 항일 운동(1929)이다.

11. ④ 바로 정리 : 3·1 운동의 의의

제시된 자료에서 '고종의 장례식을 계기로 시작한'을 통해 3·1 운동임을 알 수 있다. 3·1 운동을 계기로 일제는 무단 통치에서 문화 통치로 전환했으며, 독립운동의 구심점 역할을 하게 될 대한민국 임시 정부가 수립되었다. 아하! ㄱ. 사회주의는 3·1 운동 이후 확산되었다. ㄷ. 민족주의 계열과 사회주의 계열의 연대를 통해 추진된 것은 신간회이다.

12. ③ 바로 정리 : 독립운동가 홍범도

제시된 자료에서 '대한 독립군, 봉오동 전투' 등을 통해 (가)는 홍범도임을 알 수 있다. 홍범도는 3·1 운동 이후 간도에서 대한 독립군을 조직하여 봉오동 전투에서 일본의 정규군을 격파했다. 청산리 대첩에서도 큰 공을 세운 홍범

도는 자유시 참변을 계기로 연해주 등지에서 거주하다가 1937년 스탈린에 의해 중앙아시아로 강제 이주당했다.

13. ② 바로 정리 : 대한민국 임시 정부의 조직

제시된 자료에서 '민주 공화제, 임시 의정원' 등을 통해 1919년 4월 국내외 대표들이 만든 '대한민국 임시 헌장'임을 알 수 있다. 이 헌장은 대한민국 임시 정부 헌법의 기초가 되었다. 대한민국 임시 정부는 임시 의정원(입법), 국무원(행정), 법원(사법) 등 3권 분립에 입각한 민주 공화제를 채택했으며, 애국 공채 발행을 통해 독립운동에 필요한 자금을 마련했다. 아하! ㄴ. 신민회에 대한 설명이다. ㄹ. 동북 항일 연군은 1930년대 중반의 항일 무장 단체이다.

14. ④ 바로 정리 : 대한민국 임시 정부의 활동

제시된 자료 '애국 공채, 〈독립신문〉' 등을 통해 대한민국 임시 정부와 관련한 내용임을 알 수 있다. 대한민국 임시 정부는 독립 자금을 모으고 국내외 독립운동을 지도하기 위하여 비밀 행정 조직인 연통제와 교통국을 조직했다. 아하! ① 독립 협회(1896) ② 북간도에 세워진 민족 학교 ③ 신민회(1907) ⑤ 김원봉이 만든 의열단(1919)에 대한 설명이다.

15. ② 바로 정리 : 국민 대표 회의 개최

제시된 자료에서 '임시 정부 재정비, 임시 정부 해체'로 대립되는 대화의 내용을 통해 국민 대표 회의임을 알 수 있다. 국민 대표 회의(1923)는 대한민국 임시 정부의 연통제와 교통국이 붕괴되고, 외교 활동의 성과가 미흡하자 신채호·박용만 등이 소집을 요구하여 개최되었다. 국민 대표 회의 참가자들은 임시 정부를 해체하고 새로운 정부를 창조하자는 창조파(신채호·박용만)와 임시 정부의 조직만을 바꾸자는 개조파(안창호)로 분열되었다.

16. ③ 바로 정리 : 청산리 대첩

제시된 자료에서 (가)의 위치는 북간도이고, 전투 기간이 6일인 것을 통해 청산리 대첩임을 알 수 있다. 김좌진이 이끄는 북로 군정서군과 홍범도가 이끄는 대한 독립군 등의 연합 부대는 청산리 일대에서 일본군을 크게 격파했다. 이에 일본군은 청산리 전투에 대한 보복으로 간도 지역의 한인 마을을 불사르고 농민들을 살해하는 간도 참변(1920)을 일으켰다. 아하! ㄱ. 1930년대 무장 독립 전쟁에 대한 설명이다. ㄹ. 1910년대 국내 비밀 결사 단체이다.

17. ① 바로 정리 : 자유시 이동

만주 밀산 지역을 떠나 자유시로 이동하는 지도를 통해 '간도 참변'과 관련된 문제임을 알 수 있다. 간도 참변을 계기로 만주 지역의 독립군 부대들은 일본군의 공세를 피해 러시아와 만주의 국경 지대인 밀산에 집결한 후 대한 독립 군단을 조직하고 자유시로 이동했다. 아하! ② 만주 사변은 1931년에 일어났다. ③ 자유시 참변(1921) 이후에 미쓰야 협정(1925)이 체결되었다. ④ 1942년 중국 화북 지역에서 조직되었다. ⑤ 1920년대 민족주의 계열과 사회주의 계열이 연대한 운동이다.

18. ② 바로 정리 : 3부의 성립

제시된 자료에서 '참의부, 정의부, 신민부' 등의 명칭을 통해 1920년대 독립군의 통합 단체인 3부임을 알 수 있다. 3부는 군사 조직뿐만 아니라 행정 제도를 갖춘 민정 기관이었다. 아하! ① 자유시 참변(1921) 이후에 조직되었다. ③, ④ 한국광복군(1940)이다. ⑤ 조선 의용대 화북 지대이다.

19. ④ 바로 정리 : 의열단의 활동 지침

제시된 자료 '나석주의 동양 척식 주식회사 폭탄 투척, 김상옥의 종로 경찰서 폭탄 투척' 등을 통해 의열단임을 알 수 있다. 만주에서 김원봉이 조직(1919)한 의열단은 신채호가 쓴 '조선 혁명 선언'을 활동 지침으로 삼았다. 아하! ① 주도 계층은 학생들이다. ② 천도교의 기관지이다. ③ 신간회의 활동 내용이다. ⑤ 조선 의용대(1938)를 창설했다.

20. ⑤ 바로 정리 : 의열단의 활동

제시문에서 '끊임없는 폭력으로써 강도 일본의 통치 타도' 등의 내용을 통해 신채호의 '조선 혁명 선언'을 활동 지침으로 한 의열단임을 알 수 있다. 의열단은 나석주의 동양 척식 주식회사와 식산 은행에 폭탄 투척, 김상옥의 종로 경찰서 폭탄 투척 등 일제의 식민 통치 기관을 공격 대상으로 삼았다. 아하! ①, ④는 한인 애국단이다. ② 국민부와 혁신 의회이다. ③ 미쓰야 협정(1925) 이후에도 활동했다.

21. ⑤ 바로 정리 : 윤봉길 의거의 영향

제시문의 '훙커우, 폭탄이 장치된 도시락' 등을 통해 '윤봉길'임을 알 수 있다. 한인 애국단(1931) 소속의 윤봉길은 상하이 훙커우 공원에서 천황 탄생 축하 행사 및 전승 축하식장에 폭탄을 투척했다. 이 의거를 계기로 중국 국민당 정부는 대한민국 임시 정부를 지원했다. 아하! ① 3·1 운동(1919)이다. ② 간도 참변이 계기가 되었다. ③ 만주에서 김원봉이 조직(1919)했다. ④ 임시 정부의 위기 상황을 타개하기 위해 1923년에 개최된 회의이다.

22. ⑤ 바로 정리 : 한인 애국단 활동

제시된 자료에서 '이봉창, 윤봉길'을 통해 한인 애국단임을 알 수 있다. 김구가 조직한 한인 애국단(1931)은 이봉창의 일본 국왕 폭살 기도, 윤봉길의 상하이 훙커우 공원 의거 등을 통해 대한민국 임시 정부가 활기를 찾는 데 기여했다. 아하! ① 조선 혁명군과 한국 독립군이다. ② 김원봉이 조직한 의열단(1919)이다. ③ 을사조약(1905)을 계기로 이준, 이상설, 이위종이 파견되었다. ④ 여운형과 안재홍에 대한 설명이다.

23. ⑤ 바로 정리 : 신간회의 성립

제시문에서 '기회주의를 일체 부인' 등을 통해 신간회에 대한 문제임을 알 수 있다. 신간회는 자치권 획득을 주장하는 타협적 민족주의 세력을 견제하기 위해 비타협적인 민족주의 세력과 사회주의 세력이 연합하여 조직된 민족 유일당 단체이다. 아하! ① 합법적 단체이다. ②, ③, ④ 신민회(1907)에 대한 설명이다.

24. ④ 바로 정리 : 신간회의 활동

제시문에서 '비타협적 민족주의자들을 중심으로 사회주의 세력과 손을 잡으려는' 내용을 통해 신간회에 대한 문제임을 알 수 있다. 신간회는 농민·노동 운동을 지원했을 뿐만 아니라 광주 학생 항일 운동이 전국적으로 확산되는 데 기여했다. 아하! ㄱ. 1907년에 전개된 경제적 구국 운동이다. ㄷ. 민족주의 계열이 전개한 민족 실력 양성 운동이다.

기억하라!
1930~1940년대

'황국 신민 서사' 암송

신사 참배 강요

금속류 강제 공출

핵심주제 01 1930~1940년대 일제의 식민 지배 정책

(1) 1930년대 이후 민족의 수난 : 경제 대공황 이후 일본의 침략 전쟁 본격화 〔만주 사변, 상하이 사변, 중일 전쟁, 태평양 전쟁 등이 있어.〕

통치 형태	민족 말살 통치 〔일본과 조선은 하나라는 주장〕
통치 내용	**황국 신민화 정책** : 내선일체론·일선 동조론 등의 구호 제정, '황국 신민 서사' 암송, **신사 참배**·궁성 요배·창씨개명 강요 〔아침마다 일본 왕이 거처하는 도쿄를 향해 절을 하도록 강요했어.〕
교육 제도	민족 교육 금지(조선어, 조선사 사실상 폐지), 소학교 → 국민학교로 변경(1941)
언론 제도	〈조선일보〉·〈동아일보〉 폐간(1940), 집회와 결사를 허가제로 바꾸어 통제

'황국신민'의 줄임말

(2) 1930년대 이후 경제 수탈 〔일본의 방직 자본가를 보호하기 위한 정책이야.〕

전반부	**병참 기지화 정책**	• **남면북양 정책(1930년대 전반)** : 공업 원료 부족에 대비하여 남부에서는 면화 재배, 북부에서는 면양 기르기 권장 • **중화학 공업 육성** : 대륙 침략을 위해 한반도 북부 지방을 중심으로 중화학 공업 육성
	농촌 진흥 운동 (1932)	대공황으로 일본의 농촌 경제가 위태롭자 한국 농촌 사회의 안정을 통한 식민지 지배 체제의 안정을 목표로 전개한 운동
후반부	**국가 총동원법** (1938)	• 물적 수탈 : 산미 증식 계획 재개, **식량 배급제**, **미곡 공출제**, 전쟁 물자 공출 • 인적 수탈 : 지원병제(1938), 징용령(1939), 학도 **지원병제(1943)**, 징병제(1944), 여자 정신 근로령(1944) 등 〔농가당 쌀 공출량을 할당하여, 총생산량의 절반 정도를 수탈했어.〕

핵심주제 02 의열 투쟁의 전개

(1) 한인 애국단(1931) : 김구가 침체된 임시 정부의 활로를 찾기 위해 1931년 조직

활동	• **이봉창 의거(1932)** : 도쿄에서 일본 국왕에게 폭탄 투척 → 항일 민족 운동의 활력소 역할, 이 사건의 중국 신문 보도를 트집 잡은 일제에 의해 상하이 사변 발생 • **윤봉길의 상하이 훙커우 공원 의거(1932)** : 상하이 사변 전승 기념식장에 폭탄을 던져 일본군 장성과 고관들 처단 → **중국 국민당 정부가 임시 정부의 활동 적극 지원**

(2) 개별 의거 : 강우규(사이토 총독에게 폭탄 투척), 조명하(타이완에서 일본 육군 대장 처단)

핵심주제 03 1930년대 항일 무장 투쟁

(1) 만주의 무장 투쟁

① 한중 연합 작전 전개 〔일본이 만주 지역을 점령하고 대륙 침략을 위한 교두보를 마련한 거지.〕

배경	• 만주 사변(1931), 만주국 수립 등으로 중국 내 항일 감정 고조 • 한인 애국단의 활동 등으로 한국에 대한 태도 변화 → 한국인과 중국인의 연합 작전 전개	
활동	명칭	**한국 독립군**(북만주)	**조선 혁명군**(남만주)
	대표 인물	지청천	양세봉
	연합 부대	중국 호로군과 연합	중국 의용군과 연합
	전투	**쌍성보 전투·대전자령 전투(1932)**	**영릉가 전투(1932), 흥경성 전투(1933)**
	결과	중국 관내로 이동 → 한국광복군 창설에 기여	양세봉 피살(1934) 이후 역량 약화

독립군과 중국군의 활동 지역
1932년 이전의 일본군 점령지
1932년의 일본군 점령지

조선 혁명군 ① 영릉가 전투(1932) ② 흥경성 전투(1933)
(총사령 양세봉)
한국 독립군 ③ 쌍성보 전투(1932) ④ 경박호 전투(1932)
(총사령 지청천) ⑤ 사도하자 전투(1933) ⑥ 동경성 전투(1933)
⑦ 대전자령 전투(1933)
동북 항일 연군(2군 6사) ⑧ 보천보 전투(1937)

1930년대 무장 독립 전쟁

② 항일 유격 투쟁

동북은 만주 지역을, 항일 연군은 일제 타도를 위해 이념, 노선, 국가, 민족을 초월하여 연합한 부대

배경	조선 혁명군 해체 후 사회주의 사상의 영향을 받은 한국 농민과 반일적인 중국인이 연합	
활동	동북 항일 연군 조직(1936)	
	과정	동북 인민 혁명군을 개편하여 조직
	전투	보천보 전투(1937) : 동북 항일 연군의 일부가 조직한 조국 광복회 주도

(2) 중국 관내의 무장 투쟁 – 조선 의용대(1938, 우한)

결성	조선 민족 혁명당(김원봉)을 중심으로 형성된 조선 민족 전선 연맹의 군대 김원봉 등 사회주의 계열이 주도하자 조소앙, 지청천 등의 민족주의 계열이 탈퇴했어
활동	중국 국민당의 지원을 받으며 후방 선전 작업, 포로 심문 등에 참여, 일부는 화북으로 이동하여 조선 의용대 화북 지대 결성, 김원봉 등 일부는 한국광복군에 합류(1942)

04 1940년대 항일 무장 투쟁

(1) 한국광복군(1940, 충칭)

결성	김구가 충칭에 정착한 이후 한국 독립당을 결성, 산하 군대로 대한민국 임시 정부의 정규군인 한국광복군(1940, 총사령관 지청천) 창설
활동	• 조선 의용대원들의 합류(1942) → 군사력 강화 • 대일 선전 포고(1941) : 연합군의 일원으로 참전, 영국군과 합동 작전(인도·미얀마 전선에서 심리전 활동) • 국내 진공 작전 준비 : 미군 전략 정보처(OSS)의 특수 훈련 → 일본 패망으로 무산 　　미국은 일본군의 후방을 교란시킬 목적으로 한국광복군을 지원했어.

(2) 조선 의용군(1942, 옌안)

결성	조선 의용대 화북 지대와 화북 지역의 공산주의 세력이 결탁하여 조선 독립 동맹(1942) 결성, 조선 독립 동맹의 군사 조직
활동	중국 공산군과 함께 연합 작전 전개, 일본 패망 후 북한 인민군에 편입

05 광복 직전의 건국 준비 활동

단체	활동 내용
대한민국 임시 정부	• 김구, 조소앙, 지청천, 김원봉 계열 중심 • 한국광복군 창설(1940) : 총사령관에 지청천 임명 • 조소앙의 삼균주의를 바탕으로 대한민국 건국 강령 발표(1941) 　개인, 민족, 국가 간의 균등을 말하여, 개인의 균등을 위해 정치·경제·교육의 균등을 실현해야 한다는 주장이야.
조선 독립 동맹(1942)	• 김두봉을 중심으로 한 사회주의 계열이 옌안에서 활동 • 조선 의용군을 편성하여 무장 투쟁 전개(1942) • 보통 선거에 의한 민주 공화국 수립 제시
조선 건국 동맹(1944)	• 국내에서 중도 좌파 여운형, 중도 우파 안재홍 등이 중심이 되어 결성 → 민족주의 계열과 사회주의 계열이 함께 참여 • 일제 타도 및 민주주의 국가 건설 추구, 광복 이후 조선 건국 준비 위원회로 개편

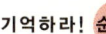 민족 말살
통치

중일 전쟁(1937)으로 전쟁이 심화되면서 일본 본토에서 군수 물자와 인력을 모두 확보할 수 없게 되자 일제는 병참 기지화 정책을 통해 한국인을 노동자로 징용하거나 군인으로 징병하는 정책을 폈다. 이를 위해서는 한국인의 민족 정신을 말살시키고 항일 투쟁을 약화시켜야만 했다.

기억하라! 순서

민족 혁명당(1935)

민족주의 계열 이탈

조선 민족 혁명당(1935)

조선 민족 전선 연맹 결성 :
조선 의용대 창설(1938)

기억하라! 사진

한국광복군(1940)

01 다음 자료와 같은 모습이 나타난 시기를 연표에서 옳게 고른 것은?

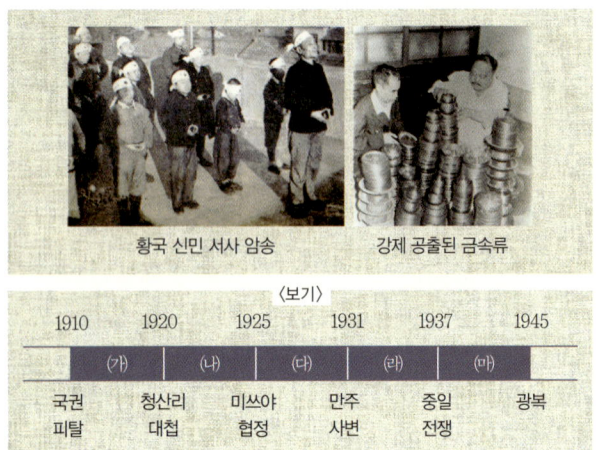

황국 신민 서사 암송   강제 공출된 금속류

〈보기〉

1910	1920	1925	1931	1937	1945
	(가)	(나)	(다)	(라)	(마)
국권 피탈	청산리 대첩	미쓰야 협정	만주 사변	중일 전쟁	광복

① (가)   ② (나)   ③ (다)   ④ (라)   ⑤ (마)

02 다음 자료를 통해 알 수 있는 시기의 일제 정책에 대한 설명으로 옳지 <u>않은</u> 것은?

신고산이 우르르 화물차 가는 소리에 지원병 보낸 어머니 가슴팍
쥐어뜯고요.
어랑어랑 어허야 양곡 배급 적어서 콩깻묵만 먹고 사누나.
신고산이 우르르 화물차 가는 소리에 금붙이 쇠붙이 밥그릇마저
모조리 긁어 갔고요.
어랑어랑 어허야 이름 석 자 잊고서 족보만 들고 우누나.
－〈신고산 타령〉을 개작한 〈화물차 가는 소리〉

① 일본식 성명을 강요하였다.
② 식량 배급제를 실시하였다.
③ 조선인에 한해 태형령을 적용하였다.
④ 전쟁을 수행하기 위해 인적 수탈을 강화하였다.
⑤ 무기 제조를 위해 금속류를 강제로 공출해 갔다.

03 (가) 인물이 설명하고 있는 시기의 일제 정책으로 옳은 것을 〈보기〉에서 고른 것은?

일본 정부가 후생 연금 탈퇴 수당으로 99엔을 지급하기로 결정한 부분에 대해 한말씀 해 주시죠.

너무 분하고 억울해요. 태평양 전쟁 때 강제로 근로 정신대에 동원되어 무기 제조 공장에서 임금도 받지 못하고 얼마나 고생했는데요.

(가)

〈보기〉

ㄱ. 신사 참배를 강요하였다.
ㄴ. 국가 총동원법을 제정하여 수탈을 강화하였다.
ㄷ. 회사령을 공포하여 민족 자본의 성장을 억제했다.
ㄹ. 관세를 철폐하여 일본 자본의 진출을 쉽게 하였다.

① ㄱ, ㄴ   ② ㄱ, ㄷ   ③ ㄴ, ㄷ
④ ㄴ, ㄹ   ⑤ ㄷ, ㄹ

04 일제가 다음 자료와 같은 정책을 실시한 목적으로 옳은 것은?

조선 총독부는 남부 지방의 농민들에게는 면화 재배를, 북부 지방에는 양을 기르도록 하는, 이른바 '남면북양 정책'을 추진하였다.

① 북부 지역의 경공업 육성
② 일제의 식량 부족 상황 해결
③ 물산 장려 운동에 따른 일제의 자본가 보호
④ 농촌 진흥 운동을 통한 농민들의 불만 무마
⑤ 공업 원료 증산을 통한 일본인 방직 자본가 보호

05 다음 자료와 같은 모습을 볼 수 있었던 시기의 사실로 적절한 것은?

내선일체 포스터　　　신사 참배

① 회사령이 공포되었다.
② 치안 유지법이 제정되었다.
③ 조선어 교육이 금지되었다.
④ 토지 조사 사업이 추진되었다.
⑤ 헌병 경찰은 즉결 처분권을 행사하였다.

07 다음 자료를 통해 알 수 있는 시기에 일제가 실시한 정책으로 가장 적절한 것은?

일제는 옷감을 절약하고 노동력을 쉽게 동원하기 위하여 여성들에게 '몸뻬'라 불리는 바지 형태의 작업복을 입게 하였다. 이 옷은 일본 농촌 여성의 작업복으로 긴 웃옷을 안으로 집어넣을 수 있도록 허리와 허벅지까지 통이 넓고 바지 아랫단이 좁은 것이 특징이다.

① 관세를 철폐하였다.
② 신사 참배를 강요하였다.
③ 치안 유지법을 제정하였다.
④ 헌병 경찰제를 실시하였다
⑤ 토지 조사 사업을 실시하였다.

06 다음과 같은 법령이 시행된 시기를 연표에서 고른 것은?

제1조　총동원이란 전시(전시에 준하는 경우도 포함)에 국방 목적을 달성하기 위해 국가의 전력을 가장 유효하게 발휘되도록 인적 및 물적 자원을 운용하는 것이다.
제4조　정부는 전시 국가 총동원상 필요할 때에는 칙령이 정하는 바에 따라 제국 신민을 징용하여 총동원 업무에 종사할 수 있다.
제14조　정부는 전시에 국가 총동원상 필요할 때에는 칙령이 정하는 바에 따라 물자의 생산·수리·배급·양도 및 기타의 처분, 사용·소비·소지 및 이동에 관하여 필요한 명령을 내릴 수 있다.

1910년	1920년	1925년	1931년	1937년	1945년
	(가)	(나)	(다)	(라)	(마)
국권 피탈	청산리 대첩	미쓰야 협정	만주 사변	중일 전쟁	광복

① (가)　② (나)　③ (다)　④ (라)　⑤ (마)

08 다음 자료를 통해 알 수 있는 당시의 사회 모습으로 옳은 것은?

그 후 얼마 안 돼 쌀이 배급제가 되더니 운동화와 고무신까지 배급제가 되었다. 쌀은 식구에 따라 배급 통장을 만들어 주었지만 고무신은 애국반을 통해 한 반에 한두 켤레씩 나오면 제비를 뽑아서 차례를 정했다. 반상회 때마다 꽝밖에 못 뽑고 나서 엄마는 우리는 제비에는 소질이 없나 보다고 한탄하곤 했다. 생활 필수품이 하루하루 귀해졌다.

① 칼을 차고 제복을 입고 있는 교원
② 헌병 경찰의 즉결 처분권 행사로 고통받는 시민
③ 성과 이름을 일본식으로 바꿀 것을 강요당하는 학생
④ 보통학교의 수업 연한이 6년으로 확대되어 놀라는 여성
⑤ 신문지법에 의해 황성신문이 폐간되었다는 소식을 들은 청년

상 중 하 14회

09 다음 자료와 관련이 깊은 시기의 일제 정책으로 옳지 않은 것은?

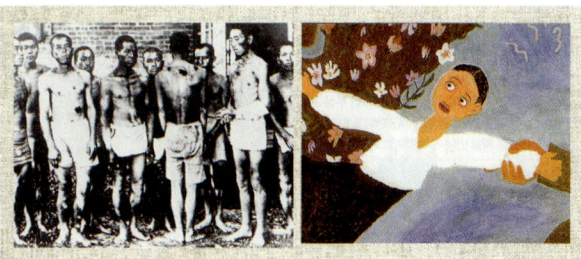

① 내선일체를 홍보하였다.
② 궁성 요배를 강요하였다.
③ 동아일보와 조선일보를 폐간하였다.
④ 소학교를 국민학교로 이름을 바꾸었다.
⑤ 회사령을 실시하여 민족 기업의 설립과 발전을 막았다.

상 중 하 20회

10 다음 사건들이 일어난 시기를 연표에서 옳게 고른 것은?

• 남만주의 조선 혁명군은 양세봉의 지휘 아래 중국 의용군과 힘을 합해 4개월 동안 영릉가에서 치열한 전투 끝에 일본을 격파하였다.
• 지청천이 이끄는 북만주의 한국 독립군은 중국 호로군과 연합하여 쌍성보 전투, 대전자령 전투에서 일본군을 격파하였다.

1910	1919	1925	1931	1937	1941
(가)	(나)	(다)	(라)	(마)	
국권 피탈	3·1 운동	미쓰야 협정	만주 사변	중일 전쟁	태평양 전쟁

① (가) ② (나) ③ (다) ④ (라) ⑤ (마)

상 중 하 20회

11 다음은 일제 강점기를 배경으로 실시한 극화 수업 대본이다. (가)에 들어갈 대사로 적절한 것은?

 # 대전자령 전투

김 동지: 박 동지! 저거 일본군 아닌가? 마치 소풍 나온 학생들 같군.
박 동지: 이놈들 신이 났구먼, 오늘이 제삿날인 줄도 모르고.
김 동지: 빨리 지청천 사령관님께 알리게.
박 동지: (손을 잡으며) 우리가 반드시 승리할 거야.
김 동지: 그래. [(가)]

① 중국군과 연합하여 싸우니 우리가 유리하네.
② 지난번 흥경성 전투에서도 우리가 이겼잖나.
③ 김좌진 장군까지 곁에 있으니 더욱 든든하네.
④ 홍범도 장군의 대한 독립군도 우리 뒤에서 도와주고 있지 않나.
⑤ 일본군을 물리치고 조선 의용대원으로 당당하게 조국으로 돌아가세.

상 중 하 20회

12 (가) 부대에 대한 설명으로 옳은 것은?

1931년 [(가)]의 지휘부는 중국군 지휘관을 만나 연합 전선을 결성할 것을 합의하였다. 이듬해 카오펑린 부대와 합작하여 쌍성보를 공격하였다. 연합군은 이 전투에서 많은 물자를 노획하는 성과를 거두었으나, 중국 내부 분열이 일어나 후퇴하였다. 전열을 재정비한 연합군은 쌍성보를 다시 공격하여 일본군을 섬멸하였다.

① 국내 진공 작전을 전개하였다.
② 동북 항일 연군의 지휘를 받았다.
③ 지청천의 지휘 아래 활동하였다.
④ 자유시 참변을 계기로 조직되었다.
⑤ 연합국 일원으로 태평양 전쟁에 참여하였다.

13 다음 질문에 옳게 답변한 사람을 고른 것은?

Q 1930년대 무장 독립 투쟁의 내용을 알려 주세요. ▼

└ 갑 : 만주사변을 계기로 한중 연합 작전을 전개하였습니다.
└ 을 : 충칭에서 대한민국 임시 정부가 한국광복군을 창설하였습니다.
└ 병 : 신민회가 남만주에 독립군 양성을 위한 신흥 무관 학교를 설립하였습니다.
└ 정 : 중일 전쟁이 발생하자 김원봉을 중심으로 조선 의용대를 창설하였습니다.

① 갑, 을   ② 갑, 정   ③ 을, 병
④ 을, 정   ⑤ 병, 정

14 다음 선언문을 작성한 군사 조직에 대한 설명으로 옳은 것을 〈보기〉에서 고른 것은?

종래 우리는 혁명과 자치를 혼합 병행하는 정치 체제를 가졌기 때문에 혁명적 역할을 일사불란하게 수행할 수 없었다. 이에 국민부를 순전한 주민 단체로 바꾸고, 우리는 엄연 분립하여 군사적 역할을 전적인 임무로 삼아 강력한 투쟁을 전개하고자 한다.
– 총사령 이진탁, 부사령 양세봉

〈보기〉
ㄱ. 한중 연합 작전을 전개하였다.
ㄴ. 봉오동 계곡에서 일본의 정규군을 격파하였다.
ㄷ. 영릉가, 흥경성 전투에서 일본군을 격파하였다.
ㄹ. 청산리 대첩에서 일본군에게 큰 타격을 주었다.

① ㄱ, ㄴ   ② ㄱ, ㄷ   ③ ㄴ, ㄷ
④ ㄴ, ㄹ   ⑤ ㄷ, ㄹ

15 선생님의 질문에 대한 답으로 옳은 것은?

김원봉을 중심으로 중국 관내에서 최초로 조직된 군사 조직의 모습이에요. 이 부대는 어떤 활동을 하였을까요?

① 일부는 한국광복군에 합류하였어요.
② 3부 통합 운동의 결과로 편성되었어요.
③ 중국 의용군과 연합 작전을 전개하였어요.
④ 봉오동 전투에서 일본 정규군을 격파하였어요.
⑤ 국내 진공 작전을 계획하였으나 실패하였어요.

16 밑줄 친 '광복군'에서 활동한 인물로 옳은 것을 〈보기〉에서 고른 것은?

대한민국 임시 정부는 대한민국 원년(1919)에 정부가 공포한 군사 조직법에 의거하여 …… 1940년 광복군을 조직하고 …… 공동의 적인 일본 제국주의자들을 타도하기 위해 연합군의 일원으로 항전을 계속한다. …… 이때 우리는 큰 희망을 갖고 우리 조국의 독립을 위해 우리의 전투력을 강화할 시기가 왔다고 확신한다. …… 우리는 한중 연합 전선에서 우리 스스로의 부단한 투쟁을 감행하여 동아시아를 비롯한 아시아 민중들의 자유와 평등을 쟁취할 것을 약속하는 바이다.

〈보기〉
ㄱ 김원봉   ㄴ 김좌진   ㄷ 지청천   ㄹ 홍범도

① ㄱ, ㄴ   ② ㄱ, ㄷ   ③ ㄴ, ㄷ
④ ㄴ, ㄹ   ⑤ ㄷ, ㄹ

상 중 하 10회

17 선생님의 질문에 대한 대답으로 적절한 것을 〈보기〉에서 고른 것은?

> 이 운동이 전개되던 시기에 일제가 실시한 정책은 어떤 것이 있을까요?

> 다 함께 브나로드!! 배우자! 가르키자!

ㄱ. 회사령을 실시하였어요.
ㄴ. 병참 기지화 정책을 추진하였어요.
ㄷ. 정해진 기간 내에 토지를 신고하도록 하였어요.
ㄹ. 남부 지방에서는 면화 재배를, 북부 지방에서는 양을 사육하도록 강요하였어요.

① ㄱ, ㄴ   ② ㄱ, ㄷ   ③ ㄴ, ㄷ
④ ㄴ, ㄹ   ⑤ ㄷ, ㄹ

상 중 하 6회

18 밑줄 친 일이 일어난 시기의 역사적 사실로 옳은 것은?

> 미국 하원에서 일본군 '위안부' 결의안을 채택하였다고 합니다. 미국 하원은 일본 정부가 강제로 젊은 여성들을 '위안부'로 알려진 성의 노예로 만든 사실을 확인하고 분명한 태도로 공식 인정하면서 사과하고, 이에 대해 역사적 책임을 져야 할 것을 요구하고 있습니다.

① 미쓰야 협정에 맞서 3부 통합 운동이 전개되었다.
② 민족 유일당 운동의 일환으로 신간회가 창립되었다.
③ 대한매일신보가 중심이 되어 국채 보상 운동을 전개하였다.
④ 을사조약의 부당성을 알리기 위해 헤이그에 특사가 파견되었다.
⑤ 한국광복군이 인도·미얀마 전선에서 연합국의 일원으로 참전하였다.

상 중 하 19회

19 (가)에 들어갈 내용으로 적절한 것은?

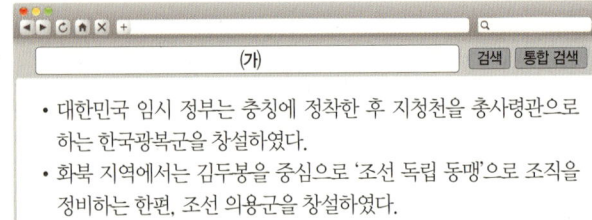

(가)   검색 통합 검색

• 대한민국 임시 정부는 충칭에 정착한 후 지청천을 총사령관으로 하는 한국광복군을 창설하였다.
• 화북 지역에서는 김두봉을 중심으로 '조선 독립 동맹'으로 조직을 정비하는 한편, 조선 의용군을 창설하였다.

① 3부 통합 운동의 결과
② 6·25 전쟁의 전개 과정
③ 1940년대 무장 독립 투쟁
④ 간도 참변으로 독립군 이동
⑤ 자유시 참변 이후 독립군 재정비

상 중 하 20회

20 다음 회고록에 나타난 시기의 사회 모습을 보여 주는 사진 자료에 해당하는 것은?

> 내가 스무 살이 되던 해 5월, 나는 경상북도 조선인을 대상으로 한 징병 신체 검사를 받았다. 8월에 면사무소로부터 소집 영장을 받았는데, 10월 1일까지 함경북도에 주둔한 일본 군대에 입대하라는 내용이었다. 수백 명의 환송객의 노랫소리를 들으며 순사와 함께 배를 타고 고향을 떠났다.

①
끌려가는 위안부

②
물산 장려 운동

③
형평 운동

④
신문 검열·삭제

⑤
태형 도구

상 중 하 18회

21 다음 자료에 해당하는 독립군 부대의 활동으로 옳은 것을 〈보기〉에서 고른 것은?

- 1940년 9월 충칭에서 지청천이 총사령관으로 취임하였다.
- 1942년 김원봉 등 조선 의용대 일부 병력이 편입되었다.

〈보기〉

ㄱ. 해방 후 북한의 인민군으로 흡수되었다.
ㄴ. 미국 전략 정보국(OSS)과 합동 작전을 전개하였다.
ㄷ. 조국 광복회를 조직하여 보천보 전투에 참가하였다.
ㄹ. 연합국의 일원으로 인도·미얀마 전선에 투입되어 심리전에 참여하였다.

① ㄱ, ㄴ　　② ㄱ, ㄷ　　③ ㄴ, ㄷ
④ ㄴ, ㄹ　　⑤ ㄷ, ㄹ

상 중 하 10회

22 다음 상황을 볼 수 있었던 시기에 일어난 민족 운동으로 옳은 것은?

① 6·10 만세 운동이 일어났다.
② 한국광복군이 국내 진공 작전을 계획하였다.
③ 민족 유일당 운동의 결과 신간회가 조직되었다.
④ 광주 학생 항일 운동이 전국적인 운동으로 발전하였다.
⑤ 민족주의 계열이 중심이 되어 물산 장려 운동을 전개하였다.

상 중 하 18회

23 (가)를 동원했던 시기에 볼 수 있는 장면으로 적절하지 않은 것은?

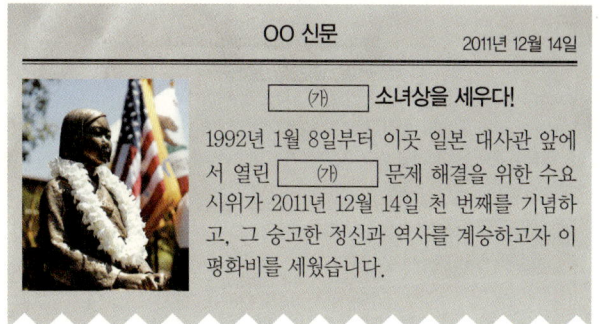

○○ 신문　　　　2011년 12월 14일

〔(가)〕 소녀상을 세우다!

1992년 1월 8일부터 이곳 일본 대사관 앞에서 열린 〔(가)〕 문제 해결을 위한 수요 시위가 2011년 12월 14일 천 번째를 기념하고, 그 숭고한 정신과 역사를 계승하고자 이 평화비를 세웠습니다.

① 학도병으로 동원되는 학생들
② 신사 참배에 강제 동원된 학생들
③ 학교에서 일본어만을 사용하는 학생들
④ 놋그릇 등 금속류를 강제로 공출당하는 사람들
⑤ 경성 제국 대학의 설립을 축하하는 친일 인사들

상 중 하 9회

24 (가) 지역에서 활약한 독립군 부대에 대한 설명으로 옳은 것을 〈보기〉에서 고른 것은?

〈보기〉

ㄱ. 미쓰야 협정으로 인한 탄압으로 해체되었다.
ㄴ. 충칭으로 이동하여 한국광복군에 흡수되었다.
ㄷ. 만주 사변 직후 한중 연합 작전을 전개하였다.
ㄹ. 양세봉의 지휘 아래 항일 무장 투쟁을 전개하였다.

① ㄱ, ㄴ　　② ㄱ, ㄷ　　③ ㄴ, ㄷ
④ ㄴ, ㄹ　　⑤ ㄷ, ㄹ

1. ⑤ 2. ③ 3. ① 4. ⑤ 5. ③ 6. ⑤ 7. ② 8. ③ 9. ⑤ 10. ④
11. ① 12. ③ 13. ② 14. ② 15. ① 16. ② 17. ④ 18. ⑤ 19. ③
20. ① 21. ④ 22. ② 23. ⑤ 24. ⑤

1. ⑤ 바로 정리 : 중일 전쟁(1937) 이후의 식민 통치

제시된 자료는 일제가 중일 전쟁(1937)과 태평양 전쟁(1941)을 일으키면서 우리 민족을 말살하기 위해 황국 신민화 정책과 더불어 물적 수탈을 자행했음을 보여 주고 있다. 일제는 '황국 신민 서사' 암송을 강요하고 전쟁에 필요한 금속류를 강제 공출했다. 일제의 민족 말살 정책과 물자 수탈은 중일 전쟁을 계기로 본격화되었다.

2. ③ 바로 정리 : 일제의 인적·물적 자원 수탈

제시된 자료에서 '지원병 보낸 어머니, 양곡 배급, 금붙이 쇠붙이 밥그릇, 이름 석 자 잃고서' 등의 내용을 통해 중일 전쟁(1937) 이후의 상황임을 알 수 있다. 일제는 이 시기에 일본식 성명을 강요하고 미곡 공출 및 배급제를 실시했을 뿐만 아니라 전쟁에 필요한 인적·물적 자원을 수탈하기 위한 '국가 총동원법'(1938)을 실시했다. 아하! ③ 1910년대 무단 통치 시기에 해당한다.

3. ① 바로 정리 : 여자 정신 근로령 실시

제시된 자료에서 '근로 정신대' 등을 통해 여성 노동력을 동원하는 내용임을 알 수 있다(여자 정신 근로령, 1944). 이 시기에는 신사 참배를 강요하고 국가 총동원법을 만들어 물자를 수탈했다. 아하! ㄷ. 1910년대 일제의 경제 수탈 정책이다. ㄹ. 관세령 철폐(1923)를 통해 일본 상품의 조선 시장 진출 폭을 넓혔다.

4. ⑤ 바로 정리 : 남면북양 정책

제시된 자료 사진과 '남면북양 정책' 등을 통해 일제의 공업 원료 증식 정책임을 알 수 있다. 일제는 대공황(1929) 이후 선진 자본주의 국가들의 보호 무역주의로 원료 공급이 부족할 것을 대비하여 일본인 방직 자본가를 보호하기 위해 '남면북양 정책'(1934)을 실시했다. 아하! ① 북부 지역에는 중화학 공업을 육성했다. ② 1920년대 산미 증식 계획을 진행했다. ③ 1920년대 민족주의 계열이 전개한 실력 양성 운동이다. ④ 1932년 일제가 농민 운동을 무마하기 위해 실시한 정책이다.

5. ③ 바로 정리 : 조선어 교육 금지

제시된 '신사 참배' 강요와 '내선일체' 주장을 통한 민족 말살 정책임을 알 수 있다. 일제가 침략 전쟁을 본격화한 1930년대에는 조선어 교육을 금지하고 한글을 사용하는 모든 신문과 잡지를 폐간시켰다. 아하! ①, ④, ⑤ 1910년대 무단 통치 시기에 해당된다. ② 치안 유지법(1925)은 일제가 사회주의 운동을 탄압하기 위해 제정한 것으로 문화 통치 시기에 해당된다.

6. ⑤ 바로 정리 : 국가 총동원법(1938)

제시문에서 '총동원, 인적 및 물적 자원 운용' 등을 통해 '국가 총동원법'(1938)임을 알 수 있다. 중일 전쟁을 벌인 일제는 '국가 총동원법'을 만들어 인력과 물자를 적극적으로 수탈했다. 지원병제, 징병제 등을 통해 청년들을 전쟁에 동원했을 뿐만 아니라 국민 징용령(1939), 여자 정신 근로령(1944)을

통해 인적 자원을 수탈했다.

7. ② 바로 정리 : 일제의 전시 체제

제시된 자료에서 '몸뻬, 작업복' 등을 통해 1930년대 노동력 동원과 관련된 내용임을 알 수 있다. 1937년 중일 전쟁을 일으킨 일제는 신사 참배 강요 등의 민족 말살 정책과 함께 많은 사람을 동원하기 위해 전시 체제를 강화했다. 또한 노동력을 동원하기 위해 남성들에게는 근로복을 입게 하고, 여성들에게는 치마 대신 '몸뻬'라는 통 넓은 바지를 입게 했다. 아하! ①, ③ 문화 통치 시기에 일제가 실시한 정책이다. ④, ⑤ 1910년대 무단 통치 시기에 해당된다.

8. ③ 바로 정리 : 민족 말살 정책

제시된 자료에서 '쌀 배급제, 애국반' 등을 통해 중일 전쟁(1937) 이후 시기임을 알 수 있다. 이 시기에 일제는 '황국 신민 서사' 암송, 〈조선일보〉·〈동아일보〉 등 우리말 신문과 잡지 폐간, 우리말 사용 금지, 성과 이름을 일본식으로 개명토록 하는 등 민족 말살 정책을 추진했다. 아하! ①, ②, ⑤ 1910년대 무단 통치 시기에 해당된다. ④ 1920년대 문화 통치 시기에 해당된다.

9. ⑤ 바로 정리 : 전쟁 동원과 '위안부'

제시된 자료는 징용에 끌려가는 사람들 사진과 위안부 할머니가 일본군에게 끌려가는 상황을 그린 그림이다. 중일 전쟁(1937)과 태평양 전쟁(1941)을 일으킨 일제는 전쟁을 수행하기 위해 징용령(1939), 학도 지원병제(1943), 징병제(1944), 여자 정신 근로령(1944) 등의 인적 자원을 수탈했다. ①, ②, ③, ④ 1930년대 이후 일제가 실시한 민족 말살 정책이다. 아하! ⑤ 1910년대 일제의 산업 침탈 정책에 대한 설명이다.

10. ④ 바로 정리 : 한중 연합 작전의 시기

제시문에서 '조선 혁명군, 한국 독립군, 영릉가, 쌍성보' 등을 통해 1930년대 한중 연합 작전임을 알 수 있다. 1931년 일제가 만주를 침략하고(만주 사변), 이듬해 괴뢰국인 만주국을 수립하자 독립군의 활동이 더욱 어려워졌다. 이에 북만주 지역에서는 지청천이 이끄는 한국 독립군이, 남만주에서는 양세봉이 이끄는 조선 혁명군이 중국군과 연합하여 독립 전쟁을 이끌었다. 만주 사변 직후에 한중 연합 작전이 전개되었으므로 (라) 시기에 해당한다.

11. ① 바로 정리 : 대전자령 전투

제시된 자료는 북만주 지역에서 지청천이 이끄는 한국 독립군이 중국 호로군과 연합하여 일본군을 격파한 대전자령 전투이다. 아하! ② 양세봉이 이끄는 조선 혁명군에 대한 설명이다. ③ 청산리 대첩을 승리로 이끈 북로 군정서군에 대한 설명이다. ④ 봉오동 전투와 청산리 대첩에 참여한 대한 독립군에 대한 설명이다. ⑤ 김원봉을 중심으로 조직된 조선 의용대(1938)는 중일 전쟁 직후에 조직되었다.

12. ③ 바로 정리 : 한국 독립군의 활약

제시문에서 '중국과 연합 전선, 쌍성보' 등을 통해 (가)는 한국 독립군임을 알 수 있다. 한국 독립군은 1931년 만주 사변 직후에 중국의 군대와 연합 작전을 전개하여 쌍성보·대전자령 전투에서 일본군을 격파했다. 한국 독립군은 지청천이 이끌었다. 아하! ① 북만주 지역에서 활동했다. ② 동북 항일 연군 소속의 조국 광복회이다. ④ 3부(참의부·정의부·신민부)에 대한 설명이다.

⑤ 한국광복군(1940)에 대한 설명이다.

13. ② 바로 정리 : 1930년대 무장 독립 전쟁의 전개
1930년대 무장 독립 전쟁에는 만주 사변(1931)을 계기로 중국의 군대와 연합 작전을 전개한 한국 독립군, 조선 혁명군과 중일 전쟁(1937)을 계기로 김원봉이 중심이 되어 조직한 조선 의용대(1938)가 활약했다. 아하! 을:한국광복군은 1940년에 충칭에서 조직되었다. 병:신민회가 독립군 양성을 위해 세운 신흥 강습소(1911)가 신흥 무관 학교(1919)로 발전했다.

14. ② 바로 정리 : 조선 혁명군
제시된 자료에서 '국민부, 양세봉' 등을 통해 조선 혁명군임을 알 수 있다. 양세봉이 이끄는 조선 혁명군은 만주 사변 직후에 중국 의용군과 연합 작전을 전개하여 영릉가 전투, 흥경성 전투에서 일본군을 격파했다. 아하! ㄴ. 홍범도에 대한 독립군에 대한 설명이다. ㄹ. 조선 혁명군은 청산리 대첩(1920) 이후에 조직된 군대이다.

15. ① 바로 정리 : 조선 의용대
김원봉이 중심이 되어 조직한 부대는 조선 의용대(1938)이다. 중일 전쟁이 일어나자 조선 민족 전선 연맹은 국민당 정부의 지원을 받아 이듬해에 조선 의용대를 창설했다. 이후 조선 의용대 화북 지대는 조선 독립 동맹의 군사 조직인 조선 의용군으로 흡수되었고, 김원봉을 비롯한 일부 세력은 한국광복군에 흡수되었다. 아하! ② 한국 독립군과 조선 혁명군 ③ 양세봉이 이끄는 조선 혁명군 ④ 홍범도에 대한 독립군 ⑤ 한국광복군(1940)에 대한 설명이다.

16. ② 바로 정리 : 한국광복군
제시된 자료의 광복군은 대한민국 임시 정부가 충칭에 정착한 후 지청천을 총사령관으로 하는 한국광복군(1940)이다. 김원봉을 비롯한 조선 의용대의 일부 세력이 한국광복군에 편입됨으로써 병력이 증강되고 군대로서 모습을 갖추었다. 아하! ㄴ. 김좌진은 북로 군정서군. ㄹ. 홍범도는 대한 독립군을 이끌고 청산리 대첩(1920)에 참여했다.

17. ④ 바로 정리 : 1930년대 일제의 정책
제시된 자료는 1930년대에 동아일보가 전개한 문맹 퇴치를 위한 브나로드 운동이다. 1930년대에 우리나라는 일제의 침략 전쟁을 위한 병참 기지로 이용되었으며, 남면북양 정책을 실시하여 일본인 방직 자본가를 보호했다. 아하! ㄱ, ㄷ. 1910년대 일제의 경제 수탈 정책이다.

18. ⑤ 바로 정리 : 일본군 '위안부'
제시된 자료에서 밑줄 친 '위안부'는 일제가 태평양 전쟁 막바지인 1944년에 '여자 정신 근로령'을 만들어 전쟁터로 내보낸 여성들이다. 태평양 전쟁 당시 한국광복군은 연합국의 일원으로 인도·미얀마 전선에 참여했다. 아하! ①, ② 1920년대에 해당된다. ③ 1907년에 전개된 경제적 구국 운동이다. ④ 1907년에 이준, 이상설, 이위종이 파견되었다.

19. ③ 바로 정리 : 1940년대 무장 독립 전쟁
제시된 자료에서 '한국광복군, 조선 의용군' 등을 통해 (가)는 1940년대 무장 독립 전쟁임을 알 수 있다. 1940년에 대한민국 임시 정부는 지청천을 총사령관으로 하는 한국광복군을 창설했고, 1942년에 중국 화북 지역에서는 조선 독립 동맹의 군사 조직인 조선 의용군이 조직되어 무장 독립 전쟁을 전개했다. 아하! ①, ④, ⑤ 1920년대 무장 독립 전쟁의 전개 과정에 해당된다. ② 6·25 전쟁(1950)은 대한민국 정부 수립 이후에 발발했다.

20. ① 바로 정리 : 징병제 실시
제시된 자료는 징병에 끌려가는 청년의 이야기를 담고 있다. 징병제(1944)가 실시된 시기에는 여성들이 일본군 '위안부'로 전쟁터로 끌려가기도 했다. 아하! ②, ③ 1920년대 사회경제 운동이다. ④ 1920년대 일제의 언론 정책이다. ⑤ 1910년대 무단 통치에 해당된다.

21. ④ 바로 정리 : 한국광복군의 활동
제시된 자료의 독립군은 대한민국 임시 정부가 충칭에 정착한 후 조직한 한국광복군(1940)이다. 한국광복군은 태평양 전쟁이 일어나자 연합국의 일원으로 인도·미얀마 전선에 참여하여 일본군 문서 번역, 포로 심문 심리전 등의 분야에 큰 공헌을 했다. 또한 미국 전략 정보국(OSS)의 특수 훈련을 받고 국내 진공 작전을 계획했다. 아하! ㄱ. 조선 의용군 ㄷ. 조국 광복회는 동북 항일 연군(1936) 소속의 조선인 간부들이 세운 단체이다.

22. ② 바로 정리 : 1940년대 민족 운동
제시된 자료에서 '조선어 사용 금지, 놋그릇, 농기구 걷기' 등을 통해 대륙 침략이 본격화된 1940년대 상황임을 알 수 있다. 1940년대에 한국광복군은 국내 진공 작전을 전개했다. 아하! ①, ③, ④, ⑤ 1920년대 민족 운동이다.

23. ⑤ 바로 정리 : 1940년대 일제의 정책
제시된 자료에서 일본 대사관 앞 수요 시위 등을 통해 (가)에 들어갈 내용은 '위안부'임을 알 수 있다. 일본군 위안부는 중일 전쟁(1937) 이후에 일제에 의해 강제 동원되었다. 이 시기에는 전쟁에 필요한 인적·물적 자원의 수탈뿐만 아니라 조선어 사용 금지 등 민족 말살 정책도 실시되었다. 아하! ⑤ 경성 제국 대학(1923)은 우리의 민립 대학 설립 운동을 무마하기 위해 일제가 세운 대학이다.

24. ⑤ 바로 정리 : 영릉가·흥경성 전투
제시된 자료의 (가) 지역은 남만주의 영릉가·흥경성으로 양세봉이 이끄는 조선 혁명군이 활약했다. 조선 혁명군은 만주 사변 직후에 중국 의용군과 연합 작전을 전개했다. 아하! ㄱ. 조선 혁명군은 1930년대에 활약한 부대이다. ㄴ. 조선 의용대(1938)에 대한 설명이다.

기억하라! 격문

조선 민중아!
우리의 철천지원수는 자본·제국주의 일본이다.
이천만 동포야! 죽음을 각오하고 싸우자.
만세, 만세, 조선 독립 만세!

－6·10 만세 운동 격문

학생·대중이여 궐기하라!
검거된 학생은 우리 손으로 탈환하자.
사회 과학 연구의 자유를 획득하라.
식민지적 노예 교육 제도를 철폐하라!

－광주 학생 항일 운동 격문

핵심주제 01 학생 운동

(1) 6·10 만세 운동(1926)

배경	• 순종의 죽음을 계기로 민족 감정 고조　　　VS 3·1 운동은 고종의 서거 • 일제의 수탈과 식민지 교육 정책에 반발
주도 세력	사회주의 계열, 천도교, 학생
전개	• 사회주의계가 사전에 발각되어, 학생 중심으로 시위 전개 • 시민이 합세하였으나 전국적 확산에는 실패
의의	• 학생 운동 세력이 민족 운동의 주체로 성장 • 민족주의 세력과 사회주의 세력이 연합할 수 있는 계기 마련

민족 유일당 운동의 계기 마련 → 신간회 창립(1927)

(2) 광주 학생 항일 운동(1929)

배경	• 식민지 차별 교육 • 광주 통학 기차 안에서 일본 학생이 조선 여학생을 희롱한 사건 발생(1929. 10)
전개	• 각 학교 독서회, 성진회 등 비밀 결사의 지도로 전국 학생 궐기 • 신간회의 광주 학생 항일 운동 진상 조사단 파견 등 적극적인 후원으로 전국적인 시위 운동으로 발전
의의	• 학생 운동 세력이 민족 운동의 주체로 성장 • 3·1 운동 이후 최대 규모의 항일 민족 운동

핵심주제 02 민족 실력 양성 운동

(1) 경제적 실력 양성

가격이 싼 일본 제품이 수입되어 한국 기업이 타격을 입었어.

	배경	회사령 폐지로 인한 민족 기업 설립 증가, 관세 철폐, 일본 자본 진출로 위기감 고조 1920년에 회사 설립을 허가제에서 신고제로!
물산 장려 운동	주도 단체	평양 물산 장려회(1920, 조만식 주도) → 조선 물산 장려회(1923)로 개편
	활동 내용	일본 상품 배격, 국산품 애용 주장('내 살림 내 것으로', '조선 사람 조선 것으로'), 금주·금연 운동을 통한 자본 확립 주장
	결과	적극적인 민족 운동으로 발전하지 못함, 주로 상층민 중심으로 전개, 토산품 가격 폭등, 사회주의 세력의 비난(중산 계급의 이익 운동으로 규정)
민립 대학 설립 운동	배경	식민지 우민화 교육의 극복 필요성 대두, 제2차 교육령(1922)으로 고등 교육 가능
	주도 단체	조선 교육회가 주도하여 조선 민립 대학 설립 기성회 조직(1922)
	활동 내용	전국적인 천만 원 모금 운동 전개 ('한민족 1천만이 한 사람이 1원씩')
	결과	일제의 방해, 가뭄·수해로 실패 → 경성 제국 대학 설립(1924)
문맹 퇴치 운동	1920년대	야학 운동 중심　　　일제의 회유책으로 만들어진 대학
	1930년대	조선일보의 문자 보급 운동(1929~1934), 동아일보의 브나로드 운동(1931~1934)　　　러시아어로 '민중 속으로'라는 뜻
	의의와 한계	의의 : 장기적인 민족 운동의 방향성 제시 한계 : '선실력 양성, 후독립' 표방으로 일부 인사들이 자치론자로 변질

언론 기관 주도, 학생들의 적극적 참여, '아는 것이 힘! 배워야 산다!'

기억하라! 자료

동아일보 브나로드 운동

물산 장려 운동 포스터

핵심주제 03

다양한 사회 운동의 전개

청년 운동		조선 청년 연합회(1920, 실력 양성론 주장), 서울 청년회(1921, 사회주의 계열), 조선 청년 총동맹(1924, 청년계의 민족 유일당) 등
소년 운동		천도교 소년회(1922), 조선 소년 연합회(방정환) → '어린이날' 제정, 잡지 《어린이》 발간
여성 운동		근우회(1927) 결성 → 민족주의 계열과 사회주의 계열 여성 운동 단체의 분열 수습 노력, 회지 《근우》를 발간하여 여성 계몽 운동 주도 〔신간회의 여성 자매 단체〕
형평 운동		•조선 형평사 설립(1923, 진주) → 백정에 대한 사회적 차별에 항거 •노농 운동과 연대하며 발전하였으나, 1930년대 이후 경제적 이익 단체로 변질
농민 운동	배경	식민지 지주제 강화와 농민 몰락, 사회주의 확산으로 인한 농민 의식 성장
	활동	•소작인 조합(농우회) 설립, 조선 농민 총동맹 결성(1927) •1920년대 소작 쟁의 : 소작료 인하, 소작권 이동 반대(생존권 투쟁) → 암태도 소작 쟁의(1923) •1930년대 반제·반일 투쟁으로 발전
노동 운동	배경	회사령 폐지로 기업 증가 → 낮은 임금, 열악한 노동 환경, 사회주의 확산으로 인한 노동자 의식 성장
	활동	•조선 노동 총동맹 조직(1927) •1920년대 노동 쟁의·임금 인상, 노동 조건 개선(생존권 투쟁) → 원산 노동자 총파업(1929) 〔일제 강점기 최대 규모의 노동 쟁의〕 •1930년대 반제·반일 투쟁으로 발전

〔갑오개혁으로 신분 제도가 폐지되었으나 호적의 직업란에 붉은 점을 표시하는 등 백정에 대한 사회적 차별 강화, 이에 전개한 차별 철폐 운동〕

 핵심주제 04

국외 이주 동포의 활동

만주(간도)	시기	19세기 후반부터 본격적으로 이주
	활동	서간도·북간도를 중심으로 독립 기지 건설, 활발한 무장 투쟁 전개(봉오동·청산리 전투 등) 〔중국 지린 성 만보산 지역에서 한·중 두 나라 농민 사이에 일어난 분쟁〕
	시련	간도 참변(1920), 만보산 사건(1931) 〔봉오동·청산리 대첩에 대한 보복으로 일으킨 사건〕
연해주	시기	19세기 후반부터 한인 집단촌 형성(신한촌)
	활동	13도 의군(1910)이 조직하여 국내 진공 작전 계획, 대한 광복군 정부(1914), 대한 국민 의회(1919) 등 결성
	시련	소련 정부에 의해 중앙아시아로 강제 이주(1937)
일본	시기	19세기 말 유학생 이주 증가, 국권 피탈(1910) 이후 산업 노동자 이주 증가, 전시 총동원기(1930) 강제 노동 및 징병 이주 급증
	활동	2·8 독립 선언, 문학·예술 등 새로운 사조 유입에 기여
	시련	관동 대지진(1923) 〔지진으로 인한 사회 혼란을 수습하기 위해 유언비어를 유포하여 6천여 명의 한국 동포 학살〕
미주	시기	20세기 초 하와이 사탕수수 농장 취업으로 이주 시작
	활동	대한인 국민회, 대조선 국민 군단(박용만) → 독립운동 자금 송금, 구미 위원부 활동 지원

기억하라! 사진

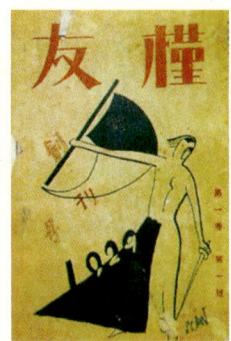
근우회 회지, 《근우》

형평 운동

암태도 소작 쟁의

기억하라! 지도

국외 이주 동포의 생활

기억하라! 사진

조선어 학회 회원

조선어 학회는 한국 맞춤법 통일과 표준어 및 외래어 표기법 통일안 제정, 《우리말 큰 사전》 편찬을 시도하다가 '조선어 학회 사건'(1942)으로 해체되었다.

 WHY 일제의 역사 왜곡

일제는 한국사를 왜곡하여 한국인의 민족의식을 말살하고, 한국사의 자율성과 발전성을 무시했다. 식민지 지배를 정당화하고 우리 민족에게 열등의식을 심어 주기 위해서였다.

 핵심주제 05 일제의 식민지 문화 정책

(1) 식민지 교육 정책

이에 대한 반발로 1920년대 민립 대학 설립 운동이 일어났어.

무단 통치기	제1차 조선 교육령(1911)	보통학교 수업 연한 단축(4년), 실업 교육 중심 → 우민화 교육
	사립 학교 규칙(1911), 서당 규칙(1918)	사립 학교 축소, 개량 서당 탄압
문화 통치기	제2차 조선 교육령(1922)	보통 교육 수업 연한 6년, 대학 설립 가능, 한국어 필수 과목화 → 기만책에 불과 실제로는 민립 대학 설립 운동을 탄압했어.
민족 말살 통치기	제3차 조선 교육령(1938)	황국 신민화 교육 강화, 한국어를 선택 과목화 → 실제 선택한 사례는 없음
	제4차 조선 교육령(1943)	수업 연한 단축(군사 교육 강화), 한국어 과목 폐지

태평양 전쟁에 우리나라 사람들을 동원하기 위한 거야.

(2) 한국사 왜곡

① 연구 단체 : 조선사 편수회(1938, 《조선사》 간행), 청구 학회(1930, 《청구논총》 간행)
② 식민 사관   식민 사관 관련 내용이 많이 포함되어 있어.

정체성론	한국 사회가 사회·경제 구조 면에서 전근대 단계(고대 국가)에 머물러 있다는 주장
타율성론	한국사는 지형적 특성(반도)으로 인해 외세의 간섭을 받으며 타율적으로 전개되었다는 주장
당파성론	한국인은 오랜 당파 싸움을 벌이는 등 분열성이 강하며, 이 때문에 조선이 멸망하였다는 주장

(3) 언론 탄압

1910년대	언론·출판의 자유 제한, 대부분의 민족 신문 폐간 조선총독부 기관지인 〈매일신보〉는 제외
1920년대	민족계 신문(〈조선일보〉·〈동아일보〉 등)의 발간 허용 그렇지만 검열이 엄격해 삭제·정간·폐간이 빈번했어.
1930~1940년대	언론 탄압 강화, 일장기 말소 사건(1936), 〈조선일보〉·〈동아일보〉 폐간(1940)

(4) 종교 탄압

기독교	안악 사건, 105인 사건으로 기독교 계열 민족 지도자 구속, 1930년대 이후 신사 참배 거부 운동을 주도하는 장로회 회원 탄압
불교	사찰령(1911, 전국 사찰을 총독에 직속시킴), 포교 규칙(1915)을 통해 민족 활동 억제 총독이 사찰 주지 임명권과 재산권을 행사함으로써 불교계를 장악하려 한 거지. 포교의 자유를 억압하기 위해 제정
대종교	본거지를 만주로 이동 → 이후 중광단 등의 항일 무장 단체 결성 일제의 탄압 때문이지.
유교	경학사 규정(1911)으로 성균관 폐지, 유교 교육 중단

 핵심주제 06 국어 연구와 한글 보급

조선어 연구회가 창간하였고, 조선어 학회가 계승하여 잡지로 계속 발행

조선어 연구회(1921)	잡지 《한글》 간행, 가갸날(한글날) 제정(1926), 강연회·강습회 개최
조선어 학회(1931)	최현배 주도로 조선어 연구회 확대 개편, 한글 맞춤법 통일안·표준어 제정, 《우리말 큰 사전》 편찬 시도 → 조선어 학회 사건(1942)으로 해체

화랑 제도와 묘청의 사상에 나타난 유·불·선 중 선을 한국의 고유 사상으로 파악하고, 이것을 낭가 사상의 핵심으로 간주했어.

세계 각국에서 일반적으로 나타나는 발전 법칙, 즉 원시 공동체-고대 노예제-중세 봉건제-근대 자본주의-공산주의로 발전한다고 보았어. VS 특수성

마르크스가 주장한 역사관으로, 역사 발전의 원동력을 물질적인 생산력과 생산 관계의 변화로 보았지.

 07 한국사 연구

(1) 민족주의 사학 : 독립운동의 일환으로 역사 연구

학자	특징	저서	민족정신
박은식	근현대사 연구에 주력, 일제의 한국 침략과 독립운동사 정리	《한국통사》, 《한국독립운동지혈사》	국혼
신채호	고대사 연구에 주력, 역사를 '아(我)와 비아(非我)의 투쟁'으로 인식	《조선상고사》, 《조선사연구초》	낭가 사상
정인보	양명학, 실학과 관련한 조선학 연구에 주력	《조선사연구》	조선의 얼
문일평	민족 문화의 자주성과 독창성 강조	《조선사화》	조선심(心)

(2) 사회경제 사학 : 세계사의 보편적 발전 법칙에 따른 한국사의 발전 강조

학자	특징	저서	의의와 한계
백남운	유물 사관에 토대하여 연구, 식민 사관 '정체성론'을 논리적으로 비판	《조선사회경제사》, 《조선봉건사회경제사》	식민 사관을 비판한 실천적 역사 인식, 교조적·도식적이라는 비판

(3) 실증 사학 : 랑케 사학의 실증 방법으로 식민 사관을 극복하고자 역사 연구

학자	특징	저서	의의와 한계
이병도, 손진태	진단 학회 결성, 객관적 사실에 근거하는 문헌 고증에 주력	《진단학보》	근대적 역사 연구 방법론 도입, 실천성이 결여되었다는 비판

기억하라! 사료

옛사람이 이르기를 나라는 없어질 수 있으나 역사는 없어질 수 없다고 하였으니, 이는 나라가 형체라면 역사는 정신(魂)이기 때문이다. 이제 우리나라의 형체는 없어져 버렸지만, 정신은 살아남아야 할 것이다.
– 박은식, 《한국통사》

역사란 무엇이뇨? 인류 사회의 아(我)와 비아(非我)의 투쟁이 시간부터 발전하여 공간부터 확대하는 정신적 활동의 기록이니……
– 신채호, 《조선상고사》

박은식과 신채호는 우리 민족의 고유한 문화 전통과 전신을 강조하여 민족 독립의 정신적 기반을 마련했다.

 08 종교·문학·예술 활동

(1) 종교 활동

대종교	단군 숭배, 간도에서 중광단 조직, 3·1 운동 이후 북로 군정서군으로 개편
천도교	동학에서 발전, 3·1 운동 주도, 《개벽》·《어린이》 창간, 방정환의 소년 운동, 청년과 농민 계몽 운동, 제2의 독립 선언 계획
불교	한용운의 사찰령 폐지 운동, 불교 대중화 운동, 조선 불교 유신회 조직
개신교	계몽·교육 활동, 의료 활동, 교육 활동, 사립 학교 설립
천주교	고아원·양로원 설립, 의민단을 조직하여 청산리 전투에 참여, 《경향》 발간
원불교	박중빈 창시, 허례허식 폐지, 미신 타파, 근검절약·협동 단결 등 생활 개선 운동

청산리 대첩 등 항일 무장 투쟁 참여

(2) 문학 활동

1910년대	계몽 문학 단계를 크게 벗어나지 못함, 최남선의 신체시, 이광수의 《무정》
1920년대	• 신경향파(현실 참여에 관심), 계급 문학(KAPF) 등장 : 사회주의 영향 • 저항 문학 등장 : 김소월, 이상화, 심훈 등
1930년대	• 순수 문학 표방 : 김영랑, 정지용, 박목월 등 • 친일 문학 등장 : 최남선, 이광수, 노천명 등 ・ 저항 문학 : 한용운, 이육사, 윤동주 등

기억하라! 사진

나운규의 〈아리랑〉(1926)

(3) 예술계의 동향

예술적 가치를 중시했어.

홍난파 〈봉선화〉, 현제명 〈고향 생각〉, 윤극영 〈반달〉, 안익태 〈코리아 환상곡〉 등

음악	서양 음악에 바탕을 둔 가곡과 동요 등장
미술	안중식(전통 회화 계승 발전), 이중섭(서양화)
연극	신파극(통속적인 주제의 일본풍 연극) 유행, 토월회, 극예술 연구회(신극 운동)
영화	나운규의 〈아리랑〉(1926), 대중오락으로 서양 문화 유입의 창구 역할

상 중 하 21회

01 자료의 민족 운동에 대한 설명으로 옳은 것은?

입어라! 조선 사람이 짠 것을
먹어라! 조선 사람이 만든 것을
써라! 조선 사람이 지은 것을
조선 사람, 조선 것

① 통감부의 방해로 실패하였다.
② 양기탁의 주도로 전개되었다.
③ 국채를 갚기 위한 경제적 구국 운동이다.
④ 신간회의 지원으로 전국적인 운동으로 발전하였다.
⑤ 민족 산업을 육성하여 경제 자립을 이루고자 하였다.

상 중 하 21회

02 다음 자료의 민족 운동이 실시된 배경으로 옳은 것은?

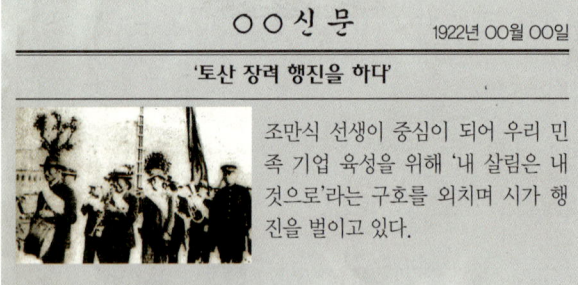

○○신문 1922년 ○○월 ○○일
'토산 장려 행진을 하다'
조만식 선생이 중심이 되어 우리 민
족 기업 육성을 위해 '내 살림은 내
것으로'라는 구호를 외치며 시가 행
진을 벌이고 있다.

① 사회주의가 확산되었다.
② 남면북양 정책이 실시되었다.
③ 일제가 회사령을 철폐하였다.
④ 토지 조사 사업이 실시되었다.
⑤ 제2차 세계 대전으로 생필품이 부족해졌다.

상 중 하 9회

03 다음은 일제 강점기의 교육 운동에 대해 대화하는 모습이
다. 이 운동에 대한 설명으로 옳은 것을 〈보기〉에서 고른 것은?

1920년대의
대표적인 교육
운동은 어떤 것이
있을까?

고등교육을 통해
민족의 실력을
양성하려는 운동이
전개되었어.

〈보기〉
ㄱ. 신민회가 주도하였다.
ㄴ. 원산 학사를 설립하는 데 영향을 주었다.
ㄷ. 일제는 경성제국대학을 설립하여 이 운동을 무마하였다.
ㄹ. '한민족 1천만이 한 사람이 1원씩'이라는 구호를 내걸었다.

① ㄱ, ㄴ ② ㄱ, ㄷ ③ ㄴ, ㄷ
④ ㄴ, ㄹ ⑤ ㄷ, ㄹ

상 중 하 20회

04 다음 역사 수업 노트의 (가)에 들어갈 내용으로 옳은 것
은?

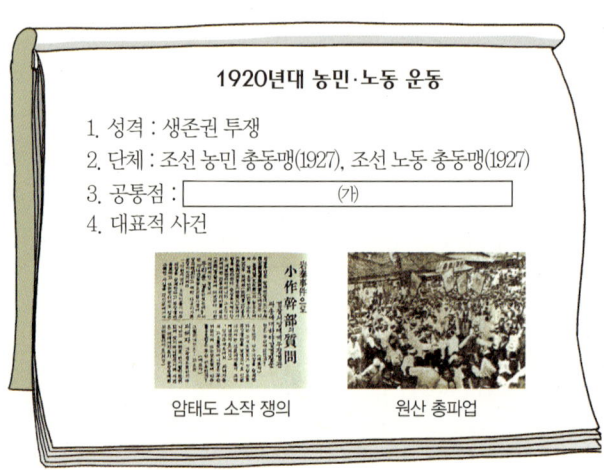

1920년대 농민·노동 운동
1. 성격 : 생존권 투쟁
2. 단체 : 조선 농민 총동맹(1927), 조선 노동 총동맹(1927)
3. 공통점 : _____(가)_____
4. 대표적 사건

암태도 소작 쟁의   원산 총파업

① 사회주의의 영향을 받음
② 신간회가 주도하여 전개함
③ 회사령이 폐지되는 계기가 됨
④ 치안 유지법에 의해 탄압을 받음
⑤ 토지 조사 사업의 실시로 시작됨

상 중 하 19회

05 자료를 통해 알 수 있는 민족 운동에 대한 설명으로 옳은 것은?

마지막 황제인 순종이 세상을 떠나자 많은 이들이 대규모 만세 시위를 계획하였다. 학생들은 일제의 감시를 뚫고 순종의 장례 행렬이 지나가는 곳곳에서 격문을 뿌리고 만세 시위를 벌였다.

① 신간회의 지원을 받았다.
② 평양에서 시작되어 전국적으로 확산되었다.
③ 대한민국 임시 정부가 수립되는 데 영향을 주었다.
④ 민족주의 계열과 사회주의 계열이 협력할 수 있는 토대를 마련하였다.
⑤ 일제가 강압적인 무단 통치에서 문화 통치로 전환하는 계기가 되었다.

상 중 하 17회

06 다음은 어떤 민족 운동의 배경을 회고한 글이다. 이 민족 운동에 대한 설명으로 옳은 것은?

나는 피가 머리로 거꾸로 치솟는 듯한 분노를 느꼈다. 가뜩이나 그놈들과는 한 차로 통학하면서도 민족 감정 때문에 서로를 멸시하고 혐오하며 지내 온 터인데, 그자들이 우리 여학생을 희롱하였으니 나로서는 당연히 감정적으로 대응할 수밖에 없었다. 더구나 박기옥은 내 사촌 누님이었으니 나의 분노는 더하였다. (중략) 후쿠타를 개찰구 밖 역전 광장에 불러 세우고 우선 점잖게 따졌다. "후쿠타, 너는 명색이 중학생인 녀석이 야비하게 여학생을 희롱해?" 그러자 후쿠타는 "뭐라고 센진 놈이 까불어!" 이 '센진'이란 말이 후쿠타의 입에서 떨어지기 무섭게 내 주먹은 그자의 얼굴에 날아가 작렬하였다.
　　　　　　　　　　　　　　　　　　　－'박준채의 회고록'

① 대구에서 시작되었다.
② 순종의 인산일에 일어났다.
③ 항일 무장 투쟁으로 발전하였다.
④ 3·1 운동이 확산되는 계기가 되었다.
⑤ 신간회의 지원 하에 전국적으로 확산되었다.

상 중 하 11회

07 (가), (나) 민족 운동에 대한 설명으로 옳은 것은?

(가) 조선 민중아!
　　우리의 철천지 원수는 자본·제국주의 일본이다.
　　이천만 동포야! 죽음을 각오하고 싸우자
　　만세 만세 조선 독립 만세!
(나) 학생·대중이여 궐기하라!
　　검거된 학생을 우리 손으로 탈환하자.
　　사회 과학 연구의 자유를 획득하라.
　　식민지적 노예 교육 제도를 철폐하라!

① (가) – 고종의 인산일에 일어났다.
② (가) – 민족 대표 33인이 주도하였다.
③ (나) – 민족 유일당 운동이 일어나는 계기를 마련하였다.
④ (나) – 일제의 통치 방식이 문화 통치로 바뀌는 데 영향을 주었다.
⑤ (가), (나) – 학생들이 중심이 되어 전개되었다.

상 중 하 16회

08 밑줄 친 '이 운동'에 대한 설명으로 옳은 것은?

어린이날의 유래

1922년 방정환의 지도 아래 이 운동을 전개하여, 5월 1일을 기념일로 정한 것에서 출발했다. 초기 어린이날의 취지에는 어린이들에게 민족정신을 고취하는 뜻이 들어 있었다.

① 천도교에서 주도하였다.
② 신민회의 지원을 받았다.
③ 민립 대학 설립 운동으로 발전하였다.
④ 우리말 큰 사전의 편찬을 시도하였다.
⑤ 애국 공채를 발행하여 자금을 마련하였다.

09 밑줄 친 '우리 단체'의 활동으로 옳은 것은?

 공평은 사회의 근본이고 사랑은 인간의 본성이다. 고로 우리는 계급을 타파하고 모욕적인 칭호를 폐지하며 교육을 장려하여 우리도 참다운 인간으로 되고자 함이 우리 단체의 중요한 뜻이다. 지금까지의 조선 백정은 어떠한 지위와 압박을 받아 왔던가? 과거를 회상하면 종일 통곡하고 피눈물을 금할 수 없다.

① 송죽회의 후원을 받았다.
② 물산 장려 운동을 주도하였다.
③ 회지로서 근우를 발간하였다.
④ 사회적 차별 의식을 없애기 위해 노력하였다.
⑤ 민립 대학의 설립을 위해 모금 운동을 전개하였다.

10 다음은 어떤 민족 운동을 배경으로 쓴 소설의 일부이다. 이 민족 운동의 자료로 가장 적절한 것은?

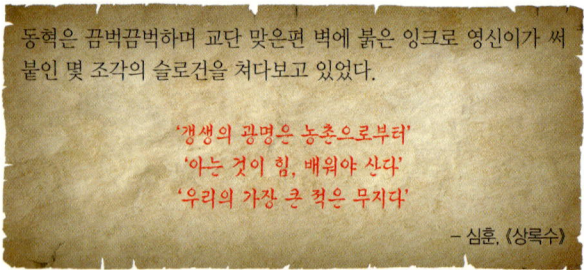

동혁은 끔벅끔벅하며 교단 맞은편 벽에 붉은 잉크로 영신이가 써 붙인 몇 조각의 슬로건을 쳐다보고 있었다.

'갱생의 광명은 농촌으로부터'
'아는 것이 힘, 배워야 산다'
'우리의 가장 큰 적은 무지다'

– 심훈, 《상록수》

어린이날 표어

물산 장려 운동 포스터

근우 표지

브나로드 운동 포스터

암태도 소작 쟁의 기념비

11 역사 관련 인터넷 카페에 실린 (가)~(마)의 댓글 중에서 적절하지 않은 것은?

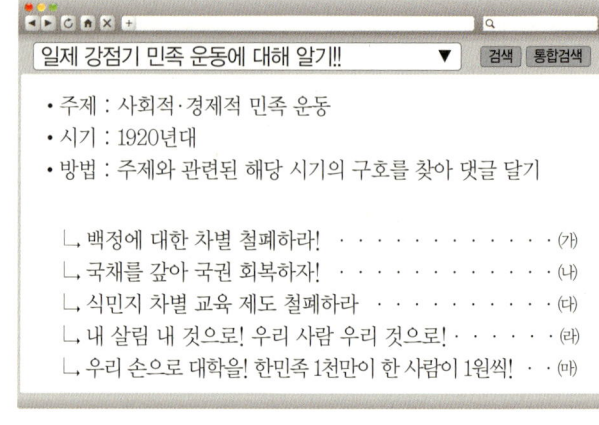

일제 강점기 민족 운동에 대해 알기!!!   ▼   검색 통합검색

• 주제 : 사회적·경제적 민족 운동
• 시기 : 1920년대
• 방법 : 주제와 관련된 해당 시기의 구호를 찾아 댓글 달기

┗ 백정에 대한 차별 철폐하라! ·············(가)
┗ 국채를 갚아 국권 회복하자! ············(나)
┗ 식민지 차별 교육 제도 철폐하라 ········(다)
┗ 내 살림 내 것으로! 우리 사람 우리 것으로! ·····(라)
┗ 우리 손으로 대학을! 한민족 1천만이 한 사람이 1원씩! ··(마)

① (가)   ② (나)   ③ (다)   ④ (라)   ⑤ (마)

12 다음 자료를 통해 알 수 있는 단체에 대한 설명으로 옳은 것은?

 이 현대 여성 생활을 대표한 여성은 소위 지배 계급인 유산자인 남성에게 여지없이 인권을 유린당하고 건강과 생명은 그들에게 희생되고 말았다. …… 그러나 사회 진화 법칙은 여성으로 하여금 영구히 비인간적인 함정에서 울고만 있게 하지 않는다.

– 《근우》 창간호

① 항일 무장 단체이다.
② 신간회와 연계하여 활동하였다.
③ 대종교 산하의 단체로 출발하였다.
④ 6·10 만세 운동을 적극 지원하였다.
⑤ 민립 대학 설립 운동을 전개하였다.

상 중 하 21회

13 선생님의 질문에 대한 대답으로 옳은 것을 〈보기〉에서 고른 것은?

이 사진은 우리말 살리기 운동을 전개하여 민족의식을 고양시켰다는 죄목으로 1942년에 탄압 및 구속된 단체에 소속된 인물들이에요. 이들이 속한 한글 단체의 활동으로는 어떤 것이 있을까요?

〈보기〉
ㄱ. 농촌 진흥 운동을 전개하였어요.
ㄴ. 우리말 큰 사전의 편찬을 시도하였어요.
ㄷ. 한글 맞춤법 통일안과 표준어를 제정하였어요.
ㄹ. 박은식, 신채호 등이 중심이 되어 활동하였어요.

① ㄱ, ㄴ   ② ㄱ, ㄷ   ③ ㄴ, ㄷ
④ ㄴ, ㄹ   ⑤ ㄷ, ㄹ

상 중 하 20회

14 다음을 통해 알 수 있는 역사 연구에 대한 설명으로 옳은 것은?

• 옛 사람이 이르기를 나라는 없어질 수 있으나 역사는 없어질 수 없다고 하였으니, 이는 나라가 형체라면 역사는 정신이기 때문이다.
– 《한국통사》

• 역사란 아(我)와 비아(非我)의 투쟁이 시간부터 발전하며 공간부터 확대하는 정신적 활동 상태의 기록이다.
– 《조선상고사》

① 객관적인 역사 서술을 강조하였다.
② 유물 사관을 토대로 역사를 서술하였다.
③ 조선사 편수회의 식민 사관을 옹호하였다.
④ 진단 학회를 통해 진단학보를 발간하였다.
⑤ 역사 연구를 통해 민족정신을 고취하고자 하였다.

상 중 하 9회

15 (가) 들어갈 인물로 옳은 것은?

(가)	• 주요 경력: 황성신문, 대한매일신보 논설위원으로 활약 • 주요 저서: 《조선상고사》, 《조선사연구초》 • 활동 평가: 고대사 연구를 중심으로 민족주의 사학을 발전시켰으며, 조국의 독립과 민족의식 고취

①  조소앙

②  신채호

③  박은식

④  정인보

⑤  주시경

상 중 하 17회

16 다음을 주장한 인물에 대한 설명으로 옳은 것을 〈보기〉에서 고른 것은?

옛사람이 이르기를 나라는 없어질 수 있으나 역사는 없어질 수 없다고 하였으니, 이는 나라가 형체라면 역사는 정신이기 때문이다. 이제 우리나라의 형체는 없어져 버렸지만, 정신은 살아남아야 할 것이다.

〈보기〉
ㄱ. 조선 불교의 자주적 근대화를 주장하였다.
ㄴ. 한국통사와 한국독립운동지혈사를 저술하였다.
ㄷ. 한국사를 세계사적 보편성에 맞추어 체계화하였다.
ㄹ. 민족정신을 '혼'으로 파악하여 역사의 중요성을 강조했다.

① ㄱ, ㄴ   ② ㄱ, ㄷ   ③ ㄴ, ㄷ
④ ㄴ, ㄹ   ⑤ ㄷ, ㄹ

상 중 하 10회

17 밑줄 친 '그'에 대한 설명으로 옳은 것은?

그는 《조선사회경제사》 등의 책을 통해 한국사의 발전 과정을 세계의 여러 민족과 같은 궤적에서 일원론의 변증법적 역사 발전 법칙에 의하여 밝혀낼 수 있다고 주장하였다. 그는 삼국 이전은 원시 공산제 사회, 삼국 시대에는 노예제 사회, 신라 통일 이후 조선 시대까지는 동양적 봉건 사회, 개항 이후에는 이식 자본주의 사회로 파악하였다.

① 유교구신론을 주장하였다.
② 국혼을 강조한 역사서를 저술하였다.
③ 랑케 사학을 토대로 한국사를 체계화하였다.
④ 식민 사학의 정체성론을 극복하는 데 기여하였다.
⑤ 독사신론을 저술하여 근대 민족주의 사학의 토대를 마련하였다.

상 중 하 21회

18 밑줄 친 '이 종교'에 대한 설명으로 옳은 것은?

《개벽》은 이 종교에서 펴낸 월간 잡지이다. 이 종교는 동학의 3대 교주 손병희가 재정비하였으며, 인내천 사상을 강조하였다. 또한 청년 운동·여성 운동을 전개하였다.

① 사찰령 폐지 운동을 전개하였다.
② 중광단을 설립하여 무장 투쟁을 전개하였다.
③ 의민단을 조직하여 항일 무장 투쟁을 하였다.
④ 어린이날을 제정하는 등 소년 운동을 전개하였다.
⑤ 허례허식 폐지, 미신 타파 등 새 생활 운동을 전개하였다.

상 중 하 18회

19 다음 질문에 옳게 답변한 것을 고른 것은?

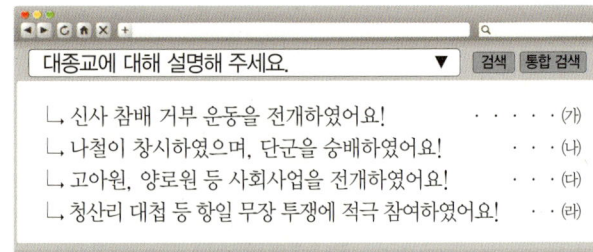

① (가), (나) ② (가), (다) ③ (나), (다)
④ (나), (라) ⑤ (다), (라)

상 중 하 18회

20 다음은 어느 영화의 가상 광고지이다. 이 영화가 개봉된 시기의 문화계 동향으로 가장 적절한 것은?

우리나라 최초의 영화!!

일본 순사에게 끌려가는
영진을 누가 구해 줄 것인가!
심금을 울리는 아리랑 가락 소리에
통곡하는 우리의 한은 누가 달래 줄 것인가!

감독 : 나운규, "매진 임박! 단성사에서 절찬리 상영 중!"

① 대한매일신보가 창간되었다.
② 신소설 혈의 누가 발표되었다.
③ 권학가, 독립가 등의 창가가 유행하였다.
④ 일제의 인적·물적 수탈 정책을 미화하는 작품이 나타났다.
⑤ 사회주의 사상의 영향을 받은 신경향파 문학이 등장하였다.

상 중 **하** 19회

21 밑줄 친 '이 작품'에 해당하는 작품으로 옳은 것은?

한국인이 뽑은 대표적인 저항시로 한용운 선생의 작품이 선정되었습니다. 이 작품은 1920년대 식민지 현실을 표현하고 민족의식을 고취시켰다는 평가를 받아 왔습니다.

① 광야
② 님의 침묵
③ 진달래꽃
④ 별 헤는 밤
⑤ 그날이 오면

상 중 **하** 20회

22 선생님의 질문에 대한 답변으로 옳은 것을 〈보기〉에서 고른 것은?

> 그날이 오면, 그날이 오면은
> 삼각산이 일어나 더덩실 춤이라도 추고
> 한강물이 뒤집혀 용솟음칠 그날이
> 이 목숨이 끊기기 전에 와 주기만 할 양이면
> ……
> 기뻐서 죽사오매 오히려 무슨 한이 남으오리까.
> – 심훈, 〈그날이 오면〉

이 시는 일제 강점기 대표적인 저항시예요. 그 밖에 다른 '저항시'에는 어떤 것이 있을까요?

〈보기〉

ㄱ. 이육사의 광야가 있어요.
ㄴ. 서정주의 오장 마쓰이 송가가 있어요.
ㄷ. 노천명의 님의 부르심을 받들고서가 있어요.
ㄹ. 이상화의 빼앗긴 들에도 봄은 오는가가 있어요.

① ㄱ, ㄴ
② ㄱ, ㄹ
③ ㄴ, ㄷ
④ ㄴ, ㄹ
⑤ ㄷ, ㄹ

상 중 **하** 21회

23 밑줄 친 '이곳'에서 있었던 일로 옳은 것은?

> 1923년 이곳에 대지진이 일어나 사회가 불안해지자, 조선인에 대한 적대감을 조장함으로써 사회의 불안이 마치 조선인 때문인 것처럼 위장하였다. 이곳 언론은 "2만 명의 조선인이 쳐들어온다." "조선인이 방화하였으며, 우물에 독약을 뿌리고 우리들을 살해하려 한다."라는 등의 유언비어를 날조하여 퍼뜨렸다. 이에 따라 조선인에 대해 적개심을 갖게 된 사람들에 의해 적어도 6천 명 이상의 조선인이 무참하게 학살당하였다.

① 윤봉길 의거가 일어났다.
② 구미 위원부가 설치되었다.
③ 대한 제국 최초의 합법적 이민이 행해졌다.
④ 유학생 주도로 2·8 독립 선언이 발표되었다.
⑤ 청산리 전투에 대한 보복으로 참변이 일어났다.

상 중 **하** 20회

24 다음에 해당하는 지역을 지도에서 옳게 고른 것은?

• 이주 시기 : 19세기 후반 러시아가 변방 개척을 위해 한인 이주 허용. 을사조약 체결 후 이주 급증 → 신한촌 형성
• 활동 : 권업회·성명회, 대한 광복군 정부(1914), 대한 국민 의회(1919) 조직
• 시련 : 소련 정부에 의해 중앙아시아로 강제 이주(1937)

(가) 연해주
(나) 만주
(다) 일본
(라) 상하이
(마) 하와이

① (가)
② (나)
③ (다)
④ (라)
⑤ (마)

1. ⑤ 2. ③ 3. ⑤ 4. ① 5. ④ 6. ⑤ 7. ⑤ 8. ① 9. ④ 10. ④
11. ② 12. ② 13. ③ 14. ⑤ 15. ② 16. ④ 17. ④ 18. ④ 19. ④
20. ⑤ 21. ② 22. ② 23. ④ 24. ①

1. ⑤ 바로 정리 : 물산 장려 운동의 목적

제시된 자료는 1920년대 초반 민족주의 계열이 실력 양성을 위해 전개한 물산 장려 운동이다. 조만식 선생을 중심으로 평양에서 조선 물산 장려회를 조직하여 민족 기업을 육성하여 경제 자립을 이루고자 전개한 운동이다. 아하! ①, ②, ③ 1907년에 전개된 국채 보상 운동에 대한 설명이다. ④ 광주 학생 항일 운동(1929)에 대한 설명이다.

2. ③ 바로 정리 : 물산 장려 운동의 실시 배경

제시된 자료에서 '토산 장려 행진, 내 살림 내 것으로' 등의 내용을 통해 1920년 초반 전개된 물산 장려 운동임을 알 수 있다. 이 운동은 일제가 회사령을 철폐함으로써 한국인도 이전보다 쉽게 기업을 세울 수 있게 되었으나 자본과 경영 능력에서 우위에 있는 일본 기업과 힘겨운 경쟁을 해야 하는 조선 기업가들이 중심이 되어 전개했다. 아하! ① 민족주의 계열이 전개한 운동이다. ② 1930년대 일제가 실시한 공업 원료 증산 정책이다. ④ 1910년대 일제의 토지 수탈 정책이다. ⑤ 제2차 세계 대전은 1939년부터 1945년까지 전개된 전쟁이다.

3. ⑤ 바로 정리 : 민립 대학 설립 운동

제시된 자료에서 '1920년대의 대표적인 교육 운동'을 통해 민립 대학 설립 운동임을 알 수 있다. 이 운동은 일제가 우리 민족에게는 기초적인 교육의 기회만 제공하자 교육을 통하여 실력을 양성하고자 전개되었다. 민립 대학 설립 기성회는 '한민족 1천만이 한 사람이 1원씩'이라는 구호를 내걸고 모금 운동을 전개했다. 일제는 경성 제국 대학을 설립하여 한국인의 불만을 잠재우려고 했다. 아하! ㄱ. 신민회(1907)는 105인 사건(1911)으로 해체되었다. ㄴ. 원산학사(1883)는 개화기에 함경도 덕원 주민들이 세운 최초의 근대적 학교이다.

4. ① 바로 정리 : 1920년대 농민·노동 운동

1920년대 초에 들어온 사회주의는 학생과 지식층을 중심으로 빠르게 확산되었다. 사회주의 단체들이 등장하면서 농민과 노동자들의 권익을 옹호하기 위한 조직적 결성이 이루어지고 농민·노동 운동이 활발해졌다. 아하! ② 암태도 소작 쟁의(1923)는 신간회 창립(1927) 이전에 일어났다. ③ 회사령 폐지(1920)는 일본 자본가의 한국 진출을 용이하게 하기 위한 정책이다. ④ 암태도 소작 쟁의는 치안 유지법(1925)이 제정되기 전에 일어났다. ⑤ 1910년대 일제의 경제 수탈 정책이다.

5. ④ 바로 정리 : 6·10 만세 운동

제시된 자료에서 '순종의 장례 행렬, 학생들의 만세 시위' 등을 통해 6·10 만세 운동임을 알 수 있다. 이 운동은 민족주의 계열과 사회주의 계열이 함께 준비하면서 서로 협력할 수 있는 토대를 마련했다는 점에서 의의를 가진다. 아하! ① 광주 학생 항일 운동에 대한 설명이다. ② 물산 장려 운동에 대한 설명이다. ③, ⑤ 3·1 운동에 대한 설명이다.

6. ⑤ 바로 정리 : 광주 학생 항일 운동

제시된 자료는 광주 학생 항일 운동(1929)의 발단이 된 '박준채의 회고록'이다. 한국인 여학생을 희롱하는 일본인 학생과 이를 말리던 한국인 학생의 충돌이 계기가 되어, 광주 지역 학생들이 민족 차별 중식, 식민지 교육 제도 철폐 등을 요구하며 시위를 벌였다. 신간회는 광주 학생 항일 운동 진상 조사단을 파견하는 등 전국적으로 시위가 확산되는 데 기여했다. 아하! ① 광주에서 일어난 항일 운동이다. ② 6·10 만세 운동에 대한 설명이다. ③ 학생들은 동맹 휴학, 가두시위 등을 전개했다. ④ 3·1 운동은 무단 통치 시기에 일어난 항일 운동이다.

7. ⑤ 바로 정리 : 6·10 만세 운동과 광주 학생 항일 운동의 공통점

제시된 자료에서 (가)는 6·10 만세 운동(1926), (나)는 광주 학생 항일 운동(1929)이다. 1920년대에 학생들은 한국인 본위의 교육 실시, 민족 차별 중지 등을 요구하며 수업 거부, 동맹 휴학과 같은 다양한 투쟁을 전개했다. 이를 통해 쌓은 역량은 6·10 만세 운동과 광주 학생 항일 운동으로 폭발했다. 아하! ①, ②, ④ 3·1 운동에 대한 설명이다. ③ 6·10 만세 운동 (가)에 해당한다.

8. ① 바로 정리 : 소년 운동

제시된 자료에서 밑줄 친 운동은 방정환을 중심으로 전개된 소년 운동이다. 1921년 천도교 소년회가 조직되면서 본격적으로 전개된 소년 운동은 어린이를 소중히 여기고 바르게 키우는 것이 독립운동의 인재를 양성하는 것이라 생각했다. 아하! ② 신민회는 1911년 105인 사건으로 해체되었다. ③ 일제의 차별 교육에 대한 저항 운동이다. ④ 조선어 학회에 대한 설명이다. ⑤ 대한민국 임시 정부에 대한 설명이다.

9. ④ 바로 정리 : 형평 운동

제시된 자료에서 '모욕적인 칭호 및 백정' 등의 단어를 통해 형평 운동에 대한 내용임을 알 수 있다. 따라서 제시된 자료의 단체는 조선 형평사(1923)이다. 갑오개혁으로 신분 차별이 제도적으로 폐지되었으나 일제 강점기에도 백정은 여전히 사회적 편견과 차별에 시달렸다. 이에 백정들은 조선 형평사를 조직하고 평등한 대우를 요구하는 형평 운동을 전개했다. 아하! ① 1910년대 비밀 결사 단체이다. ② 민족주의 계열의 자본가 중심의 운동이다. ③ 여성 단체인 근우회에 대한 설명이다. ⑤ 민립 대학 설립 기성회에 대한 설명이다.

10. ④ 바로 정리 : 문맹 퇴치 운동

제시된 자료에서 '아는 것이 힘, 배워야 산다' 등의 내용을 통해 1930년대에 전개된 문맹 퇴치 운동임을 알 수 있다. 1930년대 동아일보는 브나로드 운동을 통해 한글을 가르치고, 미신 타파를 위한 구습 제거, 근검절약 등 계몽 활동을 했다. 아하! ① 천도교의 소년 운동 ② 민족주의 계열의 물산 장려 운동 ③ 여성 단체인 근우회 ⑤ 1920년대 농민 운동에 해당한다.

11. ② 바로 정리 : 1920년대 사회·경제적 민족 운동

3·1 운동 이후에 1920년대에는 민족주의 계열의 실력 양성 운동, 사회주의의 영향을 받은 농민·노동 운동 및 학생 운동, 형평 운동 등 다양한 사회·경제적 운동이 일어났다. (가) 형평 운동(1923) (다) 광주 학생 항일 운동(1929) (라) 물산 장려 운동 (마) 민립 대학 설립 운동에 대한 설명이다. 아하!

(나) 국채 보상 운동은 1907년에 전개된 경제적 구국 운동이다.

12. ② 바로 정리 : 근우회

제시된 자료에서 '여성이 남성에게 인권 유린을 당하고, 비인간적인 함정에서 울고만 있게 하지 않는다' 등의 내용을 통해 여성 운동 단체인 근우회임을 알 수 있다. 근우회(1927)는 신간회와 연계하여 여성 운동, 농민·노동 운동, 여학생 운동 등 사회 운동에 적극적으로 참여했다. 아하! ① 사회·경제적 운동을 전개했다. ③ 근우회는 대종교와 관련이 없다. ④ 6·10 만세 운동(1926) 이후에 조직되었다. ⑤ 민립 대학 설립 운동은 1920년대 초에 전개된 실력 양성 운동이다.

13. ③ 바로 정리 : 조선어 학회

제시된 자료에서 '우리말 살리기 운동을 전개하다가 1942년에 탄압 및 구속된 단체' 등의 내용을 통해 조선어 학회에 대한 설명임을 알 수 있다. 조선어 학회는 '한글 맞춤법 통일안과 표준어, 외래어 표기법'을 제정했다. 또한 《우리말 큰 사전》 편찬을 시도하다가 조선어 학회 사건(1942)으로 중단되었다. 아하! ㄱ. 일제가 1932년에 농민 운동을 무마하기 위해 실시한 정책이다. ㄹ. 박은식과 신채호는 민족주의 역사학자이다.

14. ⑤ 바로 정리 : 민족주의 사학

제시된 자료에서 《한국통사》, 《조선상고사》 등을 통해 박은식과 신채호의 민족주의 역사학에 대한 문제임을 알 수 있다. 박은식과 신채호는 민족주의 사학의 대표적인 학자로 일제의 한국 왜곡에 맞서 우리 역사를 지키기 위해 노력했다. 박은식은 "국가라는 외형을 잃더라도 정신이 살아 있다면 민족은 살아 있는 것"이라 주장하여 민족 의식을 고취했다. 신채호는 고대사 연구를 통해 우리 민족의 전통과 정신을 강조했다. 아하! ①, ④ 실증 사학에 대한 설명이다. ② 사회경제 사학에 대한 설명이다. ③ 민족주의 사학은 일제의 식민 사관을 비판하였다.

15. ② 바로 정리 : 신채호

제시된 자료에서 《조선상고사》, 《조선사연구초》 등의 저서와 고대사 연구를 중심으로 한 민족주의 사학 등의 내용을 통해 신채호임을 알 수 있다.

16. ④ 바로 정리 : 박은식

제시문에서 '나라는 형체, 역사는 정신' 등의 내용을 통해 박은식임을 알 수 있다. 박은식은 민족정신을 '혼'으로 파악하여 '혼'이 담긴 역사의 중요성을 강조했으며, 《한국통사》를 통해 근대 이후 일본의 침략 과정을 폭로하고, 《한국독립운동지혈사》를 통해 일제 강점기 독립운동을 체계적으로 정리했다. 아하! ㄱ. 한용운에 대한 설명이다. ㄷ. 백남운의 사회경제 사학에 대한 설명이다.

17. ④ 바로 정리 : 사회경제 사학

제시된 자료에서 '《조선사회경제사》, 등 한국사의 발전 과정을 변증법적 역사 발전 법칙에 의하여 밝혀낼 수 있다고 주장'한 내용을 통해 '백남운'임을 알 수 있다. 백남운은 사회경제 사학을 통해 일제의 정체성 이론을 극복하는데 기여했다. 아하! ①, ② 박은식 ③ 실증 사학(이병도·손진태) ⑤ 신채호에 해당한다.

18. ④ 바로 정리 : 천도교

제시된 자료에서 '3대 교주 손병희가 재정비, 인내천 사상' 등을 동해 천도교임을 알 수 있다. 천도교는 '천도교 소년회'를 조직하고, 어린이날을 제정하는 등 소년 운동을 전개했다. 아하! ① 불교 ② 대종교 ③ 천주교 ⑤ 원불교에 대한 설명이다.

19. ④ 바로 정리 : 대종교

나철이 창시한 대종교는 단군 숭배를 통해 민족의식을 높이면서 만주에서 적극적인 항일 무장 투쟁을 전개했다. 대종교는 본부를 북간도 지역으로 옮겨 북로 군정서군을 조직하여 청산리 대첩 등 무장 독립 투쟁에 적극 참여했다. 아하! (가) 개신교 (다) 천주교에 해당한다.

20. ⑤ 바로 정리 : 1920년대 문화계 동향

제시된 자료는 1926년 나운규가 시나리오, 감독, 주연을 맡은 영화 〈아리랑〉의 홍보 포스터이다. 〈아리랑〉이 발표된 1920년대에는 사회주의의 영향을 받은 새로운 문학 유파인 신경향파가 등장했다. 아하! ① 《대한매일신보》는 애국 계몽 운동기인 1907년에 창간되었다. ② 1906년에 이인직이 발표한 신소설이다. ③ 창가는 서양식 악곡에 우리말 가사를 붙인 노래로서 애국 계몽 운동기(1905~1910)에 유행했다. ④ 일제의 인적·물적 자원 수탈은 1930년대 이후의 상황이다.

21. ② 바로 정리 : 한용운의 〈님의 침묵〉

제시된 자료에서 '식민지 현실을 표현하고 민족의식을 고취했다는 평가'를 통해 한용운의 〈님의 침묵〉임을 알 수 있다. 아하! ① 이육사 ③ 김소월 ④ 윤동주 ⑤ 심훈에 해당한다.

22. ② 바로 정리 : 일제 강점기 저항 문학

제시된 시는 심훈의 〈그날이 오면〉이다. '그날'은 일제의 통치로부터 독립하는 날을 의미한다. 아하! ㄴ, ㄷ. 일제를 찬양하고 미화하는 친일 작품이다.

23. ④ 바로 정리 : 일본 이주 동포의 시련

제시된 자료의 사건은 1923년 일본에서 일어난 관동 대지진과 관동 대학살이다. 대지진으로 민심이 흉흉해지자 '조선인이 방화하였으며, 우물에 독약을 뿌렸다'는 등의 유언비어를 퍼뜨려 사회 불안을 한국인 탓으로 돌렸다. 이런 혼란 속에서 일본의 군대, 경찰, 주민들이 만든 자경단에 의해 6천 명가량의 한국인이 학살당했다. 아하! ① 상하이 ②, ③ 미주 지역 ⑤ 북간도에 대한 설명이다.

24. ① 바로 정리 : 연해주 지역의 독립운동

제시된 자료에서 '신한촌, 권업회, 대한 광복군 정부, 대한 국민 의회' 등을 통해 연해주 지역임을 알 수 있다. 1937년 스탈린이 일제 침략의 빌미가 되는 것을 미연에 방지한다는 이유로 연해주 지역의 17만 한인들을 중앙아시아로 강제 이주시키면서 이곳은 폐허가 되었다.

VI
대한민국의 발전

출제 위원 생생 리얼 합격 코칭 100%

17강. 대한민국의 수립

출제 포인트!

01	**8 · 15 광복과 한반도의 정세**	카이로 회담 vs 포츠담 회담, 국토 분단 과정✱✱, 조선 건국 준비 위원회 결성과 해체✱, 미군정의 정책✱✱
02	**모스크바 3국 외상 회의와 좌우익의 대립**	모스크바 3국 외상 회의 결과(좌우익의 대립)✱✱
03	**미소 공동 위원회와 좌우 합작 운동 전개**	제1, 2차 미소 공동 위원회의 전개 과정✱✱, 좌우 합작 운동의 배경 및 결과✱
04	대한민국 정부의 수립 과정	5·10 총선거 실시 배경 및 대한민국 정부 수립 과정✱✱, 통일 정부 수립을 위한 노력(남북 협상✱, 제주도 4·3사건, 여수 · 순천 10·19사건)
05	**친일파 청산 문제와 농지 개혁**	반민족 행위 처벌법(추친 과정, 결과)✱, 농지 개혁법
06	6 · 25 전쟁과 전후 복구	6·25 전쟁의 배경과 전쟁 과정(사진, 지도)✱

18강. 민주주의의 발전 및 통일 정책과 경제 · 사회의 변화

출제 포인트!

01	**민주주의의 시련과 발전**	이승만 정부 장기 집권책✱✱, 4·19 전개 과정, 박정희 정부 전개 과정✱✱, 5·18 민주화 운동, 6월 민주 항쟁 과정
02	**경제 성장과 사회 · 문화의 변화**	이승만 정부 경제 정책, 박정희 정부의 경제 정책(1~4차 경제 개발 5개년 계획)✱, 1970년대의 노동 문제(전태일 분신 사건, YH 무역 사건)✱, 전두환, 김영삼, 김대중 정부의 경제 정책 구분
03	**남한 통일 정책의 변화**	이승만~김대중 정부의 통일 정책✱✱

기억하라! 사진

38도선

기억하라! 사료

1. 우리는 완전한 독립 국가의 건설을 기함.
2. 우리는 전 민족의 정치, 경제, 사회적 기본 요구를 실현할 수 있는 민주주의 정권 수립을 기함.
3. 우리는 일시적인 과도기에 있어서 국내 질서를 자주적으로 유지하여 대중 생활의 확보를 기함.

– 건국 준비 위원회 강령

WHY 미·소 군정과 분단

해방 직후 미군은 미군정청을 설치해 남한 지역을 직접 통치하고 소련군은 북한 지역을 간접 통치했다. 방식은 달라도 미국과 소련 모두 자국의 이익을 우선시한 통치였기에 통일 정부 수립은 매우 힘든 상황이었다.

핵심주제 01 8·15 광복과 한반도의 정세

(1) 8·15 광복과 분단

국제 사회의 독립 약속	• **카이로 회담(1943. 11)** : 미국·영국·중국이 '적당한 시기'에 한국을 자유 독립시키기로 약속 한국의 독립을 처음으로 보장한 국제 회의 • **포츠담 선언(1945. 7)** : 미국·영국·소련·중국 4개국이 한국의 독립을 재확인
8·15 광복 배경	연합국의 승리 → 일본의 항복, 일제 강점기 동안 지속된 국내외의 항일 투쟁
국토 분단	• **38도선 설정** : 얄타 회담(1945. 2)의 결정에 따라 소련이 참전 후 한반도로 진격, 북부 지역 점령 → 미국은 소련의 한반도 점령을 막기 위해 소련에 38도선을 기준으로 분할 점령 제안 → 소련 수용 • **전개** : 38도선 이남에서는 미군정 직접 통치, 이북에서는 소련군 간접 통치 • **결과** : 미국과 소련의 영향력 아래 편입

(2) 광복 직후의 남한

① 조선 건국 준비 위원회 결성과 해체

결성	여운형(중도 좌파) + 안재홍(중도 우파) → 조선 건국 동맹을 조선 건국 준비 위원회로 개편
활동	해방 후 실질적인 치안과 행정 담당, 조선 인민 공화국 선포
해체	조선 인민 공화국 선포 이후 우익 대거 탈퇴, 미군정 불인정

② 미군정 실시(1945~1948) ···· 군대의 사령관이 입법권과 행정권을 행사하는 임시 행정 형태

배경	38도선을 경계로 미군과 소련군이 주둔하여 군정 실시
정책 내용	**직접 통치 선언**(건국 준비 위원회 활동과 조선 인민 공화국 수립을 부정하고, 대한민국 임시 정부마저 인정하지 않음), **현상 유지 정책**(친일 관리와 경찰들 그대로 고용, 신한 공사 설립, 공산당의 활동 통제)

③ 다양한 정치 세력 형성

우익 세력	**한국 민주당(송진우, 김성수)** : 미군정과 긴밀한 관계 유지, 지주와 기업가들이 참여하여 주로 지주 계급의 이익 대변, 이승만 정부의 남한 단독 정부 수립 노선 지지
	독립 촉성 중앙 협의회(이승만) : 한국 민주당과 우호 관계 유지
	한국 독립당(김구) : 대한민국 임시 정부의 핵심 정당, 미군정의 요구에 의해 1945년 11월 이후 개인 자격으로 입국
중도 세력	여운형(중도 좌파), 안재홍·김규식(중도 우파)
좌익 세력	박헌영 등이 조선 공산당 재건 → 미군정 탄압으로 남조선 노동당으로 개편

02 모스크바 3국 외상 회의와 좌우익의 대립

모스크바 3국 외상 회의 (1945. 12) 좌우익의 갈등을 일으켰어.	목적	미국·영국·소련 3개국이 한반도 문제를 처리하기 위해 외무장관 회의 개최
	결정 내용	한반도에서 임시 민주 정부 수립, 미소 공동 위원회 개최, 미·영·중·소 4개국이 최고 5년을 기한으로 신탁 통치 실시 _{국제 연합의 감시 체제 하에서 특정한 나라에 대하여 다른 나라가 대신 통치하는 것}
	결과	**우익** : 이승만, 김구, 한국 민주당 등 반탁 운동 전개, 대다수 민중 호응
		좌익 : 신탁 통치 반대(초기) → 총체적 지지로 입장 선회 회의 결정의 본질이 임시 정부 수립에 있다고 파악하여 모스크바 3국 외상 회의 결정 지지로 선회했어.

 ## 03 미소 공동 위원회와 좌우 합작 운동 전개

(1) 미소 공동 위원회

임무	모스크바 3국 외상 회의에 따라 임시 민주 정부 수립 문제 논의
제1차 미소 공동 위원회 (1946. 3)	임시 정부 참여 단체를 놓고 미·소 대립(소련은 신탁 통치에 반대한 정당 및 단체와는 협의할 수 없다는 주장, 미국은 반탁 운동을 전개하는 우익을 협의 대상자로 포함시키자는 주장) → 결렬
이승만의 정읍 발언 (1946. 6)	제1차 미소 공동 위원회 결렬 이후 이승만이 정읍에서 남한만의 단독 정부 수립 제창, 한국 민주당 등 우익 세력은 적극 지지
제2차 미소 공동 위원회 (1947. 5)	**결렬** : 미국과 소련 간의 냉전 심화, 미·소가 자국에 우호적인 정부의 수립 추구 → 미국은 소련의 반대에도 불구하고 한반도 문제를 유엔에 상정

(2) 좌우 합작 운동의 전개

배경	제1차 미소 공동 위원회 결렬 후 우익 진영의 단독 정부 수립 움직임(이승만의 정읍 발언), 신탁 통치·토지 개혁·친일파 처리 문제 등을 둘러싸고 좌익과 우익의 대립 심화
목적	통일 정부 수립

활동	• 좌우 합작 위원회 개최(1946. 7) : 중도 좌익(여운형), 중도 우익(김규식) 중심
	• 좌우 합작 7원칙 발표(1946. 10) : 임시 정부 수립, 미소 공동 위원회 속개, 친일파 처벌,
	  유조건 몰수·유상 매입·무상 분배의 토지 개혁 등
	   _{미군정의 지원 하에 발표할 수 있었어.}

결과	김구, 이승만, 한국 민주당, 조선 공산당 불참, 여운형 암살, 좌·우익의 대립 심화, 냉전 격화 → 실패

기억하라! 사진

좌익, 모스크바 3상 회의
절대 지지

우익, 신탁 통치
절대 반대

기억하라! 사료

이제 무기한 연기된 공위(제1차 미소 공동
위원회)가 다시 열릴 기색도 보이지 않으며
통일 정부를 고대하나 뜻처럼 되지 않으니
우리는 남한만이라도 임시 정부 혹은 위원
회 같은 것을 조직하여 38도선 이북에서 소
련이 철수하도록 세계 공론에 호소하여야 할
것이니 여러분도 결심해야 될 것이다.
　　　　　　　　　　 – 이승만, '정읍 발언'

04 대한민국 정부의 수립 과정

(1) 5·10 총선거 실시 배경

한반도 문제 유엔 상정 (1947. 11)	제2차 미소 공동 위원회 결렬 이후 한국 문제 상정 → 인구 비례에 의한 남북한 총선거 실시 결정 남한의 인구가 많으니까 국회 의원 수도 남한이 많게 되겠지? 소련이 유엔 한국 임시 위원단의 입북을 거부한 이유이기도 해.
유엔 한국 임시 위원단 파견	소련의 유엔 한국 임시 위원단 입북 거부
유엔 소총회 결의 (1948. 2)	선거가 가능한 지역만이라도 총선거 실시 결정 → 남한만의 단독 정부 수립을 결정하였다는 의미

(2) 통일 정부 수립을 위한 노력

남북 협상 (1948. 4)	김구, 김규식 주도로 남북 정치 지도자 회담, 이른바 '남북 협상' 제안(남한만의 단독 정부 수립 반대) → 실패
제주도 4·3 사건(1948. 4. 3)	제주도의 좌익 세력들이 단독 선거 실시 반대, 군·경의 초토화 작전으로 수만 명의 제주 도민 학살 → 일부 지역에서 5·10 총선거 미실시(3개 선거구 중 2개 선거구 미실시)
여수·순천 10·19 사건(1948)	제주 4·3 사건의 진압에 동원된 여수 주둔 군대의 좌익 세력들이 주도 → 진압

(3) 5·10 총선거 실시

5·10 총선거 (1948)	• 우리나라 역사상 최초의 민주·보통 선거 실시 – 제헌 국회 의원(임기 2년) 선출 → 제헌 헌법 공포 초대 국회에서만 2년이고, 이후에는 4년 • 제헌 헌법 공포(1948. 7. 17) : 국회에서 정·부통령 선출(대통령에 이승만, 부통령에 이시영), 국호 '대한민국' 결정 국회가 대통령을 선출했다는 것은 간선제야. 발췌 개헌 때 직선제로 개헌하는 거지.
대한민국 정부 수립	정부 수립 선포(1948. 8. 15) : 이승만 대통령이 대한민국 정부 수립을 국내외에 선포 → 유엔 총회에서 유일한 합법 정부임을 승인

05 친일파 청산 문제와 농지 개혁

(1) 친일파 청산 문제

목표	반민족 행위자에 대한 단죄를 통한 민족 정기와 사회 정의 확립 : 제헌 국회에서 반민족 행위 처벌법(반·민·법) 제정, 반민족 행위 특별 조사 위원회 구성(1948. 10)
활동	주요 친일 인사 조사 및 체포(박흥식, 노덕술, 최린, 최남선, 이광수 등)
결과	이승만 정부의 소극적인 태도, 공소 시효 축소, 친일 세력의 방해 공작(국회 프락치 사건, 반민 특위 사무실 습격 사건) → 실패 1950. 8. 20 → 1949. 8로 기간을 축소

국회 의원을 간첩 활동 혐의로 체포·구속한 사건

기억하라! 사진

5·10 총선거 실시

기억하라! 김구

남북 협상에 참여하는 김구

우리가 기다리던 해방은 우리 국토를 양분하였으며, 앞으로는 그것을 영원히 양국의 영토로 만들 위험성을 내포하고 있다. …… 나는 통일된 조국을 세우려다가 38도선을 베고 쓰러질지언정 일신의 구차한 안일을 취하여 단독 정부를 세우는 데 협력하지 않겠다.
– 김구, '삼천만 동포에게 읍고함'

(2) 농지 개혁법

국가가 돈으로 토지를 사서
농민에게 돈을 받고 판매하는 방식

배경	광복 당시 국민의 대다수가 소작농, 일본인 소유의 토지 분배와 지주제 개혁 요구, 북한의 토지 개혁 실시(1946, 무상 몰수·무상 분배)
내용	**농지 개혁법 공포(1949):** 유상 매입·유상 분배, 1가구당 3정보 토지 소유 상한선 설정, 개혁 실시(1950), 매입 시 정부는 지주에게 지가 증권 발급 vs 북한 : 5정보
의의	지주 중심의 토지 소유 폐지, 농민 중심의 토지 소유 실현(경자유전의 원칙), 자영농의 비율 증가
한계	지주의 기업가 전환에 어려움, 지주가 미리 땅 처분 지가 증권의 현금화가 어려웠거든.　　지주들은 실시 시기가 지연되는 틈을 타서 미리 처분할 수 있었어.

핵심주제 06 6·25 전쟁과 전후 복구

제2차 세계 대전 후 국민당과 공산당 간에 벌어진 내전

중국 내전에 참여하였던 팔로군 소속의 조선 의용군이 인민군에 편입되면서 군사력이 강화되었어.

배경	• **냉전의 심화** : 중국의 공산화(1949) → 국공 내전에서 승리한 공산당이 중화 인민 공화국 수립 • **북한의 군사력 강화** : 소련·중국과 군사 비밀 협정 체결 → 각종 무기 지원 및 군사력 증강 • **애치슨 선언(1950. 1)** : 한반도와 타이완을 미국의 태평양 방위선에서 제외한다는 발표
서울 수복 과정	• **경과** : 북한군의 무력 남침(1950. 6. 25) → 서울 함락 → 국군의 낙동강 전선 후퇴 → 유엔군 참전 결정 → 인천 상륙 작전(9. 15) → 서울 수복 (9. 18) → 국군의 38도선 돌파(10. 1) → 압록강 진격 → 중공군 개입 → 흥남 철수 → 서울 재함락(1951. 1. 4) → 국군과 유엔군의 총공세 → 서울 재수복 → 38도선을 중심으로 교착 상태 → 소련의 휴전 제의로 유엔에서 휴전 회담 진행(1950. 7) • **휴전 협정** : 포로 송환 문제로 휴전 협정 체결 난항 → 이승만 정부의 휴전 반대, 거제도 반공 포로 석방(1953. 6. 28) → 휴전 협정 체결(1953. 7) 유엔 : 자유의사에 의한 자유 송환 vs 북한 : 해당 국가로의 자동 송환
결과	• 남북한 500여만 명의 사상자 발생, 남한의 제조업 등 산업 기반 시설 파괴 → 경제 파괴 • **남북한 분단의 고착화** : 남북한 적대심 심화 • **남북한 독제 체제 유지에 이용** :　정부 수립 후 1949년에 군사 고문단만 남겨 놓고 철수했던 미군이 다시 주둔하는 계기가 되었어. 　– 남한 : 이승만 정부는 반공을 이용하여 독재 정권 유지, 한미 상호 방위 조약 체결 　– 북한 : 전쟁 복구 과정에서 반대 세력 숙청을 통한 김일성 권력 강화
사진으로 보는 전쟁	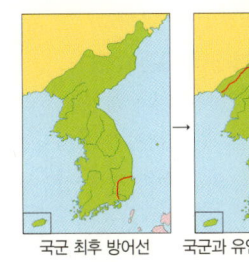 인천 상륙 작전　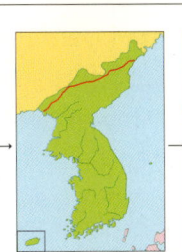 평양을 탈환하는 국군　 중국군의 참전　 휴정 협정 조인
지도로 보는 전선의 이동	국군 최후 방어선　→　국군과 유엔군 최대 북진선　→　중국군 최대 남침선　→　휴전선

기억하라! 순서

제1차 미소 공동 위원회 결렬

↓

이승만의 정읍 발언
– 남한 단독 정부 수립 주장

↓

좌우 합작 운동
– 좌우 합작 7원칙 발표

↓

제2차 미소 공동 위원회 결렬

↓

한반도 문제 유엔 상정

↓

5·10 총선거 실시

↓

대한민국 정부 수립

기억하라! 지도

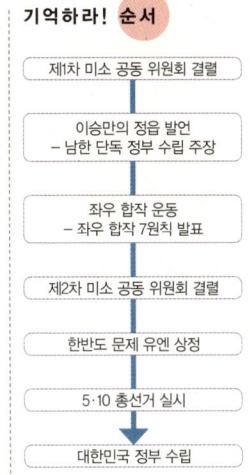

애치슨 라인

미국이 한반도를 미국의 태평양 방위선에서 제외함으로써 북한이 남침하는 하나의 요인이 되었다.

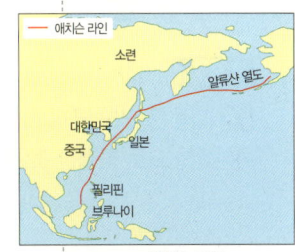

막강기출유형

상 중 하 21회

01 밑줄 친 시기에 볼 수 있는 모습으로 가장 적절한 것은?

○○신문
0000년 00월 00일

'1948년 런던 올림픽 참가' 태극기 찾았다.

· 개막기수 故고병석 안병석 씨가 사용

독립 국가 'KOREA'란 국호와 태극기를 앞세워 우리가 사상 처음으로 참가한 1948년 런던 올림픽 당시 개막식 기수가 들었던 태극기를 찾았다. 당시 개막 기수의 외아들인 안○○(68) 씨가 당시 부친이 들었던 태극기, 유니폼 등 당시 자료들을 보관해 온 것으로 확인됐다. 당시는 건국 직전인 미군정 시기여서 대한체육회가 올림픽 참가 관련 기념품을 제대로 보관하지 못했던 것으로 알려졌다.

---

① 6·25 전쟁에 참여하는 학도병
② 한일 협정을 체결하는 양국 관리
③ 100억 불 수출 기념식에 참여하는 장관
④ 대한민국 정부 수립을 준비하는 제헌 국회 의원
⑤ 6월 민주 항쟁에서 대통령 직선제 개헌을 외치는 학생

상 중 하 6회

02 다음은 어느 국제 회담에서 합의된 내용이다. 이 결정이 끼친 영향으로 적절한 것은?

1. 조선을 독립 국가로 재건설하며, 조선을 민주주의적 원칙 하에 발전시키는 조건을 조성하고 …… 임시 조선 민주주의 정부를 수립할 것이다.
2. 남조선 미합중국 점령군과 북조선 소연방 점령군 대표자들로 공동 위원회가 설치될 것이다.
3. 공동 위원회의 제안은 최고 5년 기한으로 4개국 신탁 통치의 협약을 작성하기 위하여 미·영·소·중 4국 정부가 공동 참작할 수 있도록 조선 임시 정부와 협의한 후에 제출되어야 한다.

① 우리나라가 독립하였다.
② 남북 협상이 추진되었다.
③ 한일 협정이 체결되었다.
④ 5·10 총선거가 실시되었다.
⑤ 좌우익의 대립이 심화되었다.

상 중 하 19회

03 (가)에 들어갈 인물로 옳은 것은?

- 1919년 대한민국 임시 정부 외무부 차장 취임
- 1944년 조선 건국 동맹 결성
- 1945년 조선 건국 준비 위원회 조직
- 1946년 좌우 합작 위원회 결성

①  조소앙
②  김규식
③  여운형
④  박은식
⑤ 이상설

상 중 하 7회

04 다음과 같은 상황이 발생한 배경으로 적절한 것은?

인천에 와 닿고 보니 뜻하지 않았던 삼팔선이 그어져 같은 나라가 아닌 것처럼 남과 북이 제멋대로 굳었다. 그래도 내 땅이라 못 갈 리 없다고 생각하여 삼팔의 경계선을 넘다가 빵하고 산상에서 터져 나오는 총소리에 기겁들을 하고 서성이다 보니 동행자 중 한 사람이 거꾸러졌다.

① 냉전 체제가 붕괴되었다.
② 남북 간의 휴전 협정이 체결되었다.
③ 일제가 남면북양 정책을 실시하였다.
④ 모스크바 3국 외무 장관 회의가 개최되었다.
⑤ 미·소가 일본 군대의 철수를 명목으로 분할 점령하였다.

05 선생님의 질문에 대한 답변으로 옳은 것은?

이 포고령은 광복 후 미군정이 발표한 것이에요. 이 내용을 통해 미군정의 정책을 추론해 볼까요?

포고령 1호

제1조 북위 38도선 이남의 조선 영토와 조선 인민에 대한 통치의 모든 권한은 당분간 본관의 권한 하에서 시행한다.

제2조 모든 공공사업 기관에 종사하는 유급·무급 직원과 고용인, 그리고 기타 중요한 제반 사업에 종사하는 자는 별도의 명령이 있을 때까지 그의 정당한 기능과 의무를 실행하고 모든 기록과 재산을 보존 보호하여야 한다.

① 공산주의 활동을 인정하였어요.
② 한반도 문제를 유엔에 상정하였어요.
③ 일제 하의 경찰과 관리들을 처벌하였어요.
④ 대한민국 임시 정부에 통치권을 이양하였어요.
⑤ 한국의 자치적인 치안과 행정 활동을 인정하지 않았어요.

06 (가), (나)의 입장을 가진 세력에 대한 설명으로 옳은 것은?

모스크바 3상 회의 절대 지지   신탁 통치 절대 반대

① (가) - 김구, 김규식 등이 대표적이다.
② (가) - 반탁 주장에서 찬탁으로 입장을 바꾸었다.
③ (나) - 남북 협상을 주도하였다.
④ (나) - 제주도 4·3 사건을 일으켰다.
⑤ (가), (나) - 이승만의 정읍 발언을 지지하였다.

07 다음은 어떤 단체의 활동을 회고하면서 쓴 글이다. 이 단체의 결성 배경으로 적절한 것은?

1946년에 나는 김규식과 함께 위원회를 어렵게 결성했다. 우리 중도 세력은 신탁 통치, 토지 개혁 등의 문제를 해결하기 위한 좌우 합작 7원칙을 제시했다. 하지만 우리가 내놓은 토지 개혁 중재안에 대해 조선 공산당은 유상 몰수가 지주의 이익을 위한 것이기에, 한국 민주당은 무상 분배는 국가 재정의 위기를 가져온다는 이유를 들어 모두 반대하였다. 우리의 노력이 아무런 노력 없이 끝날 수 있다는 불안감이 밀려왔다.

① 대한민국 정부가 수립되었다.
② 남한에서 농지 개혁이 발표되었다.
③ 제1차 미소 공동 위원회가 결렬되었다.
④ 유엔이 남한만의 단독 선거를 결정하였다.
⑤ 미국이 한반도 문제를 유엔에 이관하였다.

08 다음 원칙을 발표한 위원회의 활동 시기를 연표에서 옳게 고른 것은?

1. 조선의 민주 독립을 보장한 3상 회의의 결정에 의하여 남북을 통한 좌우 합작으로 민주주의의 임시 정부를 수립할 것.
2. 미소 공동 위원회 속개를 요청하는 공동 성명을 발할 것.
3. 토지 개혁에 있어서 몰수, 유조건 몰수, 체감 매상 등으로 농민에게 분여하며 …… 민주주의 건국 과업 완수에 매진할 것.

1945.8	1945.12	1946.3	1948.5	1948.8	1950.5
	(가)	(나)	(다)	(라)	(마)	
광복	모스크바 3국 외상 회의	제1차 미소 공동 위원회	5·10 총선거	대한민국 정부 수립	농지 개혁 공포

① (가)   ② (나)   ③ (다)   ④ (라)   ⑤ (마)

상 중 하 5회

09 (가)에 들어갈 내용으로 적절한 것을 <보기>에서 옳게 고른 것은?

사진은 여운형과 김규식을 중심으로 구성된 단체의 모습입니다. 당시 좌익과 우익 세력 간에는 (가) 등의 문제를 둘러싸고 갈등이 심했습니다. 이 단체는 중도적인 입장에서 문제를 해결하고자 했습니다.

〈보기〉

| ㄱ. 신탁 통치 | ㄴ. 사사오입 개헌 |
| ㄷ. 토지 개혁 | ㄹ. 내각 책임제 실시 |

① ㄱ, ㄴ ② ㄱ, ㄷ ③ ㄴ, ㄷ
④ ㄴ, ㄹ ⑤ ㄷ, ㄹ

상 중 하 14회

10 (가)에 들어갈 인물에 대한 설명으로 옳은 것은?

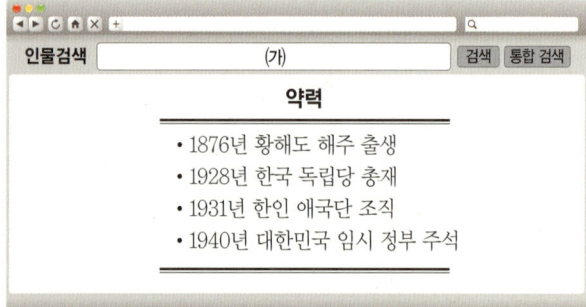

약력

• 1876년 황해도 해주 출생
• 1928년 한국 독립당 총재
• 1931년 한인 애국단 조직
• 1940년 대한민국 임시 정부 주석

① 하와이에서 대조선 국민 군단을 조직하였다.
② 조선 혁명 선언을 지침으로 삼아 활동하였다.
③ 조선 의용군을 조직하여 항일 투쟁을 전개하였다.
④ 남한만의 단독 선거를 반대하여 남북 협상을 추진하였다.
⑤ 건국 동맹을 기반으로 조선 건국 준비 위원회를 조직하였다.

상 중 하 15회

11 선생님의 질문에 대한 답변으로 옳은 것은?

이 글은 김구의 '삼천만 동포에게 읍고함'이라는 제목의 연설문이에요. 이 연설을 하게 된 배경은 무엇일까요?

우리가 기다리던 해방은 우리 국토를 양분하였으며, 앞으로는 그것을 영원히 양국의 영토로 만들 위험성을 내포하고 있다 …… 나는 통일된 조국을 세우려다가 38도선을 베고 쓰러질지언정 일신의 구차한 안일을 취하여 단독 정부를 세우는 데 협력하지 않겠다.

① 대한민국 정부가 수립되었어요.
② 좌우 합작 위원회가 결성되었어요.
③ 여운형이 중심이 되어 인민 공화국을 선포하였어요.
④ 유엔 소총회에서 남한만의 단독 선거를 결정하였어요.
⑤ 모스크바 3국 외상 회의에서 신탁 통치가 결정되었어요.

상 중 하 12회

12 다음과 같은 주장이 나오게 된 배경으로 적절한 것은?

통일 정부를 고대하나 여의케 되지 않으니, 우리는 남한만이라도 임시 정부 혹은 위원회 같은 것을 조직하여 38도선 이북에서 소련이 물러가도록 세계 공론에 호소하여야 될 것이니 여러분도 결심해야 할 것이다.

① 5·10 총선거가 결정되었다.
② 좌우 합작 운동이 중단되었다.
③ 김구가 남북 협상을 추진하였다.
④ 모스크바 3국 외상 회의가 개최되었다.
⑤ 제1차 미·소 공동 위원회가 결렬되었다.

13 (가) 시기에 있었던 역사적 사실을 〈보기〉에서 옳게 고른 것은?

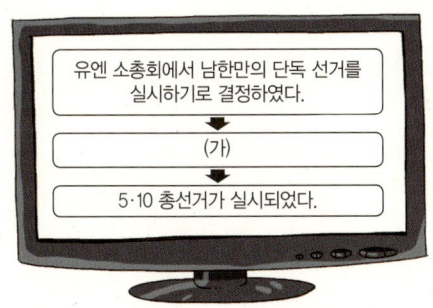

유엔 소총회에서 남한만의 단독 선거를 실시하기로 결정하였다.

↓

(가)

↓

5·10 총선거가 실시되었다.

〈보기〉

ㄱ. 남북 협상   ㄴ. 제주 4·3 사건
ㄷ. 6월 민주 항쟁   ㄹ. 6·25 전쟁 발발

① ㄱ, ㄴ   ② ㄱ, ㄷ   ③ ㄴ, ㄷ
④ ㄴ, ㄹ   ⑤ ㄷ, ㄹ

---

14 다음은 어느 선거에 대한 자료이다. 이 선거에 의해 구성된 국회에 대한 설명으로 적절한 것을 〈보기〉에서 고른 것은?

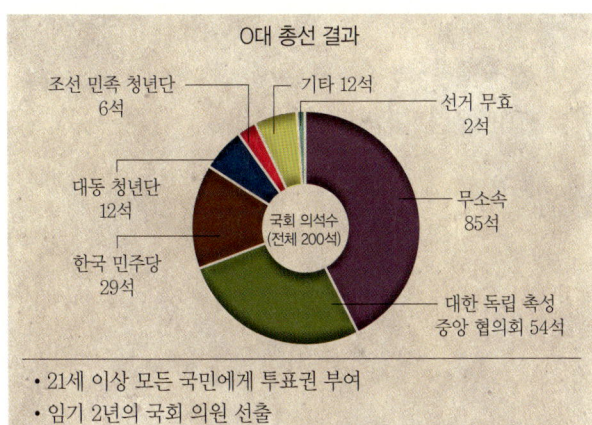

○대 총선 결과

조선 민족 청년단 6석
기타 12석
선거 무효 2석
대동 청년단 12석
한국 민주당 29석
국회 의석수 (전체 200석)
무소속 85석
대한 독립 촉성 중앙 협의회 54석

· 21세 이상 모든 국민에게 투표권 부여
· 임기 2년의 국회 의원 선출

〈보기〉

ㄱ. 반민족 행위 처벌법을 제정하였다.
ㄴ. 장기 집권을 위해 유신 헌법을 제정하였다.
ㄷ. 대통령에 이승만, 부통령에 이시영을 선출하였다.
ㄹ. 내각 책임제와 양원제를 규정한 개헌안을 통과시켰다.

① ㄱ, ㄴ   ② ㄱ, ㄷ   ③ ㄴ, ㄷ
④ ㄴ, ㄹ   ⑤ ㄷ, ㄹ

---

15 다음을 통해 알 수 있는 선거에 대한 설명으로 옳은 것은?

○○신문   ○○○○년 ○○월 ○○일

우리나라 역사상 최초의 선거!

1948년 5월 10일 실시된 총선거에서 유권자들이 소중한 한 표를 행사하고 있다. 문맹률이 80%인 관계로 막대기의 수로 표시된 번호 아래 ○표를 찍는 방식으로 투표가 이뤄졌다. 선거의 4대 원칙에 따라 치러진 우리나라 최초의 선거였다.

① 김구 등 남북 협상파는 불참하였다.
② 모스크바 3국 외상 회의에서 결정되었다.
③ 남북한 모든 지역에서 선거가 실시되었다.
④ 좌우 합작 운동이 전개되는 계기가 되었다.
⑤ 선거 과정에서 여수·순천 10·19 사건이 일어났다.

---

16 다음을 통해 알 수 있는 시기 이후의 모습을 〈보기〉에서 옳게 고른 것은?

제헌 국회는 대한민국 임시 정부의 법통을 계승한 민주 공화국 체제의 헌법을 제정하였다. 제헌 국회는 대통령에 이승만, 부통령에 이시영, 국회의장에 신익희를 선출하였다. 그리고 이승만은 대한민국의 수립을 국내외에 선포하였다.

〈보기〉

ㄱ. 미소 공동 위원회에 참여한 군인
ㄴ. 반민특위에 체포된 친일파들
ㄷ. 남북 협상에 참여하는 김구
ㄹ. 정부가 발행한 지가 증권

① ㄱ, ㄴ   ② ㄱ, ㄷ   ③ ㄴ, ㄷ
④ ㄴ, ㄹ   ⑤ ㄷ, ㄹ

상 중 하 21회

17 다음 법률에 대한 설명으로 옳은 내용을 〈보기〉에서 고른 것은?

제1조 일본 정부와 통모하여 한일 합병에 적극 협력한 자, 한국의 주권을 침해하는 조약 또는 문서에 조인한 자와 모의한 자는 사형 또는 무기 징역에 처한다.
제3조 일본 치하 독립운동가나 그 가족을 악의로 살상·박해한 자 또는 이를 지휘한 자는 사형, 무기, 또는 5년 이상의 징역에 처한다.

〈보기〉
ㄱ. 장면 내각에서 제정하였다.
ㄴ. 김구와 김규식 등이 주도하여 제정되었다.
ㄷ. 친일파를 체포·처벌하기 위한 목적으로 제정되었다.
ㄹ. 반민족 행위 특별 조사 위원회가 설치되는 계기가 되었다.

① ㄱ, ㄴ　　　　② ㄱ, ㄷ　　　　③ ㄴ, ㄷ
④ ㄴ, ㄹ　　　　⑤ ㄷ, ㄹ

상 중 하 9회

18 다음은 토지 소유의 변화를 보여 주는 그래프이다. 이와 같은 결과가 나타난 원인으로 적절한 것은?

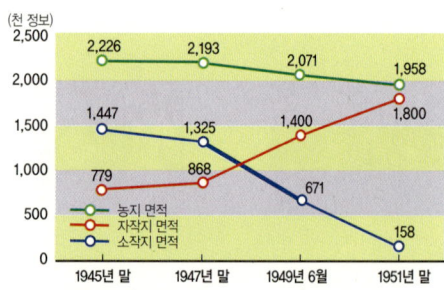

① 협동 농장이 조직되었다.
② 농지 개혁법이 제정되었다.
③ 한미 상호 방위 조약이 체결되었다.
④ 제1차 경제 개발 정책이 시행되었다.
⑤ 미국이 밀가루, 면화, 설탕 등을 원조하였다.

상 중 하 5회

19 다음 법률에 대한 설명으로 옳은 것은?

제5조 정부는 다음에 의하여 농지를 취득한다.
　1. 다음의 농지는 정부에 귀속한다.
　　·법령 및 조약에 의하여 몰수 또는 국유로 된 농지
　2. 다음의 농지는 정부가 매수한다.
　　·농가 아닌 자의 농지
　　·자경하지 않는 자의 농지
　　·본 규정의 한도를 초과하는 부분의 농지
제12조 농지의 분배는 1가구당 총경영 면적 3정보를 초과하지 못한다.

① 이승만 정부에서 실시하였다.
② 농지 소유의 하한선이 설정되었다.
③ 북한의 토지 개혁에 영향을 끼쳤다.
④ 북한에서 실시된 토지 개혁 방식과 유사하다.
⑤ 좌우 합작 7원칙의 토지 개혁 방법을 수용하였다.

상 중 하 11회

20 6·25 전쟁의 전선이 (가)에서 (나)로 전환되는 계기로 적절한 것은?

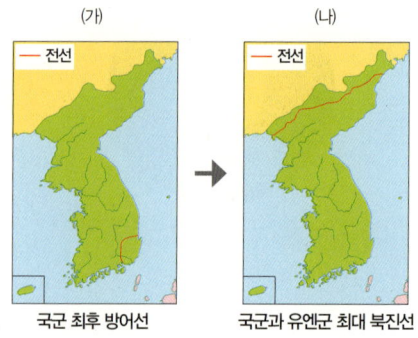

① 중국군이 참전하였다.
② 미국이 애치슨 선언을 발표하였다.
③ 인천 상륙 작전이 성공을 거두었다.
④ 조선 의용군이 북한군에 편입되었다.
⑤ 국군과 유엔군이 흥남 부두 철수 작전을 전개하였다.

21 (가)~(라)는 6·25 전쟁 관련 사진이다. 전쟁이 진행된 순서대로 옳게 나열한 것은?

(가) 인천 상륙 작전
(나) 휴전 협정 조인
(다) 평양을 탈환하는 국군
(라) 중국군의 참전

① (가)-(나)-(다)-(라)   ② (가)-(다)-(라)-(나)
③ (나)-(가)-(다)-(라)   ④ (다)-(나)-(가)-(라)
⑤ (라)-(나)-(다)-(가)

22 밑줄 친 '이 전쟁'에 대한 설명으로 옳지 <u>않은</u> 것은?

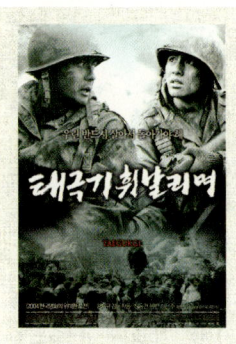

사진은 이 전쟁을 배경으로 제작된 영화 포스터이다. 이 영화는 이 전쟁이 전개되던 당시 북한의 766 유격 부대가 포항을 기습하자, 학도병이 낙동강 전선을 지키고자 목숨을 걸었던 실화를 바탕으로 제작되었다. 이러한 학도병의 활동은 낙동강 사수는 물론 이어진 국군과 연합군의 반격에 큰 기여를 하였다.

① 북한군의 남침으로 시작되었다.
② 애치슨 선언이 발표되는 계기가 되었다.
③ 소련군의 제안으로 휴전 협정을 시작하였다.
④ 중국군이 개입함으로써 1·4 후퇴가 이루어졌다.
⑤ 인천 상륙 작전의 성공으로 서울을 회복하기도 하였다.

23 6·25 전쟁과 관련된 노래와 과정을 표시한 지도이다. 이 노래의 배경이 된 시기를 지도에서 옳게 고른 것은?

굳세어라 금순아

눈보라가 휘날리는 바람 찬 흥남 부두에
목을 놓아 불러 봤다 찾아를 봤다.
금순아 어디로 가고 길을 잃고 헤매었더냐
피눈물을 흘리면서 1·4 이후 나 홀로 왔다.

국군·유엔군 최대 북진선
중국군 최대 남침선
북한군 최대 남침선

① ㉠ 이전
② ㉠ 직후
③ ㉡ 직후
④ ㉢ 직후
⑤ ㉣ 직후

24 다음 사진과 관련된 전쟁이 가져온 결과로 옳지 <u>않은</u> 것은?

전쟁으로 폐허가 된 서울
부모를 잃은 아이

① 미군이 한반도에서 철수하였다.
② 남북의 이념 대립이 심화되었다.
③ 한국에서 반공 체제가 강화되었다.
④ 한미 상호 방위 조약이 체결되었다.
⑤ 남과 북에 많은 이산가족이 발생하였다.

1. ④ 2. ⑤ 3. ③ 4. ⑤ 5. ⑤ 6. ② 7. ③ 8. ③ 9. ② 10. ④
11. ④ 12. ⑤ 13. ① 14. ② 15. ① 16. ④ 17. ⑤ 18. ② 19. ①
20. ③ 21. ② 22. ② 23. ④ 24. ①

1. ④ 바로 정리 : 미군정 시기의 제헌 국회

제시된 자료에서 '1948년 런던 올림픽 참가, 건국 직전의 미군정 시기' 등의 내용을 통해 대한민국 정부 수립(1948. 8. 15) 직전의 시기임을 알 수 있다. 밑줄 친 시기에 실시된 5·10 총선거(1948. 5. 10)를 통해 구성된 제헌 국회는 헌법 제정, 정·부통령 선출 등 대한민국 정부 수립을 준비하고 있었다. 아하! ① 6·25 전쟁(1950)은 이승만 정부 시기에 일어난 전쟁이다. ②, ③ 한일 협정(1965), 100억 불 수출 기념식(1977)은 박정희 정부 시기에 있었다. ⑤ 6월 민주 항쟁(1987)은 전두환 정부 말기에 전개된 민주화 운동이다.

2. ⑤ 바로 정리 : 모스크바 3국 외상 회의

제시문은 1945년 12월 미국·영국·소련의 3국 외상이 모스크바에서 모여 협의하여 결정한 '모스크바 3국 외상 회의 결정안'이다. 이 회의에서 최고 5년 간 신탁 통치 실시가 결정되었다. 그 결과 우익의 '신탁 통치 반대' 입장과 좌익의 '모스크바 3국 외상 회의 결정 총체적 지지' 입장이 충돌하며 좌익과 우익이 극심하게 대립했다. 아하! ① 우리나라의 독립은 모스크바 3국 외상 회의 이전에 이루어졌다. ② 1948년에 김구와 김규식이 중심이 된 통일 정부 수립 운동이다. ③ 1965년 박정희 정부 시기에 추진되었다. ④ 5·10 총선거(1948. 5. 10)를 통해 구성된 국회가 대한민국 정부 수립을 준비했다.

3. ③ 바로 정리 : 여운형의 활동

제시된 자료에서 '조선 건국 동맹 결성, 조선 건국 준비 위원회 조직, 좌우 합작 위원회 결성' 등을 통해 여운형임을 알 수 있다. 여운형은 안재홍과 조선 건국 준비 위원회를 조직하여 해방 후 각 지역의 치안과 행정을 담당하도록 했다. 또한 1차 미소 공동 위원회가 결렬되자 김규식과 함께 좌우 합작 위원회를 조직, 좌우 합작 7원칙을 발표하여 통일 정부 수립 운동을 시도했으나 실패했다.

4. ⑤ 바로 정리 : 38도선의 설정

제시문에서 '뜻하지 않았던 삼팔선이 그어져'라는 내용을 통해 미국과 소련이 일본군의 무장 해제를 구실로 38도선을 경계로 한반도를 둘로 나누어 각각 점령했음을 알 수 있다. 아하! ① 냉전 체제가 강화되었다. ② 6·25 전쟁 결과 휴전 협정(1953)이 체결되었다. ③ 1930년대 일제가 실시한 수탈 정책이다. ④ 모스크바 3국 외상 회의(1945. 12)는 38도선 설정(1945. 8) 이후에 개최되었다.

5. ⑤ 바로 정리 : 맥아더 포고령 1호

제시문은 태평양 방면 미 육군 총사령관 맥아더의 '포고령 1호'이다. 제1조의 '북위 38도선 이남의 조선 영토와 조선 인민에 대한 통치의 모든 권한은 당분간 본관의 권한 하에 시행한다'는 내용을 통해 한국의 자주적인 치안과 행정권을 인정하지 않았음을 알 수 있다. 아하! ① 미군정은 한민당을 비롯한 우익 세력은 지원했으나, 공산주의 활동은 인정하지 않았다. ② 2차 미소 공동 위원회가 결렬된 직후 한반도 문제가 유엔에 상정되었다. ③ 일제 강점기

관리나 경찰 등이 미군정에 고용되었다. ④ 대한민국 임시 정부까지도 불인정하여 한국인의 자주적 통치권을 인정하지 않았다.

6. ② 바로 정리 : 신탁 통치 결정에 따른 좌우익의 대립

제시된 자료의 (가)는 모스크바 3국 외상 회의를 절대 지지하는 좌익 세력, (나)는 신탁 통치를 반대한 우익 세력이다. 좌익은 처음에는 신탁 통치를 반대하나 총체적 지지로 입장을 바꾼 반면, 우익은 신탁 통치를 반대했다. 아하! ① 김구는 우익, 김규식은 중도 우파이다. ③ 남북 협상은 우익인 김구와 중도 우파 김규식이 주도했다. ④ 좌익 세력이 일으켰다. ⑤ 우익 세력 중 김구의 경우 남북 협상을 통해 통일 정부 수립 운동을 전개했다.

7. ③ 바로 정리 : 좌우 합작 위원회 결성 배경

제시문에 있는 '좌우 합작 7원칙' 등의 내용을 통해 여운형과 김규식이 조직한 '좌우 합작 위원회'임을 알 수 있다. 좌우 합작 위원회는 제1차 미소 공동 위원회가 결렬되자 중도파가 중심이 되어 전개한 통일 정부 수립 운동이다. 아하! ①, ② 좌우 합작 위원회와 직접적인 관련이 없다. ④, ⑤ 좌우 합작 위원가 결성된 이후에 일어난 일이다.

8. ③ 바로 정리 : 좌우 합작 위원회 활동 시기

제시문에서 '좌우 합작, 미소 공동 위원회 속개 요청' 등을 통해 좌우 합작 위원회에 대한 문제임을 알 수 있다. 좌우 합작 위원회는 제1차 미소 공동 위원회가 결렬된 후, 이승만이 정읍 발언을 통해 '남한 단독 정부 수립'을 주장하자 중도파들이 전개한 통일 정부 수립 운동이다.

9. ② 바로 정리 : 좌우 합작 7원칙의 내용

제시된 자료에서 '여운형과 김규식이 중심이 된 단체, 중도적 입장에서 문제 해결' 등을 통해 좌우 합작 위원회의 '좌우 합작 7원칙'임을 알 수 있다. 좌우 합작 7원칙은 신탁 통치, 토지 개혁, 친일파 처리 문제 등 좌익과 우익 간의 입장 차이가 큰 문제에 대해 중재안을 제시했다. 아하! ㄴ. 1954년 이승만 정부 시기에 추진되었다. ㄹ. 4·19 혁명 이후 장면 내각 때 실시되었다.

10. ④ 바로 정리 : 김구의 활동

제시된 자료에서 '한인 애국단' 조직, 대한민국 임시 정부 주석' 등의 내용을 통해 '김구'임을 알 수 있다. 김구는 유엔 소총회에서 남한만의 단독 선거를 결정하자, 이해 반대하여 '남북 협상'을 추진했다. 아하! ① 박용만 ② 김원봉 ③ 김두봉 ⑤ 여운형에 해당한다.

11. ④ 바로 정리 : 김구의 남북 협상

제시문은 김구의 '삼천만 동포에게 읍고함'이다. 유엔 소총회에서 선거가 가능한 지역이라도 우선 선거를 실시하기로 결정하자, 김구는 남한 단독 정부 수립을 막기 위해 김규식과 함께 남북한 정치 지도자 회담, 이른바 '남북 협상'을 제안했다. 아하! ① 김구의 통일 정부 수립 운동은 대한민국 정부 수립 이전에 전개되었다. ② 좌우 합작 운동은 제1차 미소 공동 위원회가 결렬된 직후 추진되었다. ③ 인민 공화국은 해방 직후에 선포되었다. ⑤ 제1차 미소 공동 위원회가 열리기 전에 결정된 사항이다.

12. ⑤ 바로 정리 : 이승만의 정읍 발언

제시된 자료에서 '남한만이라도 임시 정부'를 통해 남한 단독 정부 수립을

주장하는 이승만의 '정읍 발언'임을 알 수 있다. 제1차 미소 공동 위원회가 결렬되고 무기한 휴회에 들어가자 이승만은 남한 단독 정부 수립을 주장했다. 아하! ① 5·10 총선거는 이승만의 정읍 발언 이후에 실시되었다. ② 좌우 합작 운동은 정읍 발언 이후 전개된 운동이다. ③ 남북 협상은 유엔 소총회에서 남한만의 단독 선거를 결정하자 추진되었다. ④ 모스크바 3국 외상 회의의 결정에 따라 미소 공동 위원회가 열렸다.

13. ① 바로 정리 : **통일 정부 수립 운동**
제시된 자료에서 (가)는 유엔 소총회에서 남한만의 단독 선거를 결정하자 남한 단독 정부 수립을 반대하는 운동을 전개하는 내용이다. 5·10 총선거 실시 전에 김구는 김규식과 함께 남북 협상을 주도했고, 제주도에서는 좌익 세력과 일부 주민들이 남한 단독 정부 수립 반대 운동(4·3 사건)을 전개했다. 아하! ㄷ. 6월 민주 항쟁(1987)은 전두환 정부 시기에 일어났다. ㄹ. 6·25 전쟁(1950)은 이승만 정부 수립 이후에 일어났다.

14. ② 바로 정리 : **제헌 국회**
제시된 자료에서 '임기 2년의 국회 의원 선출' 등을 통해 1948년 5월 10일 실시된 총선거에 의해 구성된 '제헌 국회'임을 알 수 있다. 제헌 국회는 대한민국 국호 결정, 민주 공화국 체제의 헌법 제정, 정·부통령 선출, 반민족 행위 처벌법 및 농지 개혁법 제정 등의 역할을 수행했다. 아하! ㄴ. 유신 헌법(1972)은 박정희 정부 시기에 제정되었다. ㄹ. 4·19 혁명 이후 허정 과도 정부에서 개헌이 이루어졌다.

15. ① 바로 정리 : **5·10 총선거**
제시된 자료에서 '우리나라 최초의 선거' 등을 통해 '5·10 총선거'임을 알 수 있다. 김구 등 남북 협상파가 불참한 가운데 1948년 5월에 남한만의 단독 정부를 세우기 위한 총선거를 실시했다. 아하! ② 유엔 소총회에서 결정했다. ③ 제주도 4·3 사건으로 남한의 2개 선거구에서 투표가 실시되지 못했고 5·10 총선거는 남한만의 단독 정부를 세우기 위한 선거였으므로 북한은 선거 대상 지역이 아니었다. ④ 좌우 합작 운동은 선거 실시 전에 전개되었다. ⑤ 여수·순천 10·19 사건은 대한민국 정부 수립 이후에 일어난 사건이다.

16. ④ 바로 정리 : **대한민국 정부 수립**
제시된 자료는 제헌 국회에 의해 헌법이 제정되고, 정·부통령이 선출되었으며, 이를 바탕으로 대한민국 정부가 수립되었음을 국내외에 선포하는 내용이다. 대한민국 정부 수립 이후에 친일파 청산을 위한 반민족 행위 처벌법 제정, 토지 개혁을 위한 농지 개혁법이 제정되었다. 농지 개혁 때 지가 증권을 발행했다. 아하! ㄱ, ㄷ. 미소 공동 위원회와 남북 협상은 대한민국 정부 수립 이전의 일이다.

17. ⑤ 바로 정리 : **반민족 행위 처벌법**
제시문은 친일파 처리를 위한 '반민족 행위 처벌법'이다. 정부 수립 후 제헌 국회는 '반민족 행위 처벌법'을 제정하고, 국회 의원 10명으로 구성된 '반민족 행위 특별 조사 위원회'를 설치했다. 아하! ㄱ. 반민족 행위 처벌법은 이승만 정부 시기에 제정되었다. ㄴ. 김구와 김규식은 5·10 총선거에 참여하지 않았다.

18. ② 바로 정리 : **토지 소유의 변화**
제시된 자료에서 (가) 시기에 자작지 면적이 증가하고, 소작지 면적이 급감한 것은 농지 개혁법을 실시했기 때문이다. 아하! ① 북한이 6·25 전쟁 이후에 실시한 내용이다. ③ 한미 상호 방위 조약(1953)은 6·25 전쟁 직후에 체결되었다. ④ 1961년 박정희 정부 때 실시되었다. ⑤ 1953년 6·25 전쟁 이후에 미국의 원조가 이루어졌다.

19. ① 바로 정리 : **농지 개혁법**
제시된 자료에서 '1가구당 3정보 이상의 토지 소유를 제한'한다는 내용을 볼 때 제헌 국회에 의해 제정된 '농지 개혁법'(1949)임을 알 수 있다. 이승만 정부가 유상으로 매입하여 유상으로 분배했다. 아하! ② 1가구당 3정보 이하의 토지 소유 상한선이 설정되었다. ③ 1946년에 북한이 먼저 실시했다. ④ 북한은 무상 몰수·무상 분배이다. ⑤ 유상 몰수·무상 분배 원칙을 제시했다.

20. ③ 바로 정리 : **인천 상륙 작전**
제시된 자료에서 (가)는 북한군의 남침으로 후퇴한 국군 최후 방어선, (나)는 전세를 역전시켜 전진한 국군과 유엔군의 최대 북진선이다. 인천 상륙 작전으로 서울을 수복하고 (가)에서 (나)로 전세를 역전시켰다. 아하! ① 중국군 참전으로 (나)에서 1·4 후퇴를 시작했다. ② 6·25 전쟁의 배경이 된 선언이다. ④ 6·25 전쟁 발발 이전에 이루어져 북한군의 전투력이 증강되었다. ⑤ (나) 이후의 상황이다.

21. ② 바로 정리 : **6·25 전쟁의 전개 과정**
제시된 자료에서 '인천 상륙 작전, 휴전 협정'을 통해 6·25 전쟁임을 알 수 있다. 1950년 6월 25일 북한군의 남침으로 낙동강 방어선까지 후퇴한 국군은 인천 상륙 작전의 성공으로 평양을 탈환하고 압록강까지 진출했으나, 중국군의 개입으로 한강 남쪽까지 후퇴한 후 국군과 유엔군의 반격으로 서울을 되찾고 38도선 일대에서 교전을 계속했다. 소련의 제안으로 휴전 회담이 시작되어 휴전 협정(1953. 7. 27)이 체결되었다. 따라서 전개 순서는 (가)-(다)-(라)-(나)이다.

22. ② 바로 정리 : **6·25 전쟁**
제시된 자료에서 '북한 부대의 포항 기습, 학도병' 등을 통해 6·25 전쟁임을 알 수 있다. 아하! ② 애치슨 선언(1950. 1)은 미국의 극동 방위선에서 한반도를 제외함으로써 전쟁 발발 원인을 제공했다.

23. ④ 바로 정리 : **1·4 후퇴**
제시된 자료의 노래에서 '흥남 부두, 1·4 이후에 나 홀로 왔다'를 통해 1·4 후퇴임을 알 수 있다. 국군과 유엔군이 ⓒ 지점까지 북진한 후 중국군의 개입으로 1951년 1월 4일 후퇴를 시작했다.

24. ① 바로 정리 : **6·25 전쟁의 결과**
제시된 자료 '전쟁으로 폐허가 된 서울, 부모를 잃은 아이'를 통해 6·25 전쟁임을 알 수 있다. 6·25 전쟁은 이산가족의 발생, 한국에서의 반공 체제 강화, 남북 간의 이념 대립 심화 등의 결과를 초래했을 뿐만 아니라 한미 상호 방위 조약이 체결되어 한국에 미군이 주둔하게 되었다. 아하! ① 한미 상호 방위 조약이 체결되어 한국에 미군이 주둔했다.

핵심주제 01 민주주의의 시련과 발전

(1) 4·19 혁명과 장면 내각의 수립

① 이승만 정부의 장기 집권과 4·19 혁명

장기 집권과 독재 정치	발췌 개헌 (1952)	배경	2대 총선(1950)에서 이승만 정부에 비판적인 무소속 후보 대거 당선 → 자유당 창당(1951. 12), 부산 일대에 계엄을 선포하고 야당 국회 의원 연행
		내용	대통령 직선제를 중심으로, 야당이 요구한 내각 책임제 개헌안을 절충하여 상정 → 2대 대통령 이승만 당선(1952. 8)
	사사오입 개헌 (1954)	배경	장기 집권을 위해 헌법 개헌 필요성 대두
		내용	초대 대통령에 한해 중임 제한 철폐 개헌안 상정 → 1표 부족해 부결 선포 → 사사오입 논리로 통과
		영향	야당은 민주당을 창당하여 이승만 독재에 저항 → 1956년 정·부통령 선거에 신익희·장면 내세움 민주당 : '못 살겠다 갈아 보자' vs 자유당 : '갈아 봤자 더 못 산다'
	독재 체제 강화		1956년 정·부통령 선거 이후 진보당 사건(1958), 신 국가 보안법 제정(1958), 〈경향신문〉 폐간 진보당 당수 조봉암을 간첩 혐의로 처형하고 진보당 등록을 취소한 사건이야.
4·19 혁명(1960)	전개		3·15 부정 선거 → 항의 시위 → 김주열 시신 발견 → 전국적인 시위로 확대 → 경찰 발포·계엄령 선포 → 서울 지역 대학 교수들의 시위 참여 → 이승만 하야, 하와이로 망명 마산 시위에 참여했던 마산공고 김주열 학생이 실종된 지 한 달 만에 마산 앞바다에 최루탄이 눈에 박힌 채 발견되었어.
	결과		허정 과도 정부 수립 → 내각 책임제와 양원제 국회 개헌안 마련
	의의		학생과 시민이 주도하여 독재 정권을 타도한 민주주의 혁명, 우리나라 민주주의 발전에 중요한 계기

② 장면 내각의 수립
민의원과 참의원으로 구성된 국회

성립	개정된 헌법에 따라 총선 실시 → 민주당 승리 → 대통령 윤보선, 국무총리 장면 선출
정책	경제 개발 5개년 계획 마련, 언론의 자유 확대(〈경향신문〉 복간), 노동 운동 활성화
한계	부정 선거 책임자 처벌, 통일 논의 등에 소극적, 민주당 구파와 신파의 대립

윤보선 중심의 구파와 장면 중심의 신파 대립. 구파가 신민당을 창당하면서 민주당은 분열되었어.

(2) 박정희 정부와 유신 체제

① 5·16 군사 정변

배경	장면 정부의 무능과 사회 혼란을 구실로 군사 정변을 일으킴
과정	박정희를 중심으로 한 쿠데타 → 국가 재건 최고 회의를 통한 군정 실시, 반공·경제 재건 강조, 화폐 개혁 실시 5·16 군사 정변 직후 정변 주체 세력이 입법·사법·행정의 3권을 행사하였던 국가 최고 통치 의결 기관
결과	민주 공화당 창당 → 헌법 개정(대통령 중심제와 단원제 국회를 골자로 한 헌법) → 제5대 대통령 선거에서 박정희 당선

② 한일 국교 정상화(1965)
한일 회담을 굴욕적 외교라고 판단한 학생과 국민들의 반대 시위

배경	미국의 압박, 경제 개발을 위한 자금 확보 필요
과정	김종필·오히라 비밀 회담(1964) → 6·3 시위 발생 → 비상계엄 선포 → 한일 협정 체결(1965)
내용	독립 축하금 3억 달러, 정부 차관 2억 달러, 3억 달러 이상의 상업 차관 제공
결과	경제 개발 자금 마련, 한·미·일 공동 안보 체제 형성

③ 베트남 파병(1964~1973)
식민 지배에 대한 배상이 아니라 독립 축하금으로 규정하려는 일본의 의도가 반영되었어.

배경	미국의 한국군 파병 요청, 브라운 각서 체결(미국의 경제·군사적 지원 약속)
성과	경제 개발 관련 기술 및 차관 확보, 한국군의 현대화, 한미 동맹 강화, 베트남 특수로 경제 발전
문제점	사망자와 부상자 발생, 고엽제 후유증

기억하라! 사진

부정 선거
(3인조 또는 9인조 투표)

4·19 혁명의 원인이 된 3·15 부정 선거에서는 사전 투표, 3인조 투표, 투표함 바꿔치기 등의 방법이 동원되었다.

서울 지역 대학 교수들의 시위

WHY 이승만 정부의 직선제 개헌

1950년 5월에 치러진 제2대 국회 의원 선거에서 반이승만 성향의 무소속 국회 의원이 대거 당선되었다. 이에 이승만은 간선제로는 대통령이 될 수 없다고 판단, 직선제 개헌을 추진했다. 이 과정에서 이승만은 자유당을 창당하여 자신의 지지 세력을 결집하고, 국회에 군대와 경찰, 폭력배를 동원하여 개헌안을 통과시켰다.

④ **3선 개헌(1969)** : 대통령에 세 번까지 출마 허용할 수 있도록 헌법 개정 → 박정희 정부의 장기 집권 발판 마련

⑤ **유신 체제(1972~1979)**

배경	**국외** : 닉슨 독트린(1969)으로 냉전 체제 완화, 세계 경제 불황으로 국내 경기 침체 미국 대통령 닉슨이 발표한 아시아 외교 정책으로, 냉전 체제가 완화되는 계기가 되었어.
성립	비상계엄 선포(1972. 10) → 국회 해산 및 정치 활동 금지, 헌정 중단 → 유신 헌법 제정(1972. 10)
내용	• **대통령 간선제** : 대통령 중임 제한 철폐, 통일 주체 국민 회의에서 대통령 간접 선출(임기 6년으로 연장) 유신 헌법에 따라 9차례의 긴급 조치를 내렸어. • **대통령 권한 강화** : 대통령이 국회 의원 3분의 1 임명, 국회 해산권, 법관 인사권 → 의회와 사법부 장악, 긴급 조치권 부여 – 대통령에게 법의 효력 정지권 부여
저항과 탄압	• **저항** : 3·1 민주 구국 선언 • **탄압** : 민청 학련 사건(1974), 인혁당 사건(1974)
붕괴	YH 무역 사건 → 국회 의원 김영삼 제명 사건 → 부·마 민주 항쟁 → 10·26 사태

신민당 당사에서 농성하던 YH 무역 여성 노동자가 사망한 사건   부산과 마산 지역에서 일어난 유신 체제 반대 운동   중앙정보부장 김재규가 박정희 대통령을 시해한 사건

(3) 5·18 광주 민주화 운동과 전두환 정부

12·12 사태(1979)		전두환, 노태우를 중심으로 한 신군부의 권력 장악
서울의 봄 (1980)		학생과 시민들이 계엄령 철폐와 신군부 퇴진 요구
5·18 민주화 운동(1980)	배경	계엄령 전국 확대, 신군부의 민주화 운동 탄압
	전개	학생과 시민의 민주화 요구 → 계엄군 발포 → 시민군 조직 → 계엄군의 무력 진압 광주 시민이 계엄군에 맞서기 위해 자발적으로 만들었어.
	의의	1980년대 민주화 운동의 밑바탕
전두환 정부	성립	신군부가 국가 보위 비상 대책 위원회 구성(1980. 5) → 언론 통폐합, 삼청 교육대 설치 → 7년 단임의 대통령 간선제 개헌(8차 개헌) → 민주 정의당 창당 → 대통령 선거인단이 전두환 대통령 선출(1981)
	강경책	노동 운동과 민주화 운동 탄압
	회유책	해외여행 자율화, 야간 통행금지 해제, 두발·교복 자율화, 민주화 인사 복권

(4) 민주주의의 발전

6월 민주 항쟁(1987)	배경	대통령 직선제 개헌 및 민주화 요구 시위 전개
	전개	박종철 고문치사 사건 → 4·13 호헌 조치 → 이한열 사망 → 6월 민주화 운동 → 6·29 민주화 선언 발표 헌법을 바꾸지 않고 대통령 간선제를 유지하겠다는 것
	결과	5년 단임의 대통령 직선제 개헌
민주주의의 진전	노태우 정부	여소 야대 국회 → 극복을 위해 3당 합당, 부분적 지방 자치제 실시, 북방 외교 추진(소련·중국과 수교, 남북한 유엔 동시 가입)
	김영삼 정부	금융 실명제 실시, 지방 자치제 전면 실시, 고위 공직자 재산 등록, 역사 바로 세우기, 외환 위기 금융 거래 시 본인의 실제 이름으로 거래하는 제도 조선 총독부 건물 해체, 두 전직 대통령 구속
	김대중 정부	외환 위기 극복, 햇볕 정책 → 남북 정상 회담(2000. 6)

기억하라! 사진

통일 주체 국민 회의(1972)

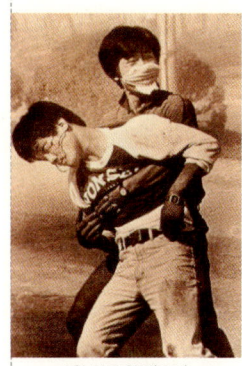

6월 민주 항쟁(1987)

6월 민주 항쟁 시위 중 최루 탄에 맞고 쓰러지는 이한열 학생의 모습. 이 사건을 계기 로 호헌 철폐와 독재 타도를 외치는 시위가 전국적으로 확산되었다.

기억하라! 사진

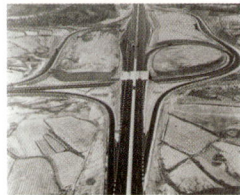

경부 고속 도로 개통(1970)

100억 불 수출의 날 행사(1977)

YH 무역 사건(1978)

핵심주제 02 경제 성장과 사회·문화의 변화

이승만 정부 (1950년대)	전후 경제 상황	6·25 전쟁으로 생산 시설이 파괴되어 생필품 부족, 화폐 가치 하락으로 물가 폭등
	미국의 경제 원조	• **원조 물품** : 소비재 원료 중심(밀가루, 설탕, 면방직), 미국의 잉여 생산물 도입 → 삼백 산업(제분·제당·섬유 공업)의 발달, 농산물 유입으로 농산물 가격 폭락 및 국내 농업 기반 파괴 • **원조 전환** : 1950년대 후반 미국의 원조가 차관 방식으로 전환
	귀속 재산 처리	일본인 소유의 재산과 공장 등을 민간인에게 불하
박정희 정부 (1960~1970년대)	제1, 2차 경제 개발 5개년 계획 (1962~1971)	• 외국 차관과 값싼 노동력 → 경공업 중심, 수출 중심·1차 산업(의류, 신발 등), 2차 산업(비료, 시멘트 등) 발달 • **성과** : 경부 고속 도로 개통(1970), 수출 자유 지역(마산) 조성, 베트남 특수로 고도성장 등 경제 개발 기반 마련 • **문제점** : 1960년대 말 원리금 상환 부담으로 위기
	제3, 4차 경제 개발 5개년 계획 (1971~1981)	• 수출 주도형 중화학 공업 중심으로 전환 → 포항·광양 제철소, 울산·거제 조선소 건설, 수출 100억 달러 달성(1977) • **새마을 운동** : 도시와 농촌 간의 소득 격차 심화 → 근면·자조·협동을 강조하며 농촌 환경 개선 노력 → 유신 체제 정당화에 이용
	1970년대 문제점	• **농촌 문제** : 공업화·저곡가 정책으로 도시와 농촌의 소득 격차 → 이촌향도 → 농촌 인구 감소, 고령화 문제 노동자들이 적은 임금으로 생계를 유지할 수 있도록 농산물에 대해서 저곡가 정책을 폈어. • **노동 문제** : 산업화로 인한 노동자 급증 → 저임금·장시간 노동 → 전태일 사건(1970), YH 무역 사건(1979) • 외채 증가 및 미국과 일본에 대한 경제 의존도 심화 • 중화학 공업에 대한 과잉 투자, 산업 간 불균형 심화 • 대기업 중심의 경제 구조 형성 및 정경 유착 심화 • 2차 석유 파동(1978~1979)으로 경제 위기 발생 원유 가격이 크게 인상되면서 나타난 세계 경제 혼란
전두환 정부 (1980년대)		• **경제 위기** : 1970년대 중화학 공업에 대한 과잉·중복 투자 • **경제 정책** : 중화학 공업 투자 정리 및 부실 기업 정리, 3저 호황(저금리, 저유가, 저달러) → 급속한 경제 성장 및 물가 안정 • **경제 변화** : 반도체·자동차 등 기술 집약적 산업의 발달
김영삼 정부 (1993~1998)		• **신경제 5개년 계획 추진** : 행정 규제 완화, 사회 간접 자본 확충, 공기업의 민영화 • **경제 개방 강화** : 우루과이 라운드(UR) 타결(1994), 세계 무역 기구(WTO) 가입(1995), 경제 협력 개발 기구(OECD) 가입(1996) 세계 무역 체제의 개방(시장 개방)을 지향하면서 우루과이 라운드의 실천을 감시하고, 분쟁을 조정하기 위해 설치했어. • 외환 위기 → 국제 통화 기금(IMF)의 긴급 지원 가맹국의 돈을 모아, 공동 기금으로 원활한 외환 자금 조달, 외환 시세의 안정, 세계 경제의 안정과 번영을 도모하고 있어.
김대중 정부 (1998~2003)		외환 위기 극복, 금 모으기 운동 전개, 노·사·정 위원회 구성, 기업·금융·공공·노동 분야 개혁 → 외환 위기 극복, 구조 조정 → 실업률 증가, 양극화 심화

WHY 전태일 분신 사건

1960~1970년대 고도 경제 성장 뒤에는 저임금, 장시간 노동 등 열악한 노동 환경 문제가 있었다. 서울 평화시장의 재단사였던 전태일은 "근로 기준법을 준수하라!", "우리는 기계가 아니다!"라는 구호를 외치며 분신했다. 이에 큰 자극을 받은 지식인과 학생들이 노동 문제에 관심을 가지기 시작했고, 1970년부터 본격적인 노동 운동이 시작되었다.

핵심주제 03 남한 통일 정책의 변화

기억하라! **사료**

이승만 정부 (1950년대)	반공 정책의 추진, 북진 통일론
장면 내각 (1960년대)	**장면 내각** : 유엔 감시 하에 남북한 총선거 vs **혁신 세력·학생** : 중립화 통일론, 남북 협상론(가자 북으로! 오라 남으로!)
박정희 정부 (1960년대)	선 건설, 후 통일

박정희 정부 (1970년대)	• **남북 적십자 회담(1971)** : 이산가족 상봉 회담
	• **7·4 남북 공동 성명(1972)**
	   – 배경 : 냉전의 완화
	   – 내용 : 남북 간 최초의 통일 3대 원칙(자주, 평화, 민족 대단결) 합의
	• **남북 조절 위원회(1972)** : 통일 문제 협의를 위한 공식 대화 기구

전두환 정부	남북한 이산가족 상봉 및 예술 공연단 교환 방문(1985)
노태우 정부 (북방 정책)	**한민족 공동체 통일 방안(1989)** : 남북 연합의 중간 단계 제시, **남북한 유엔 동시 가입(1991. 9)**, 남북 고위급 회담 → **남북 기본 합의서(1991. 12)** : 상호 체제 인정, 상호 불가침, 한반도 비핵화 공동 선언(1992. 1)
김영삼 정부	북한의 NPT(핵 확산 방지 조약) 탈퇴와 김일성 사망으로 정상 회담 무산 1992년에 국제 원자력 기구에서 북핵 의혹을 제기했어. 이를 계기로 북미 간, 남북 간 관계가 경색되었어.
김대중 정부 (대북 화해 협력 정책)	• 햇볕 정책, 금강산 관광 시작(1998) • **남북 정상 회담** → **6·15 남북 공동 선언(2000. 6. 15)** : 경의선 복구, 금강산 관광(수로 → 육로), 개성 공단 조성, 금강산 이산가족 상봉 및 면회소 설치 ⋯ 정주영 현대 그룹 명예 회장이 소 떼를 이끌고 방북한 후 금강산 해로(바닷길) 관광을 시작했고, 육로 관광은 정상 회담 이후에 시작했어.

가자 북으로! 오라 남으로!(1960)

7·4 남북 공동 성명 발표(1972)

남북 기본 합의서 교환(1991)

남북 정상 회담(2000)

상 중 하 11회

01 다음 신문 기사의 개헌안의 내용으로 옳은 것은?

○○신문 0000년 00월 00일

'사사오입 개헌안' 국회 통과

1954년 5월 20일, 국회 의원 선거에서 원내 다수를 차지한 자유당은 이승만 정부의 장기 집권을 위해 제2차 헌법 개정안을 9월 8일 국회에 제출한 바 있다.

그러나 11월 27일 국회 표결 결과 '재적 의원 203명 중 2/3가 찬성해야 한다'는 원칙에 따른 가결정족수(可決定足數) 136명에서 1명이 모자란 찬성 135표, 반대 60표, 기권 7표라는 결과가 나왔다. 이에 따라 당시 국회부의장 최순주(자유당)는 부결을 선포했으나, 이틀 후 자유당은 대한 수학회 회장이었던 최윤식 교수까지 내세우며 사사오입, 즉 반올림을 하는 것이 맞다는 해괴한 주장을 내세워 정족수를 135명으로 하여 가결된 것으로 정정 선포하였다.

① 7년 단임의 대통령 간선제 실시
② 5년 단임의 대통령 직선제 실시
③ 양원제 의회와 내각 책임제 운영
④ 통일 주체 국민 회의에서 대통령 선출
⑤ 초대 대통령에 한하여 중임 제한 철폐

상 중 하 10회

02 다음 정·부통령 선거가 끼친 영향을 〈보기〉에서 옳게 고른 것은?

선거 결과 공고

대통령 후보	부통령 후보
이승만 5,046,437표	장면 4,012,654표
조봉암 2,163,808표	이기붕 3,805,502표
무효표 1,856,818표	(이하 생략)

〈보기〉

ㄱ. 경향신문이 폐간되었다.
ㄴ. 유신 체제가 수립되었다.
ㄷ. 진보당 당수 조봉암이 처형당하였다.
ㄹ. 5·18 광주 민주화 운동이 일어났다.

① ㄱ, ㄴ   ② ㄱ, ㄷ   ③ ㄴ, ㄷ
④ ㄴ, ㄹ   ⑤ ㄷ, ㄹ

상 중 하 18회

03 자료를 통해 알 수 있는 민주화 운동에 대한 설명으로 옳지 <u>않은</u> 것은?

교수들의 시국 선언 행진   3인조 또는 9인조로 투표하러 가는 모습

부정과 불의에 항쟁한 수만 명의 학생 대열은 의기의 힘으로 역사의 수레바퀴를 바로 세웠고 …… 해마다 4월이 오면 봄을 선구하는 진달래처럼 민족의 꽃들은 사람들의 가슴마다에 되살아 피어나리라.

① 김주열 학생의 사망으로 확산되었다.
② 정·부통령 선거 재실시를 주장하였다.
③ 3·15 부정 선거에 대한 항의 시위였다.
④ 자유당 정권이 몰락하는 계기가 되었다.
⑤ 대통령을 직선제로 선출할 것을 요구하였다

상 중 하 20회

04 다음 자료와 관련 있는 정부에 대한 설명으로 옳지 <u>않은</u> 것은?

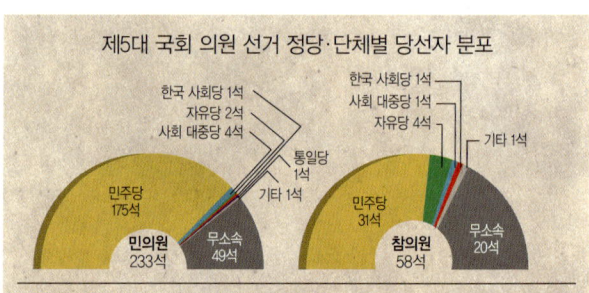

제32조 민의원 의원의 정수와 선거에 관한 법률로서 정한다. 참의원 의원은 특별시와 도를 선거구로 하여 정하는 바에 의하여 선거한다.

제53조 대통령은 양원 합동 회의에서 선거하고 재적 국회 의원 3분의 2 이상의 투표를 얻어 당선된다.

① 내각 책임제를 실시하였다.
② 양원제 의회가 운영되었다.
③ 4·19 혁명 결과 수립되었다.
④ 부·마 민주화 운동이 일어났다.
⑤ 5·16 군사 정변에 의해 무너졌다.

상 중 하 6회

05 다음 합의문을 작성한 시기를 연표에서 옳게 고른 것은?

> • 베트남에 파병하는 추가 병력에 필요한 장비를 제공하며, 일체의 추가적 경비를 부담한다. 또한 대한민국의 경제 발전을 지원하기 위해 AID 차관을 제공한다.
> • 일본이 3억 달러의 무상 자금과 2억 달러의 장기 저리 정부 차관 및 3억 달러 이상의 상업 차관을 제공하기로 약속한다.

1948	1961	1972	1980	1987	2000
	(가)	(나)	(다)	(라)	(마)
광복	5·16 군사 정변	10월 유신	5·18 민주화 운동	6월 민주 항쟁	남북 정상 회담

① (가) ② (나) ③ (다) ④ (라) ⑤ (마)

상 중 하 15회

06 다음 정부에 대한 설명으로 옳은 것은?

① 대통령을 국민이 직접 선출하였다.
② 대통령의 임기는 7년 단임제로 하였다.
③ 내각 책임제와 양원제 국회가 구성되었다.
④ 대통령 선거인단에 의해 대통령이 선출되었다.
⑤ 대통령에게 국회를 해산할 수 있는 권한을 부여하였다.

상 중 하 19회

07 (가) 시기에 있었던 일로 옳은 것을 〈보기〉에서 고른 것은?

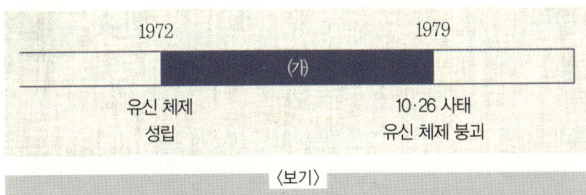

〈보기〉

ㄱ. YH 무역 사건이 발생하였다.
ㄴ. 부산과 마산에서 민주화 운동이 일어났다.
ㄷ. 한일 협정에 반대하는 6·3 시위가 발생하였다.
ㄹ. 호헌 철폐를 주장하는 6월 민주 항쟁이 일어났다.

① ㄱ, ㄴ ② ㄱ, ㄷ ③ ㄴ, ㄷ
④ ㄴ, ㄹ ⑤ ㄷ, ㄹ

상 중 하 16회

08 밑줄 친 '이 운동'에 대한 설명으로 옳은 것은?

자료는 1980년 5월 18일에 일어난 이 운동 과정에서 있었던 모습을 보여 주는 사진이다. 유네스코는 2011년 5월 25일 영국 맨체스터에서 열린 제10차 세계 기록 유산 국제 자문 위원회 회의에서 이 운동의 기록물을 세계 기록 유산으로 등재할 것을 결정하였다. 유네스코는 이 운동의 기록물이 민주화 운동의 발발과 진압 과정, 시민군의 성명서 및 일기, 진상 규명과 피해자 대상 보상 사례 등을 보여 주어 여러 나라에 좋은 선례가 되었다는 점을 높이 평가하였다.

① 부산과 마산에서 전개되었다.
② 한일 협정에 대한 반발로 일어났다.
③ 3·15 부정 선거의 무효를 주장하였다.
④ 4·13 호헌 조치의 철회를 요구하였다.
⑤ 신군부의 비상계엄 확대에 반발한 것이다.

상 중 하 15회

09 다음 민주화 운동의 결과로 옳은 것은?

① 대통령이 하야하였다.
② 허정 과도 정부가 수립되었다.
③ 여야 간에 평화적인 정권 교체가 이루어졌다.
④ 5년 단임의 대통령 직선제 개헌이 이루어졌다.
⑤ 5·16 군사 정변 이후 최초의 민간인 대통령이 선출되었다.

상 중 하 18회

11 다음 선언을 하게 된 배경으로 적절한 것은?

저는 사회적 혼란을 극복하고, 국민적 화해를 이루기 위해서는 대통령 직선제를 택하지 않을 수 없다는 결론에 이르게 되었습니다. 이에 여야 합의하에 조속히 대통령 직선제 개헌을 하고, 새 헌법에 의한 대통령 선거를 통해 88년 2월 평화적 정부 이양을 실현토록 해야 하겠습니다.

① 4·19 혁명　　　② 5·16 군사 정변
③ 6월 민주 항쟁　　④ 부·마 민주 항쟁
⑤ 5·18 민주화 운동

상 중 하 20회

10 다음 자료와 관련된 정부의 정책을 〈보기〉에서 옳게 고른 것은?

제12대 대통령 취임 선서 　　　여의도에서 열린 국풍 81

〈보기〉
ㄱ. 언론사를 통폐합하였다.
ㄴ. 해외여행을 자유화하였다.
ㄷ. 한일 협정을 체결하였다.
ㄹ. 금강산 관광을 시작하였다.

① ㄱ, ㄴ　　　② ㄱ, ㄷ　　　③ ㄴ, ㄷ
④ ㄴ, ㄹ　　　⑤ ㄷ, ㄹ

상 중 하 7회

12 다음 자료의 모습이 나타났던 시기를 아래 연표에서 옳게 찾으면?

철거되는 조선 총독부 　　　법정에 선 두 대통령

○○○ 정부는 '역사 바로 세우기 운동'에서 가시적인 성과를 거두었다. 그해 8월 15일 광복 50주년을 맞아 일제의 잔재를 청산하고 역사를 바로 세워 민족의 정기를 확립하기 위해 조선 총독부 건물을 철거하기 시작하여 1년 뒤에 마무리 지었다. 12·12 사태와 5·18 민주화 운동 진압과 관련된 두 전직 대통령을 처벌하였다.

1961	1981	1988	1993	1998
(가)	(나)	(다)	(라)	(마)
박정희 정부	전두환 정부	노태우 정부	김영삼 정부	김대중 정부

① (가)　② (나)　③ (다)　④ (라)　⑤ (마)

13 (가)~(라)의 민주화 운동을 일어난 순서대로 옳게 나열한 것은?

(가)
3·15 부정 선거 무효!
정·부통령 선거 다시 하라!

(나)
굴욕적인 한일 외교
절대 반대!

(다)
4·13 호헌 철폐하라!
직선제 개헌하라!

(라)
계엄령 철폐하라!
신군부 물러가라!

① (가)–(나)–(다)–(라)
② (가)–(나)–(라)–(다)
③ (나)–(가)–(다)–(라)
④ (나)–(가)–(라)–(다)
⑤ (다)–(나)–(가)–(라)

14 다음 사건이 일어난 정부 시기에 있었던 사실로 옳지 않은 것은?

> • 금융 실명제 실시
> • 수출 1,000억 달러 돌파
> • 경제 협력 개발 기구(OECD) 가입
> • 국제 통화 기금(IMF) 구제 금융 요청

① 삼백 산업이 발달하였다.
② 공직자 재산 등록제를 실시하였다.
③ 세계 무역 기구(WTO)에 가입하였다.
④ 전면적인 지방 자치제를 실시하였다.
⑤ '역사 바로 세우기 운동'을 전개하였다.

15 (가)에 들어갈 내용으로 옳은 것은?

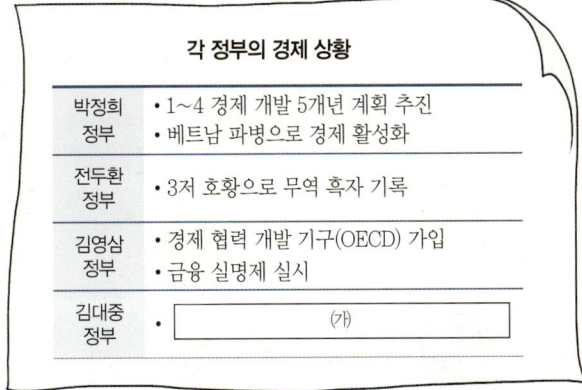

각 정부의 경제 상황

박정희 정부	• 1~4 경제 개발 5개년 계획 추진 • 베트남 파병으로 경제 활성화
전두환 정부	• 3저 호황으로 무역 흑자 기록
김영삼 정부	• 경제 협력 개발 기구(OECD) 가입 • 금융 실명제 실시
김대중 정부	• _____(가)_____

① 새마을 운동을 전개하였다.
② 세계 무역 기구(WTO)에 가입하였다.
③ 국제 통화 기금(IMF) 관리 체제에서 벗어났다.
④ 우루과이 라운드를 통해 시장을 전면 개방하였다.
⑤ 미국으로부터 밀, 면화, 설탕 등의 원조를 받았다.

16 그림과 관련된 시기의 사회·경제 상황을 〈보기〉에서 옳게 고른 것은?

100억 불 수출 달성

YH 무역 사건

〈보기〉
ㄱ. 미국의 경제 원조로 삼백 산업이 발달하였다.
ㄴ. 중화학 공업 중심의 경제 정책이 추진되었다.
ㄷ. 저임금 정책이 지속되고 노동 운동에 대한 탄압도 심화되었다.
ㄹ. 저금리·저유가·저달러 '3저 호황'으로 무역 흑자를 기록하였다.

① ㄱ, ㄴ   ② ㄱ, ㄷ   ③ ㄴ, ㄷ
④ ㄴ, ㄹ   ⑤ ㄷ, ㄹ

상 중 하 11회

17 다음 대화의 주제가 되는 사건과 관련된 자료로 적절한 것은?

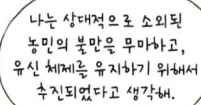

근면, 자조, 협동을 바탕으로 농가 소득을 증대시키고 도·농 간의 격차 해소에 도움을 주었어.

나는 상대적으로 소외된 농민의 불만을 무마하고, 유신 체제를 유지하기 위해서 추진되었다고 생각해.

①
새마을 운동

②
100억 불 수출의 날 행사

③
금 모으기 운동

④
금강산 관광

⑤
경부 고속 도로 개통

상 중 하 17회

18 다음을 통해 알 수 있는 시기의 경제 상황을 〈보기〉에서 옳게 고른 것은?

- 제1차 경제 개발 5개년 계획 추진
- 제2차 화폐 개혁 실시
- 제2차 경제 개발 5개년 계획 수립
- 경부 고속 도로 개통

〈보기〉
ㄱ. 농지 개혁법이 제정·실시되었다.
ㄴ. 경공업 중심의 경제 정책이 추진되었다.
ㄷ. 베트남 특수에 힘입어 고도성장을 이루었다.
ㄹ. 국제 통화 기금(IMF)의 관리 체제에서 벗어났다.

① ㄱ, ㄴ ② ㄱ, ㄷ ③ ㄴ, ㄷ
④ ㄴ, ㄹ ⑤ ㄷ, ㄹ

상 중 하 20회

19 다음 신문에서 보도하는 사건 이후의 상황을 〈보기〉에서 옳게 고른 것은?

○ ○ 신 문
○○○○년 ○○월 ○○일

IMF에 구제 금융 공식 요청
외환 위기로 국제 통화 기금(IMF) 관리 체제에 들어가다
정부·기업·국민 고통 감수해야

〈보기〉
ㄱ. 전태일 분신 사건에 영향을 주었다.
ㄴ. 금 모으기 운동으로 극복하고자 하였다.
ㄷ. 새마을 운동이 시작되는 계기가 되었다.
ㄹ. 대규모 구조 조정이 단행되는 결과를 초래하였다.

① ㄱ, ㄴ ② ㄱ, ㄷ ③ ㄴ, ㄷ
④ ㄴ, ㄹ ⑤ ㄷ, ㄹ

상 중 하 12회

20 선생님의 질문에 대한 답변으로 옳은 것은?

사진은 시민들이 '가자 북으로! 오라 남으로!'을 외치며 통일 운동을 전개하는 모습이에요. 이 시기 정부의 통일 정책은 무엇일까요?

① 남북 정상 회담을 추진하였어요.
② 이산가족의 상봉을 계획하였어요.
③ 대북 화해 협력 정책을 전개하였어요.
④ 한민족 공동체 통일 방안을 제시하였어요.
⑤ 유엔 감시 하에 남북한 총선거를 주장하였어요.

상 중 하 19회

21 다음 대화의 주제와 관련된 통일 정책이 실시된 시기를 아래 연표에서 옳게 고른 것은?

1961	1981	1988	1993	1998
	(가)	(나)	(다)	(라)	(마)
박정희 정부	전두환 정부	노태우 정부	김영삼 정부	김대중 정부

① (가)   ② (나)   ③ (다)   ④ (라)   ⑤ (마)

상 중 하 21회

22 다음 문서를 체결한 정부에 대한 설명으로 옳지 않은 것은?

남북 기본 합의서

제1조 남과 북은 서로 상대방의 체제를 인정하고 존중한다.
제4조 남과 북은 상대방을 파괴·전복하려는 일체 행위를 하지 아니한다.

제9조 남과 북은 상대방에 대하여 무력을 행사하지 않으며 상대방을 무력으로 침략하지 않는다.

① 남북한 비핵화 공동 선언을 발표하였다.
② 한민족 공동체 통일 방안을 제시하였다.
③ 남북한의 유엔 동시 가입을 이루어 냈다.
④ 남북한은 7·4 남북 공동 성명을 발표하였다.
⑤ 소련, 중국 등과 수교를 맺는 등 북방 정책을 추진하였다.

상 중 하 20회

23 다음 선언 이후 남과 북에서 실천한 사실로 옳지 않은 것은?

남과 북은 나라의 통일 문제를 서로 힘을 합쳐 자주적으로 해결해 나가기로 하였다. 남과 북은 나의 통일을 위한 남측의 연합제 안과 북측의 낮은 단계의 연방제 안이 서로 공통점이 있음을 인정하고, 앞으로 이 방향에서 통일을 지향해 나가기로 하였다. 이에 남과 북은 경제 협력 및 사회·문화·체육·환경 제반 분야의 협력과 교류를 활성화한다.

① 금강산 육로 관광을 시작하였다.
② 남북 면회소 설치에 합의하였다.
③ 경의선 복구 사업을 실시하였다.
④ 남북한이 유엔에 동시 가입하였다.
⑤ 개성 공단 건설 사업을 추진하였다.

상 중 하 18회

24 (가)~(라)를 일어난 순서대로 옳게 나열한 것은?

(가) 7·4 남북 공동 설명 발표
(나) 가자 북으로! 오라 남으로!
(다) 남북 정상 회담
(라) 남북 기본 합의서 교환

① (가)-(나)-(다)-(라)
② (가)-(나)-(라)-(다)
③ (나)-(가)-(다)-(라)
④ (나)-(가)-(라)-(다)
⑤ (다)-(나)-(가)-(라)

1. ⑤ 2. ② 3. ⑤ 4. ④ 5. ② 6. ⑤ 7. ① 8. ⑤ 9. ④ 10. ①
11. ③ 12. ④ 13. ② 14. ① 15. ③ 16. ③ 17. ① 18. ③ 19. ④
20. ⑤ 21. ① 22. ④ 23. ④ 24. ④

1. ⑤ 바로 정리 : 사사오입 개헌

제시된 자료의 '사사오입 개헌(1954)'은 초대 대통령에 한하여 중임 제한을 철폐한다는 내용을 골자로 하는 2차 개헌이다. 이를 계기로 이승만 대통령은 횟수 제한 없이 대통령에 출마할 수 있게 되었다. 아하! ① 12·12 사태로 권력을 잡은 신군부가 '7년 단임의 대통령 간선제'로 헌법을 개정했다. ② 1987년 6월 민주 항쟁의 결과이다. ③ 장면 내각에 대한 설명이다. ④ 박정희 정부의 유신 헌법에 대한 설명이다.

2. ② 바로 정리 : 독재 체제의 강화

제시된 자료에서 대통령에 이승만, 부통령에 장면이 당선되었고, 조봉암이 참여한 것으로 보아 1956년 정·부통령 선거임을 알 수 있다. 이승만 정부는 독재 체제를 강화하기 위해 진보당 사건을 일으켜 조봉암을 처형하고 신국가 보안법을 통과시켰으며, 정부에 비판적이었던 야당 성향의 〈경향신문〉을 폐간시켰다. 아하! ㄴ. 1972년에 박정희 정부는 유신 헌법을 통과시켰다. ㄹ. 1980년에 신군부 퇴진, 계엄령 철폐 등을 요구하며 일어난 민주화 운동이다.

3. ⑤ 바로 정리 : 4·19 혁명

제시된 자료의 '교수들의 시국 선언 행진, 3인조 또는 9인으로 공개 투표하러 가는 모습, 4월이 오면 봄을 선구하는 진달래' 등의 내용을 통해 4·19 혁명임을 알 수 있다. 3·15 부정 선거에 대한 반발로 마산 시위에서 김주열 학생이 사망하면서 전국적으로 확산된 4·19 혁명은 정·부통령 선거 재실시를 주장했고, 자유당 정권이 몰락하는 계기가 되었다. 아하! ⑤ 4·19 혁명 당시 대통령 선출 방식은 직선제였다.

4. ④ 바로 정리 : 장면 내각

제시된 자료에서 민의원, 참의원의 구성과 민주당이 다수를 차지하고 있는 것으로 보아 1960년에 수립된 장면 내각에 대한 내용임을 알 수 있다. 4·19 혁명으로 수립된 장면 내각은 내각 책임제 실시, 양원제(민의원, 참의원) 의회로 운영되었다. 그러나 장면 내각은 5·16 군사 정변에 의해 붕괴되었다. 아하! ④ 박정희 정부(1979) 시기에 일어났다.

5. ② 바로 정리 : 베트남 파병과 한일 협정

위에 제시된 자료 '베트남에 파병하는, 차관 제공' 등을 통해 1966년 한국의 베트남 파병에 대해 미국이 한국군의 현대화와 경제 개발에 필요한 차관을 제공하기로 약속한 브라운 각서임을 알 수 있다. 아래의 '일본이 3억 달러의 무상 자금, 3억 달러 이상의 상업 차관' 등을 통해 1965년 한일 협정을 체결하여 경제 개발에 필요한 자금을 마련한 박정희 정부에 대한 내용임을 알 수 있다. 즉 (나) 시기에 해당한다.

6. ⑤ 바로 정리 : 긴급 조치권

제시된 자료에서 '긴급 조치 9호, 헌법 비방·개폐 선전 금지' 등의 내용을 통해 유신 체제임을 알 수 있다. 박정희는 장기 집권을 위해 대통령의 권한을 극대화할 수 있는 유신 헌법을 통과시켰는데, '대통령의 국회 의원 3분의 1 임명권', '국회 해산권', '국민의 자유를 제약할 수 있는 긴급 조치권' 등의 내용을 포함하고 있다. 아하! ① 통일 주체 국민 회의에서 대통령을 선출했다. ②, ④ 1981년 전두환 정부에 대한 설명이다. ③ 장면 내각에 대한 설명이다.

7. ① 바로 정리 : 유신 체제의 성립과 붕괴

제시된 자료에서 '유신 체제 성립, 유신 체제 붕괴' 등을 통해 (가) 시기는 박정희 정부 후반기 상황임을 알 수 있다. 이 시기에는 유신 체제에 대한 반발로 부산과 마산에서 유신 철폐를 주장하는 민주화 운동이 일어났고, 노동 운동을 강경 진압하는 과정에서 노동자 한 명이 사망하는 YH 무역 사건이 일어났다. 아하! ㄷ. 6·3 시위는 1964년 한일 협정 체결을 반대한 시위이다. 유신 체제가 성립되기 전에 일어났다. ㄹ. 1987년 전두환 정부의 4·13 호헌 조치에 대한 반발로 일어났다.

8. ⑤ 바로 정리 : 5·18 민주화 운동

제시된 자료에서 '시민군 성명서, 유네스코의 세계 기록 유산 지정' 등을 통해 '5·18 민주화 운동'임을 알 수 있다. 5·18 민주화 운동은 신군부의 계엄령 확대와 휴교령에 반대한 시위가 계기가 되어 일어났다. 아하! ① 1979년 유신 체제에 대한 반발로 일어난 부·마 민주 항쟁이다. ② 6·3 시위(1964)에 대한 설명이다. ③ 4·19 혁명(1960)에 대한 설명이다. ④ 6월 민주 항쟁(1987)에 대한 설명이다.

9. ④ 바로 정리 : 6월 민주 항쟁

제시된 자료에서 '박종철 고문 살인 진상 규명, 한열이, 4·13 호헌 조치 철폐' 등의 구호를 통해 '6월 민주 항쟁'임을 알 수 있다. 호헌 조치 철폐와 대통령 직선제 실시를 주장한 6월 민주 항쟁의 결과 '5년 단임의 대통령 직선제' 개헌이 이루어졌다. 아하! ①, ② 4·19 혁명의 결과이다 ③ 김대중 정부에 대한 설명이다. ⑤ 김영삼 정부에 대한 설명이다.

10. ① 바로 정리 : 전두환 정부

제시된 자료는 제12대 전두환 대통령 취임식 사진과 여의도에서 '국풍 81'이라는 이름 아래 대규모로 열린 예술제 사진이다. 전두환 정부는 민주화 운동 탄압, 언론 통폐합 등의 강경책과 교복 자율화, 야간 통행금지 해제, 해외 여행 자율화, 학도 호국단 폐지, 해직 교수 복직 등의 유화책을 실시했다. 아하! ㄷ. 박정희 정부 ㄹ. 김대중 정부

11. ③ 바로 정리 : 6·29 선언

제시된 자료는 1987년 6월 29일 여당 대통령 후보였던 노태우가 여야 합의를 통한 대통령 직선제 개헌을 수용하는 내용이다. '4·13 호헌 조치 철폐와 독재 타도'를 주장한 6월 민주 항쟁은 여당 대통령 후보가 직선제를 수용한다는 '6·29 선언'을 발표하게 함으로써 '5년 단임의 대통령 직선제 개헌'을 이끌어 냈다.

12. ④ 바로 정리 : 역사 바로 세우기

제시된 자료는 김영삼 정부가 역사 바로 세우기 운동의 일환으로 조선 총독부 건물을 철거하는 사진과 12·12 사태와 5·18 민주화 운동 진압과 관련된 신군부 출신의 두 전직 대통령이 법정에 선 사진이다. 김영삼 정부 시기에 있었던 일들이다.

13. ② 바로 정리 : 민주화 운동의 전개
제시된 사진은 (가) 4·19 혁명(1960), (나) 6·3 시위(1964), (다) 6월 민주 항쟁(1987), (라) 5·18 민주화 운동(1980)이다. 따라서 전개 순서는 (가)-(나)-(라)-(다)이다.

14. ① 바로 정리 : 김영삼 정부
제시된 자료에서 '금융 실명제', '국제 통화 기금(IMF) 구제 금융 요청' 등을 통해 김영삼 정부 시기임을 알 수 있다. 김영삼 정부는 역사 바로 세우기 정책, 공직자 재산 등록을 통한 공직자 윤리법을 제정하고 전면적인 지방 자치제를 실시했다. 그러나 세계 무역 기구(WTO) 가입으로 개방이 가속화되는 상황에서 국제 경제의 여건 악화와 정책의 실패로 국제 통화 기금에 구제 금융 지원을 받았다. 아하! ① 이승만 정부 시기에 해당된다.

15. ③ 바로 정리 : 김대중 정부의 경제 정책
제시된 자료의 (가)는 김대중 정부의 경제 상황이다. 김대중 정부는 외환 위기를 극복하기 위해 기업의 구조 조정, 외국 자본 유치, 부실 기업의 정리 등을 추진했다. 그 결과 2001년 국제 통화 기금 관리 체제에서 벗어날 수 있었다. 아하! ① 1970년대 박정희 정부의 정책이다. ②, ④ 1995년 김영삼 정부 시기에 해당한다. ⑤ 1950년대 이승만 정부 시기에는 미국의 경제 원조를 바탕으로 제분, 제당, 면방직 산업 등 삼백 산업이 발달했다.

16. ③ 바로 정리 : 1970년대 경제 상황
제시된 자료에서 '100억 불 수출 달성(1977)과 YH 무역 사건(1979)' 등을 볼 때 1970년대 박정희 정부 시기임을 알 수 있다. 1970년대는 중화학 공업 중심의 경제 정책이 추진되었다. 이 시기에는 저임금 정책이 지속되었으며, YH 무역 사건과 같이 노동 운동에 대한 탄압도 심화되었다. 아하! ㄱ. 1950년대 이승만 정부 시기의 경제 상황이다. ㄹ. '3저 호황'은 전두환 정부 시기의 경제 상황이다.

17. ① 바로 정리 : 새마을 운동
제시된 자료에서 '근면, 자조, 협동을 바탕으로 한 도·농 간의 격차 해소, 유신 체제 유지' 등의 내용을 통해 1970년대 새마을 운동임을 알 수 있다. 박정희 정부는 도시와 농촌의 균형 있는 발전을 위해 농촌 생활 환경 개선에 중점을 두어 주택 개량, 도로 및 전기 확충 등 지역 개발 사업을 했다. 그러나 새마을 운동은 유신 체제를 유지하기 위한 목적도 있었다는 평가를 받는다. 아하! ① 새마을 운동은 박정희 정권 시기에 근면, 자조, 협동을 바탕으로 전개되었다.

18. ③ 바로 정리 : 박정희 정부의 경제
제시된 자료에서 '제1차 경제 개발 5개년 계획(1961~1966), 제2차 경제 5개년 개발 계획(1966~1971)' 등을 통해 박정희 정부 시기임을 알 수 있다. 이 시기에는 수출 주도형 경제 성장 정책, 경공업 중심의 경제 정책이 실시되었고, 한일 협정 체결(1965)을 통해 자금을 마련하고, 베트남 특수 등을 바탕으로 고도성장을 이루었다. 아하! ㄱ. 1949년 이승만 정부 시기에 실시되었다. ㄹ. 김대중 정부 시기에 국제 통화 기금(IMF)의 관리 체제에서 벗어났다.

19. ④ 바로 정리 : 국제 통화 기금 구제 금융 지원
제시된 자료의 '외환 위기로 국제 통화 기금(IMF) 관리 체제' 등의 내용을 통해 1990년대 말기임을 알 수 있다. 국제 통화 기금의 요구 조건을 수용하는 과정에서 대대적인 구조 조정이 이루어졌으며, 이러한 상황에서 금 모으기 운동 등을 통해 외환 위기를 극복하고자 했다. 아하! ㄱ. 전태일 분신 사건은 1970년 박정희 정부 시기에 일어났다. ㄷ. 새마을 운동은 1970년대에 박정희 정부가 전개했다.

20. ⑤ 바로 정리 : 장면 내각의 통일 정책
제시된 자료에서 '가자 북으로! 오라 남으로!'라는 통일 구호를 통해 장면 내각 시기임을 알 수 있다. 장면 내각은 '유엔 감시 하에 남북한 총선거 실시'를 주장했다. 아하! ①, ②, ③ 김대중 정부 시기의 통일 정책이다. ④ 1989년에 노태우 정부는 민족 공동체 회복을 위한 남북 연합의 중간 단계를 설정하여, 사회를 통합한 후 통일 국가를 이루자는 '한민족 공동체 통일 방안'을 제시했다.

21. ① 바로 정리 : 7·4 남북 공동 성명
제시된 대화에서 '남과 북이 처음으로 통일 원칙에 합의, 외세에 의존하지 않고, 평화적인 방법으로 민족 대단결' 등의 내용을 통해 박정희 정부 시기에 추진된 '7·4 남북 공동 성명'임을 알 수 있다.

22. ④ 바로 정리 : 남북 기본 합의서
제시문은 노태우 정부 시기인 1991년 12월에 합의한 '남북 기본 합의서'이다. 노태우 정부는 냉전 체제가 붕괴되는 상황에서 소련, 중국 등과 수교를 맺는 등 북방 정책을 추진했으며, '한민족 공동체 통일 방안' 추진, 남북한 유엔 동시 가입, 한반도 비핵화 공동 선언 등 남북 관계의 새로운 변화를 시도했다. 아하! ④ 1972년 박정희 정부 시기에 7·4 남북 공동 성명을 발표했다.

23. ④ 바로 정리 : 6·15 남북 공동 선언
제시문에서 '남측의 연합제 안과 북측의 낮은 단계의 연방제 안이 서로 공통성 있다고 인정하고, 앞으로 이 방향에서 통일을 지향해 나가기로 했다' 등의 내용을 통해 2000년 김대중 정부의 6·15 남북 공동 선언임을 알 수 있다. 이 선언 이후 금강산 이산가족 면회소 설치, 경의선 복구, 개성 공단 조성과 함께 금강산 관광을 육로 관광으로 전환하는 등 남북 간의 교류가 활성화되었다. 아하! ④ 남북한 유엔 동시 가입(1991. 9)은 노태우 정부 시기에 이루어졌다.

24. ④ 바로 정리 : 통일 정책의 변화
제시된 자료는 (가) 1972년 박정희 정부, (나) 1960년 장면 내각, (다) 2000년 김대중 정부, (라) 1991년 노태우 정부 시기의 통일 정책이다. 따라서 (나)-(가)-(라)-(다)순으로 통일 노력이 진행되었다.

○○○○년도
제○○회 한국사능력검정시험 문제지 중급

성명 [　　　　] 수험번호 [　][　][　][　][　][　][　][　]

♣ 자신이 선택한 등급의 문제지인지 확인하시오.

♣ 문제지에 성명과 수험 번호를 정확히 써넣으시오.

♣ 답안지에 성명과 수험 번호를 써넣고, 수험 번호와 답을 정확히 표시하시오.

♣ 시험 시간은 80분입니다

01 다음은 어느 시대를 배경으로 한 가상 일기이다. 이 시기에 대한 설명으로 옳은 것은?

> **기원전 3500년 ○○월 ○○일 맑음**
>
> 오늘도 우리 가족은 부지런히 일하였다. 어머니는 가락바퀴를 이용하여 뽑은 실로 옷을 만드셨고, 아버지는 움집을 짓기 위해 돌괭이와 돌삽을 가지고 땅을 파고, 가운데에는 화덕과 그 옆에 저장 구덩이를 파셨다. 나는 할머니와 함께 빗살무늬의 토기를 제작하였다. 비록 몸은 힘들었지만 보람찬 하루였다.

① 농경 생활을 시작하다.

② 무리를 이루어 이동 생활을 하였다.

③ 반달 돌칼을 이용해 벼농사를 지었다.

④ 세형동검과 잔무늬 거울을 제작하였다.

⑤ 주먹 도끼와 찍개 등 뗀석기를 사용하였다.

02 (가), (나) 국가에 대한 설명으로 옳은 것은?

> (가) 산천을 중시하여 산과 내마다 각기 구분이 있어 함부로 들어가지 않는다. 같은 씨족끼리는 결혼하지 않는다.
>
> (나) 장사를 지낼 적에 큰 나무 곽을 만드는데, 그 길이가 10여 장(丈)이나 되며, 한쪽 머리를 열어 놓아 문을 만든다. 사람이 죽으면 시체는 모두 가매장하여, 겨우 형체가 보일 만큼 묻었다가 가죽과 살이 다 썩은 다음에 뼈만 추려서 곽 속에 안치한다.

① (가) – 서옥제라는 풍속이 있었다.

② (가) – 천군이라는 제사장이 존재하였다.

③ (나) – 영고라는 제천 행사를 열었다.

④ (나) – 다른 부족의 영역을 침범하면 가축이나 노비로 변상하였다.

⑤ (가), (나) – 왕 없이 군장들이 자기 부족을 다스렸다.

03 (가)에 들어갈 유물로 옳은 것은?

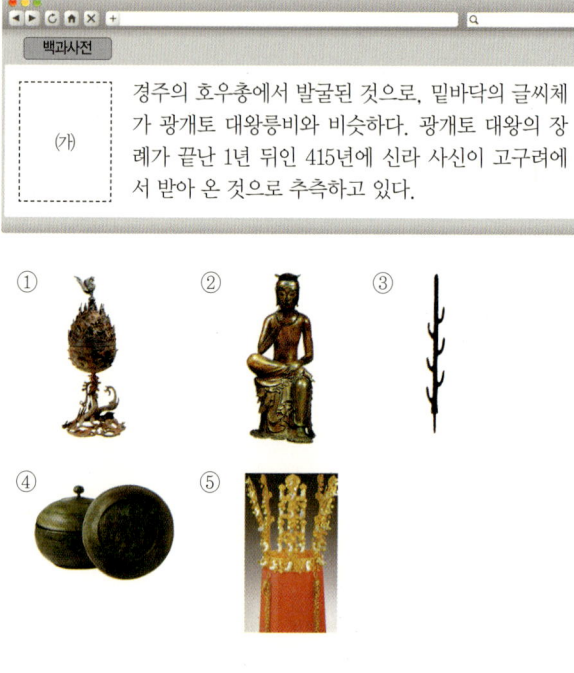

> 백과사전
>
> (가) 경주의 호우총에서 발굴된 것으로, 밑바닥의 글씨체가 광개토 대왕릉비와 비슷하다. 광개토 대왕의 장례가 끝난 1년 뒤인 415년에 신라 사신이 고구려에서 받아 온 것으로 추측하고 있다.

①　　②　　③

④　　⑤

04 (가)에 들어갈 내용으로 가장 적절한 것은?

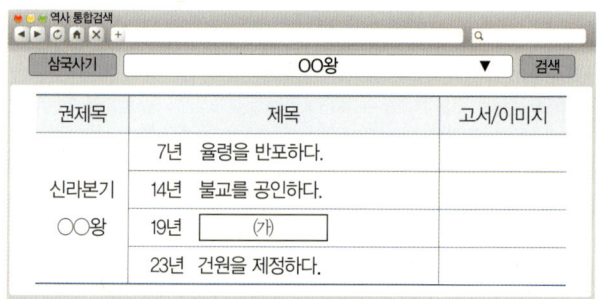

역사 통합검색

| 삼국사기 | ○○왕 ▼ | 검색 |

권제목		제목	고서/이미지
신라본기 ○○왕	7년	율령을 반포하다.	
	14년	불교를 공인하다.	
	19년	(가)	
	23년	건원을 제정하다.	

① 태학을 설립하다.

② 녹읍이 부활하다.

③ 우산국을 정복하다.

④ 화랑도를 정비하다.

⑤ 금관가야를 정복하다.

05 다음은 어느 제도와 관련된 표이다. 이를 통해 당시 사회의 모습을 추론한 것으로 적절한 것은?

오를 수 있는 최고 관등	방 크기 제한	말의 수 제한
1등급 이벌찬	24척	–
6등급 아찬	21척	5필
10등급 대나마	18척	3필
12등급 대사	15척	2필

① 신분에 따라 사회적 제약이 가해졌을 것이다.
② 원시 사회의 청소년 집단에서 기원하였을 것이다.
③ 관리의 복색은 골품을 기준으로 구분하였을 것이다.
④ 계층 간의 갈등을 조절, 완화하는 구실을 하였을 것이다.
⑤ 지방관 감찰 및 지방 세력 견제를 위해 실시되었을 것이다.

06 그림의 국왕이 실시한 경제 정책으로 옳은 것은?

① 과전법 제도를 실시하였다.
② 경기도에 한하여 대동법을 실시하였다.
③ 관료전을 지급하고 녹읍을 폐지하였다.
④ 저화와 조선통보를 주조하여 보급하였다.
⑤ 농업 생산력을 높이기 위해 농사직설을 편찬하였다.

07 다음은 어느 국가의 중앙 정치 기구이다. 이 국가에 대한 설명으로 옳은 것은?

① 과거와 음서를 통해 관리를 등용하였다.
② 9서당을 설치하여 민족 융합을 추진하였다.
③ 인안, 대흥 등 독자적인 연호를 사용하였다.
④ 경재소를 두고 유향소와 정부의 연락 업무를 맡겼다.
⑤ 지방의 22담로에 왕족을 파견하여 지방 통제를 강화하였다.

08 선생님의 질문에 대한 대답으로 옳은 것은?

① 서학이 전래되었어요.
② 홍경래 등이 봉기를 일으켰어요..
③ 동학 농민군이 전주성을 점령하였어요..
④ 만적 등 천민의 신분 해방 운동을 일으켰어요..
⑤ 지방에 성주 또는 장군이라 칭하는 지방 세력이 성장하였어요.

09 다음은 어느 왕의 재위 시기에 제기되었던 건의 내용이다. 이 왕의 정책을 〈보기〉에서 옳게 고른 것은?

- 불교를 행하는 것은 수신(修身)의 근본이요, 유교를 행하는 것은 치국(治國)의 근원입니다. 수신은 내생의 복을 구하는 것이며, 치국은 금일의 임무입니다.
- 태조께서 나라를 통일한 후에 군현에 수령을 두고자 하였으나 대개 초창기에 일이 번다하여 미처 이 일을 시행할 겨를이 없었습니다. 청컨대 외관을 두소서.

〈보기〉

ㄱ. 정방을 폐지하였다.
ㄴ. 2성 6부제를 마련하였다.
ㄷ. 노비안검법을 실시하였다.
ㄹ. 지방에 지방관을 파견하였다.

① ㄱ, ㄴ 　② ㄱ, ㄷ 　③ ㄴ, ㄷ
④ ㄴ, ㄹ 　⑤ ㄷ, ㄹ

10 밑줄 친 '그'에 대한 설명으로 옳은 것은?

첫 번째 출정에서, 저들은 말을 타고 우리는 걸으면서 싸워 패할 수밖에 없었다고 판단한 그는 새로운 군대를 만들기로 하였다. 이에 따라 그는 기마병으로 구성된 신기군, 보병으로 구성된 신보군, 승병으로 구성된 항마군, 그리고 도탕군, 경궁군, 정노군, 발화군 등의 특수 부대를 편성하고, 나이 스물 이상 남자들은 모두 입대하도록 하였다.

① 북쪽에 동북 9성을 쌓았다.
② 서경으로 천도할 것을 주장하였다.
③ 금의 사대 관계 요구를 받아들였다.
④ 왜구를 물리치는 과정에서 성장하였다.
⑤ 개경 환도에 반발하여 근거지를 옮기며 항전하였다.

11 밑줄 친 '왕'에 대한 설명으로 옳은 것은?

왕이 신돈에게 국정을 맡겼다. 신돈은 "오늘날 나라의 법이 무너져 나라의 토지와 약한 자들의 토지를 힘 있는 자들이 모두 빼앗고, 양민을 자신의 노예로 삼았다. 그러므로 백성은 병들고, 나라의 창고는 비어 있으니 큰 문제가 아닐 수 없다. 이에 관청을 만들고 이를 개혁하고자 하니 …… 기한 내 시정하는 자는 그냥 두겠으나, 기한 경과 후에 발각된 자는 처벌할 것이며, 거짓으로 보고한 자도 벌을 받을 것이다."라고 하였다.

① 이자겸의 난을 진압하였다.
② 광덕, 준풍 등의 연호를 사용하였다.
③ 사심관 제도와 기인 제도를 마련하였다.
④ 쌍성총관부를 공격하여 영토를 회복하였다.
⑤ 몽골의 침략 당시 수도를 강화도로 천도하였다.

12 (가), (나) 토지 제도에 대한 설명으로 옳은 것은?

(가) 목종 1년, 문무 양반 및 군인의 토지 분급 제도를 고쳐 정하니, 그 1과(科)는 전지(田地)가 1백 결이고, 시지(柴地)가 70결이었다. 차례대로 줄여 나가 모두 18과였다.
(나) 공양왕 3년, 전국을 경기와 외방으로 구분하여 경기 가운데서 과전을 지급하였다. 문무백관을 18등급으로 나누어 그 지위에 따라 지급하였다.

① (가) – 관직 복무와 직역의 대가로 지급한 것이다.
② (가) – 국가에서 지급액을 직접 조사하여 국가가 지급하였다.
③ (나) – 지급 대상을 현직 관리로 제한하였다.
④ (나) – 토지에 딸린 노동력의 동원이 가능하게 하였다.
⑤ (가), (나) – 토지에 대한 소유권을 지급한 것이다.

13 다음 밑줄 친 인물이 속한 신분에 대해 〈보기〉에서 옳게 고른 것은?

> 평량은 평장사 김영관의 노비로 양주에서 농사를 지으며 살았다. 그의 아내는 소감 왕원지의 노비인데, 왕원지가 집안이 가난해져 가족을 데리고 평량의 집에 가서 의탁하고 있었다. 평량이 처남과 함께 몰래 일을 꾸며 왕원지의 가족을 모두 죽이고 아들의 주인이 없어졌음을 다행으로 여겼다. 그러고는 자기의 아들 예규로 하여금 대정 벼슬을 얻게 하였다.
>
> — 《고려사》

〈보기〉

ㄱ. 매매·증여·상속의 대상이었다.
ㄴ. 주인에게 신공을 바치며 생활하였다.
ㄷ. 과거를 통해 신분 상승이 가능하였다.
ㄹ. 조세·공납·역의 납부 의무가 있었다.

① ㄱ, ㄴ   ② ㄱ, ㄷ   ③ ㄴ, ㄷ
④ ㄴ, ㄹ   ⑤ ㄷ, ㄹ

14 (가)에 들어갈 유물로 옳은 것은?

> 이 유물은 고려 후기에 만들어진 탑이에요. 원의 영향을 받은 이 탑은 대리석으로 만들었어요.

① 미륵사지 석탑

② 경천사지 10층 석탑

③ 진전사지 3층 석탑

④ 다보탑

⑤ 월정사 8각 9층 석탑

15 다음 정책을 실시한 목적으로 적절한 것은?

> 6조는 각기 모든 직무를 먼저 의정부에 품의하고, 의정부는 가부를 헤아린 뒤 왕에게 아뢰어 (왕의) 전지를 받아 6조에 내려보내어 시행한다. 다만 이조·병조의 제수, 병조의 군사 업무, 형조의 사형수를 제외한 판결 등은 종래와 같이 각 조에서 직접 아뢰어 시행하고 곧바로 의정부에 보고한다.

① 부국강병의 완성
② 언론 기능의 활성화
③ 왕권과 신권의 조화
④ 붕당 정치의 목적 실현
⑤ 신진 관료의 재교육 강화

16 다음 제도를 실시한 시기의 지방 행정 제도의 특징으로 옳은 것은?

> 전국을 8도로 나누고 고을의 크기에 따라 지방관의 등급을 조정하였다. 또 특수 행정 구역을 일반 행정 구역으로 승격시켰고 모든 군현에 지방관을 파견하였다. 수령은 왕의 대리인으로 많은 권한을 가지고 있었다.

① 5도에는 안찰사가 파견되었다.
② 사심관 제도를 활용하여 호족을 견제하였다.
③ 지방의 균형적인 발전을 위해 소경을 두었다.
④ 향리는 행정 실무를 담당하는 아전으로 격하되었다.
⑤ 지방 세력을 견제하기 위해 상수리 제도를 마련하였다.

17 다음은 어느 인물의 주요 약력이다. 이 인물에 대한 설명으로 옳은 것은?

OOO의 주요 약력

1482년	출생
1498년	김종직의 제자 김굉필의 문하에서 수학
1510년	소과에 장원으로 합격
1515년	알성시에 합격, 사간원 정언 제수
1516년	홍문관의 부수찬·수찬 역임
1518년	사헌부 대사헌이 되어 현량과 실시 주장
1519년	위훈 삭제 문제 등으로 능주에 유배

① 북벌 운동을 추진하였다.
② 성학집요 등을 저술하였다.
③ 소격서의 폐지를 주장하였다.
④ 일본 성리학에 영향을 끼쳤다.
⑤ 조선 초기 재상 중심의 정치를 주장하였다.

18 다음 제도를 처음 실시한 국왕의 재위 시기에 있었던 일로 옳은 것은?

토지의 조세는 비옥도와 연분의 높고 낮음에 따라 거둔다. 감사는 각 읍(邑)마다 연분을 살펴 정하되, 곡식의 작황이 비록 같지 않더라도 종합하여 10분을 기준으로 삼아 소출이 10분이면 상상년, 9분이면 상중년 …… 2분이면 하하년으로 각각 등급을 정하여 보고한다. 이를 바탕으로 의정부와 6조에서 의논하여 결정한다.

① 금난전권을 폐지하였다.
② 농사직설을 간행하였다.
③ 관수관급제를 실시하였다.
④ 상평통보의 유통을 활성화하였다.
⑤ 통신사를 파견하여 조선의 문화를 일본에 전파하였다.

19 선생님이 설명하는 그림으로 옳은 것은?

이 시기 그림은 도화서에 소속된 전문 화가인 화원과 일반 사대부 문인들에 의해 제작되었어요. 특히 이 그림은 간결하고 과감한 필치로 자연 속의 인물을 표현하였어요.

①

고사관수도

②

세한도

③

금강전도

④

인왕제색도

⑤

까치와 호랑이

20 다음에서 설명하는 문화 현상의 사례로 옳지 <u>않은</u> 것은?

당시 집권층은 나라를 부강하게 하고 민생을 안정시키고자 과학 기술을 중요하게 생각하였고, 국가적인 지원을 아끼지 않았다. 따라서 과학 기술이 크게 발전하였다.

① 칠정산 ② 자격루
③ 측우기 ④ 거중기
⑤ 앙부일구

21 교사의 질문에 대한 답변으로 옳은 것은?

① 병자호란 중에 설치되었어요.
② 한양을 방어하는 임무를 맡았어요.
③ 직업 군인을 주축으로 운영되었어요.
④ 양인과 천인으로 구성된 혼성 부대였어요.
⑤ 상류층의 자제들을 중심으로 구성되었어요.

22 다음은 어느 시기의 가상 대화이다. 이 시기에 행해진 개혁 내용으로 옳은 것은?

① 개화 정책이 실시되었다.
② 강화도 조약이 체결되었다.
③ 영국이 거문도를 점령하였다.
④ 북벌 운동이 적극적으로 추진되었다.
⑤ 서원 철폐와 호포제 등이 실시되었다.

23 다음 사건이 발생한 배경으로 옳은 것은?

임술년 진주 사람 수천 명이 향리들의 가옥 수십 호를 불사르고 부수어 백낙신이 해산시키고자 장시에 나가니, 흰 수건을 두른 백성이 그를 빙 둘러싸고 백성의 재물을 횡령한 일, 세금을 포탈하고 강제로 징수한 일들을 문책하였는데……

– 〈임술록〉

철종 13년 4월 …… "이번 난민들이 소동을 일으킨 것은 오로지 전 우병사 백낙신이 탐욕을 부려 수탈하였기 때문입니다……"

– 〈철종실록〉

① 집강소 설치
② 삼정의 문란
③ 당백전과 원납전의 징수
④ 개화파와 척사파의 대립
⑤ 서북 도민에 대한 차별 정책

24 밑줄 친 이 시기에 제작된 작품으로 옳은 것은?

이 시기에는 농업 생산력의 증대와 상품 화폐 경제의 발달로 서민들의 경제력과 사회적 지위가 점차 향상되었다. 이와 더불어 서당이 널리 보급되면서 서민들의 의식 수준이 높아졌다. 서당 교육의 확대는 서민 문화가 꽃필 수 있는 바탕이 되었다.

①
초충도

②
천산대렵도

③
고사관수도

④
까치와 호랑이

⑤
몽유도원도

25 다음 인물들의 공통점으로 옳은 것은?

윤휴

주자 이전의 한·당 유학의 주석을 널리 참고함으로써 주자의 속박으로부터 벗어나 그의 권위에 도전하였다. 예송 논쟁으로 송시열과 대립하였다.

박세당

《사변록》을 통해 인간의 감각적 욕구를 배타시하는 주자의 견해에 반대하고 감각적 욕구를 중시하였으며 백성들의 생활 문제에 깊은 관심을 가졌다.

① 위정척사 운동을 전개하였다.
② 애국 계몽 운동을 주도하였다.
③ 천주교를 신봉하여 박해를 받았다.
④ 사문난적으로 몰려 비판을 받았다.
⑤ 실사구시 정신을 바탕으로 학문을 연구하였다.

26 다음의 내용과 관련 있는 유물로 적절한 것은?

이 비문에서 문제가 된 것은 토문강의 위치였다. 청은 토문강을 두만강이라고 주장했지만, 대한 제국 정부는 토문강이 쑹화 강의 상류이므로 간도가 틀림없는 우리 영토라고 주장하였다.

①
삼전도비

②
북한산 순수비

③
척화비

④
충주 고구려비

⑤
백두산정계비

27 다음 (가)에 들어갈 국왕에 대한 설명으로 옳은 것은?

특종 보도	0000년 00월 00일

지난날의 탕평책이 노론과 척족의 입김을 완전히 제거하지 못한 상태에서의 미지근한 온건 탕평이었다면, 이번 ___(가)___ 의 탕평책은 강경 탕평이 될 것이라는 해석이다. 또한 규장각과 친위 부대인 장용영을 설치한 목적은 왕권을 강화하기 위한 것이라는 예상이 지배적이다.

① 5군영을 중심으로 북벌을 계획하였다.
② 왕권 강화를 위해 6조 직계제를 실시하였다.
③ 규장각을 설치하고 수원 화성을 건립하였다.
④ 외국의 접근을 막고자 전국 각지에 척화비를 세웠다.
⑤ 군역의 부담을 줄이는 동시에 탕평책의 일환으로 균역법을 실시하였다.

28 다음의 그림이 그려진 시기의 상황으로 옳지 <u>않은</u> 것은?

① 양반을 풍자한 탈춤이 유행하였다.
② 한글로 된 문학 작품이 유행하였다.
③ 자주적인 역법서인 칠정산이 편찬되었다.
④ 서민적인 요소가 가미된 청화 백자가 유행하였다.
⑤ 백성들의 솔직한 감정이 들어 있는 사설시조가 유행하였다.

29 다음 빈칸 (가)와 (나)에 들어갈 내용을 바르게 연결한 것은?

한국사 신문   OOOO년 OO월 OO일

기획 특집 : 양역의 폐단을 줄이다

국왕은 그간 많은 폐단을 낳았던 양역의 개혁 방안을 발표하였다. 이는 군포의 부담을 2필에서 1필로 줄여 주는 것으로 ☐☐(가)☐☐이라 한다. 이렇게 되면 군포를 거두어 운영하던 각 군영의 재정이 절반으로 줄어들어 운영 자체가 어렵게 된다. 이러한 손실을 보완하기 위하여 ☐☐☐☐(나)☐☐☐☐

---

① 대동법, 민간의 광산 개발을 허용하기로 하였다.
② 대동법, 금난전권을 전면적으로 폐지하기로 하였다.
③ 영정법, 일부 양반층에게 선무군관포를 징수하였다.
④ 균역법, 토지 1결당 2두의 결작미를 거두었다.
⑤ 균역법, 토지 1결당 4두씩을 더 걷기로 하였다.

30 다음을 통해 알 수 있는 단체에 대한 설명으로 옳은 것은?

남만주로 집단 이주하려고 기도하고, 조선 본토에서 상당한 재력이 있는 사람들을 그곳에 이주시켜 토지를 사들이고, 촌락을 세워 새 영토로 삼고, 다수의 청년 동지들을 모집·파견하여 한인 단체를 일으키고, 학교를 세워 민족 교육을 실시하고, 나아가 무관 학교를 설립하여 문무를 겸하는 교육을 실시하면서, 기회를 엿보아 독립 전쟁을 일으켜 구한국의 국권을 회복하려고 하였다.
　　　　　　　　　　　　　　　　　-105인 사건 판결문. 1911

---

① 조선 물산 장려회를 조직하였다.
② 민립 대학 설립 운동을 주도하였다.
③ 열강의 이권 침탈을 저지하고자 하였다.
④ 일제의 황무지 개간권 요구를 저지하였다.
⑤ 대성 학교와 오산 학교를 설립하여 민족주의 교육을 실시하였다.

31 (가)와 (나) 사이에 있었던 동학 농민군의 활동으로 옳은 것은?

(가) 군중들은 다시 만석보로 돌아가 새로 쌓아 올린 둑을 터뜨려 버렸다. 고여 있던 물이 노도처럼 쏟아져 흘러내리는 것을 보고 농민들은 "가슴속에 쌓이고 쌓였던 분노가 한꺼번에 풀리는 것 같다"며 시원해했다.

(나) 전라 감사 김학진과 농민군 최고 지도자 전봉준이 두 차례 회담을 갖고 국가의 위급 상황과 지방 행정 문제에 공동 대응키로 합의하고 집강소를 설치해 양측이 합심 협력하기로 했다. 이에 따라 집강소의 위상은 한층 높아졌다.

---

① 우금치에서 관군에게 패전하였다.
② 남접과 북접이 연합하여 대응하였다.
③ 황토현 전투에서 관군에 승리하였다.
④ 삼례와 보은에서 교조 신원 운동을 전개하였다.
⑤ 국제법상 교전 단체로 인정해 줄 것을 요청하였다.

32 밑줄 친 '이번 사건'에서 제기된 개혁 방안으로 옳은 것은?

이번 사건은 정가에 깊은 충격을 던져 주고 있다. 무력을 동원하여 정권을 장악하는 쿠데타란 점도 충격적이거니와, 이들이 내건 개혁 정강 또한 과감한 것이어서 주목을 끌고 있다. 이들의 개혁 요구는 한마디로 조선 사회의 봉건적 모순을 개혁하여 근대 사회로 전환시키려는 프로그램이라는 것이 일반적인 평가다. 이들은 일본의 메이지 유신을 그 모델로 삼고 있었다고 한다.

---

① 은 본위제 시행
② 토지 제도 개혁
③ 인민 평등권 제정
④ 건양 연호의 사용
⑤ 상공업 진흥 정책

33 다음을 주장한 인물에 대한 설명으로 옳은 것은?

> 재물은 대체로 샘과 같은 것이다. 퍼내면 차고, 버려두면 말라
> 버린다. 그러므로 비단옷을 입지 않아서 나라에 비단을 짜는 사
> 람이 없게 되면 여공이 쇠퇴하고, 찌그러진 그릇을 싫어하지 않
> 고 기교를 숭상하지 않아서 장인이 작업하는 일이 없게 되면 기
> 예가 망하게 되며, 농사가 황폐해져서 그 법을 잃게 되므로 사·
> 농·공·상의 사민이 모두 곤궁하여 서로 구제할 수 없게 된다.

① 우리나라 최초로 축척을 이용한 지도를 제작하였다.
② 공동 생산, 공동 분배의 토지 제도 개혁을 주장하였다.
③ 열하일기를 통해 화폐의 적극적인 사용을 주장하였다.
④ 양반 제도의 비생산성에 대하여 적극적으로 비판하였다.
⑤ 절약보다는 소비를 강조한 유통 경제의 활성화를 주장하
   였다.

34 다음과 관련된 정책에 대한 설명으로 옳은 것은?

> 상태가 매우 양호한 갑종 백동화는 개당 2전 5리의 가격으로 새
> 돈과 교환하여 주고, 상태가 좋지 않은 을종 백동화는 개당 1전의
> 가격으로 정부에서 매수하며, 매수를 원치 않는 자에 대해서는 정
> 부가 절단하여 돌려준다. 단, 형질이 조악하여 화폐로 인정키 어
> 려운 병종 백동화는 매수하지 않는다.

① 광무개혁의 주요 내용이다.
② 전환국 설치의 계기가 되었다.
③ 한국인 상인과 회사가 성장하였다.
④ 경복궁 중건 과정에서 실시되었다.
⑤ 재정 고문 메가타가 주도하여 시행되었다.

35 다음에서 설명하는 것으로 적절한 것은?

> 흥선 대원군이 실시한
> 정책으로 상민만 납부하게
> 하던 군포를 양반에게도
> 징수한 것이에요.

① 서원 철폐   ② 호포제   ③ 사창제
④ 경복궁 중건   ⑤ 균역법

36 (가)~(다)의 주장을 제기된 순서대로 바르게 나열한 것
은?

> (가) 일단 강화를 맺고 나면 저 적들의 욕심은 물화를 교역하는
>   데 있습니다. 저들의 물화는 모두 지나치게 사치하고 기이한
>   노리개로 공산품이며 양이 무궁합니다. 우리 물화는 모두가
>   백성들의 생명이 달린 것이고 땅에서 나는 것으로 한정이 있
>   는 것입니다.
> (나) 수신사 김홍집이 가지고 와서 유포한 황쭌셴의 사사로운 책
>   자를 보노라면 어느새 털끝이 일어서고 쓸개가 떨리며 울음
>   이 북받치고 눈물이 흐릅니다. …… 하물며 러시아, 미국, 일
>   본은 같은 오랑캐입니다. 누구는 후하게 대하고 누구는 박하
>   게 대하겠습니까.
> (다) 지금 국론이 수교하자는 입장과 싸우자는 입장 두 가지로 갈
>   리어 있습니다. 서양 오랑캐를 공격하자는 것은 우리 쪽 사
>   람의 주장이고, 서양 오랑캐와 화친하자는 쪽은 적 쪽 사람
>   의 주장입니다. 전자를 따르면 우리 전통을 지킬 수 있지만,
>   후자를 따르면 금수에 빠질 것입니다. 이것이 바로 서양 오
>   랑캐와 싸우지 않으면 안 되는 까닭입니다.

① (가) – (나) – (다)   ② (가) – (다) – (나)
③ (나) – (다) – (가)   ④ (나) – (가) – (다)
⑤ (다) – (가) – (나)

37 (가)에 들어갈 내용으로 옳지 <u>않은</u> 것은?

> • 학습 주제 : 문화 통치의 실상
> • 학습 목표 : 3·1 운동 이후 변화된 일제의 식민 통치에 대해 설명할 수 있다.
> • 학습 자료 : [(가)   ]

① 사전 검열로 기사가 삭제된 신문
② 경찰 관서와 경찰 수 증가 그래프
③ 한국인의 고등 교육 취학률 그래프
④ 조선 총독의 문관 출신 여부 조사표
⑤ 국가 총동원법 실시에 따른 인적·물적 수탈량 그래프

38 (가)에 들어갈 자료로 옳은 것을 〈보기〉에서 모두 고른 것은?

> **조사 계획서**　　　○○○○년 ○○월 ○○일
>
> **주제 : 일제의 무단 통치 정책**
>
> 일제가 국권을 강탈한 이후 우리 민족을 쉽게 길들이기 위해 강압적으로 시행한 무단 통치 정책의 구체적인 사례를 찾아본다.
> • 방법: 문헌 조사, 인터넷 검색, 전시관 방문
> • 자료: [(가)   ]

〈보기〉

ㄱ. 헌병 경찰
ㄴ. 검열로 기사가 삭제된 신문
ㄷ. 태형 도구
ㄹ. 황국 신민 서사 암송

① ㄱ, ㄴ　　　② ㄱ, ㄷ　　　③ ㄴ, ㄷ
④ ㄴ, ㄹ　　　⑤ ㄷ, ㄹ

39 다음 자료와 관련 있는 민족 운동에 대한 설명으로 옳은 것은?

> 오등(吾等)은 이에 아(我) 조선의 독립국임과 조선인의 자주민임을 선언하노라. …… 금일 우리의 이 거사는 정의, 인도, 생존, 존영을 위하는 민족적 요구이니 오직 자유적 정신을 발휘하는 것이요 …… 최후의 일인까지 최후의 시간까지 민족의 정당한 의사를 시원하게 발표하라.

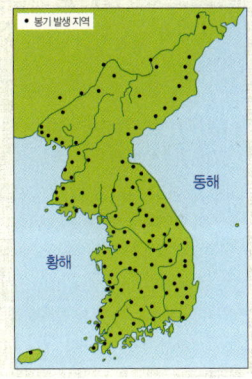

① 사회주의자들이 주도하였다.
② 참가자들이 치안 유지법으로 처벌되었다.
③ 평양에서 시작되어 전국으로 확산되었다.
④ 신간회가 전국적으로 확산하는 데 기여하였다.
⑤ 일제의 통치 방식이 문화 통치로 전환하는 계기가 되었다.

40 (가) 정부에 대한 설명으로 옳지 <u>않은</u> 것은?

① 미국에 구미 위원부를 설치하였다.
② 연통제를 조직하고 교통국을 두었다.
③ 파리 강화 회의에 김규식을 파견하였다.
④ 애국 공채를 발행하여 독립 자금을 마련하였다.
⑤ 여운형과 김규식이 좌우 합작 형태로 조직하였다.

41 밑줄 그은 '이 지역'을 지도에서 옳게 찾은 것은?

이번 전시회는 일제 강점기에 수난을 당했던 국외 동포들의 삶을 이해하기 위한 행사로, <u>이 지역</u> 동포들의 삶과 역사를 사진 및 영상을 통해 이해해 볼 수 있습니다.

입장권

• 전시관 1 : 경학사를 조직한 동포의 삶
• 전시관 2 : 신흥 무관 학교와 서로 군정서
■ 2014년 ○○월 ○○일 ~ ○○월 ○○일
■ ○○ 독립운동기념관

(가) 연해주
(나) 만주
(다) 일본
(라) 상하이
(마) 하와이

① (가) ② (나) ③ (다) ④ (라) ⑤ (마)

42 밑줄 친 '청년'이 속한 단체로 옳은 것은?

<u>청년</u>은 뜻한 바를 기어이 성공하려고 이틀 전 식장인 홍커우 공원으로 가서 모든 식장 배치를 세밀하게 살펴보고 …… 4월 29일 새벽이 되자, 공원으로 달음질쳐 갔으니, 왜인 군경의 경비가 아무리 철통같다 해도 마침내 한 사람의 한국인을 막지 못했던 것이다.

① 의민단
② 중광단
③ 한인 애국단
④ 좌우 합작 위원회
⑤ 조선 건국 준비 위원회

43 (가)에 들어갈 한글 연구 단체에 대한 설명을 〈보기〉에서 옳게 고른 것은?

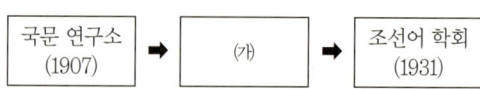

국문 연구소 (1907) → (가) → 조선어 학회 (1931)

〈보기〉
ㄱ. 우리말 큰 사전 편찬을 시도하였다.
ㄴ. 한글날의 시초가 된 '가갸날'을 제정하였다.
ㄷ. 한글 맞춤법 통일안과 표준어를 제정하였다.
ㄹ. 기관지 한글을 만들고 한글 대중화에 기여하였다.

① ㄱ, ㄴ   ② ㄱ, ㄷ   ③ ㄴ, ㄷ
④ ㄴ, ㄹ   ⑤ ㄷ, ㄹ

44 다음 설명에 해당하는 인물로 옳은 것은?

• 일제의 역사 왜곡에 맞서 민족주의 사학을 발전시켰다.
• 고대사의 독자성을 강조하고 역사를 '아(我)와 비아(非我)의 투쟁'으로 규정하였다.
• 저서로는 《조선상고사》, 《조선사연구초》 등이 있다.

①
조소앙

②
신채호

③
박은식

④
정인보

⑤
주시경

45 (가)에 들어갈 단체로 옳은 것은?

① 의열단
② 한인 애국단
③ 좌우 합작 위원회
④ 대한민국 임시 정부
⑤ 반민족 행위 특별 조사 위원회

46 (가)에 들어갈 내용으로 옳은 것은?

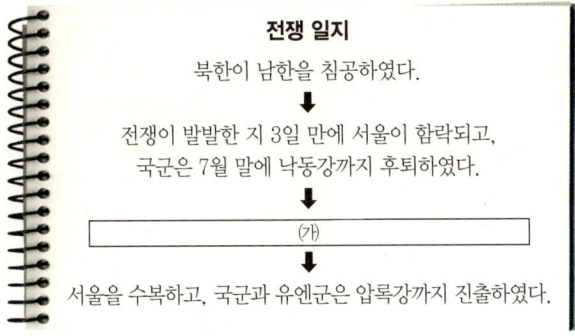

① 애치슨 선언이 발표되었다.
② 한미 상호 방위 조약을 체결하였다.
③ 이승만 대통령이 반공 포로를 석방하였다.
④ 국군과 유엔군이 인천 상륙 작전을 전개하였다.
⑤ 중국군의 개입으로 국군이 한강 이남까지 후퇴하였다.

47 다음 자료가 선포된 시기의 정치 상황으로 옳은 것은?

> **긴급 조치 1호**
>
> 1. 대한민국 헌법을 부정, 반대, 왜곡 또는 비방하는 일체의 행위를 금한다.
> 2. 대한민국 헌법의 개정 또는 폐지를 주장, 발의, 제안 또는 청원하는 일체의 행위를 금한다.
> 3. 유언비어를 날조, 유포하는 일체의 행위를 금한다.
>   ⋮
> 6. 이 조치를 위반한 자와 이 조치를 비방한 자는 비상 군법 회의에서 심판 처단한다.

① 대통령을 직선제로 선출하였다.
② 조봉암이 간첩 혐의로 처형되었다.
③ 정부에 비판적인 경향신문이 폐간되었다.
④ 민의원, 참의원의 양원제 국회가 구성되었다.
⑤ 대통령이 국회 의원의 3분의 1을 임명할 수 있었다.

48 (가)에 대한 설명으로 옳은 것은?

① 한일 간 국교 정상화에 반대하였다.
② 장면 내각이 수립되는 계기가 되었다.
③ 유신 체제가 붕괴되는 계기가 되었다.
④ 신군부 퇴진과 계엄령 철폐를 주장하였다.
⑤ 5년 단임의 대통령 직선제가 실시되는 결과를 낳았다.

49 (가)에 들어갈 내용으로 옳은 것은?

각 정부의 경제 상황	
박정희 정부	• 1~4차 경제 개발 5개년 계획 추진 • 베트남 파병으로 경제 활성화
전두환 정부	• 3저 호황으로 무역 흑자 기록
김영삼 정부	(가)
김대중 정부	• 노사정 위원회 설치

① 새마을 운동의 시작
② 미국에 의한 원조 경제 체제 수립
③ 중화학 공업 중심의 산업 구조로 전환
④ 국제 통화 기금(IMF)의 긴급 금융 지원
⑤ 1, 2차 석유 파동으로 인한 경제 위기 발생

50 (가) ~ (라) 시기의 통일 노력을 〈보기〉에서 옳게 고른 것은?

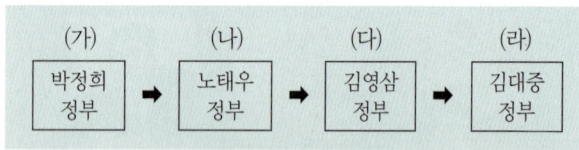

〈보기〉

ㄱ. (가) – 남북 기본 합의서를 체결하였다.
ㄴ. (나) – 한반도 비핵화 공동 선언을 발표하였다.
ㄷ. (다) – 7·4 남북 공동 성명을 발표하였다.
ㄹ. (라) – 6·15 남북 공동 선언을 발표하였다.

① ㄱ, ㄴ
② ㄱ, ㄷ
③ ㄴ, ㄷ
④ ㄴ, ㄹ
⑤ ㄷ, ㄹ

1. ① 2. ⑤ 3. ④ 4. ⑤ 5. ① 6. ③ 7. ③ 8. ⑤ 9. ④ 10. ①
11. ④ 12. ① 13. ① 14. ② 15. ① 16. ④ 17. ③ 18. ② 19. ①
20. ④ 21. ② 22. ⑤ 23. ② 24. ④ 25. ④ 26. ⑤ 27. ③ 28.
③ 29. ④ 30. ⑤ 31. ③ 32. ③ 33. ⑤ 34. ⑤ 35. ② 36.
⑤ 37. ⑤ 38. ② 39. ⑤ 40. ⑤ 41. ② 42. ③ 43. ④ 44. ②
45. ③ 46. ④ 47. ⑤ 48. ⑤ 49. ④ 50. ④

1. ① 바로 정리 : 신석기 시대의 생활

제시된 자료에서 '가락바퀴, 돌괭이, 돌삽, 가운데에 화덕, 저장 구덩이, 빗살무늬 토기' 등을 통해 신석기 시대와 관련된 내용임을 알 수 있다. 신석기 시대에는 정착 생활을 하게 되어 농경이 시작되었고, 그로 인해 주거 생활이 개선되고, 토기를 제작하게 되었다. 아하! ②, ⑤ 구석기 시대에 해당한다. ③ 청동기 시대에 해당한다. ④ 철기 시대에 해당한다.

2. ⑤ 바로 정리 : 동예와 옥저의 특징

(가)는 책화와 족외혼에 대한 설명으로, 동예와 관련이 있고, (나)는 가족 공동 무덤에 대한 설명으로, 옥저와 관계된 내용이다. 동예와 옥저는 변방에 치우쳐 있어 선진 문화의 수용이 늦었으며, 일찍부터 고구려의 압력을 받아 크게 성장하지 못했다. 각 읍락에서는 읍군이나 삼로라는 군장이 있어서 자기 부족을 다스렸으나, 큰 정치 세력을 형성하지는 못했다. 아하! ① 고구려에 해당한다. ② 삼한에 해당한다. ③ 부여에 해당한다. ④ 동예에 해당한다.

3. ④ 바로 정리 : 호우명 그릇의 특징

제시된 자료에서 '호우총 발굴, 밑바닥의 글씨체가 광개토 대왕릉비와 비슷' 등을 통해 호우명 그릇에 대한 것임을 알 수 있다. 호우명 그릇은 경주의 호우총에서 발견된 것으로, 이 그릇 밑바닥에 '乙卯年 國岡上 廣開土地好太王 壺杆十(을묘년 국강상 광개토지호태왕 호우십)'이라는 글씨가 새겨져 있어, 당시 신라와 고구려의 관계를 보여 준다. 아하! ① 금동 대향로는 백제에서 제작된 것이다. ② 금동 미륵보살 반가 사유상이다. ③ 백제 근초고왕 시기에 제작한 것으로 알려진 칠지도이다. ⑤ 신라에서 제작한 금관이다.

4. ⑤ 바로 정리 : 법흥왕의 업적

제시된 자료에서 '신라, 율령 반포, 불교 공인, 건원 제정' 등을 통해 신라 법흥왕에 대한 내용임을 알 수 있다. 법흥왕은 병부의 설치, 율령의 반포, 공복의 제정 등을 통하여 통치 질서를 확립했다. 또 골품 제도를 정비하고 불교를 공인하여 새롭게 성장하는 세력들을 포섭하고자 했다. 건원이라는 연호를 사용함으로써 자주 국가로서의 위상을 높이고, 김해 지역의 금관가야를 정복하여 영토를 확장했다. 아하! ① 고구려 소수림왕에 해당한다. ② 통일 신라 경덕왕에 해당한다. ③ 신라 지증왕에 해당한다. ④ 신라 진흥왕에 해당한다.

5. ① 바로 정리 : 골품제의 기능

제시된 자료에서 '오를 수 있는 최고 관등, 방 크기 제한, 말의 수 제한' 등을 통해 골품제라는 것을 알 수 있다. 골품제는 신분에 따라 사회적 제약이 가해지는 것으로, 개인의 사회 활동과 정치 활동 범위까지 엄격히 제한했다. 관등 승진의 상한선이 골품에 따라 정해져 있어 불만을 가진 사람도 있었다.

골품 제도는 가옥의 규모와 장식은 물론, 복색이나 수레 등 신라인의 일상생활까지 규제하는 기준으로서 오랫동안 유지되었다. 아하! ②, ④ 화랑도에 해당한다. ③ 복색은 관리의 등급에 따라 결정되었다. ⑤ 상수리 제도에 해당한다.

6. ③ 바로 정리 : 신문왕의 업적

제시문에서 '김흠돌의 반란, 국학 설립' 등을 통해 신문왕과 관련된 내용임을 알 수 있다. 신문왕은 김흠돌의 모역 사건을 계기로 귀족 세력을 숙청하고 정치 세력을 다시 편성했다. 중앙 정치 기구와 군사 조직을 정비하고, 9주 5소경 체제의 지방 행정 조직을 완비했다. 또 문무 관리에게 관교전을 지급하고, 귀족의 경제 기반이었던 녹읍을 폐지하기도 했다. 나아가, 유교 정치 이념의 확립을 위하여 유학 사상을 강조하고, 유학 교육을 위하여 국학을 설립했다. 아하! ① 고려 말~조선 초기에 해당한다. ② 조선의 광해군 시기에 해당한다. ④ 조선 초기에 해당한다. ⑤ 조선의 세종 시기에 해당한다.

7. ③ 바로 정리 : 발해의 통치 기구

제시된 자료에서 '정당성, 선조성, 중대성, 충부, 인부, 외부' 등을 통해 발해의 중앙 통치 기구인 3성 6부임을 알 수 있다. 발해는 무왕 때 당과 대결하여 산둥 성을 선제 공격하기도 했으나, 문왕 시기에 이르러 당과 친선 관계를 맺으면서 당의 문물을 받아들여 체제를 정비하고 신라와도 상설 교통로를 개설했다. 또한 수도를 상경으로 옮기고 인안, 대흥 등의 독자적이 연호를 사용했다. 아하! ① 고려에 해당한다. ② 통일 신라에 해당한다. ④ 조선에 해당한다. ⑤ 백제에 해당한다.

8. ⑤ 바로 정리 : 신라 하대의 사회 모습

제시된 자료는 '신라 하대의 진전사지 3층 석탑과 쌍봉사 철감 선사 승탑'이다. 신라 하대에는 신라 중대의 전형적인 석탑인 불국사 3층 석탑과 달리 석탑에 부조가 새겨지는 등 탑에 개성적인 모습이 나타나는 한편, 선종의 영향으로 승려의 사리를 봉안하는 승탑을 많이 건립했다. 이 시기 신라에서는 성주 또는 장군이라고 칭하는 지방 세력이 성장했다. 아하! ①, ②, ③ 조선 후기에 해당한다. ④ 고려에 해당한다.

9. ④ 바로 정리 : 고려 성종의 업적

제시된 자료에서 '불교는 수신의 근본, 유교는 치국의 근원, 외관을 두소서' 등을 통해 최승로의 시무 28조라는 것을 알 수 있다. 최승로의 시무 28조는 성종이 즉위 후 중앙의 5품 이상의 관리들로 하여금 그동안의 정치에 대한 비판과 정책을 건의하는 글을 올리게 하자 최승로가 올린 글이다. 최승로는 유교의 진흥과 과도한 재정 낭비를 가져오는 불교 행사의 억제를 요구하고, 태조로부터 경종에 이르는 5대 왕의 치적에 대한 잘잘못을 평가하여 교훈으로 삼게 했다. 이에 성종은 지방관을 파견하고 향리 제도를 마련하여 지방 세력을 견제했다. 또한 국자감을 정비하고, 지방에 경학박사와 의학박사를 파견하여 유학 교육의 진흥에 노력했다. 과거 제도를 정비하고 과거 출신자들을 우대하여 유학에 조예가 깊은 인재들의 적극적인 정치 참여를 유도했으며, 2성 6부제를 중심으로 하는 중앙 관제도 새로 마련했다. 아하! ㄱ. 공민왕에 해당한다. ㄷ. 광종에 해당한다.

10. ① 바로 정리 : 윤관의 별무반과 동북 구성

제시된 자료에서 '신기군, 신보군, 항마군' 등을 통해 별무반이라는 것을 알 수 있다. 별무반은 윤관의 건의를 받아들여 편성한 것으로, 기병인 신기군, 보병인 신보군, 승병인 항마군으로 편성되었다. 고려는 이러한 별무반을 이용하여 여진족을 북방으로 밀어내고 동북 지방 일대에 9개의 성을 쌓았다. 아하! ② 묘청에 해당한다. ③ 이자겸과 김부식에 해당한다. ④ 최영, 이성계 등 신흥 무인 세력에 해당한다. ⑤ 배중손 등 삼별초에 해당한다.

11. ④ 바로 정리 : 공민왕의 업적

제시된 자료의 '신돈' 등을 통해 밑줄 친 왕이 공민왕임을 알 수 있다. 공민왕은 친원 세력을 숙청하고 정동행성 이문소를 폐지했으며, 원의 간섭으로 바뀌었던 관제를 복구했다. 또한 몽골 풍속을 금지하고 쌍성총관부를 공격하여 철령 이북의 땅을 수복했으며, 고구려의 옛 땅을 수복하기 위해 요동 지방을 공략했다. 한편 공민왕은 왕권을 제약하고 있던 정방을 폐지하고, 전민변정도감을 설치하여 권문세족이 부당하게 빼앗은 토지와 노비를 본래의 소유주에게 돌려주거나 양민으로 해방시켰다. 아하! ① 고려 인종 ② 고려 광종 ③ 고려 태조 ⑤ 고려 고종

12. ① 바로 정리 : 고려의 전시과 제도와 과전법의 실시

제시문에서 '전지, 시지, 공양왕, 경기에서 과전 지급' 등을 통해 (가)는 전시과, (나)는 과전법이라는 것을 알 수 있다. 전시과는 국가에 봉사하는 대가로 관료에게 곡물을 수취할 수 있는 전지와 땔감을 얻을 수 있는 시지를 지급한 것이다. 과전법은 경기 지방의 토지를 지급한 것으로, 수신전·휼양전·공신전의 형태로 세습이 가능했다. 아하! ② 관수관급제에 해당한다. ③ 경정 전시과와 직전법에 해당한다. ④ 녹읍에 해당한다. ⑤ 수조권을 지급한 것이다.

13. ① 바로 정리 : 외거 노비의 생활

제시문에서 '노비로 양주에서 농사를 지으며 살았다' 등을 통해 외거 노비임을 알 수 있다. 외거 노비는 주인과 따로 사는 노비로서 주로 농업 등의 일에 종사하고 일정량의 신공을 바쳤다. 주인의 토지뿐만 아니라 다른 사람의 토지도 소작할 수 있어서, 노력에 따라서는 경제적으로 여유를 얻을 수 있었으며, 자신의 토지도 소유할 수 있었다. 노비는 재산으로 간주되어 국가에서 엄격히 관리했다. 매매, 증여, 상속의 방법을 통하여 주인에게 예속되었다. 아하! ㄷ. 양민 이상에 해당한다. ㄹ. 백정 농민에 해당한다.

14. ② 바로 정리 : 경천사지 10층 석탑의 특징

제시된 자료는 원 간섭기 경천사지 10층 석탑에 대한 내용이다. 경천사지 10층 석탑은 조선의 원각사지 10층 석탑에 영향을 주었다. 아하! ① 백제에서 건립했다. ③ 신라 말에 건립된 것이다. ④ 신라 중대에 건립된 것이다. ⑤ 고려 전기의 탑이다.

15. ③ 바로 정리 : 의정부 서사제의 실시 목적

제시문에서 '6조는 의정부에 품의하고, 의정부는 왕에게 아뢴다'는 내용을 통해 의정부 서사제임을 알 수 있다. '다만 이조·병조의 제수(인사권), 병조의 군사 업무 등은 종래와 같이 각 조(6조)에서 직접 아뢰어 시행' 등의 내용을 통해 인사권과 군사권은 직계하면서 의정부 서사제를 실시한 세종 때의 일임을 알 수 있다. 이를 통해 세종은 왕권과 신권의 조화를 꾀했다. 아하! ① 과학 교육의 발달이나 통치 체제 정비 등에 해당한다. ② 삼사에 해당한다. ④ 언론의 활성화 등에 해당한다. ⑤ 정조 시기의 초계문신제에 해당한다.

16. ④ 바로 정리 : 조선의 지방 행정 조직 정비

제시된 자료에서 '전국을 8도, 특수 행정 구역을 일반 행정 구역으로 승격, 모든 군현에 지방관 파견' 등을 통해 조선의 지방 행정 조직과 관련된 내용임을 알 수 있다. 조선은 전국을 8도로 나누고, 고을의 크기에 따라 지방관의 등급을 조정하고, 작은 군현을 통합하여 전국에 330여 개의 군현을 두었다. 고려 시대까지 특수 행정 구역이었던 향, 부곡, 소도 일반 군현으로 승격시키거나 포함시켰다. 나아가, 전국의 주민을 국가가 직접 지배하기 위하여 모든 군현에 수령을 파견했다. 따라서 수령의 권한은 강화된 반면, 향리는 수령의 행정 실무를 보좌하는 세습적인 아전으로 격하되었다. 아하! ①, ② 고려에 해당한다. ③, ⑤ 통일신라에 해당한다.

17. ③ 바로 정리 : 조광조의 정치

제시된 자료에서 '김굉필의 문하, 현량과 실시 주장, 위훈 삭제 문제로 능주에 유배' 등을 통해 조광조임을 알 수 있다. 조광조를 비롯한 당시의 사림은 경연의 강화, 언론 활동의 활성화, 위훈 삭제, 소격서의 폐지, 소학의 보급, 방납의 폐단 시정 등을 주요 정책으로 삼았다. 그러나 이에 대한 공신들의 반발로 말미암아 조광조를 비롯한 사림 세력은 대부분 기묘사화 때 제거되었다. 아하! ① 송시열 등에 해당한다. ② 이이에 해당한다. ④ 이황에 해당한다. ⑤ 정도전 등에 해당한다.

18. ② 바로 정리 : 세종의 연분 9등법과 《농사직설》 편찬

제시된 자료는 '연분, 상상년, 하하년' 등을 통해 세종 시기의 연분 9등법임을 알 수 있다. 세종은 농업 생산력의 증대를 위해 과학 기술을 발전시키고 우리나라의 농업 기술을 기반으로 《농사직설》을 편찬했다. 아하! ① 정조에 해당한다. ③ 성종에 해당한다. ④, ⑤ 조선 후기에 해당한다.

19. ① 바로 정리 : 조선 전기의 회화

제시문은 조선 전기의 그림 경향을 표현하고 있다. 이에 해당하는 그림은 15세기 강희안의 〈고사관수도〉가 있다. 이 시기의 그림은 중국 역대 화풍을 선택적으로 수용하여 우리의 독자적인 화풍을 개발했다. 조선의 이런 그림은 일본 무로마치 시대의 미술에 많은 영향을 주었다. 아하! ② 김정희의 그림으로, 조선 후기의 그림이다. ③, ④ 정선의 그림으로, 조선 후기의 그림이다. ⑤ 까치와 호랑이 같은 민화는 조선 후기에 유행했다.

20. ④ 바로 정리 : 조선 전기의 과학 기술 발달

제시된 자료는 조선 전기의 과학 기술에 대한 설명이다. 조선 초기에는 민족적이면서 실용적인 성격의 학문이 발달하여 다른 시기보다 민족 문화가 크게 발달했다. 당시의 집권층은 민생 안정과 부국강병을 위하여 과학 기술과 실용적 학문을 중시하고 민족 문화의 발달에 노력했다. 거중기는 조선 후기 수원 화성을 축조하는 과정에서 이용된 것으로, 정약용이 기기도설을 활용하여 제작했다.

21. ④ 바로 정리 : 조선 후기 속오군

(가)는 조선 후기 지방군이었던 '속오군'이다. 1594년(선조 27)에 유성룡의 건의로 황해도 지방에서부터 편성되기 시작했다. 병농 일치제에 따라 평상시에는 농사와 무예 훈련을 하다가, 유사시에는 소집되어 국가 방어에 동원되는 체제로서 영조 중엽부터는 속오군의 구성에 점차 양인은 제외되고 천인으로 채워져, 마침내 《속대전》에는 천예군으로 기록된다. 아하! ① 임진왜란

중에 설치된다. ② 5군영에 대한 설명이다. ③ 5군영의 군대가 직업 군인이고, 속오군의 군대는 평상시 생업에 종사하는 백성들이다. ⑤ 상류층의 자제가 포함된 군대는 잡색군이다.

22. ⑤ 바로 정리 : 흥선 대원군의 개혁
왼쪽에 있는 대신의 이야기는 병인박해에 대한 것이다. 러시아를 견제하기 위해 대원군이 천주교의 포교 허용을 조건으로 하여 청에 와 있던 프랑스 함대에 도움을 요청했으나 거절당하자 천주교에 대한 대대적인 탄압이 시작된다. 이것이 병인박해이다. 오른쪽에 있는 대신의 이야기는 병인양요에 대한 것이다. 이상을 종합해 볼 때 흥선 대원군에 대한 이야기임을 알 수 있다. 흥선 대원군은 대내적으로 서원 철폐, 경복궁 중건, 호포제 실시 등의 개혁 정책을 펼쳤다. 아하! ① 흥선 대원군은 통상 수교 거부 정책을 추진했다. ② 대원군이 물러나고 고종과 명성 황후가 정권을 잡았을 당시에 일어난 사건이다. ③ 영국이 러시아의 조선 진출을 견제하기 위해 거문도를 불법 점령한 사건으로, 개혁과는 관련이 없다. ④ 병자호란 이후에 일어난 일이다.

23. ② 바로 정리 : 임술 농민 봉기
19세기에 들어와 조선에 내재되어 있던 여러 가지 문제점이 드러난다. 탐관오리의 수탈과 삼정의 문란이 지속되고 농민들의 사회의식이 높아지면서 과중한 부담을 이기지 못한 농민들은 항거했다. 민란을 조직, 주도한 세력은 대부분 몰락한 양반들이었는데, 잘못된 조세 제도의 철폐 요구, 수령에 대한 공격으로 기존 통치 질서에 대항했다. 아하! ① 동학 농민 운동 ③ 흥선 대원군의 개혁 정책 ④ 개항 당시의 상황 ⑤ 홍경래의 난

24. ④ 바로 정리 : 조선 후기의 회화
조선 후기에는 서민들의 경제력과 사회적 지위가 상승하고 서당 교육으로 의식 수준 또한 높아졌다. 이를 배경으로 서민 중심의 문화가 발달하였다. 이 시기의 화가는 양반이 아닌 역동적이고 생동감 있는 서민들의 삶을 그림의 주제로 많이 선택했다. 또한 서민들이 직접 그린 민화가 등장했다. 아하! ① 16세기 신사임당의 〈초충도〉 ② 고려 말 공민왕의 〈천산대렵도〉 ③ 15세기 강희안의 〈고사관수도〉 ⑤ 15세기 안견의 〈몽유도원도〉

25. ④ 바로 정리 : 성리학의 경직화, 절대화
인조반정으로 광해군과 북인 세력을 축출한 서인들은 사회 모순을 해결하기 위하여 명분론을 강화했다. 이런 성리학의 절대화에 반발하여 윤휴와 박세당은 6경과 제자백가에서 사회 모순 해결의 사상적 기반을 찾고자 했다. 윤휴는 서경덕의 영향을 받아 유교 경전에 대해서 주자와 다른 해석을 했고, 박세당은 양명학의 영향을 받아 주자의 학설을 비판했다. 이들은 중국 주자의 유교 경전 해석을 따르지 않는 사람으로 비판, 매도되면서 사문난적으로 불렸다. 아하! ① 위정척사파 ② 애국 계몽 운동은 개화 지식인이 주도한다. ③ 조선 후기 남인들에 해당한다. ⑤ '사실에 바탕을 두고 옳음을 구한다'는 뜻으로, 실학의 기본 정신이다.

26. ⑤ 바로 정리 : 백두산정계비
제시문에서 '토문강의 위치, 간도' 등을 통해 간도에 대한 소유권이 기록되어 있는 백두산정계비임을 알 수 있다. 아하! ① 삼전도비는 병자호란에서 패전한 후 인조가 청 태종에게 항복한 사실과 여러 조항들을 새겨 놓은 비석이다. ② 북한산 순수비는 진흥왕이 한강 유역을 점령하고 세운 비석이다. ③

흥선 대원군의 통상 수교 거부 정책을 상징하는 비석이다. ④ 고구려 장수왕이 남한강 유역(현 충청도)까지 세력을 확장한 후, 고구려 영토임을 확인하는 기념으로 세운 비석이다.

27. ③ 바로 정리 : 정조의 탕평책
제시문에서 '강경 탕평, 장용영과 규장각 설치, 왕권 강화' 등을 통해 정조의 탕평책임을 알 수 있다. 장용영은 국왕 친위군의 성격을 가진 군대로 수원 화성에 배치되었다. 규장각은 국왕 직속의 학술 및 정책 연구 기관이다. 규장각은 본래 역대 국왕의 글과 책을 수집하여 보관하기 위한 곳인데, 붕당의 비대화를 막아 왕권을 강화하려는 정치적 목적으로 활용되었다. 초계문신제는 조정의 37세 이하 문신들 가운데 재주 있는 자들을 뽑아 공부하게 한 다음 그 성과를 시험을 통해 확인하여 임용 승진의 자료로 삼고자 한 것으로, 규장각이 이를 주관했다. 아하! ① 숙종 ② 태종 ④ 흥선 대원군 ⑤ 영조

28. ③ 바로 정리 : 조선 후기 사회의 변화
제시된 그림은 진경산수화인 정선의 〈금강전도〉와 풍속화인 김홍도의 〈씨름도〉이다. 진경산수화와 풍속화는 조선 후기에 유행한 회화이다. 이외에도 조선 후기에는 서민 문화가 발달했는데 탈춤, 청화 백자, 사설시조, 한글 소설 등이 유행했다. 아하! ③ 《칠정산》은 세종 26년에 만들어진 역법서로 이순지와 김담(金淡)이 원나라와 명나라의 역법을 참고하여 만든 책이다. 칠정이란 해, 달, 수성, 화성, 목성, 토성, 금성을 의미한다.

29. ④ 바로 정리 : 조선 후기 수취 체제의 변화(균역법)
제시된 자료의 (가)는 균역법이다. 조선 후기에 군역 제도의 폐단을 없애기 위해 1750년 영조 때 균역법을 실시했다. 균역법은 16개월에 2필을 내던 것을 1년에 1필로 세수를 줄인 것이다. 이에 따라 부족해진 세수를 보충하기 위해 선무군관포, 결작, 어염선세 등을 추가로 걷었다. 이 중 결작미는 토지 1결마다 2두씩 거두어 들였다.

30. ⑤ 바로 정리 : 신민회
을사조약을 계기로 개화 자강 계열의 민족 운동은 국정 개혁을 위한 헌정 연구로부터 국권 회복을 위한 실력 양성 운동으로 전개되었다. 이때에 애국 계몽 운동을 주도한 전국 규모의 대표적인 단체는 대한 자강회, 대한 협회, 신민회였다. 신민회는 사회 각계각층의 인사들을 망라하여 조직한 비밀 결사 단체였다. 안창호, 양기탁 등을 지도부로 한 신민회는 국권 회복, 공화 정체의 국민 국가 수립을 궁극적인 목표로 삼고, 표면적으로는 문화적·경제적 실력 양성 운동을 전개하면서, 내면적으로는 군사력 양성을 기도하며 간도와 연해주에 많은 독립운동 기지를 건설하는 데 앞장서게 된다. 아하! ① 1920년대 물산 장려 운동이다. ② 1920년대 민립 대학 기성회이다. ③ 독립 협회에 해당한다. ④ 보안회에 대한 설명이다.

31. ③ 바로 정리 : 동학 농민 운동
제시된 자료와 연관 있는 사건은 동학 농민 운동이다. 고부 민란기를 지나고 안핵사 이용태를 파견하여 고부 민란을 조사하게 하는데, 이용태는 모든 책임이 동학교도에게 있다 하여 교도들을 체포, 처형한다. 이에 전봉준, 김개남, 손화중 등 농민군은 제폭구민, 보국안민의 기치를 내걸고 백산에 집결한다. 여기서 호남 창의문을 발표하고 농민군의 4대 행동 강령을 선포한다. 동학 농민 운동은 크게 네 시기로 구분되는데, 제1기는 고부 민란기, 제2기는

1차 농민 전쟁으로 보국안민·제폭구민의 기치를 내걸고 백산에 집결하던 시기, 제3기는 전주 화약 체결 시기, 제4기는 동학 농민 운동의 재봉기 시기이다. 주어진 문제에서 제1기와 제3기 사이에 발생하는 사건을 고르면 된다. 아하! ① 제4기 이후에 발생한다. ② 제4기 농민군의 재봉기에 해당하는 설명이다. ④ 제1기 전에 해당한다. ⑤ 정미 의병에 해당한다.

32. ③ 바로 정리 : 갑신정변

제시된 자료에서 '메이지 유신을 모델로 삼고 있다'는 사실을 통해 갑신정변임을 알 수 있다. 갑신정변은 임오군란 이후 요직을 차지한 민씨 정권 이하 친청 세력이 개화당(급진 개화파)을 탄압함에 따라 개화 정책의 추진과 신변의 위험을 느낀 개화당 요인들이 민씨 정권을 무너뜨리고 철저한 개화 정책을 추진하기 위하여 일으킨 사건이다. 개화당은 우정국 개국 축하연을 이용하여 사대당(온건 개화파) 요인들을 살해하고 김옥균, 박영효, 홍영식, 서광범, 서재필 등을 중심으로 하는 개화당 정부를 수립한 뒤 혁신 정강 14개 조를 만들어 국왕 전교로 공포했다. 14개 조 정강은 인민 평등권 제정, 입헌 군주제, 지조법 개혁, 혜상공국 혁파 등의 내용을 포함하고 있다. 아하! ① 갑오개혁 ② 농민에게 토지가 재분배되는 것은 해방 후 농지 개혁법이다. ④ 을미개혁 ⑤ 광무개혁

33. ⑤ 바로 정리 : 중상학파 실학자 박제가

제시된 자료는 박제가의 《북학의》이다. 《북학의》는 청나라에 가서 보고 들은 견문을 바탕으로 저술한 책으로 내·외편으로 구성되어 있는데, 내편에서는 농기구·수레 등 생활 기구의 개량에 대해서, 외편에서는 사회적 폐단을 성찰하고 사회 제도의 개혁 방안을 제시했다. 수레를 널리 이용하여 국내 상업을 발전시키고 동시에 견고한 선박을 만들어 해외 여러 나라와의 무역에 적극적으로 진출해야 한다고 주장했다. 보수적인 쇄국 정치에서 벗어나야 한다는 것이다. 생산력과 상품 유통의 발전, 통상 무역은 박제가가 가진 경제관의 주요 골자였다. 절약보다는 소비를 강조했다. 아하! ① 정상기의 〈동국지도〉, ② 정약용의 여전제 ③, ④ 박지원

34. ⑤ 바로 정리 : 화폐 정리 사업

제시된 자료에서 '상태가 양호한 백동화는 새 돈으로 교환, 상태가 좋지 않은 백동화는 정부에서 매수' 등을 통해 일제의 재정 고문이었던 메가타가 주도한 화폐 정리 사업임을 알 수 있다. 조선과 일본의 화폐 제도를 같게 한 것으로, 우리나라 상공업자들에게 큰 타격을 주었다. 갑오개혁 이후에 사용하던 백동화의 가치가 일정하지 않다 하여 교환에 있어서 불이익을 주었다. 한국 상인이 소유한 백동화의 상당수가 을종이나 병종으로 판정받았다. 게다가 소액을 가진 농민은 교환하기도 어려웠다. 한국 사람은 화폐 자산의 막대한 손실을 입었으며, 이러한 정보를 미리 알고 있던 일본 상인들은 병종 백동화를 이용하여 물건을 구입함으로써 부당 이익을 챙기는 경우도 많았고 많은 회사들이 일본인에게 넘어갔다.

35. ② 바로 정리 : 흥선 대원군의 호포법 개혁

흥선 대원군이 실시한 군역 제도는 호포법이다. 호(戶)를 단위로 군포를 징수하는 방법으로 농민에게 부과되었던 군역의 의무를 양반에게까지 확대한 것이다. 호포법의 실시는 서원의 철폐, 경복궁 중건(원납전 징수, 양반 묘지림 벌목)과 함께 양반들의 반발을 샀다.

36. ⑤ 바로 정리 : 위정척사 운동의 흐름

(가)는 최익현의 왜양일체론, (나)는 이만손의 〈영남 만인소〉, (다)는 척화 주전론이다. 위정척사 운동은 1860년대 척화 주전론(통상 반대 운동), 1870년대 개항 불가론과 왜양일체론(개항 반대 운동), 1880년대의 〈영남 만인소〉(개화 반대 운동), 1890년대 이후의 항일 의병 운동으로 전개된다.

37. ⑤ 바로 정리 : 문화 통치

제시된 자료에서 (가)는 3·1 운동 이후 변화된 1920년대 일제의 문화 통치의 실상을 보여 주는 학습 자료이다. 일제는 한글 신문에 대한 검열과 삭제, 문관 총독 임명 미실시, 초등·실업 교육 위주의 교육 및 민립 대학 설립 운동 탄압, 1920년대 경찰관 수 증가(4배) 등 기만적인 문화 통치를 실시했다. 아하! ⑤ 국가 총동원법은 1930년대 이후 일제가 중일 전쟁을 계기로 인적·물적 자원을 수탈하기 위해 제정한 법이다.

38. ② 바로 정리 : 일제의 무단 통치

제시된 자료에서 (가)는 1910년대 일제의 강압적인 무단 통치를 보여 주는 구체적인 사례에 해당된다. 일제는 헌병이 경찰을 지휘하고 일반 경찰 업무까지 관여하는 헌병 경찰 제도를 실시했으며, 조선인에 한하여 태형을 가할 수 있는 '조선 태형령'을 실시했다. 아하! ㄴ. 1920년 일제의 문화 통치 시기에 해당한다. 1910년대에는 한글 신문이 허용되지 않았다. ㄹ. 1930년대 이후 민족 말살 정책에 해당한다.

39. ⑤ 바로 정리 : 3·1 운동

제시문에서 '조선의 독립국임과 조선인의 자주민임을 선언하노라' 등을 통해 3·1 운동임을 알 수 있다. 3·1 운동은 일제의 강압적인 무단 통치를 문화 통치로 전환하는 데 기여했다. 아하! ① 사회주의는 3·1 운동 이후 국내에 수용되었다. ② 6·10 만세 운동에 대한 설명이다. ③ 물산 장려 운동에 대한 설명이다. 3·1 운동은 서울에서 시작되었다. ④ 광주 학생 항일 운동에 대한 설명이다.

40. ⑤ 바로 정리 : 대한민국 임시 정부

제시된 지도에서 (가)는 대한민국 임시 정부를 말한다. 한성 정부, 연해주의 대한 국민 의회, 상하이 임시 정부가 3·1 운동을 계기로 상하이 대한민국 임시 정부로 통합되었다. 대한민국 임시 정부는 독립 자금을 모으기 위해 애국 공채를 발행하고 연통제와 교통국을 두었다. 외교 활동을 전개하기 위해 미국에 구미 위원부를 설치하고, 파리 강화 회의에 김규식을 파견했다. 아하! ⑤ 해방 직후 조직된 조선 건국 준비 위원회에 대한 설명이다.

41. ② 바로 정리 : 독립운동 기지 – 서간도(남만주)

제시된 자료에서 '삼원보, 신흥 무관 학교' 등을 통해 밑줄 친 '이 지역'은 남만주(서간도)이다. 이 지역에서 신민회는 자치 기관인 경학사와 부민단을 만들고, 신흥 강습소(신흥 무관 학교)를 세워 독립군 간부를 양성했다. 따라서 지도에서 (나)에 해당한다.

42. ③ 바로 정리 : 한인 애국단 윤봉길

제시된 자료에서 '청년, 훙커우 공원' 등을 통해 한인 애국단 소속 윤봉길의 '훙커우 공원 의거'임을 알 수 있다. 윤봉길의 훙커우 공원 의거를 계기로 중국 국민당 정부가 대한민국 임시 정부를 적극 지원했으며, 임시 정부는 활기

를 되찾았다. 아하! ① 천주교가 조직한 항일 무장 단체이다. ② 대종교가 북간도에 설립한 단체이다. ④ 여운형과 김규식이 조직한 단체이다. ⑤ 해방 후 여운형과 안재홍이 좌우 합작 형태로 조직한 단체이다.

43. ④ 바로 정리 : 조선어 연구회
제시된 자료에서 (가)에 해당하는 한글 연구 단체는 조선어 연구회(1921)이다. 조선어 연구회는 국문 연구소(1907)를 계승하여 한글 연구와 보급을 위해 장지영, 이윤재, 최현배 등이 1921년에 창립한 한글 단체이다. 조선어 연구회는 《한글》이라는 잡지를 간행하여 한글의 대중화에 기여했으며, 1926년에 '가갸날'을 제정했다. 아하! ㄱ, ㄷ은 조선 어학회(1931)에 대한 설명이다.

44. ② 바로 정리 : 민족주의 사학자 신채호
제시된 자료에서 '민족주의 사학, 역사는 아(我)와 비아(非我)의 투쟁, 《조선상고사》, 《조선사연구초》' 등을 통해 신채호임을 알 수 있다. 신채호는 일제의 역사 왜곡이 심했던 고대사 부분에서 우리 민족의 전통과 정신을 강조하여 독립운동의 사상적 기반을 마련했다. 또한 신채호는 '낭가 사상'을 우리 민족 고유의 정신이며, 되찾아야 할 정신이라고 했다.

45. ③ 바로 정리 : 좌우 합작 위원회
제시된 자료에서 '제1차 미소 공동 위원회 결렬, 좌우익의 대립' 등의 상황에서 전개된 통일 정부 수립 운동을 통해 좌우 합작 운동임을 알 수 있다. 여운형과 김규식의 중도파를 중심으로 좌우 합작 위원회(1946)를 결성하여 좌우 합작 7원칙을 제시했다. 아하! ① 1919년 만주에서 김원봉이 조직한 단체이다. ② 1931년 김구가 조직한 단체이다. ④ 1919년 상하이에 수립된 통합 정부이다. ⑤ 1948년 대한민국 정부 수립 후 친일파 청산을 위해 설치했다.

46. ④ 바로 정리 : 6·25 전쟁
제시된 자료에서 (가)는 국군이 낙동강 방위선까지 후퇴한 후 반전의 계기를 마련한 상황임을 알 수 있다. 국군과 유엔군은 '인천 상륙 작전'에 성공하여 서울을 수복하고 압록강까지 진출했다. 아하! ① 애치슨 선언은 6·25 전쟁 발발의 원인에 해당한다. 애치슨 선언은 미국의 태평양 방위선에서 한반도를 제외한다는 내용이다. ②, ③, ⑤는 국군과 유엔군이 압록강까지 진출한 이후의 상황이다.

47. ⑤ 바로 정리 : 유신 체제
제시문에서 '긴급 조치 1호, 대한민국 헌법을 부정, 반대, 왜곡 또는 비방하는 일체의 행위를 금한다' 등의 내용을 통해 유신 헌법이 통과된 후 선포된 '긴급 조치'임을 알 수 있다. 유신 헌법 하에서 대통령은 국회 해산권, 긴급 조치권, 국회 의원 1/3 임명권 등의 권한을 가지고 있었다. 아하! ① 유신 헌법은 통일 주체 국민 회의에서 대통령을 선출하는 대통령 간선제이다. ②, ③ 이승만 정부 시기에 해당한다. ④ 장면 내각에 대한 설명이다.

48. ⑤ 바로 정리 : 6월 민주 항쟁
제시된 사진 자료에서 '이한열, 6월 10일 국민 대회, 6·29 선언' 등을 통해 6월 민주 항쟁의 배경, 과정, 결과임을 알 수 있다. 6월 민주 항쟁은 4·13 호헌 조치, 박종철 고문치사 사건에 대한 반발과 함께 직선제 개헌을 요구했다. 이 과정에서 연세대 이한열 학생이 사망했고, 6월 10일 국민 대회가 개최되는 등 국민의 저항이 계속되자 여당 대표 노태우가 직선제 개헌을 수용한다는 내용을 골자로 하는 6·29 선언을 발표했다. 아하! ① 장면 내각이 수립된 계기는 4·19 혁명이다. ② 한일 간 국교 정상화에 반대하여 6·3 시위가 일어났다. ③ 유신 체제가 붕괴되는 계기가 된 것은 부·마 민주 항쟁, YH 무역 사건 등이 해당된다. ④ 5·18 민주화 운동 때 신군부 퇴진과 계엄령 철폐를 주장했다.

49. ④ 바로 정리 : 김영삼 정부의 경제 상황
제시된 자료에서 (가)는 김영삼 정부의 경제 상황이다. 김영삼 정부 시기에는 우루과이 라운드(UR) 완전 타결, 세계 무역 기구(WTO) 가입, 경제 협력 개발 기구(OECD) 가입 등 경제 개방이 가속화되고 세계 경제 불황이 지속되면서 국제 통화 기금(IMF)의 긴급 금융 지원을 받았다. 아하! ①, ②, ⑤ 박정희 정부 ③ 이승만 정부

50. ④ 바로 정리 : 통일을 위한 노력
박정희 정부의 남북 적십자 회담 개최, 7·4 남북 공동 성명 발표, 남북 조절 위원회 설치, 노태우 정부의 한민족 공동체 통일 방안 제시, 남북 기본 합의서 도출, 한반도 비핵화 공동 선언, 김영삼 정부의 3단계 통일 방안 제시, 김대중 정부의 남북 정상 회담 개최, 6·15 남북 공동 선언 등이 통일을 위한 노력이다. 아하! ㄱ. 노태우 정부 ㄷ. 박정희 정부 시기의 통일 노력이다.

석탑의 변천사

삼국 시대

미륵사지 석탑(백제)

목탑의 양식을 계승한 우리나라
최고(最古) 최대 규모의 석탑

정림사지 5층 석탑(백제)

목탑의 양식을 계승한 석탑

분황사 모전 석탑(신라)

돌을 벽돌 형태로 잘라서 만든 석탑

통일 신라

감은사지 3층 석탑

신문왕이 아버지(문무왕)를
기리기 위해 건립

불국사 3층 석탑(석가탑)

통일 신라의 전형적인 석탑

다보탑

불국사에 위치한 것으로,
다보여래를 형상화

진전사지 3층 석탑

통일 신라 말기의 대표적인 석탑

발해

영광탑

중국 지린 성에 있는
발해의 대표 유물

고려

월정사 8각 9층 석탑

고려 전기 다각다층
석탑의 대표

경천사지 10층 석탑

원나라의 영향을 받은
고려 후기 석탑

조선

원각사지 10층 석탑

경천사지 10층 석탑의
영향을 받아 조선 세조 때 건립

불상의 변천사

 불상

삼국 시대

금동 연가 7년명 여래 입상(고구려)

광배 뒤쪽에 연가 7년이라는
제작 시기가 기록

서산 마애 여래 삼존불 입상(백제)

백제의 미소라 불리는
불상으로 바위에 조각

경주 배동 삼존불(신라)

경주 남산에 있는 삼존불

금동 미륵보살 반가 사유상

정확히 어느 국가에서 제작한
것인지 불분명한 미륵보살상

통일 신라

석굴암

뛰어난 건축미, 성숙한 조각 기법.
한국의 대표적인 석굴 사찰

발해

이불 병좌상

발해의 수도였던 동경성의 절터에서
발견된 것으로 고구려 문화 계승

고려

하남 하사창동 철조 석가여래 좌상

고려 초기에 제작된 것으로
재료가 철이라는 것이 특징

영주 부석사 소조 여래 좌상

신라 불상의 양식을 계승

고려

논산 관촉사 석조 미륵보살 입상

인체 비례가 불균형인
거대 불상

파주 용미리 마애 이불 입상

대형 불상으로 많은 사람이 오가는 길목에 조성

이천동 마애 여래 입상

회화의 변천

삼국 시대

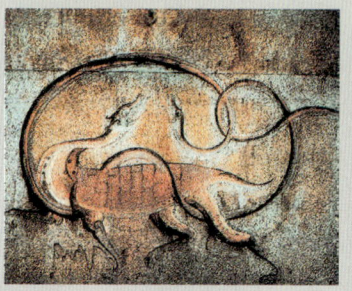

사신도(고구려)

굴식 돌방무덤 안에 그려진
벽화로 도교의 영향

씨름도(고구려)

굴식 돌방무덤 안에 그려진 벽화로
서역과 교역이 이루어졌음을 추측

안악 3호분 묘주도(고구려)

굴식 돌방무덤 안에 그려진 벽화로
신분에 따라 인물의 크기가 다름

삼국 시대

호류 사 금당 벽화(고구려)

고구려의 담징이 일본 호류 사의
금당에 그림

천마도(신라)

신라 천마총에서 발견된 것으로
벽화가 아니라 장니에 그린 그림

고려

수월관음도(혜허) **수월관음도**

고려 말기에 그려진 불화

천산대렵도

고려 말 공민왕의 그림

조선 전기

고사관수도

인간의 내면을 표현한
강희안의 그림

조선 전기

몽유도원도

안평 대군이 꿈에서 본 무릉도원을 그린
안견의 그림

조선 중기

묵죽도

사림이 집권하던 시기에
유행한 사군자 그림

초충도

신사임당의 그림

조선 후기

무동

김홍도가 서민을
대상으로 그린 풍속화

단오풍정

신윤복이 단오를 즐기는
여인들의 모습을 그린 풍속화

인왕제색도

정선이 비 온 뒤의 인왕산 모습을 그린 진경산수화

금강전도

정선이 내금강을 그린
진경산수화

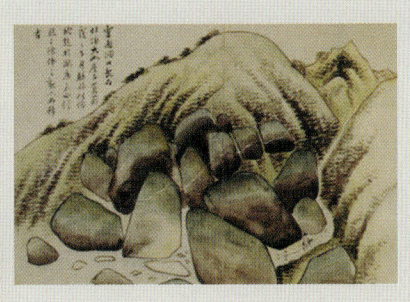

영통동구도

강세황의 그림으로
서양화의 원근법을 도입

까치와 호랑이

문자도

조선 후기 일반 민중이 그린 민화

비석의 역사

비석

고구려

광개토 대왕릉비

국내성 주변에 위치, 신라를
침입한 왜를 고구려가
물리쳤다는 내용 기록

충주(중원) 고구려비

고구려가 한강 유역을 점령한
사실 기록

신라

단양 적성비

고구려 지역이었던 적성을 신라
진흥왕이 점령한 이후 세움

북한산 순수비

신라 진흥왕 시기
북한산을 순행하고
세움

고려

척경 입비도

윤관 등이 별무반을 이끌고 여진족을
물리친 뒤 국경을 넓혀 성을 쌓고,
경계를 삼은 사실을 그림

황산 대첩비

전라북도 남원에 위치,
이성계가 왜구를 무찌른
승전비

조선

삼전도비

서울 송파에 위치, 조선 시대에
청나라의 침략에 항복한 이후
우리 민족의 치욕을 기록한 비석

척화비

신미양요 이후 서양을
배척하기 위해 흥선 대원군의
지시로 세운 비석

도자기의 발달

고려

청자 칠보 투각 향로

12세기경에
만들어진
청자 향로

청동 은입사 포류 수금문 정병

부처 앞에 깨끗한
물을 담아 바치는
공양구로 사용

순청자 **상감 청자** **분청사기**

순청자는 문벌 귀족이 집권하던 시기에,
상감 청자는 무신이 집권하던 시기에,
분청사기는 고려 말기에서 조선 전기에 주로 제작

조선

순백자 **청화 백자**

순백자는 조선 전기에, 청화 백자는
조선 후기에 주로 제작

건축의 역사

고려

부석사 무량수전

봉정사 극락전

수덕사 대웅전

봉정사 극락전은 우리나라에서 가장 오래된 현존하는 건축물.
고려 시대 건축물은 기둥 위에만 공포가 존재하는 주심포 양식이 대표적

조선 전기

해인사 장경판전

팔만대장경을 보존하고 있는 건축물

조선 후기

화엄사 각황전

수원 화성

상공업의 발달로 양반이나 상인 등의 후원을 받은 불교 건축물 조성,
정조 때 수원 화성 건축

통일 신라

첨성대
선덕 여왕 때 세운
천문 관측대

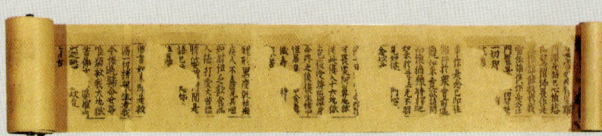
무구정광대다라니경
불국사 3층 석탑에서 발견된
현존하는 세계 최고(最古)의 목판 인쇄물

고려

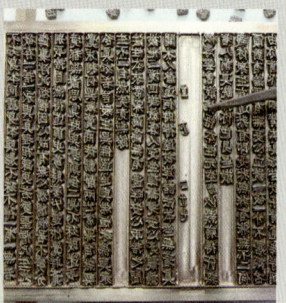
직지심체요절(복원 판틀)
현존하는 세계 최고(最古)의
금속 활자 인쇄본

과학

조선 전기

천상열차분야지도

조선 건국 초, 국가 주도로 흑요암
(黑曜岩)에 새겨 만든 천문도

화차

세종 때 만든 신기전이라는 화살을 발사하는 무기

자격루

세종 때 만든 물시계

조선 전기

앙부일구

세종 때 만든 해시계

측우기

세종 때 만든 강우량
측정 기기

칠정산

세종 때 편찬, 최초로 한양을
기준으로 천체의 위치를 계산한 역서

농사직설

세종 때 편찬, 농사에 관한
기술을 해설한 최고(最古)의
농법서

조선 후기

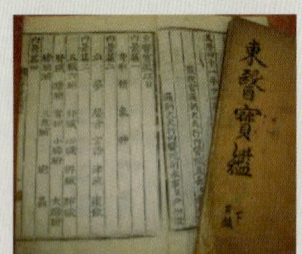

동의보감

허준 등이 지은 한의학 백과사전

마과회통

정약용이 지은 홍역 치료에 관한 책

동의수세보원

이제마가 사상 의학
(四象醫學)을 주창한 책

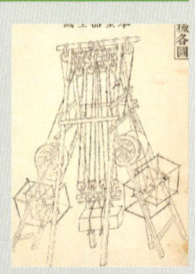

거중기

정약용이 고안해 화성
축조 때 사용한 기계

세계 문화유산

청동기 시대

고창·화순·강화 고인돌 유적

거대한 석조로 만들어진 청동기
시대의 무덤과 장례 의식 기념물

삼국·통일 신라

석굴암

건축, 수리, 기하학, 종교,
예술이 총체적으로 실현된 유산

불국사

불교 교리가 사찰 건축을 통해
잘 형상화된 대표적인 사찰

경주 역사 유적 지구

남산을 포함한 경주 주변
건축물, 불교 관련 유적,
기념물 보유

조선

종묘

조선 시대 국왕을 기리는 유교 사당의
표본으로 독특한 건축 양식을 지닌
의례 공간

해인사 장경판전

팔만대장경의 부식을 방지하고 온전하게
보관하기 위해 15세기경에 건축

조선 왕릉

조선 왕조의 세계관, 종교관 및
자연관을 반영한 왕릉

조선

창덕궁

비정형적인 조형미를 갖춘 궁으로 주변
자연환경과의 완벽한 조화와 배치

수원 화성

정조 때 정약용이 거중기 등을
활용하여 축성한 성

하회마을·양동마을

자연과 조화를 이루고 조선의 유교적
전통 건축 양식을 잘 보존한 마을

세계 기록 유산

기록 유산

고려

고려대장경판 및 제경판

현재 세계에서 가장 오래되고, 정확하고, 완벽한 불교 자장경판

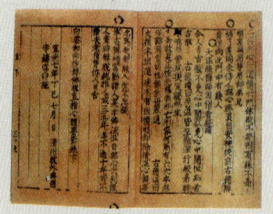

직지심체요절

세계에서 가장 오래된 금속 활자본. 현재 프랑스 국립 도서관에 보관

조선

승정원 일기

국가의 모든 기밀을 취급하던 승정원의 기록

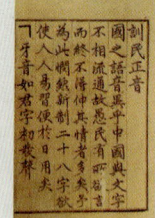

훈민정음 해례본

합리적, 독창적, 과학적인 문자로 세계 언어학자들의 높은 평가를 받음

조선

조선왕조실록

조선 왕조 25대 472년간 (1392~1863)의 역사를 연월일 순서에 따라 기록한 책(편년체)

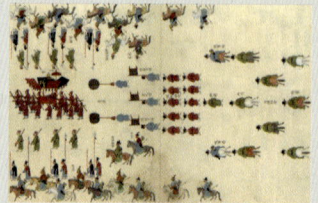

조선왕조의궤

조선 왕실의 주요 행사와 건축물·왕릉의 조성과 왕실 문화 활동 등에 대해 기록한 그림

동의보감

1613년 집필된 의학 백과사전으로, 허준이 편찬

일성록

조선 영조 즉위 36년인 1760년부터 1910년까지의 국정 전반을 기록한 왕의 일기

조선

난중일기

이순신이 임진왜란 기간 중(1592~1598) 직접 쓴 친필 일기

대한민국

5·18 민주화 운동 기록물

5·18 민주화 운동의 발발과 진압 등에 관련된 방대한 기록물

새마을 운동 기록물

1970년부터 1979년까지 추진한 새마을 운동 과정에서 생산된 모든 기록 자료

시대별 중앙 정치 제도

발해

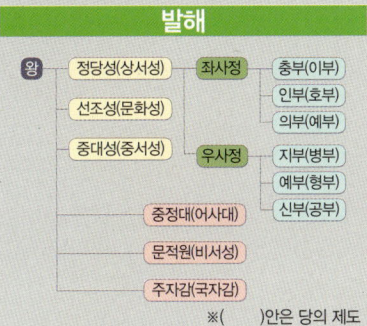

※( )안은 당의 제도

당의 3성 6부 제도를 도입한 것이지만 명칭(6부의 유학적인 명칭 등)과 운영 체제(좌사정, 우사정 등 이원적 통치 체제)는 독자성 유지

고려

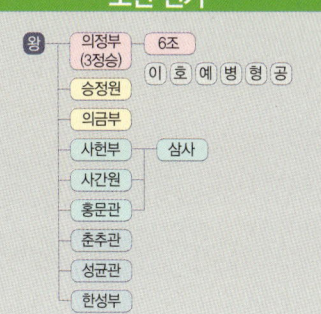

당의 3성 6부 제도를 도입한 것이지만 도병마사와 식목도감은 고려의 독자적인 제도. 고려 귀족 정치의 모습을 볼 수 있음

조선 전기

의정부는 국정을 총괄하고 6조는 왕명을 집행. 승정원과 의금부는 왕을 보좌하는 왕권 강화 기구. 3사는 언론 기관으로 권력의 독점을 견제하여 왕권과 신권의 조화를 이룸

시대별 신분 제도

신라

등급	관등명	진골	6두품	5두품	4두품
1	이벌찬				
2	이찬				
3	잡찬				
4	파진찬				
5	대아찬				
6	아찬				
7	일길찬				
8	사찬				
9	급벌찬				
10	대나마				
11	나마				
12	대사				
13	사지				
14	길사				
15	대오				
16	소오				
17	조위				

개인의 신분뿐만 아니라 그 친족의 등급도 표시. 개인의 사회 활동과 정치 활동 제한

고려

귀족	문벌 귀족, 무신, 권문세족, 신진 사대부
중류	서리, 남반, 향리, 군반, 역리
양민	백정, 상공업자, 향·소·부곡민, 역·진의 주민
천민	공노비·사노비, 화척 등

귀족은 시기에 따라 변화함. 중류층은 직역을 세습하고 그에 상응하는 토지를 지급 받음. 양민은 일반 농민(백정) 등으로 조세·공납·역의 의무가 있으며, 향·소·부곡민은 다른 지역에 비해 차별을 받음

조선

양인	양반	문·무반
	중인	기술관, 향리, 서얼
	상민	농민, 상인, 수공업자
천민		노비, 백정, 무당, 창기

양반은 생산 활동에 종사하지 않고, 각종 국역의 면제를 받음. 중인은 전문 기술이나 행정 실무를 담당. 농민은 조세·공납·역의 의무가 있으며, 법제적으로 과거에 응시 가능. 천민은 노비가 대부분이며 비자유민으로 매매·상속·증여의 대상

1920년대 자료로 보는 사회 운동

물산 장려 운동

회사령 철폐, 관세 철폐 움직임이 나타나자 평양에서 시작

브나로드 운동

동아일보가 주도하여 1930년대 초반부터 전개

근우회

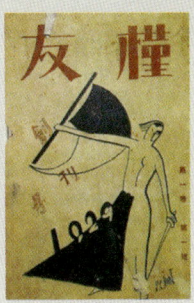

신간회 자매 단체로 여성의 권익 신장 주장

소년 운동

어린이를 인격체로 대접하자는 운동으로 천도교에서 주도

형평 운동

백정들이 사회적 차별 폐지를 주장

시대별 영토의 변화

삼국 시대

백제 전성기(4세기)

근초고왕 시기로 중국의 산둥·요서, 일본의 규슈 지방에 진출

고구려 전성기(5세기)

광개토 대왕과 장수왕 시기로 요동 지역과 한강 유역 점령

신라 전성기(6세기)

진흥왕 시기로 한강 유역을 점령하여 중국과 직접 교류

남북국 시대

통일 신라와 발해

남부 통일 신라와 북부 발해의 위치

후삼국 시대

통일 신라 말기에 후삼국으로 분열

고려

고려 초기

태조의 북진 정책으로 영토 확장. (가)는 태조의 북진 정책으로 확보한 지역

강동 6주 획득 이후

서희의 담판으로 거란으로부터 강동 6주 획득

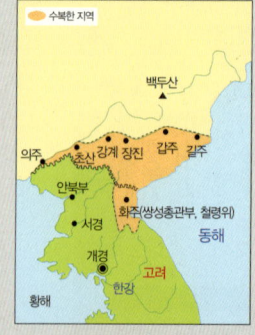

공민왕의 영토 수복

공민왕이 쌍성총관부를 공격하여 철령 이북 지역 획득

조선

세종의 4군 6진 획득

세종 시기 4군 6진을 획득하여 현재의 영토와 같아짐

시대별 지방 행정 조직

통일 신라

신라 9주 5소경 체제

신문왕 시기에 9주 5소경 체제 성립. 9주의 각 주에는 지방군인 정이 설치되었고, 특히 한주에는 2개의 정이 설치됨. 또한 수도가 한쪽에 치우친 것을 보완하고 문화를 전파하기 위해 5소경 설치

고려

고려 5도 양계 체제

5도 양계의 체제 수립. 5도는 일반 행정 구역으로 안찰사 파견. 양계는 군사 행정 구역으로 병마사 파견. 지방관이 파견된 주현보다 지방관이 파견되지 않은 속현의 존재가 더 많고, 특수 행정 구역인 향·부곡·소는 향리가 지배

조선

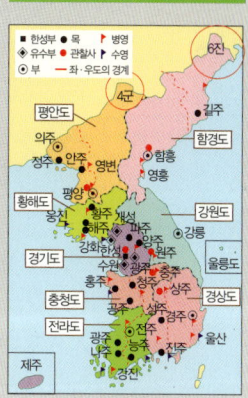

조선 8도 체제

모든 군현에 지방관을 파견하여 이전에 비해 중앙 집권 체제 안정됨. 각 도에는 관찰사를 파견하고, 지방에는 수령을 파견하였으며, 수령을 보좌하는 향리를 둠. 지방관은 행정·군사·사법권을 장악하였으며, 특수 행정 구역은 폐지됨

고려·조선의 농민 봉기

고려

무신 집권 시기의 봉기

고려 무신 집권 시기에는 무신들의 농민에 대한 수탈로 인해 농민 봉기가 발생하고, 신분 해방 운동이 전개

조선 후기

조선 후기의 봉기

조선 후기 세도 정치 시기에 삼정의 문란이 발생하면서 홍경래의 난과 임술 농민 봉기가 발생

동학 농민 운동 1차 봉기　**동학 농민 운동 2차 봉기**

우리나라 역사상 최대 규모의 농민 운동으로
반봉건·반외세 주장

중급 대표 필진

이강만
이상혁
조인
심용환

감수 : 이건홍

역사의 교훈으로 오늘을 고민하는 젊은 역사 선생님들이 모임.
한국사 교과서 집필자, 한국사능력검정시험 출제 위원, 현직 고교 교사,
강남대성학원·비타에듀 최고 인기 강사가 실전 경험을 모두 녹여냈다!

18강으로 끝내는
한국사능력검정시험
기출특강 중급

1판 1쇄 인쇄 2014년 5월 28일 | 1판 1쇄 발행 2014년 6월 3일

지음 이강만, 이상혁, 조인, 심용환 | **감수** 이건홍

발행인 김재호 | **출판편집인 · 출판국장** 권순택 | **출판팀장** 이기숙
기획 · 편집 홍현경 | **진행** 이세은 | **아트디렉터** 김영화 | **디자인** 김현숙, 박은경 | **교정** 이현미 | **일러스트** 이주한
마케팅 이정훈 · 정택구 · 박수진
펴낸곳 동아일보사 | **등록** 1968.11.9(1-75) | **주소** 서울시 서대문구 충정로 29(120-715)
마케팅 02-361-1030~3 | **팩스** 02-361-1041 | **편집** 02-361-1254
홈페이지 http://books.donga.com | **인쇄** 중앙문화인쇄

ISBN 979-11-85711-09-6 13900 **값** 18,000원